感谢厦门大学"哲学社会科学繁荣计划"基金的支持

中外知识产权评论

Chinese and International Intellectual Property Review

第1卷
2015年第1期

主 编 林秀芹

厦门大学出版社 国家一级出版社
XIAMEN UNIVERSITY PRESS 全国百佳图书出版单位

创 刊 词

依海之滨,日光倾城,鹭岛如画。

在 2014 年年末、即将辞旧迎新之际,厦门大学知识产权研究院创办的学术论丛——《中外知识产权评论》与读者见面了。我们希望能够在资讯空前发达、表达方式个性迭出的当下,为读者提供我们对于这个时代的独特感知和现实考量。

经过 30 年的积淀,知识产权终于迎来成为国家发展战略支柱的机遇之期:庙堂上的持续瞩目,以罕见的高规格和高基调表现出对知识产权制度的高度关注。受益于技术与经济的发展,我国在百余年来,终于获得了与发达国家同台竞技的历史机遇。但受限于制度的滞后,在激烈的国际竞争与角逐中,当前取得的经济与技术的优势并未能完全转化为现实的利益。那么,什么样的知识产权制度方能适应我国当今的发展需要?

在全球化背景下,伴随着我国从规则的被动约束者向主动参与者甚至制订者转变的脚步,各国家间主权利益冲突以及国内不同利益主体诉求激烈碰撞的现实,都迫切地需要我们在追求经济发展、推动技术革新的同时,注重制度的学习、研究与借鉴,进而比较中外制度的优劣得失。对此,唯有立足中国,放眼全球,才能兼容并蓄,博采众长!

在中国与世界缓缓拉开的知识产权大幕之中,《中外知识产权评论》迎来了它的第一次亮相,可谓应运而生。《中外知识产权评论》暂定为每年一卷,主要栏目包括"国际知识产权""域外视野""司法论坛""理论争鸣""知识产权管理""专题聚焦""学术新声"等。

作为年刊,我们将以一个行业观察者的身份,潜心融入专利、商标、版权、反不正当竞争和知识产权管理四个主要领域,贯通中外,洞察每一个制度在制定实施中的细微变化,同时,亦将跳到制度之外,洞悉国际变革的潮流,把握时事发展的脉搏,精选智明理正的珠玉文章,以飨读者。发刊伊始,我们有太多的希冀,亦为此付出卓绝的努力。我们将秉承厦门大学"自强不息,止于至善"的校训,不懈努力。欢迎海内外同仁惠赐佳作。

《中外知识产权评论》的问世,得益于厦门大学哲学社会科学繁荣计划的大力支持,亦得到了厦门大学出版社的悉心关照,在此特致以诚挚的谢意!

《中外知识产权评论》编辑部

目　　录

Contents

◇ **IP Management**

◇ **Spotlight: Standards and Patents**

◇ **New Voice**

◇ **Appendix**

国际知识产权

《专利保护宣言》述评

■林秀芹[*]

摘　要：自 1994 年 TRIPS 协议问世以来，专利制度的运作环境发生了重大变化，如专利申请量与授权量急剧上升、新技术与新商业模式不断花样翻新、双边或区域性国际投资贸易协定不断挤压 TRIPS 协议下的自主空间。为了应对这些挑战，《专利保护宣言》全面阐释了 TRIPS 协议为 WTO 成员留下的规制弹性及其理据。在对《专利保护宣言》的出台经过、背景和主要内容进行评述的基础上，本文分析了《专利保护宣言》的显著特点及其意义，指出《专利保护宣言》是在尊重 TRIPS 协议的前提下将其预留的规制空间"外在化""显性化"和"明细化"，以便成员国能够灵活地运用这些自主权以适应其多元化的政策目标需要。《专利保护宣言》是对 TRIPS 协议的一个引申和重要补充，对于需要利用这些自主空间的发展中国家具有特别重要的意义。

关键词：《专利保护宣言》；TRIPS 协议；自主权；弹性

Review on Patent Declaration

Lin Xiuqin

Abstract：Since the establishment of the TRIPS Agreement in 1994，the operation environment of patent system has undergone substantial changes，such as the unprecedented numbers of patent filings and grants，the emergence of new technologies and aggressive business practices and the proliferation of various multilateral，regional and bilateral agreements that limits

---

　*　林秀芹，1965 年生，女，厦门大学法学院、知识产权研究院教授、博士生导师，法学博士。研究方向：知识产权法、经济法。鸣谢：感谢厦门大学知识产权研究院博士生肖冰和张文韬提供的协助。

the regulatory freedom of the WTO members. The Declaration of Patent Protection reacts to these challenges by elaborating the regulatory freedom permitted by the TRIPS Agreement and its rationale. This paper presents a brief account of the historical background and contents of the Declaration, and then it analyzes the characters of the Declaration and comments its implication. The paper concludes that the Declaration does not breach the TRIPS Agreement; it does in fact respect and preserve the TRIPS agreement while it clarifies and specifies the flexibility and freedom under the TRIPS. This freedom is of particular importance for developing countries which need to rely on such flexibilities to serve its public interest.

Key words：*Patent Declaration*；TRIPS；Regulatory Freedom；Flexibility

2014 年 4 月 15 日,在 WTO 成立 20 周年之际,由德国马普创新与竞争研究所牵头起草的《专利保护宣言——TRIPS 协议下的规制主权》(*Declaration on Patent Protection——Regulatory Sovereignty under TRIPS*,以下简称《专利宣言》或《宣言》)正式面世。这是来自 25 个国家 40 多位学者历经 5 年、多次国际会议研讨形成的民间"国际条约"。[①] 该《宣言》旨在为 WTO 成员在遵守国际条约的前提下充分行使自主权确定充分的弹性和空间,使本国专利法的制定和实施与本国的技术发展水平以及社会、文化、经济需要相适应。那么,《宣言》出台的背景、《宣言》的主要内容、主要特点、实践意义为何? 本文将就这些问题作初步的评析,以期抛砖引玉,引起同行对《宣言》问题的关注和讨论。

一、《宣言》出台的背景:四个主要变化

《宣言》开宗明义地指出:作为创新市场框架性规章,专利制度应当与其为之服务的创新进程以及其赖以运行的竞争环境相适应。[②] 换言之,作为一种竞争政策工具,专利制度应当根据其运行的社会经济效益与成本进行界定、证成并不断调整。《宣言》的这些理念与广为熟知的"经济基础决定上层建筑"理论相吻合。在马克思主义哲学理论中,法律制度作为一种上层建筑,其存在乃是由其所处环境的经济基础所决定的。[③] 因而,一国的专利制度与其科技发展水平、竞争状况、竞争能力等经济基础之间的关系,是不可被割裂的,是应相协调、相适应的。在世界范围内,各国专利制度所依存的经济土壤是差异显著的,这种差异性意味着各国对于专利制度的需求千差万别。然而 WTO 却力图通过 TRIPS 协议构建一个世界范围内统一的专利体系,这种做法先天的局限性在于无法一一满足各成员国植根于其本国

[①] 自 2009 年以来,德国马普创新与竞争研究所先后组织在柏林、慕尼黑、汉堡、新加坡举行了四次会议,讨论在现存的国际秩序下知识产权保护与公共利益需要的平衡机制。最终于 2013 年 7 月的新加坡会议上就《宣言》的基本内容达成共识。会后起草小组进一步完善与补充,形成了目前在网上公布的草案。笔者参加了 2009 年的柏林会议和 2013 年的新加坡会议。此《宣言》正在向全世界征集意见。http://www.ip.mpg.de/files/pdf3/Patent_Declaration_en.pdf.

[②] 《专利宣言》第 1 页,序言部分,第 1 款。

[③] [美] E. 博登海默:《法理学——法律哲学与法律方法》,邓正来译,中国政法大学出版社 2004 年版,第 200 页。

经济社会的利益诉求。特别是,现如今 TRIPS 协议框架下的专利制度还将面临新的环境变化所带来的挑战,这些挑战可能使得 TRIPS 协议的局限性被进一步放大。《宣言》指出,新的环境变化主要来自四个方面:

第一,专利申请量与授权量史无前例地增加。除了造成了专利局的工作积压,这一现象还造成了"专利丛林""市场准入障碍""许可费堆积"和屡诉等诸多问题,所有这些最终都对技术的研发与商业性应用造成障碍。结果,专利制度的运作成本上升,法律确定性降低,同时市场参与者的经济自由被不恰当地限制。这些都影响了消费者的福利并扭曲了竞争。此外,由于有能力应对这些现象的市场主体——如拥有自己专利部门的跨国企业,和那些没有能力应对这些现象的市场主体——如中小型企业或独立发明人之间出现了不平衡,发明为整个社会所带来的福利减少了。

第二,新技术和商业实践正挑战形成于工业革命时期的传统的专利保护模式。生物技术、商业方法和计算机科学以及标准制度、策略性专利申请与非经营实体都影响着专利制度作为一项管理机制的功能。

第三,专利在企业管理中所扮演的角色已经改变。专利越来越多地被用作策略性资产而影响竞争环境,而非一种保护研发成果的防卫性保护手段。按照传统的专利法理论,专利应当是一种排他性的消极权利,是一种防御性的权利,但是,在现有的商业实践中,它变成了积极的、甚至是攻击性的商业工具,这本质上违背了专利制度的初衷。

第四,在许多国家,特别是那些经济发达和技术基础措施先进的工业化国家,专利制度的天平严重向专利权人倾斜。具体表现在:一方面,减少专利申请人的负担,如扩大可专利客体的范围、降低授权标准、降低申请费用;另一方面,扩张专利权人的权利,如延长专利保护期限、强化侵权制裁、加强私人与公共执法。相反,用于保护自由竞争中的公共利益与第三方使用自由的权利则几乎没有被提及或扩展。

随着 TRIPS 协议出台以来专利保护水平的提高,专利制度与公共政策目标的摩擦日益增加,上述环境变化导致问题进一步复杂化。[①] 特别是,WTO 成立以来双边或多边自由贸易协定进一步侵蚀了 TRIPS 协议赋予成员国的自主权。若无法应对这些专利制度的新变化所带来的挑战,专利保护与自由竞争的矛盾将进一步加剧,WTO 成员之间的利益诉求更加难以调和,最坏的结果甚至可能造成已有国际保护体系的分崩离析。在这一背景下,德国马普所发起起草了《专利保护宣言——TRIPS 协议下的规制主权》这一民间条约草案,旨在挖掘和诠释 TRIPS 协议框架下专利保护的弹性空间,特别是专利保护的限制与例外,为需要利用这些空间保障本国公众利益的国家提供理论的支撑和依据。《宣言》一方面承认,专利制度作为一项激励创新的政策工具能够减少市场失灵;另一方面,《宣言》认为专利制度激励功能的发挥取决于一个公开且有效的竞争市场,同时,专利制度应当考虑其他社会经济利益。专利的限制制度是专利制度不可或缺的组成部分。

---

① 参见《专利宣言》第1页,序言部分,第4款。

二、《宣言》的主要内容——TRIPS 体制下的灵活性及其应用

《宣言》分为前言、背景和理由阐释（consideration）、正文三个部分，内容十分丰富。正文的主要内容有：

（一）关于授予专利的对象、保护范围与例外

1. 可授予专利的对象

成员国拥有界定可专利发明的自主权。尽管 TRIPS 协议第 27 条要求成员保护"所有技术领域"的任何发明（any inventions），但是，成员有权决定可专利性要求如何被解释与适用。

《宣言》认为，成员没有义务为以下对象提供专利保护：

——被归为发现而不是发明的客体，如生物材料，如基因、天然的生物属性或某种微生物、生物学方法等；

——在性质上不被认为是技术性的客体，如商业方法、计算机程序。

特别是，TRIPS 协议第 27 条并不阻止成员拒绝为以下主题提供专利保护：

——已知产品和物质的新利用方法；

——已知产品和物质的派生物；

——选择发明以及其他缺乏新颖性与/或发明性步骤的主题。

可见，对于可授予专利的对象，《宣言》明确指出各国在遵守 TRIPS 的前提下仍享有广泛的自主空间。TRIPS 协议第 27 条第 1 款规定，专利可授予"所有技术领域的任何发明"，无论是产品还是方法，只要它们具有新颖性、包含发明性步骤，并可供工业应用。该条"气势如虹""包罗万象"的规定使成员望而却步，未能充分运用 TRIPS 协议的灵活性。成员的立法对于上述主题可否授予专利大多语焉不详或避而不谈。《宣言》对隐含的可排除授予专利的对象进行了引申和阐释，澄清了 TRIPS 协议的模糊之处。与目前正在谈判中的《跨太平洋伙伴关系协定》草案①相比，《宣言》给 WTO 成员更大的弹性。根据 TPP 草案，任何已知产品的新形式、新用途或新使用方法均可获得专利。《宣言》与 TPP 草案可谓"针锋相对"。

2. 关于公开/披露的要求

《宣言》指出：

成员不必为在专利申请中没有充分披露或者明示主张的发明提供专利保护。同时，成员可以将授予专利权与披露权利要求中生物材料和相关的传统知识的来源挂钩，使披露上述信息成为授予专利权的前提条件。

充分公开专利发明并非大陆法系国家传统专利法规定的授予专利权的"三要件"（新颖性、创造性、实用性）之一，立法上对于专利权的授予是否以申请人充分披露发明为前提条件并没有明确的规定。《宣言》澄清了这一点。此外，《宣言》允许成员国将披露权利要求中的生物材料等来源作为授予专利权的前提。近年来，一些国家（如中国）专利法有类似的规定。

---

① *Trans-Pacific Partnership Agreement*，以下简称 TPP（协定）草案。

《宣言》为这种规定开了"绿灯",明确了其在 TRIPS 体制下的正当性。

3. 保护范围

TRIPS 协议第 27 条和第 28 条并不阻止国家对产品或方法的专利保护限制在专利请求中所明确主张的发明的特定功能。该条涉及限定功能的权利要求的专利保护范围的界定,澄清了对专利权利要求进行解释的原则,避免对专利请求作扩大解释。

4. 关于例外

《宣言》指出,TRIPS 协议第 27 条设定的非歧视原则并不适用于协议第 30 条①所允许的例外。TRIPS 协议第 27 条第 1 款规定:"对于专利的获得和专利权的享受不因发明地点、技术领域、产品是进口的还是当地生产的而受到歧视。"《宣言》在"说明"部分指出,根据条约"遇有疑义从轻解释"(in dubio mitius)原则,TRIPS 协议第 30 条所规定的例外不受第 27 条非歧视原则的限制。WTO 争端解决机构关于 WT/DS114/R 案中的解释是错误的。《宣言》规定,TRIPS 协议第 30 条构成不可分割的整体。"三步检验法"中的三个步骤应当作为一个整体进行综合考虑。TRIPS 协议第 30 条并不:

——限制引入专利权例外的理由;

——阻止立法机构引入开放式的一般例外,只要这种例外的范围是可以合理预见的;

——阻止法院将现有法定例外在相似事实情形下类推使用;

——要求狭窄地解释例外;应根据例外的目的和用途进行解释。

《宣言》还指出,在下列情况下,例外不会与专利的正常利用发生不合理的冲突:

——是以其他重要的公共政策考虑作为根据,或者

——具有对抗不合理阻碍市场(尤其是二级市场)运行的效果。

TRIPS 协议第 30 条没有要求国家必须在超过防范市场失灵目的之外考虑专利权人的利益。第三方的合法利益包括:

——后续创新;

——竞争者和其他市场参与者;

——科学研究;

——消费者;

——一般公众。

《宣言》对于例外的规定着墨颇多,而且在 TRIPS 协议第 27 条与第 30 条关系的问题上,突破了 WTO 争端解决机构在 WT/DS114/R 案中的解释,认为第 27 条的非歧视原则不适用于第 30 条规定的例外。这是一个颇有争议但大胆创新的解释。

(二)关于权利用尽

《宣言》指出,TRIPS 协议第 6 条没有阻止成员国决定专利权是否是国内用尽、区域用尽或者国际用尽。TRIPS 协议第 27 条没有禁止成员国在权利用尽的地理范围上依技术领

① 第 30 条规定:"各成员可对专利授予的专有权规定有限的例外,只要此类例外不会对专利的正常利用发生无理抵触,也不会无理损害专利所有权人的合法权益,同时考虑第三方的合法权益。"此规定类似著作权法中的"三步检验法"。

域的不同进行区别对待。

可见,《宣言》对第27条第1款作了字面解释,①意味着"权利用尽"既不属于专利权的"获得",也不属于专利权的"享受",不受非歧视原则的限制。

(三)关于强制许可

《宣言》关于强制许可的规定比较详细。具体包括:

TRIPS协议第31条并不限制可以颁发强制许可的理由;②TRIPS协议第27条的非歧视原则不适用于协议第31条所允许的强制许可。特别是,TRIPS协议第27条并不阻止成员国针对专利产品没有在专利保护国生产或专利方法没有在保护国使用的情况下,颁发强制许可,只要符合《巴黎公约》第5A条的要求。

TRIPS协议第31条并不阻止成员国从事:

——在合适的案件中,要求专利权人证明强制许可的条件不存在;

——只要能够保证对专利权人合法利益的充分保护,即可在行政和司法审查期间使强制许可立即生效。

TRIPS协议第31条并不阻止成员国颁发强制许可,作为对专利权滥用、实践中不合理限制贸易以及消极影响国际技术转移的一种救济。即使:

——提议的申请人没有在先努力从专利权人处获得授权,并且

——所授权的使用主要是为了向外国市场供货。

据此,《宣言》允许成员国为了制止专利权滥用和不当限制竞争行为颁布强制许可,而且在此情况下无须进行TRIPS协议第31条第(b)款规定的"事先请求自愿许可"的程序。

强制许可是调节重要的公共利益以及专利排他性冲突的一项重要措施,力图在专利的整个生命周期内,将专利独占权限制在合理范围内,不致损害重要的公共利益。强制许可的正当性在于:在有些情况下,公众获得有关专利产品的利益比专利权人享有专有权更为重要。③ 同时,强制许可通过避免专利本身成为投资和创新障碍的风险,保证了创新市场的有效运作,有利于保证专利保护与其他的社会经济利益保持适当的平衡。

(四)关于药品临床试验数据的保护

《宣言》指出,TRIPS协议第39条第3项并不禁止成员国在专利保护期届满之前,根据专利权人为取得药品上市行政许可而提交的临床数据处理仿制药的许可申请。这是一个极易引起争议的规定。TRIPS协议第39条第3项规定:"如果缔约方要求以提交未公开的测试数据或其他数据作为批准一种采用新化学成分的药品或农业化学产品投放市场的条件,而上述数据的产生需要付出相当的努力,则该缔约方应禁止对这种数据的不正当商业性使用。此外,除非是为保护公众所必需,或者除非已经采取措施来确保防止对这类数据的不正当商业性使用,否则缔约方应禁止公开这样的数据。"对于受理专利药品上市申请的成员国

---

① 该条规定,对于专利的获得和专利权的享受不因发明地点、技术领域、产品是进口还是当地生产的而受到歧视。

② 林秀芹:《TRIPS体制下的专利强制许可制度研究》,法律出版社2006年版。该著作主张TRIPS协议没有限制成员国规定颁发强制许可的理由。

③ 林秀芹:《TRIPS体制下的专利强制许可制度研究》,法律出版社2006年版,第2页。

来说,应当对上述未公开的测试数据提供何种形式、何种程度的保护？TRIPS 协议的规定并不十分明确。在当前的 TPP 谈判过程中,这个问题成为有不同利益诉求的国家之间争夺的一个焦点。目前披露的 TPP 协议草案千方百计地提高药品临床数据的保护标准,设法阻止成员国利用专利权人提交的临床数据审批仿制药,缩短仿制药的上市审批时间。[①] 然而,《宣言》采取完全相反的立场,认为 TRIPS 协议尽管禁止成员向第三人(如仿制药生产商)披露临床检测数据,但是不禁止第三人利用这些数据以证明生物等效药的安全性与有效性。这样,可以加快仿制药品的上市。这一点对我国具有重要的实践意义。

(五)关于执行措施

《宣言》指出:TRIPS 协议第 41 条和第 50 条并不要求发现侵权的主管机关必须提供禁令性救济。禁令在下列情况中可能是不恰当的:

  ——各方的合法利益可能受到负面影响;

  ——违背公共利益;

  ——专利权人的合法利益可以通过诸如损害赔偿、担保等其他方式进行保护。

TRIPS 协议第 50 条并不要求在没有事先听取另一方意见的情况下裁定采取临时措施。如果裁定了临时措施,就应当依据 TRIPS 协议第 50 条第 4 款提供复议的机会。

是否适用临时或永久禁令属于主管机关的自由裁量权范围。但是,禁令的适用与当事人利益关系重大,甚至会给被制裁方造成无法弥补的损害,因此,在行使这一自由裁量权时应采取谨慎的态度,应在全面考虑所有利益相关者(包括专利权人、被诉侵权人、被许可人、竞争者、消费者等)利益的基础上采取相关措施,避免通过禁令的方式限制合法交易。同时,也要通过程序性的规定,来保证被控侵权人的合法权利。

(六)过境货物的豁免

《宣言》指出,转运中的货物:

  ——不受 TRIPS 协议规定的边境措施所约束;

  ——属于 TRIPS 协议第 28 条规定的专利权人的权利范围之外。

《宣言》认为,专利权不应成为合法贸易的障碍,且专利法的地域性原则并未被 TRIPS 协议所否认。因此,跨境运输中的货物不应被认为侵犯了途经国的相关专利权,如果货物不是为了进入途经国的市场流通。途经国的海关和法院通常难以判断过境货物是否侵犯了来源国或目的地国的专利权,无法决定是否颁发禁令。《宣言》对过境货物采取相当宽松的政策。这点对于货物出口国具有重要意义。

(七)关于刑事制裁

《宣言》指出,TRIPS 协议第 60 条并不要求成员国在商业规模的故意假冒商标和版权盗版以外的案件中适用刑事程序和刑罚。由于专利权的范围取决于专利权利要求书的解释,不同国家的法院通常运用不理的理论和方法解释权利要求书,因此,所授予的专利权的范围以及专利权本身的有效性经常存在不确定性,适用刑事制裁措施需要十分慎重。

---

① 国家知识产权培训(湖北)基地主编(国家知识产权局组织编写):《国际贸易中的知识产权保护》,知识产权出版社 2014 年版,第 215~216 页。

综上所述,《宣言》力图为 WTO 成员"松绑",将国际公约中关于专利保护限制与例外的规定具体化、明确化、细化,旨在使成员国明了在国际条约框架下的自主空间,可以充分利用国际条约提供的弹性为本国的社会经济发展需要服务。例如,《宣言》关于药品临床试验数据保护的弹性规定有利于加快仿制药品的上市时间,降低药品的价格,使购买能力有限的患者可以尽早获得价格低廉的仿制药品,这对于人口众多、公共健康问题突出的发展中国家具有特别重要的意义。

三、关于《宣言》的总体评析

(一)守成性:《宣言》是在现存 TRIPS 体制下对成员国自主权的诠释与引申

正如《宣言》的名称所示,《宣言》是寻找和阐释"在 TRIPS 协议下的规制主权",而不是突破 TRIPS 协议。因此,《宣言》的宗旨和内容均呈现了"守成性"。这点在《宣言》正文的序言部分第 1 句作了表白:签署方"注意到成员国经常未能充分利用国际法,即 TRIPS 协议和巴黎公约赋予的规制主权";且"成员国在专利法方面的主权不断受到双边、多边或区域性国际条约的侵蚀"(序言第 2 句)。为此,《宣言》力图为成员国寻找和阐释上述国际条约预留的自主空间。这是在新加坡会议上最终确定的基调。此前数次会议的讨论主题与内容更加广泛,有的代表提出过更加激进的方案。但在 2013 年 7 月新加坡国立大学召开的会议①上,一些代表(包括本文作者)提出,作为一个由学者主导和起草的民间国际条约,要在国际上发挥实际作用,为国际社会、特别是一些需要利用专利例外和限制制度的 WTO 成员所接受、采纳,不应当脱离现实的国际知识产权法体系。而 TRIPS 协议是当前最具广泛性和"刚性"的知识产权国际公约,应当成为《宣言》的基础。这条意见为大会所采纳。目前发布的《宣言》基本上以 TRIPS 协议为出发点,在尊重 TRIPS 协议的前提下,对成员可以利用的专利保护的限制和例外空间作出了诠释和挖掘。但是,守成并不意味着《宣言》毫无建树。从条约解释学的角度,《宣言》对国际条约有关成员国自主权的部分作了较宽的"目的解释",成员"认识到 TRIPS 协议和巴黎公约是,而且应当被解释为,更广泛的国际准则和原则的一部分,包括有关人权和生物多样性的公约"。于是,《宣言》允许成员国为了环境保护、生物多样性、健康卫生、营养、食品安全、科技进步、教育和国防等目的采取必要的措施。这是对 TRIPS 协议第 8 条的引申。此外,在处理 TRIPS 协议第 27 条与第 30 条的关系上,《宣言》的解释突破了 WTO 争端解决机构的决定。限于篇幅,在此无法展开论述。

(二)中立性:妥善处理专利法与竞争的关系

《宣言》提出了一个创新性的概念和原则——"中立性",这是《宣言》中一个极为重要的原则。《宣言》指出:"因为是市场而非专利创造了创新机遇并为创新提供回报,专利保护对竞争的效果必须是中立的。过度的和不足的保护都会有碍于市场的运作。保护不足损害了利用创新机会的积极性;过度保护则损伤其他市场参与人进入市场和参与竞争的自由。"②

---

① 如新加坡会议讨论的《宣言》草案稿题为:"The Patent Declaration Project",没有提到 TRIPS 协议。

② 《宣言》"Considerations"部分第 6 段,即"区别"部分,第 1 款。

无论是保护不足还是过度保护都导致市场扭曲,不能根据市场参与人的竞争表现有效地配置资源。"中立性"乃是《宣言》所欲构建的专利制度的一种核心属性。就其实质,《宣言》提出的"中立性"与知识产权法普遍熟知的"利益平衡"原则极为相似,①可谓殊途同归,二者均意在使专利保护达到一个合理的度。但二者并不等同。区别之处首先在于观察的角度不同,"利益平衡"乃是阐明专利制度参与主体之间的平衡,主要是权利人(发明创造者)与使用者之间的利益平衡;而"中立性"则侧重于考察专利保护对竞争的影响,主要考虑权利人与其竞争者的关系。其次,"利益平衡"理论往往强调专利制度的能动性,②反映出一种干预市场经济活动的立法理念,而"中立性"则强调了专利制度的辅助性与从属性,认为对于创新和经济增长而言,市场才是主要动因,专利制度只是起到一个"中立"或者辅助的作用,其存在,乃是以促进而非损害市场竞争为目的。此外,《宣言》对策略性、攻击性利用专利制度的做法给予了负面的评价,认为它"导致了市场竞争的扭曲,阻止了通过市场参与者的竞争表现对市场资源的有效分配"③。因而相较于"利益平衡","中立性"这一概念具有一个更为鲜明的价值取向——维护自由竞争的市场,这在一定程度上是将自由竞争的原则"内化"于专利法之中,使人们对专利制度与竞争的关系有一个更清醒的认识。

此外,《宣言》中立性的另一层含义在于,《宣言》力求保持中立,它既不是针对某一特定发展水平的国家,也不是为了提供政策建议。④ 其目的仅仅在于发现和诠释 TRIPS 协议为成员国保留的自主权,使成员明了其自主权的界限。为此,《宣言》普遍采用的用语通常为:国际条约"不排除""不阻止"(prevent)成员为一定行为;而不用"允许"或"可以"等。

(三)多元性:专利制度的目标

法的价值目标是法的灵魂,是立法和执法的出发点和最终归宿。专利法的价值目标是什么? 这仍然是一个众说纷纭、尚无定论的问题。有学者以"正义、效率"为目标;有人主张是"保护专利权";有的认为专利法有"多层次"价值目标。各说不一。《宣言》认可专利制度的多元化价值目标。《宣言》指出,专利制度的首要目标在于克服市场失灵,使市场能够提供足够水平的技术知识。其机理在于:如果没有专利保护,人们发明(如投入研发)与创新(如利用新发明提供的商业机会)的动力不足,因为发明者无法排除他人"不劳而获",攫取发明带来的收益而不承担发明的成本。⑤ 此外,专利制度还要服务于其他一系列目标,包括:吸

---

① 在法律层面上,利益平衡是指:"通过法律的权威来协调各方面冲突因素,使相关各方的利益在共存和相容的基础上达到合理的优化状态。"参见陶鑫良、袁真富:《知识产权法总论》,知识产权出版社 2005年版,第 17~18 页。

② 利益平衡论者通常认为:"知识产权法需要对知识产品的创造者和使用者之间的关系进行平衡和协调,既照顾到知识产权人的利益,激励他们创造出更多的知识产品,又兼顾使用者的利益,实现知识产权法促进科技文化进步的社会目的。"冯晓青:《论利益平衡原理及其在知识产权法中的适用》,载《江海学刊》2007 年第 1 期。

③ 《专利宣言》第 4 页,"区别"部分,第 1 款。

④ Matthias Lamping,Opinion,Declaration on Patent Protection,*IIC-International Review of Intellectual Property and Competition Law*,Vol. 45,No. 6,pp. 679~680.

⑤ 《宣言》"Considerations"部分第 1 段。

引外国投资、促进技术转让和信息传播、支持本国产业发展或获取贸易收入。① 为此,《宣言》的正文的"基本原则"的开头即指出,TRIPS 协议为成员国保留了自主权,使成员国可以确定本国专利制度的目标并采取措施确保竞争不受过度的限制,确保成员对其他重要公共利益的追求不受过度的阻碍。

(四)外显性:寻找被隐藏的空间

《宣言》的一个重要贡献是将 TRIPS 协议中隐含的成员自主权"外在化""显性化""明细化"。例如,对于商业秘密的强制许可,TRIPS 协议第 31 条和第 39 条均未提及,既未准许,也未禁止。对此,《宣言》正文第 9 条第 1 段作了澄清,指出:"TRIPS 协议第 31 条和第 39 条不阻止颁发强制许可的机关要求专利权人,在适当情况下,向强制许可的被许可人提供为有效实施有关专利所必要的商业秘密,只要专利权人合法的保密利益得到充分的考虑。"

关于商业秘密的强制许可问题,在 2013 年的新加坡会议上,与会者进行了激烈争论。现有《宣言》版本对各种意见进行的折中,一方面,允许对商业秘密进行强制许可;另一方面,对此种强制许可施加了严格的限制:一是这种许可是为了有效实施相关专利所必需的,如若缺乏相关的商业秘密,利用强制许可制造的药品无法达到该药品的正常功效,此时方具备对商业秘密进行强制许可的条件;二是必须充分考虑到商业秘密权利人的利益。又如,在禁令的问题上,《宣言》指出,TRIPS 协议第 44 条与第 50 条并不要求执法机关在认定存在知识产权侵权时必须颁发禁令。相反,禁令的颁发受到严格的限制(《宣言》第 10.1 款)。可见,《宣言》给成员国"松绑"背后的理念是"法无禁止皆可为"。若 TRIPS 协议没有明令禁止,则属于成员的自主权空间。

四、结论

在当前加强知识产权保护的呼声高涨的背景下,《宣言》对专利制度进行了深入的反思,并在尊重国际知识产权公约的前提下,从保护竞争和社会公共利益的角度出发,对专利保护的弹性空间作了具体的诠释和引申,对欠发达国家利用 TRIPS 体制下的灵活性、保障社会公共利益具有重要的指导意义。

知识产权法律制度从诞生起就面临着知识产权人的利益与公共利益之间的平衡问题,在知识产权的国际保护中,这也突出地表现为发展中成员与发达成员之间的矛盾。② 时至今日,以美欧为代表的发达国家依然未曾停止追求加强知识产权保护水平的脚步,在达成了 TRIPS 协议之后仍不断通过各种方式实现进一步加强知识产权保护之目的,《反假冒贸易协定》(*Anti-Counterfeiting Trade Agreement*,简称 ACTA)和《跨太平洋伙伴关系协定》就是典型的例子。上述两项条约虽然涉及国际贸易中的诸多内容,但其共同之处就在于均将加强知识产权保护作为一项核心目标。以过境货物为例,与 TRIPS 协议中主管机关对过境货物采取特定措施需在"掌握初步证据"下方才得以进行的规定相比,ACTA 则规定主管机关只要认为"相关货物涉嫌侵权"就可以采取中止放行或扣押等措施。而被 TRIPS 协议排

① 《宣言》"Considerations"部分第 1 段。
② 张乃根:《WTO 争端解决机制论——以 TRIPS 协定为例》,上海人民出版社 2008 年版,第 167 页。

除在可专利范围之外的对疾病诊断的方法,在 TPP 中都属于应当被授予专利的对象。这些事实表明,发达国家希望凭借其技术发展所积累的优势,通过知识产权制度能够将这种优势转化为战略资源。不仅从技术成果向发展中国家扩散的过程中获益,而且在发达国家之间保持相对主动的竞争优势。与之相应,发展中国家在期望通过较低成本与门槛分享技术发展所带来便利的同时,更希望知识产权制度能够服务于自身经济与技术的发展。因此,各国因经济与技术发展水平的差异,对于知识产权制度的理解与需求存在很大的区别与不确定性。在此背景下,国际条约中任何存在模糊性的概念都极易引起各种争议甚至争端。TRIPS 协议作为 GATT 乌拉圭回合多边谈判中各方利益妥协,尤其是发展中与最不发达成员为获取货物贸易利益而在知识产权保护方面作出让步的最终产物,[①]是不同发展水平的国家博弈的结果,在成员国可以利用的政策空间上比较模糊。同时,创新的来源与创新机会的发现可能具有不可预测性,[②]技术变化的决定因素具有深刻的不确定性,[③]于是,在制度需求的差异性、技术变革的不确定性以及国际条约规定的模糊性这三者共存的情况下,若不对条约中的政策边界加以明晰就极易引发一系列问题:一方面,可能引起知识产权的滥用;另一方面,由于对条约内容理解的局限性使一些国家的公共利益被忽视或牺牲。只有明确了各项政策所预留的空间,方才能使各国在 TRIPS 框架下针对各自经济与技术发展的客观情况灵活适用专利制度。《宣言》对 TRIPS 协议所包含的各项政策空间加以明确,为发展中国家分享技术进步的成果提供了理论依据,无疑具有重要的现实意义。

此外,面对专利制度工具化的现实情况,针对制度演变过程中缺乏公共利益考量的问题。《宣言》立足于世界各国不同的经济与技术发展水平,提出与强调了专利制度中立性及其重要性阐释分析了专利制度与市场经济发展之间的密切关系。简而言之,专利制度理论上虽然有激励创新之功能,但是这一功能的实现必须得到市场的支持与配合。否则仅仅依靠专利制度,所谓的激励也只是“无源之水、无本之木”。因此,唯有坚持专利中立,使专利权回归其排他权、消极权的本性,方能使市场机制顺利运行,避免对专利的滥用,避免借助专利制度限制技术流通与传播;正确理解专利保护与限制的功能,合理界定保护与限制的范围,充分考虑公共利益,避免专利制度沦为攫取不当利益的工具。相应的,TRIPS 作为国际知识产权秩序的重要规则,应当考虑各成员国技术与经济发展的差异。《宣言》认可这种差异,并着力寻找和诠释包容此种差异的法律空间,避免被扭曲的知识产权制度对市场竞争与重要的公共利益产生不良影响。

---

① 张乃根:《WTO 争端解决机制论——以 TRIPS 协定为例》,上海人民出版社 2008 年版,第 164 页。
② 金吾伦:《创新的哲学探索》,东方出版中心 2010 年版,第 45 页。
③ [美]内森·罗森博格:《探索黑箱》,王文勇、吕睿译,商务印书馆 2004 年版,第 6 页。

附：

专利保护宣言

——TRIPS 协议下的规制主权

（德国马普创新与竞争研究所所长 Reto Hilty 主持起草）

张文韬、肖冰译　林秀芹校

序言

作为创新市场的框架性规章，专利制度应当与其为之服务的创新进程以及其赖以运行的竞争环境相适应。为了确保专利制度作为一项发明政策工具能够发挥其有效的功能，专利权应该在参考社会经济成本与收益的前提下，加以界定、证成以及不断反思。

主权国家应该保持制定与本国技术能力以及社会、文化和经济需求和优先发展方向相匹配的专利制度的自由裁量权，但是这种自由裁量权应当在国际法范围内运用。考虑到国际法解释中的一般原则，本《宣言》试图使这些边界更加清晰。其目的在于明确 TRIPS 协议给成员国立法与司法机关实施与执行其专利制度所应预留的政策空间。

尤其当涉及将法律适用于变化的环境时，这点是非常重要的。在此我们强调四项关键前提：

第一，成员国面对着史无前例的专利申请量与授权量。除了造成专利局工作的积压，这一现象还造成了"专利丛林""法律相互依赖性""市场准入障碍""许可费堆积"和诉讼增加等问题，所有这些最终都对研究与商业性应用造成阻碍。结果，专利制度的运行成本上升，法律确定性降低，同时市场参与者的经济自由还受到不恰当的限制。这些都影响了消费者的福利并扭曲了竞争。而且，由于在有能力应对这些现象的市场主体（如拥有自己专利部门的跨国企业）与那些没有能力应对这些现象的市场主体（如中小型企业或个人发明者）之间出现了不平衡，发明为整个社会所带来的福利减少了。

第二，新技术和商业实践正在挑战于工业革命时期形成的传统专利保护的平衡。生物技术、商业方法和计算机科学以及标准制定、策略性专利与非经营实体都影响着专利制度作为一项管理机制的功能。

第三，专利在企业管理中所扮演的角色已经改变。专利越来越多地被用作策略性资产来影响竞争条件而非一种保护研发成果的防卫性手段。这里的主要问题不在于在一个具体情况下，专利是否服务于促进创新之目的（例如以吸引风险投资或保持运作自由而不是阻碍竞争或提起非法妨碍之诉），主要问题在于专利从一种防御性权利变成了一种商业性工具，影响排他性权利在实践中运作的方式。

第四,在许多国家,特别是那些经济发达和技术基础措施先进的工业化国家,专利制度的天平逐渐向专利权人倾斜。一方面,通过减少专利申请人的负担,如扩大可专利客体的范围、降低授权标准、降低申请费用;另一方面,通过扩展专利权人的权利,如延长专利保护期限、强化侵权制裁、加强私人与公共执法)。相反,用于保护自由竞争中的公共利益与第三方使用自由的相对应的权利则几乎没有被提及或扩展。

另外两个方面的发展增加了这一变化的复杂性。一方面,由于专利局之间加强国际合作,全球化管理问题出现了;另一方面,专利制度面临着与相关的公共政策目标之间日益加剧的摩擦,例如,环境保护、保护生物多样性以及确保药品价格的可承受程度。

当世界上的主要专利制度初步发展到当今形态时,成员国当时能够在享有高度自治权的情况下进行专利制度的设计。但在过去的数十年里,这种自治权一直在被逐渐削弱。今天,成员国面对着一个由多边、区域、双边协议构成的法律和机构体系,这些条约正变得越来越复杂并对成员国的规制自主权设置了越来越多的限制。

结果,成员国维持下列三个方面平衡的能力受到过度约束的危险:在全球市场中保护知识产品的需求,规制国家或区域性创新市场的自由,以及追求多元公共利益目标的政策空间。本《宣言》力图明确成员国于国际法,特别是 TRIPS 协议下仍旧保有的规则选择空间。

考虑到:

总则

专利制度的首要规制目的是防止市场无法提供足够的技术知识。最核心的原理是:缺乏专利保护,可能会导致对发明(例如投入研发)与创新(例如利用新发明创造的商业机会)激励不足。因为无法排除其他人不承担成本而享受收益。专利也被认为服务于其他一系列目标,例如吸引国外投资、促进技术转让和传播、支持本国工业、创造贸易收入或避免贸易损失。然而,专利对于创新水平的影响很大程度上取决于专利颁发国当前的普遍技术与经济发展水平。

创新速度不理想也许有很多原因,但不能证明市场失灵必然归因于缺乏专利保护或者保护不足。专利本身并不创造创新激励。专利对市场机会带来的激励作出回应,专利权人可能抓住其专利排他权带来的市场机会,也可能没有抓住这种机会。因此,专利使专利权人可以在不受他人干扰的情况下将特定市场机会货币化。然而,专利并不赋予专利权人就其努力实际获得实际补偿或者投资回报的权利。

专利制度的良好运行有赖于市场的开放与有效竞争。专利保护作为一个非中心化的创新机会发现程序以及一个创新回报的定价机制,不应妨害动态的竞争。

专利制度获得广泛承认有赖于特权与责任之间微妙的相互作用。作为一种管制工具,其运行必须和其他公共政策与公共利益相适应,例如环境保护、生物多样化、卫生保健(包括流行病风险管理)、营养、食品安全、技术与科学进步、教育和安全。

专利保护的建立(见第 9 段以下)与限制(见第 20 段以下)就如同一枚硬币的两面:两者在促进创新竞争的同时,确保其他社会经济利益能够得到适当的保护。作为专利体制的不可或缺的组成部分,限制对于整个保护体系的平衡有着重要的作用,而不仅仅是可有可无的选项。

因此,TRIPS 协议第 7 条与第 8 条均认可专利制度根植于一个政策控制的框架之中。在这些条款的界限之内,成员国在追求公共利益目标的同时应拥有高度的自由裁量权来调节国内的创新市场。

即使所采取的这些行使自由裁量权措施会削弱 TRIPS 协议第 28 条赋予的专利权人的专有权利,但只要所追求的目标与涉及的利益是合理与必要的,就不会"与 TRIPS 协议相关条款[参见协议第 8 条,第(1)款、第(2)款]不相容"。在这一点上,需强调 TRIPS 协议第 1 条第(1)款明示授予 WTO 成员在各自法律制度与实践中,决定采用合适方式落实相关条款的自由。

区别

因为是市场而非专利创造了创新的机会并为创新提供回报,专利保护对竞争的作用必须是中立的。过度的和不足的保护都会有碍于市场的运作。保护不足会削弱利用创新机会的激励;过度保护则损害了其他市场参与者依实力经营与竞争的自由。不论是哪种情况,专利制度都会引起竞争的扭曲,因为它阻碍了市场收入依市场参与者的竞争表现进行有效的分配。

每一项技术所面临的市场失灵、对专利保护的敏感性,以及其自身的社会经济影响,或多或少是有所不同的。因此,对法律保护的需求,以及该保护对竞争的运行与实现其他公共目标方面的效果(参见前文第 3 段),也许会因所涉技术不同而有所差异。因此,予以保护的必要性和保护的形式也相应地有所区别。

与这些区别相适应的措施不能被视为违反了 TRIPS 协议第 27 条第(1)款的规定。当这一条款禁止因技术领域的不同进行歧视时,它并未阻止成员国对于不同情况加以区别对待。如果区别是为了使所有技术领域有同样的实际竞争条件,那么,这种区别对待并非歧视,恰恰相反,它是一个对技术多样化的必要回应,因而也是保持对竞争产生中立效果的内在平衡保护体系之必要条件。

区别对待应与可专利性、专利适格性及其公开的要求、可专利主题的排除,以及专利保护的范围相关联(参见下文第 17 段)。就 TRIPS 协议第 30 条与第 31 条(参见下文第 21 段)规定的保护限制而言,非歧视原则根本不能适用。与 WTO 争端解决机构委员会错误的认识相反,协议第 30 条、第 31 条的规定并不受 TRIPS 协议第 27 条第(1)款的挟制。根据遇有疑义从宽解释原则,排除了带有这种效力的解释。因而,当涉及例外与强制许可时,成员国保有对技术领域加以区别对待的自由,只要这种行为依其他公共政策目标来看是合理的。

可专利性与公开

专利保护只适用于"发明"(参见下文第 10 段)。某些发明也许会被排除在保护之外,因为它们并未构成一个"可专利的发明",例如那些商业性利用会与公共秩序和道德相冲突的发明。可专利的发明也许可能因没有满足"适格性要求"(参见下文第11段),包括公开的先决条件(参见下文第12段)而被拒绝保护。

TRIPS协议第21条第(1)款要求成员国为"所有技术领域内的每一种发明"提供保护。在缺少法典化或者成为习惯的国际共识的情况下,成员国拥有决定相关术语的自主权。他们并不需要为那些被归为发现而非发明的主题提供保护,例如(有争议):

——生物材料,例如基因,原生植物性状或者某些微生物,包括它们的成分与衍生物;

——生物方法;

——已有发明的新形式,新特征和新用途(同样参见下文第11段)。

同样的,成员国对于那些他们认为非技术本质的发明也可以不予以专利保护,例如(有争议):

——商业方法;

——计算机程序。

TRIPS协议第27条第(1)款没有阻止成员国限制"技术性"发明专利保护的可获得性。的确,大多数国家传统上已将发明定义为包含"技术层面"、解决一个"技术问题",或是实现一种"技术效果"的概念。

TRIPS协议第27条第(1)款要求成员国向未先天被排除在可专利性之外的每一种发明提供专利保护,只要他们是"新颖的、含有创新性步骤并且能够进行工业应用的"。成员国享有很大的自由裁量权来实施这些要求,例如,他们可以拒绝对以下的产品与/或方法授予专利:

——生物材料,即使它被分离与提纯;

——已知产品或物质的新形式,例如各种化学成分的变体("衍生物"),以及

——已知产品或物质的新特征或新用法,例如医药物质的二次或进一步应用;

——已授予专利的已知混合物的群组和类别中,元素或片段的选择("选择发明")。

如果成员国要对已知物质的新特性、用途或衍生物给予保护,其可不受阻止地仅在适格的情况下这样做,例如增强该物质的效果或是减少其副作用。不论如何,保护应该仅适用于新发现的形式,特性或用途,而并非物质本身,因为有争议地,在缺少新颖性的情况下,不能授予产品专利。类似的,成员国可以根据分离的生物材料是否经历改变了其功能或与其他物质相互作用的结构变化(例如:通过基因工程),决定其可专利性。

根据TRIPS协议第29条的规定,只有某种程度上已经被充分清晰、完全地公开,并能够被该领域的一般技术人员所实现的发明,才能被授予专利保护。该技术人员必须能够在没有专利申请资料以外任何额外信息的情况下实施该发明。这一规定意味着需要根据所涉技术的不同而适用不同的公开形式和门槛。举例来说,一项关于电脑程序的专利申请就需要公开源代码,而对于那些有关生物技术的发明,就需要寄存生物材料。

当一项发明没有在TRIPS协议第29条框架内充分公开,或者当申请涉及非特定的或值得怀疑的发明实施方案时,授予其专利可能不仅有碍于创新,对竞争产生不当影响,还会构成对国际法的违反。

在这一点上,判断公开是否足够清楚与完全的本领域一般技术人员,不必与判断发明新

颖或非显而易见性的技术人员相同。然而,后者可能会被定义为掌握广泛实践技术决窍的专家或一组专家,前者可能会被认为是拥有一般技术与经验的普通技术人员。

TRIPS 协议中第 27 条第(1)款中的非歧视性原则,并不阻止成员国使专利主题与可专利性要求适应于所涉技术的内在特征。例如,他们可以如此适用:

——在不同技术领域中对发明和发现进行不同划分;

——根据技术的成熟度和传播设置不同的新颖性、非显而易见性与公开的标准。

这些选择将会构成合法的善意区别实例,而不是 TRIPS 协议第 27 条第(1)款中所指的歧视(参见前文第 6 段)。

严格的可专利性政策并不意味着将那些不符合专利法下可专利性资格标准的知识产品必然被排除在保护范畴之外。假设缺乏保护会导致市场失灵(参见前文第 1 段),成员国仍旧保有采用可替代的措施激励创新的自由。例如,通过授予发明人报酬权的方式(在一段市场独占期之后),来代替授予他排他权。

保护范围

在大多数国家,专利保护的范围由专利权利要求书所确定,并与说明书以及附图一同解读。因此,专利授予的排他权与权利要求书中覆盖的所有形式的使用有关。在大多数情况下,这一做法并没有引起进一步的问题,因为技术发明通常服务于一个十分特定和明确定义的目的。然而,在一些情况下,这可能会导致过度保护。当一项发明具有多种用途或功能,在授予专利时并未完全知晓或预计的情况下,专利保护的正当性和该保护的范围之间可能缺乏因果关系。提供"绝对的产品保护"(即发明所有可能的使用、目的或功能,不论当时是否知晓)可能会超过避免市场失灵的必要,不恰当地限制竞争(参见前文第 1 段)。

TRIPS 协议第 27 条与第 28 条并未阻止各国对专利已经公开或者明确主张的用途、目的与功能的保护范围进行限制("目的限定保护")。这种限制仅适用于应用范围特别宽泛同时又难以预测的特定技术领域或特定类别的发明(典型的如化学物质,基因序列和其他"信息产品")。再次重申,这种限制将构成合法的区别而非 TRIPS 协议第 27 条第(1)款所指的歧视(参见前文第 6 段)。

权利用尽

TRIPS 协议第 6 条指出"为了纠纷解决的目的,本协议不适用于解决知识产权权利用尽问题"。易言之,成员同意各自保留不同的看法。一些国家采取国际用尽原则(即产品一旦被专利权人或其他被授权方——如自愿许可或强制许可的被许可人——在世界的任何角落投入市场,专利权就用尽了),另一些国家则选择了国家或区域性用尽原则。TRIPS 协议第 28 条不应被曲解为打破了这种不一致的协定,将进口的专有权解释为国际用尽原则的一个障碍。

TRIPS 协议第 27 条并未阻止成员国对权利用尽的范围,在不同的行业与技术领域中进行区别甚至歧视。这一措施与国际用尽问题有着特别的联系,一些行业更易于接受平行进口,另一些行业则更依赖于价格差异。成员国保有适用最有利于相关技术领域产业发展的权利用尽概念的自由。

专有权例外

通过适用适当的可专利性门槛(参见前文第9段)并合理地将保护范围与发明的价值相关联(参见前文第16段),成员国可以此降低不合理限制接触技术知识的风险。此外,他们可以使特定目的和形式的使用免受专利授予的排他权的覆盖,例如:

——基于实验的目的;

——基于个人或非商业性使用;

——基于教育目的;

——为获得进入市场的审批(监管审核或"Bolar"例外);

——为了准备竞争产品或促进竞争产品专利到期之后即时销售(参见下文第26段)。

偶尔,对于特定目的与形式使用的例外可以作为限制可专利性的一种可靠替代政策。例如,医疗方法,可以从一开始就被排除在可专利性之外,或者作为替代,可以依据其与医疗从业者的关联而被豁免。类似的,当专利所授予的权利一开始就被限制在商业使用之中,个人或非商业性使用例外就没有存在的必要了;当新颖性被非公开使用破坏时,在先使用者的权利就没有必要存在了。

为使例外与协议相一致,TRIPS协议第30条设定了三条必须遵守的标准("三步检验法"):

——例外必须是有限的,

——不能与专利的正常使用相冲突,并且

——没有不合理地损害专利权人的合法利益,并考虑到第三方合法利益。

与WTO争端解决机构专家组先前的隐含观点相反(cf. WT/DS114/R of 17 March 2000),这里的三个条件并不是累加的。三步检验法需要在综合的整体评估下加以理解,而非对每条标准分开或独立评估。不符合三项要求中的其中一条,并不必然导致例外被禁止。

为了达到"有限"的要求,例外在效果上并不必须是狭窄的。如果例外的范围与其目的和宗旨是相当的,则其就是TRISP协议第30条含义中的"有限"。例外必须符合合法的目的,足以达到该目的,并且没有超出必要和充分的限度。

一个例外如果破坏了专利作为一个定价机制的机能效率,那么它就属于"不合理地与专利正常的利用相冲突"。当例外不合理地减少市场对于发明所提供的回报时,即属于这种情况。

一个例外如果既符合比例又合理,那就不会"不合理地损害合法利益"。在这种背景下,必须考虑所有涉及的利益,包括:

——专利权人和他(她)实际与潜在的被许可人;

——后续发明人;

——需要在有效竞争条件下从事经营活动的竞争者与其他市场参与者;

——需要接触基础研究成果的科学与学术研究者;

——受益于技术进步的消费者;

——可能在社会、文化与经济福利获得改善的广大公众。

在这样的背景下,与 WTO 争端解决机构过去所做的决定(参见 WT/DS114/R,2000 年 3 月 17 日)不同的是,只要遵守比例原则并考虑所有受影响的利益,即使表面上看来为"无限制的"例外,例如储存未过专利期的相关非专利药物,也可以被认为是符合 TRIPS 第 30 条规定的。

强制许可

并非所有专利保护的受益者和受损者之间的矛盾,包括竞争者、消费者和最终的公众之间的矛盾,都能够被在先确定的专有权范围以及限制例外所解决。为了在专利的整个生命周期内,调整关键的公共利益并将排他性限定在合理限制范围内,成员国应当在即使专利已被授予的情况下,仍然有权调整专有权的范围。

事实上,无论是 TRIPS 协议的第 31 条还是《巴黎公约》的第 5A 条,都没有对在何种情况下可以颁发强制许可作出限制,因此,成员国利用强制许可作为调整工具的自主权是受到保证的。

一般而言,强制许可可以被区分为两类:一种是用来保持保护体系功能效率的强制许可(参见前文第 1 段),另一种是用来调整其他公共利益的强制许可(参见前文第 3 段)。

强制许可通过避免专利本身成为发明和创新障碍的风险,确保了创新市场的有效运作。这其中包括:为了改进专利(即在后的专利无法在不侵犯在先专利的情况下被利用)的利用,为了使生物技术的发明能够被用作研究工具,或作为对抗专利权人滥用权利和其他不当行为的一种救济,而颁布强制许可。

作为政策工具,强制许可有利于确保专利保护与其他的社会经济利益保持恰当的平衡。以公共利益为目的的强制许可,可以在以下情况下被授予,例如,当对专利发明的需求没有在充分的程度或合理的期限内得到满足时,以及当由于专利权人拒绝给予自愿的许可而妨碍了国内产业的建立和发展时。

如果专利权人没有能够在保护的地域之内实施专利,同样也可以授予强制许可。由于 TRIPS 协议第 27 条的非歧视原则,即禁止因产品为进口或本地生产而进行歧视的原则,不适用于 TRIPS 协议第 31 条,成员国可以自由地实施"当地实施要求"。但是,由于这种要求与全球化市场背景下专利保护的经济原理存在紧张关系,并且需要与 WTO 首要的自由贸易原则进行协调,成员国可能希望使强制许可的颁发遵守附加要求(例如专利权人已被给予足够的时间进行本地生产的准备,而且强制许可是在危急关头调整利益的一个适当措施)。然而,在专利权人能够证明自己不实施具有合理性时,不得强制许可(参阅《巴黎公约》第 5A 条)。

尽管成员国在决定于何种情况下颁发强制许可时具有很大的规制自主权,但在实践中的实际运用却可能受到限制。由于 TRIPS 协议第 31 条第(a)款到第(1)款对程序形式设置了过于严格的实施限制,因此该规则对专利权人的影响通常微不足道。这可能导致他(她)在自愿许可谈判中,以损害公众利益的方式利用他(她)的有利谈判地位。因此,程序要求应当精心设计,以避免对许可申请人造成过度负担。

为了保证竞争环境的公平,成员国可以倒置关于许可义务存在的举证责任,并且可以在行政或司法审查期间使强制许可立即生效[参见 TRIPS 协议第 31 条第(i)款和第(j)款]。

在决定强制许可的范围和期限时[参见 TRIPS 协议第 31 条第(c)款],成员国应考虑被许可人的商业利益。被强制许可人不应被剥夺获得合理补偿以及适当投资回报的可能性。否则,他(她)将一开始便缺乏申请强制许可的激励。这可能会要求扩大强制许可的范围和期限,超过引起强制许可的背景所实际必要和充分的程度。出于同样的原因,TRIPS 协议第 31 条第(g)款没有规定仅在引起颁发强制许可的背景已经不存在的情况下,应当终止强制许可。

在强制许可作为对抗权利滥用及其他不当行为的一种救济颁发时,并不要求拟议中的被许可人参与了与专利权人的在先谈判[参阅 TRIPS 协议第 31 条第(b)款],也不要求被颁发的许可主要是用于供应国内市场[参阅 TRIPS 协议第 31 条第(f)款]。考虑到专利的本质是作为竞争的一种手段(参见前文第 1 段),任何对专利所赋予专有权的不合法利用,无论是被竞争法所明确规定的(比如搭售和捆绑销售、歧视、限制生产、过高定价以及市场分割等行为),还是被其他法律所规定(比如专利法本身、民法、侵权法、行政法以及程序法等),都可以被认为是 TRIPS 协议第 31 条第(k)款所指的"反竞争的"。实际上,成员国经常在反垄断法以外的法律中解决竞争问题。

政府使用

政府使用与皇室使用(Crown use)背后的合理性,是基于国家对国民的责任以及其在市场本身无法提供必要公共产品的领域进行介入的义务。因为首先是国家授予了专利保护,所以在为了达成其他公共政策目标时,如果出现矛盾,是否最终要对保护进行限制是由国家决定的。

未披露信息

尽管 TRIPS 协议第 29 条规定了严格的信息披露要求,专利本身实际包含的信息通常不足以使其他人能够实施发明。因此,第三方需依靠专利权人所独有的其他技术秘密(know-how)。这在第三方与专利权人没有合同关系来规定技术秘密的转让时,例如在进行强制许可时,是尤为重要的。在这种情况下,主管机关可以给专利权人施加一项义务,使其在有适当补偿作为合理交换的情况下,向被许可人提供实施受保护发明所必要的技术秘密。对这种技术秘密的获得只有在根据 TRIPS 协议第 39 条所规定的最重要的保密性的事由导致困难的平衡向专利权人倾斜时,才能被拒绝。

TRIPS 协议第 39 条可能会禁止向包括仿制药公司在内的第三方披露临床实验数据,但它不得禁止第三方依靠这些数据来解释非专利仿生药的安全性和功效。因此,主管机关可以在原创者的专利过期前处理非专利药物的市场许可。

实施

　　是否颁发禁令,颁发临时禁令还是永久禁令,是主管机关基于衡平的自由裁量权。在行使这一自由裁量权时,应当考虑所有受到影响的利益(即不仅仅是专利权人和被控侵权人,还包括被许可人、生意伙伴、竞争者、消费者以及最终的广大公众的利益)以及个案的情况,例如:

　　——设想中的救济对相关方的经济影响;

　　——故意还是非故意的侵权性质;

　　——侵权技术对相关终端产品市场价值的贡献;

　　——原告的利益是排他还是金钱性质的。

　　颁发临时措施的条件需要被仔细审查,以避免其被滥用或造成对合法交易的不当限制。确定权利要求的有效性、覆盖范围,以及侵权存在的可能性,需要法官一般不具备的技术知识。在这方面,许多国家对于临时措施所采用的谨慎司法态度提供了有益的指导。

　　被诉侵权人一般应被允许表达他(她)的抗辩。未经听取另一方当事人陈述即颁发禁令仍然应当是一种例外。原则上,不应采取临时措施,除非对专利权人造成的损害大于不恰当地采取该措施可能对被诉侵权人造成的损害。此外,公共利益不应受到消极的影响。TRIPS 协议第 50 条为成员国司法机关确定采取临时措施的条件提供了充分的空间。

　　TRIPS 协议第 31 条第(a)款到第(1)款的程序步骤并不适用于禁令救济的否决,即使其效果与强制许可在实质上相同(即当禁令救济与被诉侵权人持续支付许可费挂钩的时候)。

运输

　　专利权不应对合法的交易造成障碍(参见序言第 1 段以及 TRIPS 协议第 41 条)。如果商品不是前往转运国市场的,则这些转运中的商品不能视为侵犯任何一项专利通常授予的专有权。专利法的地域性原则不能被 TRIPS 协议所消除[例如,参见 2003 年 8 月 30 日 WTO"实施多哈宣言关于 TRIPS 协议和公共健康的第 6 段"的决定中的第 6(i)段,关于强制许可下所生产或进口的医药产品的出口的规定]。转运途经国的海关机构和法院没有能力判断转运中的商品在来源国或者目的国是否侵权,进而无法自行决定是否颁发临时或者永久禁令。

　　海关机构根据侵权主张而对商品进行扣押可能同样违反了载入 GATT 第 Ⅴ 条中的自由运输原则。

刑事措施

　　专利的范围取决于对其权利要求书的解释,这种解释是由不同国家的法院依据各种不同的理论和方法进行的。所授予的专有权利的范围以及专利权本身的有效性经常是存在不确定性的。在这种情况下适用刑法将打击合法活动,并且阻碍合法交易。TRIPS 协议并不要求对专利侵权进行刑事化。侵权人应当只需按可适用的法律规定承担民事责任。

宣言

各签署方,

注意到成员国普遍没有充分利用 TRIPS 协议与巴黎公约等国际法所允许的规制自主权;

考虑到由于多边、地区以及双边协定产生的义务,导致了专利法领域对国家规制主权限制的不断增加;

回顾 TRIPS 协议与巴黎公约都是,且应当解释为是一系列更广泛的国际条约、原则的一部分,这些国际公约包括有关人权、生物多样性的公约;

回顾专利制度应当最终通过促进经济增长和技术进步服务于公共利益,以促进整个社会的福祉;

强调,鉴于前述理由,有必要建立法律的确定性,明确成员国在制定和实施其本国专利制度时国际法赋予成员国的义务,以及留给其的政策空间;

现作如下宣言:

总则

TRIPS 协议为成员国保留了决定其专利制度目的的权利,且成员国可采取措施确保:

——竞争不受过度的限制,此限制应当以防止市场失灵所必要和充分为限,同时

——对其他同样或更加重要的公共政策的追求不受不适当的妨害。

尤其,不阻止成员国采取下列措施:

——在专利保护和竞争原则之间保持适当平衡,包括采取措施对抗专利权的滥用以及专利权人和申请人的其他不正当行为;

——向其国民提供关键的公共产品,例如环境保护、生物多样性、医疗保障、营养品、食品安全、技术和科技进步、教育,以及安全。

这些措施与 TRIPS 协议相符 ——在协议第 8 条第(1)款和第(2)款的含义内——只要根据它们所追求的目标和所涉及的利益这些措施是必要的、合理的。

区别

TRIPS 协议第 27 条没有阻止成员国根据以下情况合理区别技术领域:

——议争中技术的内在特征,以及

——与议争领域有关的国家公共政策。

可专利性与公开

成员国拥有界定可专利发明的自主权。TRIPS 协议第 27 条没有要求成员国为以下主题提供专利保护：

——被归类为发现而不是发明，或者

——在性质上不被认为是技术性的。

成员国有权决定可专利性如何被解释与适用。特别是，TRIPS 协议第 27 条并不阻止各成员国拒绝为以下主题提供专利保护：

——已知产品和物质的新使用方法；

——已知产品和物质的衍生物；

——选择发明

以及其他缺乏新颖性与/或创造性步骤的主题。

成员国不必为在专利申请中没有充分披露或者明示主张的发明提供专利保护。

成员国可以将披露权利要求中生物材料和相关的传统知识的来源作为授予专利权的前提条件。

保护范围

TRIPS 协议第 27 条和第 28 条并不阻止成员国将对产品或方法的专利保护限制在专利请求中所明确主张的发明的特定功能内。

权利用尽

TRIPS 协议第 6 条没有阻止成员国决定专利权是否国内用尽、区域用尽或者国际用尽。

TRIPS 协议第 27 条没有阻止成员国依技术领域将权利用尽的地理范围进行区别对待。

保护范围的例外

TRIPS 协议第 27 条设定的非歧视原则并不适用于协议第 30 条所允许的例外。

TRIPS 协议第 30 条构成不可分割的整体。"三步检验法"中的三个步骤应当作为一个整体综合起来进行总体评估。

TRIPS 协议第 30 条并不：

——限制引入专利专有权例外的理由；

——阻止立法机构引入开放式的一般例外，只要这种例外的范围是可以合理预见的；

——阻止法院将现有的法定例外在相似事实情形下类推使用；

——要求狭窄地解释例外;应根据例外的目的和宗旨进行解释。

例外不能与专利的正常利用发生不合理的冲突,除非:

——是以重要的、相竞争的公共政策考虑作为根据的,或者

——具有对抗不合理阻碍市场(尤其是二级市场)运作的效果。

TRIPS 协议第 30 条没有要求成员国在超过防范市场失灵目的之外考虑专利权人的利益。

第三方的合法利益包括:

——后续创新;

——竞争者和其他市场参与者;

——科学研究;

——消费者;

——广大公众。

强制许可

TRIPS 协议第 31 条并不限制颁发强制许可的理由。

TRIPS 协议第 27 条的非歧视原则不适用于协议第 31 条所允许的强制许可。

特别是,TRIPS 协议第 27 条并不阻止成员国在专利产品没有在受保护区域内制造或专利方法没有在受保护区域内使用的情况下,颁发强制许可,但要遵守《巴黎公约》第 5A 条的要求。

TRIPS 协议第 31 条并不阻止成员国:

——在合适的情况下,要求专利权人证明颁发强制许可的条件没有满足;

——只要能够保证专利权人合法利益得到充分保护,即可使在行政和司法审查中的强制许可立即生效。

TRIPS 协议第 31 条并不要求将强制许可作不当的限制,以致阻碍被许可人合理善意的投资。在适当情况下,成员国并不被阻止:

在消除导致强制许可之情形的特定要求之外,决定强制许可的范围;或者

——即使在导致强制许可的情形已经不复存在并且难以重现的情况下,仍然决定强制许可的持续进行。

TRIPS 协议第 31 条并不阻止成员国颁发强制许可,来作为对抗专利权滥用、不合理限制交易的做法,以及消极影响技术国际转移的一种救济,即使:

——拟议中的被许可人没有事先努力从专利权人处获得授权,并且

——所授权的使用主要是为了供应外国市场。

WTO 2003 年 8 月 30 日决定确立的制度以及拟设的 TRIPS 协议第 31 条补充条款,并不影响成员国在 TRIPS 协议第 31 条第(k)款和第(f)款的条件下,允许出口的自主权。

政府使用

TRIPS 协议第 31 条并不限制可以授予政府使用的条件。

在实施专利的政府使用时,TRIPS 协议第 31 条并不要求任何诸如承包商在内的第三方,按照政府的授权行事时,必须以非营利的原则运营。

未披露信息

只要在充分考虑专利权人的合法保密利益的条件下,TRIPS 协议第 31 条和第 39 条不阻止颁发强制许可的主管机关在适当的情况下,要求专利权人向强制许可的被许可人提供为实现强制许可目的所必要的知识,以便有效地实施专利。

TRIPS 协议第 39 条并不阻止成员国在必要时,授权包括强制许可被许可人在内的第三方,为了产品获得市场准入的审批,而依靠或者使用原创公司提供的临床数据。

TRIPS 协议第 28 条与第 39 条并不阻止各成员国依靠原创公司提交的临床数据,在相关专利保护期届满之前,处理非专利产品的市场准入申请。

实施

TRIPS 协议第 44 条和第 50 条并不要求发现侵权的主管机关采取禁令救济。禁令在下列情况中可能是不恰当的:
——各方的合法利益可能受到负面影响;
——违背公共利益;
——专利权人的合法利益可以通过诸如损害赔偿、担保等其他方式进行保护;
——在考虑颁发临时禁令的情形,专利权人难以证明专利有效性或侵权。

TRIPS 协议第 50 条并不要求在没有先听取另一方意见的情况下采取临时措施。如果采取了,就应当依据协议第 50 条第(4)款提供复审的机会。

成员国并不被阻止为防范或控制权利滥用或其他专利权人的不适当行为,而拒绝提供禁令救济。

运输

转运中的货物:
——不受 TRIPS 协议所规定的边境措施的约束;
——处于协议第 28 条所规定的专利权人的权利范围之外,
但需遵守 GATT 第 V 条的自由运输原则。

刑事措施

除了在以商业规模故意假冒商标与版权盗版的情况下,TRIPS 协议第 60 条并不要求成员国适用刑事程序和刑罚。

版本 1.0   慕尼黑,2014 年 4 月 15 日

支持宣言:

如果您想作为一个支持者签署宣言,请将您的名字(包括称谓)、单位、职务发送到 patentdeclaration @ ip. mpg. de.

本《宣言》是一个"活的文件",如果您有促进它的建议,或者您觉得我们遗漏或误解了什么,我们十分乐意听到您的建议。请将您的想法发送给我们 patentdeclaration @ ip. mpg. de.

PROJECT LEAD

Hilty, Reto M. (Chair)	Director of the Max Planck Institute for Innovation and Competition, Munich (Germany)
Lamping, Matthias (Drafting)	Senior Research Fellow at the Max Planck Institute for Innovation and Competition, Munich (Germany)

DRAFTING COMMITTEE

Burk, Dan L.	Professor at the University of California, Irvine (USA)
Correa, Carlos M.	Director of the Centre for Interdisciplinary Studies on Industrial Property and Economics Law, University of Buenos Aires (Argentina)
Drahos, Peter	Director of the Centre for the Governance of Knowledge and Development, Australian National University, Canberra (Australia)
Gopalakrishnan, N. S.	Professor at Cochin University of Science and Technology (India)
Große Ruse-Khan, Henning	Lecturer at the University of Cambridge (England)
Kur, Annette	Senior Research Fellow at the Max Planck Institute for Innovation and Competition, Munich (Germany)

Van Overwalle, Geertrui	Professor at the Catholic University of Leuven (Belgium)
Reichman, Jerome	Professor at Duke University, Durham (USA)
Ullrich, Hanns	Affiliated Research Fellow at the Max Planck Institute for Innovation and Competition, Munich (Germany)

FURTHER CONTRIBUTORS

Azmi, Ida Madieha	Professor at the International Islamic Uviversity, Kuala Lumpur (Malaysia)
Antons, Christoph	Professor at Deakin University, Melbourne (Australia)
Bakhoum, Mor	Senior Research Fellow at the Max Planck Institute for Innovation and Competition, Munich (Germany)
Borges Barbosa, Denis	Professor at the Catholic University of Rio de Janeiro (Brazil)
Calboli, Irene	Professor at Marquette University, Wisconsin (USA)
diCataldo, Vincenzo	Professor at the University of Catania (Italy)
Drexl, Josef	Director of the Max Planck Institute for Innovation and Competition, Munich (Germany)
Fider, Alex Ferdinand	Senior Partner at Angara Abello Concepcion Regala & Cruz (Philippines)
Garcia Vidal, Angel	Professor at the University of Santiago de Compostela (Spain)
Godt, Christine	Professor at the University of Oldenburg (Germany)
Goyal, Yugank	Professor at Jindal Global University, Haryana (India)
Jaeger, Thomas	Senior Research Fellow at the Max Planck Institute for Innovation and Competition, Munich (Germany)
Kim, Byungil	Professor at Hanyang University, Seoul (Korea)
Kingston, William	Professor at Trinity College Dublin (Ireland)

Köklü，Kaya	Senior Research Fellow at the Max Planck Institute for Innovation and Competition，Munich（Germany）
Kuanpoth，Jakkrit	Professor at the University of Wollongong（Australia）
Lee，Nari	Professor at Hanken School of Economics（Finland）
Lin，Xiuqin	Professor at Xiamen University（China）
Liu，Kung Chung	Professor at Academia Sinica（Taiwan）
Loy，Wee Loon	Professor at the National University of Singapore（Singapore）
Machnicka，Agniezka	Senior Researcher at the Free University of Amsterdam（Netherlands）
Nakayama，Ichiro	Professor at Kokugakuin University，Tokyo（Japan）
Rademacher，Christoph	Professor at Waseda University，Tokyo（Japan）
Roffe，Pedro	Senior Associate at the International Centre for Trade and Sustainable Development，Geneva（Switzerland）
Tamura，Yoshiyuki	Professor at Hokkaido University（Japan）
Troncoso，Mauricio	Professor at the Universidad Autónoma de Madrid（Spain）
Vivant，Michel	Professor at Sciences Po，Paris（France）
Yu，Peter K.	Director of the Intellectual Property Law Center at Drake University，Iowa（USA）

（本文编辑：董慧娟）

跨太平洋伙伴关系协议的"跨洋"之惑

■Peter K. Yu[*]

摘　要: 由美国主导的跨太平洋伙伴关系协议谈判(Trans-Pacific Partnership Agreement negotiations)将中国、印度等具有代表性的新兴经济体、欧陆国家与民间团体组织排除在外,引发了有关亚太地区经贸合作关系发展、国际监管环境改善及多边贸易体系构建的诸多争议。TPP 协议的知识产权章节集中体现了"除外之举"可能限制该协议在亚太地区的影响力,并且不利于未来"区域经济一体化"的进一步发展。考虑到经济规模、贸易模式及资本流动等方面,一个真正开放和广泛的亚太贸易体系不能缺少上述包括中国在内的"TPP 除外经济体"的参与。缺少欧陆国家的制约,美国在 TPP 协议谈判过程中致力于知识产权的高标准保护,努力迫使其他缔约方以及未来加入成员扩大市场开放程度,提高知识产权保护力度。这种做法对中国提出了巨大的挑战。鉴于利益博弈过程的动态性,TPP 协议的未来发展并未定型,值得泛亚地区国家相关政策制定者与社会公众的持续关注。

关键词: 跨太平洋伙伴关系协议;亚太贸易体系;区域经济一体化

INTRODUCTION

In the past few years, the United States has been busy negotiating the Trans-Pacific Partnership ("TPP") Agreement with countries in the Asia-Pacific region. These countries include Australia, Brunei Darussalam, Canada, Chile, Japan, Malaysia, Mexico, New Zealand, Peru, Singapore, and Vietnam. As Ronald Kirk, then-United

   * 余家明(Peter K. Yu),1971 年生,男,美国德雷克大学 Kern Family 知识产权法教授,美国德雷克大学法学院知识产权中心的创始主任;Copyright. 2014 Peter K. Yu. Kern Family Chair in Intellectual Property Law and Director, Intellectual Property Law Center, Drake University Law School. Earlier versions of this Article were presented at the "Trade and Transparency in the Internet Age" Conference at Yale Law School and "The Trans Pacific Partnership Agreement: Impact and Implications" Workshop at the Faculty of Law, Chinese University of Hong Kong, and as a public lecture at the School of Law at Xiamen University in China. The Article also benefits from the insights provided by a briefing meeting with the negotiators of the Trans-Pacific Partnership Agreement during the 14th negotiating round in Leesburg, Virginia. The Author is grateful to Sean Flynn, Margot Kaminski, Lin Xiuqin, and Bryan Mercurio for their kind invitations and the other participants of these events for valuable comments, suggestions, and helpful exchanges.

States Trade Representative ("USTR"), declared when the negotiations began in Melbourne, Australia:

> Trans-Pacific Partnership negotiations offer a unique opportunity to shape a high-standard, broad-based regional pact. In line with the President's goal of supporting two million additional American jobs through exports, a robust TPP agreement would expand our exports to one of the world's fastest-growing regions. Our team's aim is to achieve the biggest economic benefits for the American people, and these negotiators will be working to set a new standard for 21st century trade pacts. [1]

The TPP began as a quadrilateral agreement between Brunei Darussalam, Chile, New Zealand, and Singapore known as the Trans-Pacific Strategic Economic Partnership Agreement, or more commonly as the "P4" or "Pacific 4". [2] As Meredith Lewis recounted:

> [The negotiations were initially] launched by Chile, New Zealand and Singapore at the APEC [Asia Pacific Economic Cooperation Forum] leaders' summit in 2002. These original negotiations contemplated an agreement amongst the three participating countries, to be known as the Pacific Three Closer Economic Partnership (P3 CEP). However, Brunei attended a number of rounds as an observer, and ultimately joined the Agreement as a "founding member". The Agreement was signed by New Zealand, Chile and Singapore on July 18, 2005 and by Brunei on August 2, 2005, following the conclusion of negotiations in June 2005. [3]

In March 2010, the TPP negotiations began among Australia, Peru, Vietnam, the United States, and the P4 members for an expanded agreement. [4] Since then, Malaysia, Canada, Mexico, and Japan have joined the negotiations. [5]

Although it remains unclear which of the nearly thirty chapters[6]—or, more importantly, which specific provisions in those chapters—will be included in the final text

---

① Press Release, Office of the U. S. Trade Representative [USTR], USTR Begins TPP Talks in Australia (Mar. 15, 2010), available at http://www.ustr.gov/about-us/press-office/press-releases/2010/march/ustr-begins-tpp-talks-australia [hereinafter TPP Launch Press Release].

② Trans-Pacific Strategic Economic Partnership Agreement, Brunei-Chile-N. Z. Sing., July 18, 2005, 2592 U. N. T. S. 225.

③ Meredith Kolsky Lewis, Expanding the P-4 Trade Agreement into a Broader Trans-Pacific Partnership: Implications, Risks and Opportunities, 4 ASIAN J. WTO & INT'L HEALTH L. & POL'Y 401, 403-04 (2009).

④ TPP Launch Press Release, supra note 1.

⑤ Press Release, Office of the USTR, Statement of the Ministers and Heads of Delegation for the Trans-Pacific Partnership Countries (Feb. 25, 2014), available at http://www.ustr.gov/about-us/press-office/press-releases/2014/February/Statementof-Ministers-and-Heads-of-Delegation-for-TPP-countries.

⑥ Deborah Kay Elms, The Trans-Pacific Partnership Trade Negotiations: Some Outstanding Issues for the Final Stretch, 8 ASIAN J. WTO & INT'L HEALTH L. & POL'Y 379, 384 (2013) [hereinafter Elms, TPP Trade Negotiations].

of the TPP Agreement, the negotiations have been quite controversial. In addition to the usual concerns about having high standards that are heavily lobbied by industries and arguably inappropriate for many participating countries, the TPP negotiations have been heavily criticized for their secrecy and lack of transparency, accountability, and democratic participation. [1] The draft text of the TPP intellectual property chapter, for example, was hitherto available only through WikiLeaks. [2] Since then, the TPP chapter on environmental standards has also been publicly leaked. [3]

This Article does not seek to continue this line of criticism, although transparency, accountability, and democratic participation remain highly important. Nor does the Article aim to explore the agreement's implications for each specific trade sector, which have already received book-length treatments. [4] Instead, this Article focuses on the ramifications of the exclusion of four different parties or groups of parties from the TPP negotiations: (1) China; (2) BRICS and other emerging economies; (3) Europe (including members of the European Union and other countries in the region such as Switzerland); and (4) civil society organizations. Targeting these "TPP outsiders" and using illustrations from the intellectual property sector and the larger trade context, [5] this Article seeks to highlight the perplexities created by the TPP negotiations. It cautions policymakers, commentators, and the public at large against the negotiations' considerable and largely overlooked costs.

I. CHINA

As far as "TPP outsiders" are concerned, the first country that comes to mind is China. The exclusion of this country has raised a wide array of questions: Should the TPP

---

① See, e. g. , Letter from Prof. David S. Levine et al. to Ron Kirk, USTR (May 9, 2012), available at http://infojustice. org/archives/21137. In the interest of full disclosure, the Author has signed on to this letter.

② James Love, KEI Analysis of Wikileaks Leak of TPP IPR Text, from August 30, 2013, Knowledge Ecology Int'l (Nov. 13, 2013), http://keionline. org/node/1825.

③ Wikileaks Releases TPP Environmental Chapter; Once Again Shows Why Negotiators Wanted Details Hidden, TECHDIRT (Jan. 15, 2014, 11: 02 AM), http://www. techdirt. com/ articles/ 20140115/07432625883/wikileaks-releases-tpp-environmental-chapter-onceagain-shows-why-negotiators-wanted-details-hidden. shtml.

④ See, e. g. , No Ordinary Deal: Unmasking The Trans-Pacific Partnership Free Trade Agreement (Jane Kelsey ed. , 2010) [hereinafter No Ordinary Deal]; Jeffrey J. Schott Et Al. , Understanding The Trans-Pacific Partnership (2012); Trade Liberalisation And International Co-Operation: A Legal Analysis Of The Trans-Pacific Partnership Agreement (Tania Voon ed. , 2014) [hereinafter Trade Liberalisation And International Co-Operation]; The Trans-Pacific Partnership: A Quest For A Twenty First Century Trade Agreement (C. L. Lim et al. eds. , 2012) [hereinafter Trans-Pacific Partnership].

⑤ Intellectual property remains one of the more sensitive areas in the TPP negotiations, along with sugar, dairy, and textiles. See Elms, TPP Trade Negotiations, supra note 6, at 384.

be used to serve not only economic goals but also noneconomic goals? What role would the exclusion of China play in the TPP negotiations? Would all negotiating parties be better off with such exclusion? Or would such exclusion make the regional pact less valuable and less sustainable in the long run? If so, should the TPP negotiating parties bring China into the fold to provide additional trade benefits? Would the inclusion of the country create an additional threat to the weaker negotiating parties? Or would such inclusion help them resist the demands of the United States, Japan, and other major trading powers?[①]

When the TPP is criticized for being used to isolate or contain China, two rebuttals are usually offered. The first one, which is rather defensive, points out that, even though the TPP negotiations have excluded China, the negotiating parties have actively engaged the country in other fora at both the multilateral and nonmultilateral levels. Consider, for example, the United States' engagement with China. Since 2006, the two countries have engaged in the high-profile US-China Strategic and Economic Dialogue.[②] For more than three decades, China and the United States have also had regular meetings through the US-China Joint Committee on Commerce and Trade (JCCT), which "was established in 1983 as a forum for high-level dialogue on bilateral trade issues and a vehicle for promoting commercial relations"[③].

Although this rebuttal effectively denies the existence of an overarching US foreign policy toward isolating or containing China, it speaks very little to the motives behind the TPP negotiations. Given China's current position as the world's second largest economy, it is virtually impossible to imagine the United States and other TPP negotiating parties not having any active and continuous engagement with the country. Such engagement is also badly needed in sensitive noneconomic matters such as nuclear nonproliferation and peace-keeping operations, not to mention China's veto power in the UN Security Council.

Thus, the important question here is not whether other international discussions are

---

① Simon Tay noted China's importance to its Asian neighbors:

[W]hile many talk about Asians rebalancing their economy to focus more on regional and domestic consumption rather than depending on the American consumer, the first alternative market they usually look to is that of China. If China keeps growing over the medium to longer run, this will help not only its own people but many more across Asia, and attract more and more of them to China.

② The US-China Strategic and Economic Dialogue was originally established by the Bush administration in 2006 as the US-China Strategic Economic Dialogue. See John Naisbitt & Doris Naisbitt, China'S Megatrends: The 8 Pillars Of A New Society 157 (2010); see also Bonnie S. Glaser, The Diplomatic Relationship: Substance and Process, in Tangled Titans: The United States And China 151, 158-61 (David Shambaugh ed., 2012) [hereinafter Tangled Titans] (discussing the US-China Strategic and Economic Dialogue).

③ US-China Joint Commission on Commerce and Trade (JCCT), INT'L TRADE ADMIN., http://www.mac.doc.gov/china/JCCTforweb.htm (last visited Feb.12, 2014).

still being held between China and the TPP negotiating parties. Those discussions will be held regardless. Rather, the question should be why the TPP negotiations have excluded China when countries are already very eager to engage the country in international discussions. More specifically, what are the motives behind such exclusion?

The second rebuttal suggests that the TPP's goals have been misunderstood by many, including those in China. As this counterargument goes, the plan of the TPP is not to isolate or contain the country, but rather to integrate it to the larger international economy. ①

At the moment, China does not possess the necessary conditions to be further integrated② into what the USTR referred to as "a high-standard, 21st-century [trade] agreement"③. As a result, the existing negotiating parties, many of which have similar economic, social, and technological conditions, have to negotiate first. The plan, however, is to add China and other countries at a later point in time when they become ready. Even if China eventually decides not to join the regional pact, a "TPP first, China later" process would still benefit the United States and other negotiating parties. As

---

① See Hillary Rodham Clinton, Sec'y of State, Remarks at Singapore Management University (Nov. 17, 2012), available at http://iipdigital. usembassy. gov/ st/english/texttrans/2012/11/20121117138825. html ("We welcome the interest of any nation willing to meet 21st century standards as embodied in the TPP, including China."); see also Schott et al. , supra note 10, at 58 ("We see little evidence to support the notion that China is being excluded as part of a broader containment strategy."); Ann Capling & John Ravenhill, The TPP: Multilateralizing Regionalism or the Securitization of Trade Policy, in Trans-Pacific Partnership, supra note 10, at 279, 293 (noting the risk of the "TPP becom[ing] hostage to perceptions that it is part of a US foreign policy strategy to contain China"). As Jeffrey Schott, Barbara Kotschwar, and Julia Muir observed:

The containment thesis falls flat for several reasons. First, and most obviously, a trade agreement simply cannot "contain" a large country, either economically or politically. Second, US officials need a co-operative China to confront the myriad problems facing the world economy and the security challenges posed by Iran and North Korea as new and aspiring nuclear nations in Asia. The United States and China need to work together and therefore must manage the inevitable frictions that arise as the breadth and scope of their commercial relations expand. Third, no one else in Asia wants to contain China either. The trade and investment integration in the Asia-Pacific region achieved over the past few decades benefits all the TPP participants, even as it poses competitiveness challenges for their manufacturing industries. The proper response is to use trade arrangements, in conjunction with domestic economic reforms, to boost productivity of local industry and thereby be better positioned to compete against Chinese firms at home and abroad.

Schott et al. , supra note 10, at 58.

② See Schott et al. , supra note 10, at 58 (noting that "China is not ready to implement and enforce the types of obligations under construction in the TPP negotiations").

③ Press Release, Office of the USTR, USTR Statement Regarding the Trans-Pacific Partnership Negotiations (Sept. 5, 2011), available at http://www. ustr. gov/ about-us/press-office/press-releases/2011/ september/ustr-statement-regarding-transpacific-partnersh.

President Barack Obama recently acknowledged, "if we can get a trade deal with all the other countries in Asia that says you've got to protect people's intellectual property[,] that will help us in our negotiations with China"[①].

Moreover, it is not unusual for like-minded countries to band together to develop higher trade standards. To be certain, commentators have widely criticized the increased fragmentation of the international trading system brought about by bilateral, plurilateral, and regional trade agreements. [②] For example, Pascal Lamy, the former Director-General of the World Trade Organization ("WTO"), noted that "proliferation is breeding concern—concern about incoherence, confusion, exponential increase of costs for business, unpredictability and even unfairness in trade relations"[③]. Likewise, Francis Gurry, the then-Director General of the World Intellectual Property Organization ("WIPO"), lamented how the negotiating parties of the Anti-Counterfeiting Trade Agreement ("ACTA")[④] had "tak[en] matters into their own hands to seek solutions outside of the multilateral system to the detriment of inclusiveness of the present system"[⑤].

Nevertheless, the establishment of bilateral, plurilateral, and regional trade agreements can result in more harmonized standards if these agreements are eventually

① President Barack Obama, Press Conference by the President, White House, http://www. whitehouse. gov/the-press-office/2013/10/08/press-conference-president (Oct. 8, 2013); see also Capling & Ravenhill, supra note 15, at 292 ("Obama identified the TPP as a 'potential model' for the entire region, thus melding together US business interests and foreign policy interests to put pressure on China and others. ").

② See generally Eyal Benvenisti & George W. Downs, The Empire's New Clothes: Political Economy and the Fragmentation of International Law, 60 *Stan. L. Rev.* 595, 596- 600 (2007) (discussing the growing "proliferation of international regulatory institutions with overlapping jurisdictions and ambiguous boundaries"); Peter K. Yu, International Enclosure, the Regime Complex, and Intellectual Property Schizophrenia, 2007 *Mich. St. L. Rev.* 1, 13-21 [hereinafter Yu, International Enclosure] (discussing the development of the "international intellectual property regime complex").

③ Pascal Lamy, Dir.-Gen. , World Trade Org. , Opening Remarks at the Conference on "Multilateralizing Regionalism" in Geneva (Sept. 10, 2007), available at http://www. wto. org/english/ news_e/sppl_e/sppl67_e. htm.

④ Anti-Counterfeiting Trade Agreement, opened for signature May 1, 2011, 50 I. L. M. 243 (2011) [hereinafter ACTA].

⑤ Catherine Saez, ACTA a Sign of Weakness in Multilateral System, WIPO Head Says, INTELL. PROP. WATCH (June 30, 2010, 6:18 PM), http://www. ip-watch. org/weblog/ 2010/06/30/acta-a-sign-of-weakness-in-multilateral-system-wipo-head-says/.

consolidated into what commentators once described as "TRIPS II"[①]—referring to a potential major revision of the Agreement on Trade-Related Aspects of Intellectual Property Rights[②]("TRIPS Agreement"). In the TPP context, greater harmonization can also occur if Asia-Pacific regionalism is eventually multilateralized. [③]

In general, nonmultilateral agreements are likely to be consolidated if they provide enough incentives for outsiders to join at later stages. As Ruth Okediji pointed out, countries may seek to "consolidate and (perhaps improve) the gains from bilateralism" once they have developed a "network of bilateral agreements [that] is sufficiently dense" for that purpose. [④] Cho Sungjoon concurred: "[R]egionalism may contribute to multilateralism under certain circumstances through a 'laboratory effect'. After experiencing trial and error as well as learning-by-doing in the regional level, countries may feel confident in ratcheting these regional initiatives up to the multilateral forum. "[⑤]

The negotiation of many key international agreements, in fact, began with mini-negotiations among a small group of key, and often likeminded, players before the negotiations were finally extended to other members of the international community. A case in point is the negotiation of the TRIPS Agreement, which began with trilateral discussions among the European Communities, Japan, and the United States. [⑥] Another good, but much earlier, example is the establishment of the Paris Convention for the Protection of Industrial Property[⑦] and the Berne Convention for the Protection of Literary and Artistic Works. [⑧] As Bryan Mercurio recounted in regard to these two cornerstone agreements:

---

① See, e. g., Daniel Gervais, The Trips Agreement: Drafting History And Analysis 48 (2d ed. 2003); Graeme B. Dinwoodie, The International Intellectual Property Law System: New Actors, New Institutions, New Sources, 98 AM. Soc'y Int'l L. Proc. 213, 217 (2004); Rochelle Cooper Dreyfuss, TRIPS-Round II: Should Users Strike Back?, 71 U. Chi. L. Rev. 21, 21 (2004).

② Agreement on Trade-Related Aspects of Intellectual Property Rights, Apr. 15, 1994, Marrakesh Agreement Establishing the World Trade Organization, Annex 1C, 108 Stat. 4809, 869 U. N. T. S. 299 (1994) [hereinafter TRIPS Agreement].

③ See Capling & Ravenhill, supra note 15, at 280 (noting "the multilateralization of regionalism in the Asia-Pacific").

④ Ruth L. Okediji, Back to Bilateralism? Pendulum Swings in International Intellectual Property Protection, 1 U. Ottawa L. & Tech. J. 125, 143 (2004).

⑤ Cho Sungjoon, A Bridge Too Far: The Fall of the Fifth WTO Ministerial Conference in Cancún and the Future of Trade Constitution, 7 J. Int'l Econ. L. 219, 238 (2004).

⑥ See generally Susan K. Sell, Private Power, Public Law: The Globalization Of Intellectual Property Rights 96-120 (2003) (recounting the trilateral discussions among the United States, the European Union, and Japan).

⑦ Paris Convention for the Protection of Industrial Property, Mar. 20, 1883, 21 U. S. T. 1538, 828 U. N. T. S. 305 (revised at Stockholm July 14, 1967).

⑧ Berne Convention for the Protection of Literary and Artistic Works app. , Sept. 9, 1886, 25 U. S. T. 1341, 828 U. N. T. S. 221 (revised at Paris July 24, 1971).

By the mid-1800s... trading nations had created a complex web of agreements in which [most-favoured-nation and national treatments] applied bilaterally. When the "spaghetti bowl" agreements became unmanageable, practitioners and government[s] realized the rights needed to be formally adopted in an international framework. Such efforts built upon the bilateralism by filling gaps and providing coherence to [intellectual property rights]. This process culminated in the Paris Convention... and the Berne Convention...[①]

To a great extent, bilateral, plurilateral, and regional trade agreements have been used as "building blocks". For example, Jason Kearns found the United States-Morocco Free Trade Agreement reflecting "a 'building block' approach: first ensuring that countries accede to the WTO, then negotiating trade and investment agreements with individual countries in the region (such as the Agreement with Morocco), and finally reaching a comprehensive United States-Middle East Free Trade Area"[②]. The TPP can

---

① Bryan Mercurio, TRIPS-Plus Provisions in FTAs: Recent Trends, in Regional Trade Agreements And The WTO Legal System 215, 217 (Lorand Bartels & Federico Ortino eds., 2007). Jagdish Bhagwati coined the term "spaghetti bowl." Jagdish Bhagwati, U. S. Trade Policy: The Infatuation with Free Trade Areas, in The Dangerous Drift To Preferential Trade Agreements 1, 2-3 (Jagdish Bhagwati & Anne O. Krueger eds., 1995). This term refers to "a mish-mash of overlapping, supporting, and possibly conflicting, obligations". Simon Lester & Bryan Mercurio, Introduction to Bilateral And Regional Trade Agreements: Case Studies 1, 2 (Simon Lester & Bryan Mercurio eds., 2009) [hereinafter BRTA Case Studies]. In the Asian context, the Asian Development Bank and other commentators have used the term "noodle bowl" instead. Wang Jiangyu, Association of Southeast Asian Nations-China Free Trade Agreement, in BRTA Case Studies, supra, at 192, 224 [hereinafter Wang, ACFTA]; Peter K. Yu, Sinic Trade Agreements, 44 U. C. Davis L. Rev. 953, 978 (2011); Richard E. Baldwin, Managing the Noodle Bowl: The Fragility of East Asian Regionalism (Asian Dev. Bank, Working Paper on Regional Economic Integration No. 7, 2007), available at http://www. adb. org/documents/papers/regional-economic-integration/WP07Baldwin. pdf; Masahiro Kawai & Ganeshan Wignaraja, Asian FTAs: Trends and Challenges 3 (Asian Dev. Bank, Working Paper No. 144, 2009), available at http://www. adb. org/ documents/Working-Papers/2010/Economics-WP226. pdf.

② Jason Kearns, United States-Morocco Free Trade Agreement, in BRTA CASE STUDIES, supra note 31, at 144, 146; see also Chia Siow Yue & Hadi Soesastro, ASEAN Perspective on Promoting Regional and Global Freer Trade, in An Apec Trade Agenda? The Political Economy Of A Free Trade Area Of The Asia-Pacific 190, 198 (Charles E Morrison & Eduardo Pedrosa eds., 2007) [hereinafter An Apec Trade Agenda?] ("The Singapore government views FTAs as building blocks towards global and APEC freer trade. Formation of bilateral FTAs among like-minded partners is seen as a way to avoid the problem in which the pace of trade liberalization is held back unnecessarily. ").

also be seen "as a building block towards a Free Trade Area of the Asia-Pacific [FTAAP]"[1]—a concept APEC studied in 2006 and an agreement it pledged to create in 2009.[2] If created, the FTAAP is likely to provide considerable trade and nontrade benefits to both the Asia-Pacific region and the global economy.[3]

Thus, if the TPP's ultimate goal is to develop a treaty that requires higher standards than what the WTO currently requires, it makes sense to exclude China from the negotiations. To begin with, China continues to struggle with a wide variety of internal problems despite having joined the international trading body in December 2001.[4] To date, these problems have included "decreasing control by the state, decentralization of the central government, significant losses suffered by inefficient state-owned enterprises, the widening gap between the rich and the poor and between the urban and rural areas,

---

[1] Jeffrey J. Schott & Julia Muir, US PTAs: What's Been Done and What It Means for the TPP Negotiations, in Trans-Pacific Partnership, supra note 10, at 45, 61. Meredith Lewis recounted the origin of the FTAAP:

In 1994, the APEC membership held its annual meeting in Bogor, Indonesia and adopted the Bogor Goals, which included the objective of achieving free and open trade and investment amongst developed APEC members by 2010, and developing country members by 2020. Although this Bogor Goal has yet to be fully realized, APEC has continued to strive towards this objective. And consistent with the desire for free trade within APEC, in 2006 APEC announced a study into the prospect of a [FTAAP], with later pronouncements endorsing an FTAAP as a goal.

Meredith Kolsky Lewis, The TPP and the RCEP (ASEAN+6) as Potential Paths Toward Deeper Asian Economic Integration, 8 Asian J. WTO & Int'l Health L. & Pol'y 359, 362 (2013) [hereinafter Lewis, TPP and RCEP]. For an excellent collection of articles discussing the APEC trade agenda and the development of the FTAAP, see generally An Apec Trade Agenda?, supra note 32.

[2] See Merdith Kolsky Lewis, Achieving a Free Trade Area of the Asia-Pacific: Does the TPP Present the Most Attractive Path?, in Trans-Pacific Partnership, supra note 10, at 223, 223 [hereinafter Lewis, Achieving a FTAAP].

[3] According to Fred Bergsten, the FTAAP could provide "the best, or perhaps only, way" to:

. catalyse a substantively successful Doha Round;

. offer an alternative "Plan B" to restore the momentum of liberalization if Doha does falter badly;

. prevent a further, possibly explosive, proliferation of bilateral and subregional PTAs that create substantial new discrimination and discord within the Asia-Pacific region; . avoid renewed risk of "drawing a line down the middle of the Pacific" as East Asian, and perhaps Western Hemisphere, regional initiatives that APEC was created to foster; . channel the China-U.S. economic conflict into a more constructive and less confrontational context that could defuse at least some of its attendant tension and risk; and . revitalize APEC itself, which is now of enhanced importance because of the risks of Asia-Pacific and especially China-U.S. fissures.

C. Fred Bergsten, A Free Trade Area of the Asia-Pacific in the Wake of the Faltering Doha Round: Trade Policy Alternatives for APEC, in An Apec Trade Agenda?, supra note 32, at 15, 32-33.

[4] For a timely collection of articles discussing China's performance in its first decade in the WTO, see generally China And Global Trade Governance: China'S First Decade In The World Trade Organization (Zeng Ka & Liang Wei eds., 2013).

massive urban migration, widespread unemployment, corruption, and growing unrest in both the cities and the countryside"[①]. Given the scale and persistence of these problems, it is no surprise that China thus far has kept a rather low profile in the WTO—or for that matter other intergovernmental organizations.[②] As Henry Gao explained:

> As a newly-acceded Member, China is required to undertake a lot of commitments, many of which are more onerous than those of existing WTO members. It is already a humongous challenge for China to try to implement these commitments. After having been in the spotlight for fifteen years, what China needs now is some quiet breathing space. Shouldering a leadership role would put China back on the front stage again and encourage other Members to pressure China to make more concessions.[③]

Moreover, the experience in the Doha Development Round of Trade Negotiations ("Doha Round") has shown that China is unlikely to quickly support standards that exceed what the WTO presently requires.[④] China has also been the respondent in a growing number of WTO complaints, on issues ranging from intellectual property enforcement to duties on steel products to exports of rare earths.[⑤] Thus, if including China in the TPP negotiations would slow down the discussions or create deadlocks similar to what the Doha Round now experiences, it makes great strategic sense to exclude China from the

---

① Symposium, China and the WTO: Progress, Perils, and Prospects, 17 Colum. J. Asian L. 1, 3 (2003) (remarks of the Author).

② See Henry S. Gao, China's Participation in the WTO: A Lawyer's Perspective, 11 SING. Y. B. INT'L L. 41, 69 (2007) [hereinafter Gao, China's Participation in the WTO] ("Be it in the informal green room meetings, the formal meetings of the various committees and councils or the grand sessions of the Ministerial Conferences, China has generally been reticent."); Peter K. Yu, The Middle Kingdom and the Intellectual Property World, 13 Or. Rev. Int'l L. 209, 229-37 (2011) [hereinafter Yu, Middle Kingdom] (discussing China's low profile in the international intellectual property arena).

③ Gao, China's Participation in the WTO, supra note 38, at 70.

④ See TRIPS Council, Minutes of Meeting.. 248-63, IP/C/M/63 (Oct. 4, 2010) (reporting China's criticism of the TRIPS-plus enforcement standards established by ACTA and other bilateral and regional trade agreements); Tu Xinquan, China's Position and Role in the Doha Round Negotiations, in China And Global Trade Governance: China'S First Decade In The World Trade Organization, supra note 36 at 167 (noting that "some Members and observers claim that China is the root cause of the WTO's Doha fiasco"); Peter K. Yu, TRIPS and Its Achilles' Heel, 18 J. Intell. Prop. L. 479, 514-15 (2011) (recounting China's strong opposition to enforcement-related discussions at the TRIPS Council).

⑤ Panel Report, China—Measures Affecting the Protection and Enforcement of Intellectual Property Rights, WT/DS362/R (Jan. 26, 2009); Panel Report, China— Countervailing and Anti-Dumping Duties on Grain Oriented Flat-Rolled Electrical Steel from the United States, WT/DS414/R (June 15, 2012); Appellate Body Report, China— Countervailing and Anti-Dumping Duties on Grain Oriented Flat-Rolled Electrical Steel from the United States, WT/DS414/AB/R (Oct. 18, 2012); Panel Report, China—Measures Related to the Exportation of Rare Earths, Tungsten, and Molybdenu, WT/DS431/R, WT/DS432/R, WT/DS433/R (Mar. 26, 2014).

negotiations—or, at least, from the initial stages of these negotiations.

Such exclusion is particularly important, considering the significant leverage China can derive from its economic strength and vast market. It is also badly needed considering that the United States and other developed and like-minded countries are now in need of an alternative international forum. As Mitsuo Matsushita, a former member of the WTO Appellate Body, reminded us, "the power relationship in the WTO has changed, that is, the majority of WTO members today are developing countries and they have been successful in rallying their forces to act as countervailing powers vis-à-vis the hegemony of developed-country Members, such as the United States and the European Union"[①].

Although good policy arguments exist to support the exclusion of China from the TPP negotiations, especially when the focus is on the short term, such exclusion is likely to significantly curtail the agreement's long-term regional impact. In fact, if the TPP negotiating parties had made a conscious and determined choice to exclude China from the negotiations, it is unclear how they could now induce China to join the regional pact.[②] As I noted in earlier articles in the context of ACTA, another plurilateral agreement set up with the ill-advised "country club" approach,[③] it is instructive to compare joining that agreement with joining the WTO, a multilateral trade club to which China acceded more than a decade ago.

In the 1990s and early 2000s, China was very eager to join the WTO and accede to the TRIPS Agreement, even though it had to revamp a wide array of laws and regulations and agree to high WTO-plus standards.[④] As Samuel Kim observed at that time, China was

---

① Mitsuo Matsushita, Japanese Policies Toward East Asian Free Trade Agreements: Policy and Legal Perspectives, in Challenges To Multilateral Trade: The Impact Of Bilateral, Preferential And Regional Agreements 41, 42 (Ross Buckley et al. eds., 2008) [hereinafter Challenges To Multilateral Trade].

② But cf. Lewis, TPP and RCEP, supra note 33, at 372-74 (discussing China's statement of interest in regard to the TPP).

③ For discussions of this approach, see Daniel Gervais, Country Clubs, Empiricism, Blogs and Innovation: The Future of International Intellectual Property Norm Making in the Wake of ACTA, in Trade Governance In The Digital Age: World Trade Forum 323 (Mira Burri & Thomas Cottier eds., 2012); Peter K. Yu, The ACTA/TPP Country Clubs, in Access To Information And Knowledge: 21St Century Challenges In Intellectual Property And Knowledge Governance 258 (Dana Beldiman ed., 2014).

④ See Samuel S. Kim, China in World Politics, in Does China Matter? A Reassessment: Essays In Memory Of Gerald Segal 37, 49 (Barry Buzan & Rosemary Foot eds., 2004) ("In a few important areas, China assumed obligations that exceed normal WTO standards—the so-called WTO-plus commitments."); Julia Ya Qin, China, India and WTO Law, in China, India And The International Economic Order 167, 173-75 (Muthucumaraswamy Sornarajah & Wang Jiangyu eds., 2010) (outlining China's "'WTO-plus' rules"); Yu, Middle Kingdom, supra note 38, at 224 ("As part of its entry price, China took on not only obligations under the TRIPS Agreement but also additional WTO-plus commitments.").

willing "to gain WTO entry at almost any price"[1]. The country's approach was understandable. To many Chinese leaders, the WTO membership helped secure China's rightful place in the international community. Even if the economic costs were high, the symbolic value of the WTO accession and an improved standing in the international community would more than compensate for the accession's short-term costs.

The TPP, however, is not the WTO. It does not give China a rightful place in the international community. Nor does TPP club membership have any bearing on China's dignitary interests. To be certain, not being allowed to join the TPP could cause China to lose face, international reputation, or even soft power.[2] Nevertheless, whether the exclusion would achieve this outcome will depend on whether the TPP is seen as a fair and legitimate trade pact. If most countries and members of the public consider the TPP an illegitimate attempt to bully the less powerful countries into adopting inappropriate standards, the exclusion of China from the negotiations will have a very limited impact on its dignitary interests, international reputation, and soft power.

Moreover, inclusion in the TPP negotiations does not indicate that the possession of high trade standards. Consider, for example, the intellectual property standards in the TPP Agreement. Although it would be highly unattractive for China to be branded as a pirate nation, especially after undertaking so many legal reforms and enforcement campaigns in the past two decades,[3] TPP membership is not limited to countries that have always respected intellectual property rights. The checkered pasts of Japan and the United

---

[1]　Kim, supra note 45, at 49.

[2]　As Derek Mitchell observed:

[I]nternational condemnation of China's domestic record on human rights, rule of law, political freedom, corruption, and export product safety has infuriated Beijing. This is true not only because of traditional Asian notions of "losing face" or contentions that it "hurts the feelings of 1.3 billion Chinese people," as the Chinese are wont to say, but also because these public criticisms affect China's international reputation and thus its soft power.

C. Fred Bergsten Et Al., China'S Rise: Challenges And Opportunities 216 (2008).

[3]　For the Author's earlier discussions of the Chinese intellectual property system, see generally Peter K. Yu, From Pirates to Partners: Protecting Intellectual Property in China in the Twenty-First Century, 50 AM. U. L. REV. 131 (2000); Peter K. Yu, From Pirates to Partners (Episode II): Protecting Intellectual Property in Post-WTO China, 55 AM. L. REV. 901 (2006); Peter K. Yu, Intellectual Property, Economic Development, and the China Puzzle, in Intellectual Property, Trade And Development: Strategies To Optimize Economic Development In A Trips Plus Era 173 (Daniel J. Gervais ed., 2007); Yu, Middle Kingdom, supra note 38.

States speak for themselves.① More importantly，as the USTR declared in his latest Section 301 Report，close to half of the twelve TPP negotiating parties failed to adequately protect intellectual property rights. While Chile earned the distinction of being on the Priority Watch List，Canada，Mexico，Peru，and Vietnam were all on the Watch List.② Malaysia was only removed from the Watch List in 2012，③ more than a year after the country joined the TPP negotiations.④ Thus，even under the USTR's unilateral standards，the TPP country club is a den filled with known pirates.

While it is already highly challenging for the TPP negotiating parties to induce China to participate in the negotiations or join the agreement after its formation，the preconditions attached to joining the negotiations or the agreement have become even more problematic. Most of the present negotiating parties simply do not see the agreement as an

---

① As William Kingston noted：

From the start of the industrial revolution，every country that became economically great began by copying：the Germans copied the British；the Americans copied the British and the Germans，and the Japanese copied everybody. The trust of the TRIPS Agreement is to ensure that this process of growth by copying and learning by doing will never happen again.

William Kingston，An Agenda for Radical Intellectual Property Reform，in International Public Goods And Transfer Of Technology Under A Globalized Intellectual Property Regime 653，658 (Keith E. Maskus &. Jerome H. Reichman eds. ，2005)；Peter K. Yu，The Global Intellectual Property Order and Its Undetermined Future，1 WIPO J. 1，12- 13 (2009) (discussing the United States' past as a pirate nation).

② Office Of The Ustr，2013 Special 301 Report 2-3 (2013).

③ See Office Of The Ustr，2012 Special 301 Report 8 (2012).

④ Press Release，Ministry of Int'l Trade &. Indus. (Malay.)，Malaysia Joins TPP Agreement Negotiations (Oct. 8，2010)，available at http：//www. miti. gov. my/cms/ content. jsp？ id＝com. tms. cms. article. Article_8b253a38-c0a81573-f5a0f5a0-d9375f5b.

open pact that Asia-Pacific countries can freely join at any stage and under any condition. ①
For example, when Canada, Mexico, and Japan requested to join the negotiations, they
had to agree not to renegotiate chapters that have already achieved consensus among the

---

① As Deborah Elms and Lim Chin Leng observed:

Although the TPP is being designed to allow other states to join, the entire Agreement cannot be rene-
gotiated for each new member. At a certain point, the Agreement will have to be closed for new
membership—after that, economies could still elect to accede, but they would have to accept the deal on the
table as given (subject, presumably, to minor modifications and certain conditions for entry).

Deborah K. Elms & C. L. Lim, An Overview and Snapshot of the TPP Negotiations, in Transpacific
Partnership, supra note 10, at 21, 41-42. But see C. L. Lim et al., What Is "High-Quality, Twenty-First
Century" Anyway?, in Trans-Pacific Partnership, supra note 10, at 3, 3 [hereinafter Lim et al., "High-
Quality, Twenty-First Century"] ("[The TPP] is an open-ended agreement that clearly contemplates an
expanded membership over time."). To a large extent, one can contrast the TPP with the original P4,
which "ha[d] an open accession clause [and] encourage[d] other economies to negotiate to accede to the a-
greement". Lewis, Achieving a FTAAP, supra note 34, at 223, 225; see also C. L. Lim, The China-
ASEAN Tariff Acceleration Clause, in China, India And The International Economic Order, supra note 45,
at 427, 439-41 (discussing open regionalism); Wang Jiangyu, The Role of China and India in Asian Region-
alism, in China, India And The International Economic Order, supra note 45, at 333, 374-75 [hereinafter
Wang, Role of China and India] (discussing how China and India should lead Asia to practice open
regionalism with an Asian identity).

preexisting negotiating parties. [①] While agreeing to such terms would literally place the late-arriving countries as "second class citizens", this lower status would not matter much substantively when most chapters have not yet achieved consensus. [②]

For countries joining the agreement after its formation, however, the impact of being second-class TPP citizens—and therefore not having the ability to renegotiate chapters or provisions with which they disagree—would be quite significant. Given China's now

---

[①] 54. As Inside U. S. Trade reported, Mexico had to accept the following conditions in order to join the TPP negotiations:

First, Mexico agreed to accept all text on which the nine current TPP partners have already reached consensus. That consensus text cannot be reopened unless the nine current TPP partners agreed to revisit it, one official explained.

In addition, Mexico agreed to accept all future text on which the nine partners reach consensus during the forthcoming 90-day window. This appears to reflect the idea forwarded by some TPP observers earlier this week that new entrants like Mexico will not have "veto authority" over the closing of some future TPP chapters.

Mexico did not have a chance to review the past consensus text that it agreed to accept as a condition of entry. Its current understanding is that it also will not have access to any texts until it formally enters the talks, meaning that it will also have to agree to text to which TPP partners agree during the 90-day period without getting to review it first.

Mexico Stresses It Will Be a Full TPP Partner, Despite Terms of Entry, Inside U. S. Trade, June 22, 2012. In regard to Canada, Michael Geist wrote:

1. According to Inside US Trade, the U. S. established two conditions for Canadian entry. First, Canada will not be able to reopen any chapters where agreement has already been reached among the current nine TPP partners.

The problem with this is that Canada has agreed to this condition without actually gaining access to the current TPP text. Has Canada agreed to be bound by terms it has not even read? Can it disclose what it has effectively agreed to simply by accepting the offer to enter the negotiations?

2. Inside U. S. Trade also reports that Canada has second tier status in the negotiations as the U. S. has stipulated that Canada would not have "veto authority" over any chapter. This means that should the other nine countries agree on terms, Canada would be required to accept them. Has Canada agreed to this condition? How will it deal with the prospect that the other nine countries agree to terms that are disadvantageous to Canada?

Michael Geist, 2nd Tier Status for Canada?: 5 Questions on Canada's Entry to the Trans Pacific Partnership Talks (June 19, 2012), http://www. michaelgeist. ca/content/view/ 6547/125; accord Elms, TPP Trade Negotiations, supra note 6, at 372 ("Getting approval to participate did not mean... that Japan automatically became eligible to see all the negotiating texts or to sit in on bargaining at the next round of discussions. Instead, Japan was forced to wait for the domestic procedures in each TPP member country to be completed before it was allowed to commence discussions with any of them."); see also Capling & Ravenhill, supra note 15, at 290 ("US Trade Representative declared that 'potential new entrants must be prepared to address a range of US priorities and issues'.").

[②] See SCHOTT ET AL. , supra note 10, at 41 (noting that Canada and Mexico's commitments not to reopen the already "agreed" text is "not an onerous requirement since much of what has been completed involves relatively less controversial issues").

considerable economic power and geopolitical leverage, it is indeed difficult to see why China—or, for that matter, other large developing countries like India— would join an agreement that is filled with rules and standards that it had no role in shaping and that it cannot re-negotiate.① Gone are the days where trade rules could be created in the developed world and then shoved down the throats of large developing countries. If China is to eventually become a party to the TPP, the negotiating parties will have to make significant adjustments to induce the country to join.

Moreover, some of the TPP standards, if adopted as reported, would present major challenges to China. A case in point is the proposed government procurement standards, which would drastically alter the structure and operation of state-owned enterprises. As Professor Gao rightly observed:

> [I]f China were to join the TPP Agreement one day, it w[ould] have to comply with the discipline on state-owned enterprises (SOEs), which have already become a hot issue in the current negotiations. However, as SOEs are of great political as well as economic significance in China, it would be impossible for China to accede to such demands.②

The TPP's electronic commerce standards could also deeply affect China's censorship and information control policy.③ This issue has become especially sensitive in the trade context following China's losses before both the WTO panel and the Appellate Body in China—Measures Affecting Trading Rights and Distribution Services for Certain Publications and Audiovisual Entertainment Products.④

To complicate matters even further, some negotiating parties simply do not see the TPP solely as a trade pact. Instead, they consider it as an important alliance that helps

---

① 56. Cf. Peter K. Yu, Six Secret (and Now Open) Fears of ACTA, 64 SMU L. REV. 975, 1090-91 (2011) [hereinafter Yu, Six Secret Fears] (advancing a similar claim in relation to ACTA).

② Henry Gao, From the P4 to the TPP: Transplantation or Transformation, in Transpacific Partnership, supra note 10, at 64, 79 [hereinafter Gao, From the P4 to the TPP]; see also Ted Murphy, Government Procurement and Labour Issues, in No Ordinary Deal, supra note 10, at 189, 190-95 (discussing the government procurement standards in the TPP Agreement).

③ See Gao, From the P4 to the TPP, supra note 57, at 79-80 ("[R]equests for China to remove barriers on e-commerce will meet major resistance from the internet censorship regime of China.").

④ Panel Report, China—Measures Affecting Trading Rights and Distribution Services for Certain Publications and Audiovisual Entertainment Products, WT/DS363/R (Aug. 12, 2009); Appellate Body Report, China—Measures Affecting Trading Rights and Distribution Services for Certain Publications and Audiovisual Entertainment Products, WT/DS363/AB/R (Dec. 21, 2009).

foster regional security. [①] Some may have gone even further to view the TPP as a strategic

---

①　60. See Paul G. Buchanan, Security Implications of the TPPA, in No Ordinary Deal, supra note 10, at 82, 87 ("The strategic context in which the proposed TPPA [Trans-Pacific Partnership Agreement] is being negotiated is one where the People's Republic of China is gradually challenging US military and economic primacy in the Western Pacific amid a general military build-up throughout the region. "); Capling & Ravenhill, supra note 15, at 292 ("The 'securitization' of the TPP is consistent with a recent trend in US trade policy to use PTAs to reinforce strategic relationships. This development can be dated to the Israel-US free trade agreement of 1985, but it gained momentum after the September 11, 2001 terrorist attacks when the Bush administration initiated a series of [preferential trade agreement] negotiations with countries that were of strategic or geopolitical importance to the United States. "); Olivier Cattaneo, The Political Economy of PTAs, in Bilateral And Regional Trade Agreements: Commentary And Analysis 28, 42-50 (Simon Lester & Bryan Mercurio eds. , 2009) [hereinafter Brta Commentary] (discussing how bilateral and regional agreements are instruments of foreign policy that are primarily driven by political considerations); Chad Damro, The Political Economy of Regional Trade Agreements, in Regional Trade Agreements And The WTO Legal System 23, 39 (Lorand Bartels & Federico Ortino eds. , 2007) ("[M]any states enter into RTAs [regional trade agreements] for important political, rather than exclusively economic, considerations. In short, states are using economic means for political ends. "); see also Kearns, supra note 32, at 145 ("Morocco and the US agreed to negotiate an agreement just eight months after the terrorist attacks of 11 September 2001. The US was looking to strengthen its relationship with a reform-minded Muslim nation in the Middle East—and to provide economic opportunities in that region as a way to counter terrorism. "); Andrew D. Mitchell & Tania Voon, Australia-United States Free Trade Agreement, in BRTA CASE STUDIES, supra note 31, at 6, 8 ["An unofficial suggestion is that the AUSFTA was 'payback' for Australia's support of the Iraq war: September 11 may have been what finally led the US to agree to the AUSFTA. " (footnote omitted)] tool to ward off the threat created by a rapidly-emerging China, ① or the so-called "China threat"②. It is therefore understandable why some TPP negotiating parties would have second thoughts about admitting China into the regional pact.

When all of these factors are taken together, it is no surprise that China remains outside the TPP and will likely continue to be so in the near future. Nevertheless, its outsider status is likely to create problems not only for the TPP, but also more broadly for the Asia-Pacific region and the global economy. To begin with, many commentators believe that the TPP needs to include China if it is to have long-term regional success. As Lim Chin Leng, Deborah Elms, and Patrick Low observed:

If the ultimate goal of the TPP is to expand to the FTAAP, then the TPP will have to include China. If the TPP is serious about expanding trade cooperation in the Asia-Pacific, then

---

① 61. As Paul Buchanan observed:

[F]or the US, the TPPA has strategic implications beyond trade per se. The TPPA would provide the US with a trade-based counterbalance to Chinese ambitions as well as a means by which to redress the current soft power imbalance that favours the Chinese in the South Western Pacific. Beyond any material benefits that accrued, the establishment of a US-led eight-country [now twelve-country] trading bloc across the Pacific Rim, with potential to expand to other APEC members, would help offset Chinese "chequebook diplomacy" as a form of influence and leverage in that part of the world.

Buchanan, supra note 60, at 89; see also Avery Goldstein, U. S.-China Interactions in Asia, in Tangled Titans, supra note 13, at 263, 281 ("[W]hen American support for realizing the TPP was given a high priority two years later in conjunction with the November 2011 [APEC] meeting in Honolulu, the prominence accorded the initiative was widely viewed as having a new political significance related to the turbulence in the U. S.-China relations during the years following Obama's 2009 trip to China."); Lewis, Achieving a FTAAP, supra note 34, at 226 (recalling the speech of the chair of the House Ways and Means Trade Subcommittee that "the TPP 'at least begins the process of positioning the US as a counterweight to China in the Asia-Pacific Region'"); Jagdish Bhagwati, Deadlock in Durban, Project-Syndicate (Nov. 30, 2011), http://www. project-syndicate. org/commentary/deadlock-in-durban (stating that TPP "will principally aid countries that are worried about an aggressive China and seek political security rather than increase trade").

Nevertheless, some countries remain wary about such a strategic approach, especially vis-à-vis China. As Ann Capling and John Ravenhill recounted:

In November, it was reported that Australia and New Zealand: "have had to communicate to key figures supporting the TPP [in Washington] in no uncertain terms that the moment New Zealand and Australia smell a China containment policy, they are 'gone' from the negotiations". Such views are likely to be shared by other TPP members that have important trade, investment and political relationships with China, and who do not want these to be held hostage to US foreign policy concerns.

Capling & Ravenhill, supra note 15, at 293.

② 62. For discussions of the so-called China threat, see generally China'S Future: Constructive Partner Or Emerging Threat (Ted Galen Carpenter & James A. Dorn Eds. , 2000); Bill Gertz, The China Threat: How The People'S Republic Targets America (2000); Steven M. Mosher, Hegemon: China'S Plan To Dominate Asia And The World (2000); Peter Navarro, The Coming China Wars: Where They Will Be Fought And How They Can Be Won (2007).

the TPP ought to include China at some point in the future. This is not to say that China needs to participate in the negotiations at this initial stage. But it is to suggest that China's involvement should be planned for and that steps should be taken to make it more—and not less— likely that China will join in the future. [①]

At the regional and multilateral levels, excluding China from the TPP negotiations could also have serious implications for both trade and regulation. As Avery Goldstein observed:

> Suspicious of U. S. intentions, China might have been expected to reconsider the usefulness of regional organizations that, since the mid-1990s, it had seen as venues for reassuring nervous neighbors. If they were instead becoming settings in which others could gang up on China or act as fronts for American efforts to check China's rise (as Beijing had feared in the early 1990s), their appeal would diminish. [②]

To be certain, Chinese leaders, especially those nationalistic ones, may consider it offensive for China to be left out of the TPP negotiations. However, it is also plausible that they see the exclusion as a blessing in disguise. Because China continues to struggle with a wide variety of internal problems, its leaders may not be convinced that the country is ready for further trade liberalization under the TPP. Moreover, China has always taken a strong sovereignty-based position that resists international intervention in domestic affairs. [③] From this perspective alone, the more the TPP negotiations weaken the existing multilateral system, the stronger China's arguments against multilateral intervention will be in the future.

---

① C. L. Lim et al., Conclusion, in Trans-Pacific Partnership, supra note 10, at 319, 325; see SCHOTT ET AL., supra note 10, at 55 ("It is hard to conceive of a comprehensive Asia-Pacific trade arrangement that does not eventually include China."); Lewis, Achieving a FTAAP, supra note 34, at 235 ("[I]t... does not seem realistic that in the long-term there will be an FTAAP that does not include China.").

② Goldstein, supra note 61, at 282.

③ See Adama Gaye, China in Africa: After the Gun and the Bible... A West African Perspective, in China Returns To Africa: A Rising Power And A Continent Embrace 129, 138 (Chris Alden et al. eds., 2008) [hereinafter China Returns To Africa] ["'We don't believe that human rights should be above sovereignty issues....'" (quoting He Wenping, Director of Africa Department of Chinese Academy of Social Sciences)]; Shalmali Guttal, Client and Competitor: China and International Financial Institutions, in China'S New Role In Africa And The South: A Search For A New Perspective 17, 32 (Dorothy-Grace Guerrero & Firoze Manji eds., 2008) [hereinafter China'S New Role] ("What China argues for is the sovereign rights of governments to shape their own development strategies and to make decisions about projects and policies regardless of social, environmental and governance implications."); Denis M. Tull, The Political Consequences of China's Return to Africa, in China Returns To Africa, supra, at 111, 118 (noting that "unconditional respect for national sovereignty [that] makes any attempt to interfere into the domestic affairs of a state illegitimate").

Finally, China has been actively negotiating its own version of bilateral, plurilateral, and regional trade and investment agreements just as the TPP is being developed.[①] Since the mid 2000s, China has successfully negotiated bilateral agreements with Chile, Pakistan, New Zealand, Singapore, Peru, Costa Rica, Iceland, and Switzerland, including four of the twelve TPP negotiating parties.[②] China is also negotiating a free trade agreement with Australia.[③] In addition, China has developed the ASEAN-China Free Trade Area with Brunei Darussalam, Malaysia, Vietnam, and other members of the Association of Southeast Asian Nations (ASEAN).[④] Included in many of these agreements is an "Early Harvest Program", whose generous trade terms have greatly improved China's regional reputation.[⑤] It is therefore no surprise that Joshua Kurlantzick described these programs as part of the country's "charm offensive"[⑥].

In November 2012, China, India, members of ASEAN, and other key Asia-Pacific neighbors also launched the negotiation of the Regional Comprehensive Economic Partnership ("RCEP").[⑦] Building on past trade and non-trade discussions under the ASEAN + 6 framework (Australia, China, India, Japan, New Zealand, and South Korea), this new regional partnership will cover not only the two most powerful middle-income countries in the Asia-Pacific region (China and India), but also two advanced Asian economies (Japan and South Korea) as well as seven of the TPP negotiating parties.[⑧]

---

① For discussions of these developments, see generally Henry Gao, The RTA Strategy of China: A Critical Visit, in Challenges To Multilateral Trade, supra note 42, at 53; Marc Lanteigne, Northern Exposure: Cross-Regionalism and the China-Iceland Preferential Trade Negotiations, 202 CHINA Q. 362 (2010); Wang, Role of China and India, supra note 53; Yu, Sinic Trade Agreements, supra note 31.

② The texts of the agreements are available at http://fta. mofcom. gov. cn.

③ See China-Australia FTA, China FTA Network, http://fta. mofcom. gov. cn/ topic/enaustralia. shtml (last visited Sept. 13, 2013) (providing updates on the negotiations).

④ For discussions of ASEAN-China Free Trade Area, see Wang, ACFTA, supra note 31, at 224; Yu, Sinic Trade Agreements, supra note 31, at 1007-09.

⑤ See Yu, Sinic Trade Agreements, supra note 31, at 996-97 (discussing these programs).

⑥ Joshua Kurlantzick, Charm Offensive: How China'S Soft Power Is Transforming The World (2007); see also Thomas Lum Et Al. , Cong. Research Serv. , Rl 34310, China'S "Soft Power" In Southeast Asia (2008) (discussing China's growing use of soft power in Southeast Asia).

⑦ Press Release, ASEAN Secretariat, ASEAN and FTA Partners Launch the World's Biggest Regional Free Trade Deal, Nov. 20, 2012, http://www. asean. org/ news/asean-secretariat-news/item/ asean-and-fta-partners-launch-the-world-s-biggestregional-free-trade-deal; see also Lewis, TPP and RCEP, supra note 33, at 363-62 (discussing the RCEP).

⑧ See Lewis, Achieving a FTAAP, supra note 34, at 227-29 (discussing possible avenues for Asian economic integration, including ASEAN+3, ASEAN+6 and APEC); see also Mark Beeson, Regionalism And Globalization In East Asia: Politics, Security And Economic Development 232-36 (2007) [hereinafter Beeson, Regionalism And Globalization] (discussing ASEAN+3).

Thus，if China considers the TPP a foreign policy instrument initiated by the United States and other like-minded countries to isolate or contain the country，it may greatly accelerate the development of these alternative regimes. This scenario is not unforeseeable considering that many countries in the Asia-Pacific region remain reluctant to pick between China and the United States despite their concern about China's growing economic and military strengths. As David Shambaugh pointed out：

> [H]aving to choose between Beijing and Washington as a primary benefactor is the nightmare scenario for the vast majority of Asian states... It is not an exaggeration that all Asian states seek to have sound，extensive，and cooperative relations with both the United States and China，and thus will do much to avoid being put into a bipolar dilemma. [1]

In sum，the exclusion of China from the TPP negotiations has raised questions regarding the agreement's benefits，significance，and viability. The exclusion has also created complications and perplexities concerning the future development of bilateral，plurilateral，and regional trade and investment agreements in the Asia-Pacific Region. For better or worse，the TPP negotiations could initiate and accelerate the development of a new set of nonmultilateral agreements that further undermine the international regulatory environment and multilateral trading system.

II. BRICS AND OTHER EMERGING COUNTRIES

The second group of "TPP outsiders" consists of fast-growing，emerging middle-income economies in the Asia-Pacific region，including the so-called BRICS countries. [2] Coined in 2001 for a group of high-growth developing countries by Jim O'Neill，Goldman Sachs's then-chief global economist，the term "BRICs" initially referred to Brazil，Russia，India，and China. [3] Since then，this rapidly popularized term has been generalized to cover

---

[1]　David Shambaugh，Introduction：The Rise of China and Asia's New Dynamics，in Power Shift：China And Asia'S New Dynamics 1，17 (David Shambaugh ed. ，2006) [hereinafter POWER SHIFT]；accord Ellen L. Frost，China's Commercial Diplomacy in Asia：Promise or Threat?，in China'S Rise And The Balance Of Influence In Asia 95，105 (William W. Keller & Thomas G. Rawski eds. ，2007) (noting that Asian countries "do not wish to be forced to choose between Beijing and Washington").

[2]　See generally Peter K. Yu，The Middle Intellectual Property Powers，in Law And Development In Middle-Income Countries：Avoiding The Middle-Income Trap 84 (Tom Ginsburg & Randall Peerenboom eds. ，2014) (discussing intellectual property developments in large middle-income economies).

[3]　See Jim O'Neill，Goldman Sachs，Building Better Global Economic BRICS (Goldman Sachs，Global Economics Paper No. 66，2001)，available at http://www. goldmansachs. com/our-thinking/archive/archive-pdfs/build-betterbrics. pdf.

other emerging middle-income countries, including South Africa[①] and what O'Neill and his associates have described as "N-11" (Next 11) countries[②] and later "growth markets"[③].

These fast-growing, emerging middle-income economies are important because these countries are likely to provide the most significant growth in the near future. As two Goldman Sachs global economists noted in a study entitled Dreaming with BRICs: The Path to 2050,[④] the economies of Brazil, Russia, India, and China are likely to overtake those of many existing developed economies by 2050:

> [I]n less than 40 years, the BRICs' economies together could be larger than the G6 in US dollar terms. By 2025 they could account for over half the size of the G6. Currently they are worth less than 15%... Of the current G6 (US, Japan, Germany, France, Italy, UK) only the US and Japan may be among the six largest economies in US dollar terms in 2050.[⑤]

If a key goal of the TPP is to open up new or fast-growing markets, it seems rather ill-advised and short-sighted to exclude all of these high-growth economies from the negotiations. As commentators rightly observed, the present lineup in the TPP negotiations does not provide the United States—or, for that matter, other negotiating parties—with a lot of trade benefits.[⑥] Thus, if the TPP is to have a larger regional economic impact, it

---

① See, e. g., Chidi Oguamanam, Intellectual Property In Global Governance: The Crisis Of Equity In The New Knowledge Economy 221-22 (2012) (expanding the definition of the BRICS countries to cover other emerging middle-income economies); Peter K. Yu, Access to Medicines, BRICS Alliances, and Collective Action, 34 AM. J. L. & MED. 345, 346 (2008) [hereinafter Yu, Access to Medicines] (expanding the BRICS acronym to cover South Africa); Sebastien Hervieu, South Africa Gains Entry to BRIC Club, GUARDIAN WKLY. (Apr. 19, 2011, 9:04 AM), http://www. guardian. co. uk/world/ 2011/apr/19/south-africa-joins-bric-club (reporting about the South African president joining his counterparts from Brazil, Russia, India, and China for the third summit meeting of the informal group in China).

② 78. See Jim O'Neill Et Al., Goldman Sachs, How Solid Are The BRICS? 7-8 (Goldman Sachs, Global Economics Paper No. 134, 2005), available at http://www. goldmansachs. com/our-thinking/ archive/archive-pdfs/how-solid. pdf (advancing the concept of the N-11 countries in response to questions concerning whether more "BRICs" are out there). The N-11 countries are Bangladesh, Egypt, Indonesia, Iran, Mexico, Nigeria, Pakistan, the Philippines, South Korea, Turkey, and Vietnam. Id. at 7.

③ See Jim O'Neill, The Growth Map: Economic Opportunity In The BRICS And Beyond (2011) (providing an up-to-date analysis of the BRICs and what O'Neill now terms "growth markets").

④ Dominic Wilson & Roopa Purushothaman, Goldman Sachs, Dreaming With BRICS: The Path To 2050 (Goldman Sachs, Global Economics Paper No. 99), available at http://www. goldmansachs. com/ our-thinking/archive/archive-pdfs/bricsdream. pdf.

⑤ Id. at 4.

⑥ See Jane Kelsey, Introduction to No Ordinary Deal, supra note 10, at 10, 18 ("[M]ost of the participating economies are of limited regional importance in Asia and the Pacific Rim or to the US. ").

has to grow to include other Asia-Pacific countries. As Sebastian Herreros declared:

> **Ultimately, the TPP will have to expand to include large, mostly Asian e-conomies, to be a meaningful exercise. Its current commercial appeal is very modest, given the small size of most participating economies. More importantly, an agreement limited to the... nine [and now twelve] participants would be far from a credible platform for large-scale trans-Pacific economic integration.** [①]

Obviously, the issues I raised earlier in regard to China are applicable to other BRICS countries. Consider, for example, India, the world's second most populous country and the fourth largest economy in the Asia-Pacific region (behind only the United States, China, and Japan). Like China, India has "the potential to redefine the balance of influence and power within any grouping of which they are a part and the very definition of the region any new institution claims to represent"[②]. India's emerging role in Asia is so important that some East Asian countries have welcomed India into the East Asian Summit in an effort to "provide a 'hedge' against Chinese dominance"[③].

Many policymakers and commentators have also linked China and India together when exploring the future development of the Asia-Pacific region. As Singapore's Senior Minister Goh Chok Tong declared:

> **I like to think of new Asia as a mega jumbo jet that is being constructed. Northeast Asia, comprising China, Japan and South Korea, forms one wing with a powerful engine. India, the second wing, will also have a powerful engine. The Southeast Asian countries form the fuselage. Even if we lack a powerful engine for growth among the 10 [ASEAN] countries, we will be lifted**

---

① Sebastian Herreros, Coping with Multiple Uncertainties: Latin America in the TPP Negotiations, in Trans-Pacific Partnership, supra note 10, at 260, 274; accord Lewis, Achieving a FTAAP, supra note 34, at 226 ("[T]he United States' interest in the Agreement was clearly tied to its potential to expand. This remains the case today, as the other countries that have joined the negotiation also provide little in the way of new market access opportunities for the US."); Kimberlee Weatherall, The TPP as a Case Study of Changing Dynamics for International Intellectual Property Negotiations, in Trade Liberalisation And International Co-Operation, supra note 10, at 50, 60 ("[T]he economic benefits of a TPP between the negotiating parties would be limited; only if bigger regional economies participate, such as India, South Korea, and China, will these negotiations generate a real payoff.").

② Mark Beeson, Institutions Of The Asia-Pacific: ASEAN, APEC And Beyond 88 (2008) [hereinafter Beeson, Institutions Of The Asia-Pacific]; see Robert Kagan, The Return Of History And The End Of Dreams 41 (2009) ("In Asia... it is a three-way, not a two-way, competition [referring to the competition between China, India, and the United States]."); see also Bill Emmott, Rivals: How The Power Struggle Between China, India, And Japan Will Shape Our Next Decade (2009) (discussing the power struggle between China, India, and Japan in Asia).

③ Beeson, Institutions Of The Asia-Pacific, supra note 84, at 88.

by the two wings. [①]

Some commentators—most notably Pete Engardio, the Asia correspondent for Business Week—even used the term "Chindia" to underscore the growing global importance of these two emerging trade powers. [②]

Like China, if India is not involved in the TPP negotiations, it is hard to imagine what incentives the TPP negotiating parties could provide to induce this country to join the agreement after its formation. To be certain, India is not an APEC member, even though it did request to join the organization. [③] Nevertheless, India has been actively establishing bilateral and regional agreements with other trading partners, including members of

---

① Goh Chok Tong, Senior Minister, Republic of Sing., Global City of Opportunity, Keynote Address at the Singapore Conference in London (Mar. 15, 2005), available at http://www. mfa. gov. sg/content/mfa/overseasmission/pretoria/ press_statements_speeches/2005/200503/press_200503_01. html.

② For discussions of China, India, and the so-called "Chindia," see generally Asia'S Giants: Comparing China And India (Edward Friedman & Bruce Gilley eds. , 2008); Chindia: How China And India Are Revolutionizing Global Business (Pete Engardio ed. , 2006); Dancing With Giants: China, India, And The Global Economy (L. Alan Winters & Shahid Yusuf eds. , 2007); Robyn Meredith, The Elephant And The Dragon: The Rise Of India And China And What It Means For All Of US (2007); Jairam Ramesh, Making Sense Of Chindia: Reflections On China And India (2006).

③ See Beeson, Institutions Of The Asia-Pacific, supra note 84, at 88 (noting that "India has already tried without success to gain entry to APEC").

ASEAN. [①] India is also currently negotiating an economic partnership agreement with the European Union, a trading bloc with size and strength comparable to those of the United States. [②] If these negotiations are not enough, India was instrumental in the development of the India-Brazil-South Africa Dialogue Forum (IBSA), which features trilateral cooperation among Brazil, India, and South Africa. [③] It is also one of the five key participants of the BRICS Summit. [④] If all of these developments become fruitful, India will be able to diversify its trade portfolio away from reliance on the regional market

---

① As Ellen Frost observed:

The Indian government has negotiated a framework agreement with ASEAN whose ambition and scope resemble the China-ASEAN agreement. It has also negotiated an economic cooperation agreement with Singapore, which could be a launching pad of sorts for an India-ASEAN FTA. An FTA with Thailand is also joining the list. Thanks to these and other diplomatic efforts, New Delhi now holds its own annual summit meeting with ASEAN in an "ASEAN+1" arrangement, and India was included in the December 2005 East Asian Summit.

Frost, supra note 74, at 99 (footnote omitted); Wang, Role of China and India, supra note 53, at 365 ("India might have a stronger incentive for an Asian Economic Community, as India will relatively gain more benefits from a pan-Asian free trade arrangement. However, it is not easy to convince China to sincerely endorse such an idea."); see also Locknie Hsu, China, India and Dispute Settlement in the WTO and RTAs, in China, India And The International Economic Order, supra note 45, at 250, 266-68 (discussing the South Asian Free Trade Area, the Comprehensive Economic Cooperation Agreement Between India and Singapore, India's FTAs with Sri Lanka and Bhutan, the India-Mercosur Preference Trade Agreement, and the Agreement on South Asian Free Trade Area); Chia & Soesastro, supra note 32, at 212-13 (discussing the ASEAN-India Comprehensive Economic Cooperation); Wang, Role of China and India, supra note 53, at 356-58 (discussing India's regional trade initiatives). But see TAY, supra note 12, at 64 ("India, in many ways, is new to East Asia. While its economy is growing, it is not fully integrated with the rest of East Asia, and not as central as others. It has negotiated a free trade agreement with ASEAN, but this was subject to much haggling that showed not just economic differences but also that India has not observed and absorbed the social norms prevailing in ASEAN, and perhaps does not want to. As a result, India remains peripheral relative to others.").

② See Patralekha Chatterjee, Leaked IP Chapter of India-EU FTA Shows TRIPS-Plus Pitfalls for India, Expert Says, Intell. Prop. Watch (Mar. 12, 2013, 5:35 PM), http://www.ip-watch.org/2013/03/12/leaked-ip-chapter-of-india-eu-fta-shows-tripsplus-pitfalls-for-india-expert-says/(reporting about the leaked draft text of the intellectual property chapter of the India-European Union Free Trade Agreement).

③ As stated in IBSA's website:

Established in June 2003, IBSA is a coordinating mechanism amongst three emerging countries, three multiethnic and multicultural democracies, which are determined to:

. contribute to the construction of a new international architecture
. bring their voice together on global issues
. deepen their ties in various areas.

IBSA also opens itself to concrete projects of cooperation and partnership with less developed countries. IBSA Trilateral Official Website: About IBSA Background, http://www.ibsa-trilateral.org/ about-ibsa/ background (last visited Mar. 29, 2014).

④ See Hervieu, supra note 77.

covered by the TPP.

Apart from India (and Russia, the other BRICS country in the Asia-Pacific region), the same analysis can be extended, perhaps to a lesser extent, to other large developing countries in the region, such as Indonesia, the Philippines, Thailand, and South Korea① (although the last two countries have expressed interest in joining the negotiations②). To some extent, the exclusion of the BRICS and other fast-growing, emerging middle-income countries has raised a difficult and diplomatically perplexing question concerning why the TPP negotiations have included some developing countries in the region while ignoring other more qualified ones. From the current list of twelve countries, it is indeed hard to divine the logic behind the countries chosen to negotiate the TPP, other than historical legacy and the self-interested preferences of the more powerful negotiating parties.③ This lack of easily discernible logic becomes particularly problematic when viewed against the background of frequent, vocal complaints about the double standard in US foreign policy

---

① Cf. Lim et al., Conclusion, supra note 63, at 323 ("[E]very clause in the Agreement must be negotiated with at least one eye on potential future members.... It is not simply Viet Nam that must be accommodated in the TPP, but other countries like the Philippines and Papua New Guinea.").

② See South Korea Moves Closer to Joining TPP Trade Talks, REUTERS (Nov. 29, 2013, 4:47 AM), http://www. reuters. com/article/2013/11/29/us-korea-trade-tpp-idUSBRE9 AS06M20131129 (reporting that the South Korean government "said it would make a final decision on whether to formally join the [TPP] based on the outcome of talks with the member countries"); Thailand Says to Join Trans-Pacific Partnership Trade Talks, REUTERS (Nov. 18, 2012, 7:29 AM), http://www. reuters. com/ article/2012/11/18/usasia-obama-trade-idUSBRE8AH06R20121118 (reporting Thai Prime Minister Yingluck Shinawatra stating that Thailand would join the TPP negotiations).

③ 95. See Buchanan, supra note 60, at 82 ("[T]he impact on multilateral trade of the growing strategic competition between the US and China in the Western Pacific may have a significant influence on the way in which TPP expansion is approached by the actors involved.").

toward Asia-Pacific countries. [1] The hard-to-explain negotiating lineup also has greatly affected the dynamics of the TPP negotiations. [2]

If one goes back to the "P3," the TPP's predecessor, the choice of the negotiating parties is not hard to discern. Chile, New Zealand, and Singapore all have small markets with highly liberalized trade sectors. [3] Based on World Bank indicators in 2002, the year the P3 was established, these countries had a gross domestic product of approximately 71,

---

[1]　As Kishore Mahbubani, Singapore's former Permanent Representative to the United Nations, observed:

The regime in Myanmar overturned the results of the democratic elections in 1990 and brutally suppressed the popular demonstrations that followed. Myanmar was punished with Western sanctions. Asian governments were criticised for not enthusiastically following suit.

The regime in Algeria overturned the results of the democratic elections in 1992 and brutally suppressed the popular demonstrations that followed. Algeria was not punished with Western sanctions. The Asian governments have never been provided with an explanation for this obvious double standard.

Kishore Mahbubani, Can Asians Think? 87 (4th ed. 2009). Likewise, Mark Beeson wrote:

As the most prominent and influential champion of global democratic reform, the USA plays an especially critical role in placing reformist pressure on some of the governments of the region. In this regard, it is important to note that the USA's concern about human rights abuses and the importance of democratic procedures is highly selective, and determined by a wider strategic calculus. Consequently China, which is still viewed primarily as a strategic competitor, a challenger for regional influence, and associated with major trade imbalances, is subjected to much hectoring about its human rights record. By contrast, because of the war on terror, the USA has taken a much more indulgent view of human rights abuses and non-democratic processes in countries such as Thailand and Malaysia, which have cracked down on supposedly subversive elements or discouraged radical Islamism.

Beeson, Regionalism And Globalization, supra note 73, at 138. A former Chinese finance minister went even further to suggest that the US foreign policy had "a triple standard": "For their own human rights problems they shut their eyes... For some other countries' human rights questions they open one eye and shut the other. And for China, they open both eyes and stare." Thomas L. Friedman, Deal with China Urged by Bentsen, N.Y. TIMES, Mar. 20, 1994, at A20 (quoting Chinese Finance Minister Liu Zhong-li).

[2]　As Henry Gao observed in regard to Brunei Darussalam:

[T]he Brunei market is too small and insignificant for the other parties. If we look at the negotiating history of the P4 Agreement, we can see that the talks were interrupted several times due to the reluctance of Chile. While there might be real political difficulties at home, such reluctance on the side of Chile, coupled with eagerness on the side of New Zealand, gave Chile more bargaining power in the process and that is why Chile, from a mercantilist point of view, got much more than the other parties in the final Agreement. This sets a rather bad example for the other potential members: if the P4 Agreement cannot even handle the pressure from a country that is at best a regional power, how can it deal with the pressure from a superpower like the US?

Gao, From the P4 to the TPP, supra note 57, at 72.

[3]　See Chia & Soesastro, supra note 32, at 222-23 (noting that the P4 members "are among the most open economies in the Pacific").

65, and 92 billion, respectively. [1] Their location on three different continents also made the P3 an attractive vehicle to provide entry points into regional networks. [2] As the number of TPP negotiating parties grows, however, it has become increasingly difficult to separate the insiders from the outsiders based on economic size, trade patterns, or sectors that are targeted for trade liberalization (see TABLE 1). [3]

TABLE 1. Exports and Imports in World Merchandise Trade in 2012 [4]

Country	Exports (US $ B)	Imports (US $ B)
Australia	257	261
Brunei Darussalam	13	4
Canada	455	475
Chile	78	79
Japan	799	886
Malaysia	227	197
Mexico	371	380
New Zealand	37	38

---

① Data: GDP (Current US $), WORLD BANK, http://data.worldbank.org/indicator/ NY.GDP. MKTP.CD? page=2 (last visited Feb. 12, 2012).

② As I explained in an earlier article:

Strategically, FTAs and EPAs provide important entry points into other regional or plurilateral networks. In doing so, they allow developed countries to explore interstate relationships with a smaller number of countries. Such an arrangement helps reduce the complexity and high costs of negotiation with a large number of parties or a complex regional body. The negotiation of the agreements also helps countries test the feasibility of applying specific models to a particular region. In fact, because the agreements involve self-selected parties, they allow parties to avoid negotiation of issues that would require them to make concessions that are important to their domestic constituencies. The exclusion of issues will also quicken the negotiation process, as those issues tend to slow down, if not derail, the negotiations.

Yu, Sinic Trade Agreements, supra note 31, at 970-71; see also Sidney Weintraub, Lessons from the Chile and Singapore Free Trade Agreements, in Free Trade Agreements: US Strategies And Priorities 79, 79 (Jeffrey J. Schott ed., 2004) (noting that the United States' free trade agreements with Chile and Singapore were "intended to be bellwethers for future FTAs in both regions, some bilateral and others plurilateral, as well as to set the substantive parameters for the hemisphere-wide Free Trade Area of the Americas").

③ As Lim Chin Leng, Deborah Elms, and Patrick Low observed:

One of the unusual elements of the TPP is the fact that members of the TPP represent a range of economic development, from the world's largest economy to a lower middle income economy. While members have been clear that the TPP will not have any sort of "two speed" or explicit special and differential (S&D) treatment for developing country members, it is true that the final Agreement will need to have some provisions to account for the developmental aspects of some members.

Lim et al., "High-Quality, Twenty-First Century," supra note 53, at 12.

④ WORLD TRADE ORG., International Trade Statistics 2013, at 24 (2013); Trade Profiles: Brunei Darussalam, WORLD TRADE ORG., http://stat.wto.org/ CountryProfile/ WSDBCountryPFView.aspx? Language=E&Country=BN (last visited Apr. 21, 2014).

续表

Country	Exports (US $ B)	Imports (US $ B)
Peru	46	43
Singapore	408	380
United States	1546	2336
Vietnam	115	114

To make matters more complicated, the sectors that countries seek to liberalize through trade agreements vary significantly even within the developing world. Consider the difference between India and Brazil. Although Brazil's geographical location will likely preclude it from participating in the TPP negotiations or joining the agreement after its formation, the comparison between these two BRICS countries is highly instructive. [1] As Professor Cho noted in relation to the complex positions the G-20 countries took during the Fifth WTO Ministerial Conference in Cancún, "while India still wants to protect domestic agricultural industries, Brazil, a member of the Cairns Group consisting of agricultural product exporters, wants to further liberalize trade in this area"[2]. Likewise, Sonia Rolland observed:

> Brazil had a liberal approach to further its export interest, whereas India maintained conservative positions with respect to liberalization of the agriculture sector and had a protectionist stance. Brazil's shift toward a more aggressive stance on agriculture corresponded to its liberalization of the agricultural sector and the increased pressure by domestic investors on the government on this issue both in negotiating rounds and in dispute settlement

---

[1] It is also worth noting that the ASEAN+6 countries "accounted for 28 percent of Brazilian exports and 32 percent of its imports in 2010. " Herreros, supra note 83, at 275.

[2] Cho, supra note 27, at 236; see also Jean Touscoz, A Changing Policy Landscape, in International Technology Transfer: The Origins And Aftermath Of The United Nations Negotiations On A Draft Code Of Conduct 287, 288 (Surendra J. Patel et al. eds. , 2001) "[T]he 'big five' non-members of OECD (Russia, China, Brazil, India and Indonesia) do not always act in concert; the least developed countries themselves do not present a common front. " As Simon Tay elaborated:

The G-20 is primarily designed on power rather than norms. While this is a concern in many other regions, the question of power is especially tense in Asia, where small and medium-sized countries that are open to the global economy have sought to work alongside larger countries. Many of the Asian forms of cooperation have emphasized equality, in contrast to the underlying G-20 principle of size and power. If the Asians who are in the G-20 try to dictate to the others in the region, this would conflict with the existing forums and norms of intra-Asian cooperation. This is especially true in finance and trade, which involve questions of competition and different interests between countries. To focus on power in Asia will also probably sharpen differences. Rivalries among the Asian members of the G-20 will simmer and could boil over.

TAY, supra note 12, at 166.

(particularly in disputes with Europe and the United States). ①

Thus, even though policymakers and commentators often focus on the dichotomy between developed and developing countries, serious and complicated variations exist in the positions taken by the latter in both multilateral and nonmultilateral fora. In certain sectors, such as intellectual property, the main dividing line is not often drawn across the stage of economic development. Rather, it concerns the country's propensity to export intellectual property-based goods and services or economic reliance on such exports. ② Although the United States has greatly benefited from the TRIPS Agreement and the international intellectual property system, the same cannot be said of all members of the Organisation for Economic Co-operation and Development ("OECD"). ③

If the divergent positions taken by developing countries in relation to their export sectors have raised complications, the inclusion of non-trade issues, such as environmental and labor standards, has posed even greater problems. ④ Consider, for example, my hometown Hong Kong, an APEC member that has not yet joined the TPP, but has entered into a closer economic partnership agreement with New Zealand⑤ and a free trade agreement with Chile. ⑥ Hong Kong has been ranked the world's freest economy for the past two decades since the inception of the Index of Economic Freedom, published annually by the Wall Street Journal and the Heritage Foundation. ⑦ While the region's

---

① Sonia E. Rolland, Developing Country Coalitions at the WTO: In Search of Legal Support, 48 Harv. Int'l L. J. 483, 495 (2007).

② Cf. Susan Corbett, Regulation for Cultural Heritage Orphans: Time Does Matter, 1 WIPO J. 180, 181 (2010) (making the distinction between "countries which are net-importers of copyright works... [and] the net-copyright exporting countries, such as the United States and the United Kingdom").

③ See J. Michael Finger, The Doha Agenda and Development: A View from the Uruguay Round 11 (Asia Development Bank, ERD Working Paper Series No. 21, 2002), available at http://www. adb. org/ documents/ERD/Working_Papers/wp021. pdf (providing a table documenting changes of net annual patent rent obligations resulting from the full application of the TRIPS Agreement).

④ See generally Lorand Bartels, Social Issues: Labour, Environment and Human Rights, in Brta Commentary, supra note 60, at 342 (discussing the labor and environmental standards in the TPP Agreement); Kimberly Ann Elliott, Labour Standards and the TPP, in Trans-Pacific Partnership, supra note 10, at 200 (discussing the labor standards in the TPP Agreement); Murphy, supra note 57, at 195-97 (discussing those standards); Jeffrey J. Schott & Julia Muir, Environmental Issues in the TPP, in Trans-Pacific Partnership, supra note 10, at 187 (discussing the environmental standards in the TPP Agreement).

⑤ Hong Kong, China-New Zealand Closer Economic Partnership Agreement, H. K.-N. Z., Mar. 29, 2010, available at http://www. tid. gov. hk/english/trade_relations/ hknzcep/text_agreement. html.

⑥ Free Trade Agreement between Hong Kong, China and Chile, Chile-H. K., Sept. 7, 2012, available at http://www. tid. gov. hk/english/trade_relations/hkclfta/text_ agreement. html.

⑦ See 2014 Index of Economic Freedom: Hong Kong, http://www. heritage. org/ index/country/ hongkong (last visited Feb. 17, 2014) (stating that, "[t]hroughout the 20-year history of the Index, Hong Kong has been rated the world's freest economy").

heavy emphasis on economic freedom has led it to welcome the TPP's trade liberalization goals, that same emphasis has made it somewhat reluctant to embrace the agreement's labor and environmental standards. As important as these standards are, they could easily jeopardize Hong Kong's reputation as the world's freest economy.

To complicate matters even further, many countries in the Asia-Pacific region have highly uneven economic and technological developments. As a result, they harbor "schizophrenic" preferences when deciding how to strike the most appropriate balance in the intellectual property system. [①] As I noted in the past:

> While [large developing countries such as China and India] may want stronger protection for their fast-growing industries and highly economically developed regions, they want weaker protection in the remaining areas. The economies of these countries, indeed, are highly complex, and the profound sub-regional disparities in socio-economic conditions and technological capabilities have made it very difficult to implement nation-based intellectual property standards. [②]

In sum, the TPP does not include enough fast-growing, emerging middle-income economies to generate a large economic impact within the Asia-Pacific region. With a large number of negotiating parties and chapters, the cross-sector disagreements among these parties also have made the TPP negotiations highly challenging. In fact, because the TPP has strong historical and continued ties to APEC, deadlocks in the negotiations could undermine the ability of APEC or other regional fora to provide an effective venue for further trade liberalization. [③] APEC is particularly important to the TPP because "[m]any of the big announcements about the [agreement] are made in conjunction with APEC

[①]　See Yu, International Enclosure, supra note 19, at 21-33.

[②]　Peter K. Yu, A Tale of Two Development Agendas, 35 Ohio N. U. L. Rev. 465, 559 (2009).

[③]　See Carlos Kuriyama, APEC and the TPP: Are They Mutually Reinforcing?, in Trans-Pacific Partnership, supra note 10, at 242, 243 ("[T]he TPP itself is proving extremely useful for APEC as well, by demonstrating the utility of some of the ideas that have been discussed for years within the non-binding context of APEC. The TPP is actually providing one of the many avenues to strengthen regional economic integration in the APEC region."); see also Beeson, Institutions Of The Asia-Pacific, supra note 84, at 16 ("The key issue facing the Asia-Pacific region is whether it has enough political and ideological internal coherence to allow it to facilitate and encourage the underlying economic integration that has already occurred."); id. at 53 ("Many East Asians were already concerned that the ASEAN way of consensus and voluntarism was being overthrown by the pushy, insensitive and excessively legalistic Anglo-Americans as they tried to turn APEC into a forum for negotiation, rather than discussion."); Beeson, Regionalism And Globalization, supra note 73, at 226 ("Some member countries were concerned about APEC's inability to deliver trade liberalization, while others—especially Korea and Japan—were concerned that it might force them to open politically sensitive domestic sectors to external competition.").

meetings"[1]. The organization "is also an important incubator of ideas that could be taken into account in the TPP negotiations"[2].

III. EUROPE

The third group of outsiders consists of European countries, including the twenty-eight members of the European Union and other countries in the region such as Switzerland. The exclusion of this group is logical, given the TPP's regional focus and the group members' geographical location. It would indeed be odd to admit the European Union or Switzerland into APEC. Nevertheless, the exclusion of Europe has greatly affected the dynamics of the TPP negotiations. Such exclusion also has serious ramifications for the future development of nonmultilateral agreements within the Asia-Pacific region.

Consider, for example, the negotiation of intellectual property standards. The omission of European countries has affected not only the dynamics of the negotiation process, but also the types of issues that are to be negotiated. Without the European Union at the negotiation table, the United States is able to rely more on its sheer economic and geopolitical strengths to push for provisions that are in the interests of its intellectual property industries.[3] From increased enforcement in the digital environment to greater protection of pharmaceutical products and biologics, the TPP is likely to track more closely to the high US standards than the compromised standards developed in other fora, including ACTA.[4]

It is therefore no surprise that the TPP negotiations have resurrected those treaty terms that have already been rejected in other plurilateral negotiations involving the European Union, including the ACTA negotiations.[5] These terms range from the safe harbors for online service providers to provisions on "cooperation" between copyright

---

[1] Kuriyama, supra note 114, at 243.

[2] Id.

[3] See Elms & Lim, supra note 53, at 37 ("Even Australia, regarded as the second most powerful state at the TPP table [at the time of the writing], was unable to prevail over the United States in bilateral negotiations.").

[4] See Peter K. Yu, The Alphabet Soup of Transborder Intellectual Property Enforcement, 60 Drake L. Rev. Discourse 16, 26 (2012) [hereinafter Yu, Alphabet Soup].

[5] See Patricia Ranald, The Politics of the TPPA in Australia, in No Ordinary Deal, supra note 10, at 40, 40 ("The negotiations for a Trans-Pacific Partnership agreement... resurrect many of the issues that were debated in the Australia-US Free Trade Agreement."); Yu, Alphabet Soup, supra note 118, at 27 ("The TPP negotiators could also revive proposals that were rejected by the ACTA negotiators, especially the EU delegates."); see also Capling & Ravenhill, supra note 15, at 291 ["Even for those countries that have existing bilateral PTAs with the US (Australia, Chile, Peru and Singapore), the TPP negotiations have provided the US with a new opportunity to push for changes in their trade partners' domestic regulatory regimes that it was unable to secure in the earlier agreements."].

holders and these providers in the area of copyright enforcement. ① It is also not unusual to find the United States dominating the negotiation of the TPP intellectual property chapter. The technical expertise commanded by the large US intellectual property delegation has simply overwhelmed the delegates from other TPP negotiating parties.

As if the United States' economic and negotiation strengths were not enough, the country could offer concessions in other trade or trade-related areas in exchange for greater concessions in the intellectual property area. For instance, New Zealand may find it beneficial to make greater concessions in the intellectual property area if the United States is willing to allow for more exports in dairy, lamb, wool, and other sheep products. ② The same can be said about Vietnam and, to a lesser extent, Malaysia in regard to the United States' concessions in textiles. ③ By contrast, the European Union is unlikely to find

---

① See Analysis of the Text of the Leaked TPP Intellectual Property Text Dated August 2013, INFO-JUSTICE. ORG, http://infojustice. org/tpp-leak-analysis (last visited Feb. 17, 2014) (providing a collection of analyses of the leaked draft text of the TPP intellectual property chapter). See generally Sean M. Flynn et al. , The U. S. Proposal for an Intellectual Property Chapter in the Trans-Pacific Partnership Agreement, 28 AM. U. Int'l L. Rev. 105 (2012) (discussing the US proposal for the TPP intellectual property chapter).

② As Deborah Elms observed:

Dairy has been a headache for negotiators. Because the United States does not have a [preferential trade agreement] with New Zealand, this sector has never been addressed between the two countries before (unlike, say, the dispute between the United States and Australia over sugar). The primary issue for American milk producers is that New Zealand's dairy industry is viewed as a monopoly, with one firm (Fonterra) in control of 90 percent of the market, and substantial barriers to entry into the market. If the American market were to be opened to competition through a [preferential trade agreement] like the TPP, dairy farmers feared that New Zealand dairy would enjoy unfair competitive advantages.

Deborah K. Elms, Negotiations over Market access in Goods, in Trans-Pacific Partnership, supra note 10, at 109, 117; see also id. at 117 n. 29 (providing an estimate of the National Milk Producers Federation that "US dairy producers would lose gross revenues of US $ 20 billion over the first ten years of a [preferential trade agreement]"); Lewis, TPP and RCEP, supra note 33, at 367-68 ("New Zealand's main economic interest in the TPP is the potential for expanded access to the United States market for its dairy products. While New Zealand might ultimately be willing to trade off higher intellectual property standards in exchange for such market access, if dairy were to be excluded from the TPP, New Zealand would struggle to find enough value in the agreement to remain a participant. "). Nevertheless, Bryan Gould expressed skepticism about New Zealand's perceived benefits provided by the TPP:

We are... deluding ourselves if we believe that an enlarged free trade area will deliver wider markets and better returns for New Zealand exports, but will somehow spare us the obvious downsides. The likelihood is that New Zealand's already depleted reserves of capital, talent and natural resources will be attracted to more promising prospects elsewhere in the wider free trade area, with the result that the country's overall economic performance is more likely to decline in comparative terms than to improve.

Bryan Gould, Political Implications for New Zealand, in No Ordinary Deal, supra note 10, at 29, 34.

③ See Elms, TPP Trade Negotiations, supra note 6, at 388 ("Vietnam, and to a lesser extent, Malaysia, have highly competitive textile industries. ").

similar concessions attractive enough to give up its proposals on intellectual property protection and enforcement. Thus, without the European Union's involvement in the negotiations, the United States has a much easier time getting its intellectual property-related proposals accepted by other negotiating parties.

It is worth recalling that, during the ACTA negotiations, the European Union and the United States had wide and deep disagreements over quite a number of issues. For example, the United States wanted to have stronger mandates concerning digital intellectual property enforcement, yet the European Union was not ready to agree to provisions that the Union had not yet harmonized. Examples of these yet-to-harmonize areas are the introduction of a graduated response system and safe harbors for online service providers. [①] Similarly, although the European Union pushed hard for the inclusion of criminal liability for infringement on all forms of intellectual property rights (including most notably geographical indications), the United States was reluctant to provide such broad coverage. [②] In the end, the two countries could only settle on a much more moderate agreement than what was originally advanced by both sides—an agreement that observers have since dubbed "ACTA Lite"[③].

Apart from impacting on the dynamics of the TPP negotiations, excluding Europe from the agreement could raise complicated questions concerning the future development of the international regulatory environment and the multilateral trading system. On June 17, 2013, the European Union and the United States launched the negotiation of the Transatlantic Trade and Investment Partnership ("TTIP") Agreement. [④] The first round of negotiations was held in Washington, D. C. in July 2013. As the USTR declared on its website:

> T-TIP will be an ambitious, comprehensive, and high-standard trade and investment agreement that offers significant benefits in terms of promoting U. S. international competitiveness, jobs, and growth. This ambitious trade and investment agreement will aim to boost economic growth in the United States and the EU and add to the more than 13 million

---

① See Yu, Six Secret Fears, supra note 56, at 1055-57.

② See Monika Ermert, European Commission on ACTA: TRIPS Is Floor Not Ceiling, Intell. Prop. Watch (Apr. 22, 2009, 7:18 PM), http://www. ip-watch. org/weblog/ 2009/04/22/european-commission-on-acta-trips-is-floor-not-ceiling/.

③ Monika Ermert, Treaty Negotiators Turn to "ACTA Lite" in Hopes of Closure, Intell. Prop. Watch (Sept. 8, 2010, 4:39 AM), http://www. ip-watch. org/2010/09/ 08/treaty-negotiators-turn-to-% E2%80%9Cacta-lite%E2%80%9D-in-hopes-of-closure/.

④ Press Release, Office of the USTR, U. S. , EU Announce Decision to Launch Negotiations on a Transatlantic Trade and Investment Partnership (Feb. 13, 2013), available at http://www. ustr. gov/ about-us/press-office/press-releases/2013/february/ statement-US-EU-Presidents.

American and EU jobs already supported by transatlantic trade and investment. [1]

It remains to be seen what impact the TTIP will have on the TPP negotiations. Would the provisions found in both the TPP and TTIP create the much-needed nexus between the European Union and the TPP negotiating parties?[2] Would the TTIP serve as the missing link between free trade agreements established by the United States (including the TPP) and the free trade and economic partnership agreements established by the European Union? Would the TTIP raise the standards embraced by the TPP negotiating parties, due in part to the already high EU and US standards and in part to the limited need for these two trading powers to foster compromises in the form of exceptions, limitations, safeguards, and flexibilities? Would the TTIP involve an entirely different set of issues and concerns and therefore create inconsistencies or even conflicts that further complicate the existing international regulatory environment and multilateral trading system? These are all questions that do not have clear and immediate answers.

Within the Asia-Pacific region, the exclusion of Europe from the TPP could also raise complications concerning the future development of nonmultilateral trade and investment agreements, especially those established by the European Union. Regardless of whether the TTIP will become successful, it is important to explore what the TPP negotiations will mean for the European Union. If the TPP were established, would the United States become more effective in trading with the TPP members to the detriment of Europe? If so, would the European Union and other European countries respond by negotiating their own bilateral, plurilateral, and regional agreements with countries in the Asia-Pacific region, similar to the economic partnership agreements that the European Union has

---

[1] Transatlantic Trade and Investment Partnership (T-TIP), U. S. Trade Representative, http://www. ustr. gov/ttip (last visited Sept. 13, 2013).

[2] As Meredith Lewis observed:

To the extent that would-be participants (and dual participants) are wondering whether their commitments made in the TPP or the RCEP would be more likely to become multilateralized, (de jure through the WTO process or de facto through additional FTA proliferation), the TTIP would suggest the answer to that question is the TPP. Presumably the United States would, in TTIP negotiations, seek to import in as many commonalities as possible with the TPP in order to create common rules across even more countries. If the EU and the TPP countries all take a common approach to an issue—for example, state-owned enterprises—then that has a better chance of becoming the global approach than anything developed within the RCEP. At the same time, the understanding that the U. S. will be seeking to include TPP-consistent provisions into the TTIP may well make countries participating in both the RCEP and TPP more intent on fighting for the terms they want in the TPP. This could result in more protracted TPP negotiations, but it also creates an incentive to conclude the agreement soon. If the EU were to push the U. S. in the TTIP towards a position the TPP participants didn't like, that situation would be more dangerous the farther from completion the TPP was at the time. Once terms are locked in via the TPP, however, it would seem unlikely the U. S. would pursue a contradictory approach in the TTIP.

Lewis, TPP and RCEP, supra note 33, at 370-71.

already established with South Korea and is now negotiating with India, Malaysia, Singapore, and other members of ASEAN?[1]

One could also ask some specific questions about the global transplant of international trade and regulatory standards. For example, if the TPP were established, would the TPP negotiations make US models more dominant in the Asia-Pacific region than European and other models, due in part to the successful transplant of US standards onto the TPP Agreement and eventually on to the soil of other TPP members?[2] If so, would such transplants precipitate greater rivalry between the European Union and the United States over what standards they seek to export to other countries via bilateral, plurilateral, and regional trade and investment agreements? Would such rivalry lead to inconsistencies, tensions, or conflicts over trade and regulatory standards?[3] Would this rivalry precipitate what I have called the "battle of the FTAs"?[4]

In sum, even though the geographical location of European countries has made it logical for them to be excluded from the TPP, such exclusion could have serious

---

[1] See Free Trade Agreements, EUROPEAN COMM'N, http://ec. europa. eu/ enterprise/policies/ international/facilitating-trade/free-trade/ (last visited Feb. 17, 2014) (providing a list of EU free trade agreements concluded and in negotiation).

[2] For discussions of legal transplants in the intellectual property area, see Peter K. Yu, Can the Canadian UGC Exception Be Transplanted Abroad?, 26 Intell. Prop. J. (forthcoming 2014); Peter K. Yu, Digital Copyright Reform and Legal Transplants in Hong Kong, 48 U. Louisville L. Rev. 693 (2010). See generally Alan Watson, Legal Transplants: An Approach To Comparative Law (2d ed. 1993) (articulating the legal transplant thesis).

[3] As Robert Scollay wrote:

A particular problem for convergence arises if more than one major economy establishes its own FTA "template", and if there are inconsistencies between the different "templates". The outlook then is for the establishment of multiple "hub and spoke" configurations centred on each major economy as a "hub", where the FTAs in each configuration converge on the "template" of the "hub", but where the prospect of convergence between the configurations with their inconsistent "templates" is remote. Other economies may then either seek to follow one of the "hub" templates in their own FTAs, as Mexico has tended to do (essentially following the NAFTA template), or, if they seek to participate in more than one "hub and spoke" configuration, be willing to adapt the design of their FTAs to the "template" of each configuration, as Chile and Singapore have tended to do.

Robert Scollay, Prospects for Linking Preferential Trade Agreements in the Asia-Pacific Region, in An APEC Trade Agenda?, supra note 32, at 164, 185; see also Peter K. Yu, Currents and Crosscurrents in the International Intellectual Property Regime, 38 Loy. L. A. L. Rev. 323, 398-99 (2004) [hereinafter Yu, Currents and Crosscurrents] (discussing the potential conflicts between different bilateral and regional trade agreements); Yu, Access to Medicines, supra note 77, at 386 (suggesting that "conflicts may arise if less developed countries sign the trade agreements supplied by both the European Communities and the United States without appropriate review and modification").

[4] See Yu, Sinic Trade Agreements, supra note 31, at 1018-27 (discussing the "battle of the FTAs").

ramifications for the negotiations and the agreement's benefits, significance, and viability. Such exclusion could also affect the negotiation of other nonmultilateral trade and investment agreements in the Asia-Pacific region as well as the future development of the international regulatory environment and the multilateral trading system.

IV. CIVIL SOCIETY ORGANIZATIONS

While the first three groups of TPP outsiders consist of state actors, the last group comprises non-state actors. Similar to the ACTA negotiations, the TPP negotiations have been widely criticized for their lack of transparency, accountability, and democratic partic-ipation. Notably omitted is the representation of civil society organizations, which Sisule Musungu and Graham Dutfield have considered "the single most important factor in raising the issue of the impact of the international intellectual property standards... on de-velopment issues such as health, food and agriculture"[1]. Although the USTR insisted that the TPP is negotiated in a similar manner as the negotiation of other bilateral, plurilateral, and regional trade agreements—at least according to the USTR[2]—its secretive negotiations stand in sharp contrast to other more transparent international nego-tiations, including the region-based Free Trade Area of the Americas and those concerning the WTO and UN specialized agencies, such as WIPO. [3]

In the past, the public is generally not interested in trade or intellectual property treaty negotiations, which are dull, legalese, complex, and highly technical. [4]

---

[1]　Sisule F. Musungu & Graham Dutfield, Multilateral Agreements and a TRIPS-plus World: The World Intellectual Property Organisation (WIPO) 22 (Quaker United Nations Office, TRIPS Issues Paper No. 3, 2003), available at http://www. geneva. quno. info/pdf/WIPO(A4)final0304. pdf (footnote omit-ted).

[2]　See Yu, Six Secret Fears, supra note 56, at 1005 ["Although both the European Union and the United States have taken more open approaches in negotiations at WIPO, WTO, WHO, and other international fora, negotiations at the bilateral and plurilateral levels have indeed been kept secret in the past. " (footnote omitted)].

[3]　For discussions of the openness in WIPO, WTO, the World Health Organization, and other inter-national fora, see Letter from Robert Weissman, Dir. , Essential Action, to Susan Schwab, U. S. Trade Rep. 1-3 (Sept. 17, 2008), available at http://www. ustr. gov/archive/assets/Document_Library/Fact_ Sheets/2008/asset_uplo ad_file98915121. pdf; Memorandum from Elec. Frontier Found. et al. to Ron Kirk, U. S. Trade Rep. , attachment 1 (July 22, 2009), available at http://www. keionline. org/miscdocs/ 4/attachment1_transparency_ustr. pdf.

[4]　See Andrew Gowers, Gowers Review Of Intellectual Property 1 (2006) ("For many citizens, In-tellectual Property... is an obscure and distant domain—its laws shrouded in jargon and technical mystery, its applications relevant only to a specialist audience. "); SELL, supra note 28, at 99 ("To a certain extent IP law is reminiscent of the Catholic Church when the Bible was in Latin. IP lawyers are privileged purveyors of expertise as was the Latin-trained clergy. "); Yu, Currents and Crosscurrents, supra note 131, at 419 ("In the past, intellectual property issues were considered arcane, obscure, complex, and highly technical. ").

Nevertheless, as the negotiations became more intrusive on one's personal life and as the negotiated agreements began to include provisions concerning the internet and the digital environment, civil society organizations and the public at large have begun paying greater attention to the standards included in these agreements.

For example, the negotiation of ACTA led to the widespread online coverage of the leaked drafts and updates on the negotiations. [1] The effort to adopt the agreement in the European Union also led to massive street protests throughout Europe in the middle of the winter—in major cities such as Amsterdam, Berlin, Copenhagen, Krakow, Munich, Paris, Prague, Sofia, Stockholm, and Vienna. [2] In addition, "a petition of 2 million signatures was handed in to the European Parliament, and thousands of emails were sent to Members of the European Parliament"[3]. These protests and signatures not only "ignited coverage of ACTA in the mainstream media, which had largely ignored the issue up to that point"[4], but eventually led to the European Parliament's resounding rejection of the trade agreement in June 2012. [5] This rejection marked the first time the Committee on International Trade of the European Parliament struck down a trade agreement. [6]

In the United States, the entertainment industry's push for controversial domestic

---

[1] As I observed in an earlier article:

While disclosure of official information remained sparse at this stage of negotiations, civil liberties groups had been active in providing information to help the public understand the agreement's potential impact. For example, in March 2008, more than a couple of months before the first round of negotiations, IP Justice published a pioneering and very informative white paper discussing the potential negotiation items on ACTA. Academics and civil liberties groups across the world also worked hard to obtain information through FOIA, the Canadian Access to Information Act, or their equivalents. Many of them even managed to obtain "leaked" information or documents, which were quickly posted onto the Internet via WikiLeaks and other websites. In addition, commentators—most notably Professor Geist— offered concise yet valuable commentary on the potential provisions while keeping the public up-to-date about the state of the negotiations.

Yu, Six Secret Fears, supra note 56, at 1016 17 (footnotes omitted).

[2] See Monica Horten, A Copyright Masquerade: How Corporate Lobbying Threatens Online Freedoms 107-14 (2013).

[3] Id. at 115.

[4] Id. at 108.

[5] "The final outcome was rejection of ACTA by an astonishing 478 votes to 39, with 165 abstentions." Id. at 127; see also id. at 106 ("In 2012 that all changed, and ACTA exploded onto the public stage with massive street protests in sub-zero temperatures, forcing government U-turns and prompting accusations that the EU had engaged in corrupt policymaking. ").

[6] See Monika Ermert, Unprecedented Vote: EU Parliament Trade Committee Rejects ACTA, Intell. Prop. Watch (June 21, 2012, 2:38 PM), http://www. ip-watch. org/ 2012/06/21/unprecedented-vote-eu-parliament-trade-committee-rejects-acta/.

copyright legislation，such as the PROTECT IP Act (PIPA)① and the Stop Online Piracy Act (SOPA)，② also led to an unprecedented，massive service blackout launched by Wikipedia，Reddit，WordPress，and other internet companies.③ This blackout，in turn，caused Congressional representatives to quickly withdraw their support for the controversial bills，leading SOPA and PIPA to die in the 112th Congress.④ As Senator Ron Wyden succinctly summarized in his reminder to then-USTR Ronald Kirk in a Senate Finance Committee hearing，"[t]he norm changed on Jan. 18，2012，when millions and millions of Americans said we will not accept being locked out of debates about Internet freedom"⑤.

To some extent，the recent massive public protests can be traced back to the anti-globalization protests at the turn of this millennium in Seattle，Washington，Prague，Quebec，and Genoa.⑥ What is different today，however，is the protestors' changing and more specific focus. Instead of broad，and at times vague，issues such as globalization or the WTO，the current protests target concrete issues，such as what individuals can or cannot do on the internet. As civil society organizations，civil liberties groups，consumer advocates，and user communities become more familiar with the issues in the public intellectual property debate，and as they gain more knowledge about the secretive bilateral，plurilateral，and regional negotiations，their criticisms will become even more powerful. Even if these individuals and organizations do not always get the specific

---

① Preventing Real Online Threats to Economic Creativity and Theft of Intellectual Property Act of 2011 (PIPA)，S. 968，112th Cong. (2011). See generally Letter from John R. Allison，Professor，Univ. of Tex. at Austin，et al. to Members of the U. S. Cong. (July 5，2011)，available at http://cdt. org/files/pdfs/SOPA_House_ letter_with_PROTECT_IP_letter_FINAL. pdf (arguing against the adoption of the PROTECT-IP Act). In the interest of full disclosure，the Author signed onto this letter.

② Stop Online Piracy Act (SOPA)，H. R. 3261，112th Cong. (2011).

③ See Jonathan Weisman，In Fight Over Piracy Bills，New Economy Rises Against Old，N. Y. Times，Jan. 18，2012，at A1.

④ See Yu，Alphabet Soup，supra note 118，at 32-33.

⑤ Joseph J. Schatz，Technology Groups Worry About Trade Pact，Cq Today Online News (Mar. 13，2012，11:47 PM)，http://public. cq. com/docs/news/news000004045563. html? ref=corg.

⑥ See Peter K. Yu，World Trade，Intellectual Property，and the Global Elites：An Introduction，10 CARDOZO J. INT'L & COMP. L. 1，3 (2002) (noting the protests)，see also Yu，A Tale of Two Development Agendas，supra note 113，at 566 ("[T]he anti-globalization protests in Seattle，Washington，Prague，Quebec，Genoa，and other major cities have helped provide the needed background and momentum to the push for reforms in the international intellectual property system. ").

complex legal issues entirely correct—as Justin Hughes lamented[①]—their voice and grievances deserve considerable attention.

Indeed, it is amazing how much activism one can now find in the intellectual property field.[②] As Amy Kapczynski observed:

> Who would have thought, a decade or two ago, that college students would speak of the need to change copyright law with "something like the reverence that earlier generations displayed in talking about social or racial equality"? Or that advocates of "farmers' rights" could mobilize hundreds of thousands of people to protest seed patents and an [intellectual property] treaty? Or that AIDS activists would engage in civil disobedience to challenge patents on medicines? Or that programmers would descend upon the European Parliament to protest software patents?[③]

What happened today in the intellectual property field is very different from the time when the internet just started to enter the mainstream. One may still remember James Boyle's pioneering call for the creation of "a politics of intellectual property" in the mid-1990s when the internet first entered the mainstream.[④] As he declared at that time:

> A successful political movement needs a set of (popularizable) analytical tools which reveal common interests around which political coalitions can be built. Just as "the environment" literally disappeared as a concept in the analytical structure of private property claims, simplistic "cause and effect" science, and markets characterized by negative externalities, so too the "public domain" is disappearing, both conceptually and literally, in

---

① Professor Hughes observed:

What is good about the SOPA/PIPA debate is that significantly more citizens got involved and the legislative process responded to that activism by postponing votes on the bills. But the good part came at quite a cost. The public discourse on SOPA/PIPA quickly became as uninformed, vitriolic, and warped as our public debates about national healthcare. Corporate behavior on both sides contributed to the mess—that's no surprise. But so did legal academics. Academics conflated issues in the bill with an enthusiasm you'd expect from Rush Limbaugh or Rachel Maddow. Law professors who in an earlier time would have told you that the Internet interprets control as damage and routes around it were ready—in the interest of rhetorical flourish—to oppose the bills with a "don't break the Internet" mantra.

Justin Hughes, Introduction, 30 CARDOZO ARTS & ENT. L. J. 1, 7 (2012).

② See Sebastian Haunss, Conflicts In The Knowledge Society: The Contentious Politics Of Intellectual Property 2 (2013) [highlighting the social conflicts precipitated by "[t]he struggles against 'bi-opiracy', i. e. the private appropriation of traditional (indigenous) knowledge, the conflicts about file-sharing in peer-to-peer networks, the coming-together of the access to knowledge (A2K) movement and the advent of Pirate Parties in various European countries"].

③ Amy Kapczynski, The Access to Knowledge Mobilization and the New Politics of Intellectual Property, 117 Yale L. J. Pocket Part 262, 263 (2008), http://digitalcommons. law. yale. edu/cgi/viewcontent. cgi? article=4296&context=fss_papers (footnotes omitted).

④ James Boyle, A Politics of Intellectual Property: Environmentalism for the Net?, 47 DUKE L. J. 87 (1997).

an intellectual property system built around the interests of the current stakeholders and the notion of the original author. In one very real sense, the environmental movement invented the environment so that farmers, consumers, hunters and birdwatchers could all discover themselves as environmentalists. Perhaps we need to invent the public domain in order to call into being the coalition that might protect it. [1]

Although intellectual property activism still has a long way to go before it reaches the same level as environmental activism, such activism has certainly gone a long way since Professor Boyle made this important call for action.

Finally, one should not ignore how the lack of transparency, accountability, and democratic participation in the TPP negotiations could backfire on the longstanding efforts on the part of the United States and other TPP negotiating parties to promote transparency and rule of law in the Asia-Pacific region. [2] It is indeed disturbing that leaders of these parties fail to practice what they preach when the message becomes an inconvenient barrier to achieving economic goals. Such failure, to some extent, reminds us of the harsh criticisms these same countries made when Asian leaders prioritized economic development over the protection for civil and political rights. [3]

In fact, if the TPP includes transparency provisions, similar to other bilateral, plurilateral, regional, or multilateral agreements, [4] those provisions would become some of the most ironic and hypocritical provisions ever written into a treaty adopted for the Asia-Pacific region. [5] After all, it is very difficult to find a good justification for a non-transparent, unaccountable, and undemocratic process to develop a treaty that calls for transparency. It also makes one wonder whether the way the TPP is negotiated would create a perverse excuse for authoritarian governments in the Asia-Pacific region to conduct affairs in a nontransparent, unaccountable, and undemocratic manner.

To be certain, these governments might still conduct affairs in this manner if the TPP were negotiated in a transparent, accountable, and democratic manner. The "no worse off" argument was indeed quite frequently offered in response to this line of criticism. Nevertheless, one should not ignore the considerable political costs incurred in conducting affairs in a nontransparent manner. These costs are significant even in countries that do not offer much political freedom. When the practices of foreign countries are offered as

---

[1] Id. at 113.

[2] Cf. Yu, Six Secret Fears, supra note 56, at 1050-59 (discussing how the ACTA negotiations could backfire on these longstanding efforts).

[3] For discussions of the Asian values debate in the human rights area, see generally sources cited in Peter K. Yu, Intellectual Property and Asian Values, 16 Marq. Intell. Prop. L. Rev. 329, 337 n. 26 (2012).

[4] E. g. , ACTA, supra note 21, art. 30; TRIPS Agreement, supra note 24, art. 63.

[5] See Yu, Six Secret Fears, supra note 56, at 1015.

justifications, much of the government's political capital will be saved. Without comparison, the local people in those countries will also lose an opportunity to see how negotiations could have been done differently.

CONCLUSION: THE FUTURE

The TPP negotiations have raised a lot of important questions concerning the future development of trade relations in the Asia-Pacific region, the international regulatory environment, and the multilateral trading system. It has also sparked a debate on how bilateral, plurilateral, and regional agreements should be negotiated in the future,[①] especially when these agreements include provisions concerning the internet and the digital environment. Although it remains unclear how the TPP negotiations will evolve, or whether China, India, or other large developing countries in the region would eventually join the agreement, it is clear that the negotiations will have harmful consequences if they are conducted in the same manner as it is today.

For example, the negotiations could lead to the creation of a tri-polar world, in which three dominant trading systems will be created under the leadership of China, Europe, and the United States.[②] If these systems materialize, they could bring forth inconsistent, or even conflicting, rules and standards that undermine the international regulatory environment and multilateral trading system. The TPP negotiations could also greatly accelerate the development of the RCEP and other nonmultilateral agreements within the Asia-Pacific region.

Although more than half of the TPP negotiating parties (Australia, Brunei Darussalam, Japan, Malaysia, New Zealand, Singapore, and Vietnam) are also negotiating the RCEP, countries are unlikely to have the ability, resources, and sustained interest in actively developing two rather similar trade pacts in the same region. At some

---

① See Principles for Intellectual Property Provisions in Bilateral and Regional Agreements, Max-Planck-Institut FüR Innovation Und Wettbewerb, http://www. ip. mpg. de/files/pdf2/Principles_for_IP_provisions_in_Bilateral_and_Regional_Agreements_final1. pdf (last visited Jan. 6, 2014) (outlining principles to facilitate the development of "international rules and procedures that can achieve a better, mutually advantageous and balanced [international intellectual property] regulation"); see also Peter K. Yu, The Strategic and Discursive Contributions of the Max Planck Principles for Intellectual Property Provisions in Bilateral and Regional Agreements, 62 Drake L. Rev. Discourse 20 (2014) (discussing these principles).

② See Lewis, Achieving a FTAAP, supra note 34, at 226 ("The US... has been facing the prospect of a world with three major economic trading blocs: the Americas, the EU and an Asian bloc. "). Bryan Mercurio made a similar observation at "The Trans Pacific Partnership Agreement: Impact and Implications" Workshop at the Faculty of Law, Chinese University of Hong Kong.

point，countries will have to decide whether they want to focus on one or the other. ① It is therefore no surprise that "[a]n analyst with the Asian Development Bank has predicted that ASEAN + 6 and the TPP will ultimately merge together"②. Likewise，Merdith Kolsky Lewis observed：

[Such merger] is a definite possibility. It is hard to envision economies such as India or China agreeing in the near-term to the comprehensive liberation on trade in goods that acceding to the TPP would entail. At the same time，it also does not seem realistic that in the long-term there will be an FTAAP that does not include China. Furthermore，should Korea and Japan agree to join the TPP，it would not be in China's interest to remain on the outside... [Thus，i]t is possible that these competing considerations will coalesce via an ultimate melding together of the TPP with ASEAN + 6，such that non-TPP members of ASEAN + 6 phase in their commitments over a longer and later time period. ③

Finally，just as the United States is willing to negotiate the TTIP with the European Union，it may be willing to negotiate separate agreements with other major trading powers in the Asia-Pacific region，such as China and Japan. The discussion of a bilateral trade a-

---

① See id. at 231 ("The most likely alternatives to the TPP... are either ASEAN+6 or ASEAN+3，or perhaps a new model with a China-Japan-Korea FTA at its core. ")；Lewis，TPP and RCEP，supra note 33，at 369-70 ("Of course there is nothing to stop countries from seeking to join both the TPP and the RCEP，and several countries in ASEAN seem inclined to do so by seeking to join the TPP. But particularly for countries with limited human and financial resources for negotiations and those outside the Asia-Pacific，it will probably be the case that countries will seek to join one or the other rather than both. ")；see also id. at 223 (examining the prospects for the TPP to expand into a FTAAP)；Kelsey，supra note 82，at 17-18 ("[T]he TPPA was envisaged as the foundation for an APEC-wide free trade agreement. ").

② Lewis，Achieving a FTAAP，supra note 34，at 235.

③ Id. Deborah Elms expressed skepticism over such a merger：

Of course，a lot will ultimately depend on what happens with RCEP and the level of ambition shown. From the beginning however，a merger is already looking tricky. For instance，RCEP explicitly allows special and differential treatment for developing economies，while the TPP does not. The TPP mandates are much broader and deeper than the agenda drawn up by the 16 RCEP parties. It is highly likely that，at the end of the day，the TPP members will be reluctant to drop down the level of ambition in the TPP to meet the RCEP or that RCEP members will come up much farther to meet the TPP.

[E]ven if a merger of some sort were possible between RCEP and the TPP，creating a 21 member [preferential trade agreement] in such a fashion would likely be a poor way to draft an agreement. Docking on and massaging existing commitments to fit a new environment is less likely to deliver maximum benefits to all parties than a new agreement negotiated from the beginning.

Elms，TPP Trade Negotiations，supra note 6，at 396-97.

greement with Japan began in response to the latter's emergence as an economic power in the 1980s. [1] Even though such discussion has now subsided, Japan continues to play an important role in the region. It is therefore no surprise that some commentators have wondered whether China's growing importance in the Asia-Pacific region would lead to more intense rivalry between China and Japan. [2] If such rivalry occurs, Japan may be eager to foster a stronger alliance with the United States, India, and other major countries in the

---

[1] See, e. g. , Michael Aho, More Bilateral Agreements Would Be a Blunder: What the President Should Do, 22 CORNELL INT'L L. J. 25, 33-35 (1989) (questioning the advantages of a US-Japan bilateral trade agreement); Max Baucus, A New Trade Strategy: The Case for Bilateral Agreements, 22 CORNELL INT'L L. J. 1, 8-17 (1989) (contending that Japan would be a particularly attractive target for a new bilateral trade agreement).

[2] William Callahan disagreed:

Both Japan and China are "reluctant powers" that are not willing to take the lead in regional integration (indeed, the main activities of each seem to involve forestalling the other from assuming regional leadership). This reluctance stems from a regional environment that is characterized by fears of Japan's past (militarism) and of China's future (hegemonism). The Japanese empire regionalized East Asia during the first half of the twentieth century, and Chinese and Korean memories of this period still stress the violence of Japanese occupation and colonialism. Because of this suspicion of its intentions, Japan repeatedly failed to shape an East Asian regionalism in the 1960s and 1970s.

China has been unable to take the lead in forming regional institutions because its East Asian neighbours worry about the character of Chinese hegemony. Its recent rapid economic growth and military modernization present a potential threat to regional order and stability. Moreover, there are concerns that China's future leadership will follow the pattern of its imperial past. Some fear that the PRC is modernizing the traditional Sinocentric order, where the Middle Kingdom is surrounded by a periphery of tributary states and barbarians, as a model for its new hegemonic politics.

William A. Callahan, Comparative Regionalism: The Logic of Governance in Europe and Asia, in The International Politics Of EU-CHINA Relations 231, 242-43 (David Kerr & Liu Fei eds. , 2007) (footnote omitted); see also Zhang Yunling & Tang Shiping, China's Regional Strategy, in Power Shift, supra note 74, at 48, 55 ("China understands that the future of the region depends upon a constructive relationship between China and Japan. "). Simon Tay concurred:

Asian regionalism is moving forward—but without clear direction and leadership. Without change in Japan, there can be no rapprochement with China. This deprives East Asian regionalism of what should logically be its main driver, a partnership between China and Japan, akin to that in Europe between France and Germany. The idea of a shared leadership with China seems alien to the Japanese, and vice versa. Asia's contentious history combines with fundamental differences to raise tensions and lead to flash points between Japan and China that the region has no proven capacity to handle.

TAY, supra note 12, at 82.

Asia-Pacific region. [①] Countries in the region may also welcome the United States to play a larger role [②]—a role that will certainly benefit Japan.

Recent years have also seen growing discussions of the need for a bilateral investment agreement between China and the United States. [③] Such an agreement is especially attractive among those advocating greater engagement between China and the United

---

① As Professor Tay explained:

As China continues to grow and charm fellow Asians, Japan cannot compete on its own. It recognizes this and has clung to its alliance with the United States and, in 2007, reached out to Australia, the closest American ally in Asia. Similarly, Japan has been reaching out economically to engage India as a counterweight to China. Even if Japan cannot compete with China in the near future, or even presently, it can be spoiler in Asian regionalism. Japan might limit Asia's effective progress by lack of cooperation or by taking steps to bandwagon against China, forcing rivalry and tension as other Asians find they have to choose sides.

TAY, supra note 12, at 81-82.

② See Lewis, Achieving a FTAAP, supra note 34, at 232 ("[G]iven concerns about China's economic and military might, some Asian Countries may welcome the US playing a greater role in the region, and the opportunity to forge linkages with the US.").

③ For discussions of such an agreement, see generally David A. Gantz, Challenges for the United States in Negotiating a BIT with China: Reconciling Reciprocal Investment Protection with Policy Concerns, 31 ARIZ. J. Int'l & Comp. L. (forthcoming 2014); Kong Qingjiang, U. S.-China Bilateral Investment Treaty Negotiations: Context, Focus, and Implications, 7 Asian J. WTO & Int'l Health L. & Pol'y 181 (2012).

States in the form of a G-2 partnership. ① After all, in recent years, China and the United States have already actively cooperated in addressing a large variety of global problems, which range from climate change to global economic recovery. As Fred Bergsten and his colleagues reminded us:

> It is now clear that an effective response to every major international economic issue requires close cooperation between [China and the United States]. There will be no sustained recovery from the global economic crisis unless China and the United States lead it and they have appropriately launched by far the largest stimulus programs in the world. There will be no renewed momentum toward trade liberalization through the Doha Round or otherwise, a credible defense against the protectionist pressures that have been intensified by the crisis, unless they endorse it. There will be no international cooperation on global warming unless they embrace it. The United States is the world's largest deficit and debtor country, and China is the world's largest surplus and creditor country, and without their concurrence there will be neither resolution of the global imbalances that helped bring on the current crisis nor lasting reform of the international financial architecture. ②

In sum, as far as the future goes—whether it relates to the development of trade relations in the Asia-Pacific region, the international regulatory environment, or the mul-

---

① As Fred Bergsten argued:

The United States should. . . implement a subtle but sharp change in its basic economic strategy toward China. Instead of focusing on bilateral problems and complaints, and seeking to coopt China into a global economic system that it would try to continue leading by itself, the United States should seek to develop a true partnership with China to provide joint leadership of that system, even if the system requires substantial modifications to persuade China to play that role. The two economic superpowers should begin to pursue together the development of coordinated, or at least cooperative, approaches to global issues that can be resolved effectively only through their active co-management. Such a "G-2" approach would accurately recognize, and be perceived by the Chinese as accurately recognizing, the new role of China as a legitimate architect and steward of the international economic order.

Bergsten Et Al., supra note 47, at 22-23; see also Stefan A. Halper, The Beijing Consensus: How China'S Authoritarian Model Will Dominate The Twenty-First Century 25 (2010) ("[T]he American and Chinese economies are heavily interdependent. America has grown addicted to Chinese credit; China has grown equally addicted to American consumption. The depth of this interdependence creates a relationship that is stabilized in a kind of economic version of mutually assured destruction."); Walden Bello, Chain-Gang Economics: China, the US, and the Global Economy, in China'S New Role, supra note 65, at 7, 11 (describing "a chain-gang relationship" between China and the United States in light of their growing economic interdependence); Niall Ferguson & Moritz Schularick, "Chimerica" and the Global Asset Market Boom, 10 Int'l Fin. 215 (2007) (coining the term "Chimerica"). But see Halper, supra, at 216-18 (arguing against elevating the US-China relationship to a special G-2 bilateral partnership). See Generally Zachary Karabell, Superfusion: How CHINA And America Became One Economy And Why The World'S Prosperity Depends On It (2009) (discussing the intertwined economic relationship between China and the United States).

② Bergsten Et Al., supra note 47, at x-xi.

tilateral trading system—the TPP negotiations have created more perplexities than certainty and predictability. Without the inclusion of China，India，and other fast-growing，emerging middle-income countries，the agreement is likely to have a limited impact in the Asia-Pacific region. At this point，it is also unclear whether the benefits the negotiations provide would outweigh their exorbitant geopolitical，economic，social，cultural，and technological costs.

The TPP negotiations greatly deserve continued and more dedicated attention from policymakers，commentators，and the public at large，including those from countries not hitherto involved in the TPP negotiations as well as those located outside the Asia-Pacific region. As much as we want to know what will be included in the final text of the TPP A-greement，we also need to be conscious of what has been excluded from the negotiations and what such exclusion means for the Asia-Pacific region，the international regulatory environment，and the multilateral trading system.

（本文编辑：董慧娟）

域外视野

意大利法学家的知识产权历史观

■李飞*

摘　要:在意大利的法学术语体系中,"知识产权"一词已很少被使用,在意大利法学家看来,著作权和工业产权应该被单独谈论。就其历史而言,意大利法学家总体上认为,著作权和工业产权的产生都是晚近的,前者可以追溯到15世纪欧洲印刷术的出现,后者则是近现代工商业发展的产物,但是其一,现代著作权所包含的某些因子仍可以在罗马法中找到其对应物;其二,商标作为一个社会现象的历史更为悠久,但其作为商标权的存在源于18世纪对中世纪行会制度的废除。

关键词:知识产权;所有权;著作权;工业产权

The Views of the Italian Jurists on the History of the Intellectual Property

Li Fei

Abstract：In the legal terminologies of Italy，the concept of "Intellectual property" has been rarely used. According to the Italian jurists, the "author's right" and the "industrial property" should be discussed separately. As to the history of the intellectual property, the Italian jurists think that, generally, the author's right and the industrial property are recent concepts. The history of the former can be traced back to the emergence of the printing press in Europe in the 15th century, while the latter is a fruit of the development of modern industry and commerce. However, on the one hand, some elements contained in the modern author's right can still be found in Roman law, on the

---

* 李飞,1984年生,男,华侨大学法学院讲师,法学博士。

other hand，the trademark as a social phenomenon has a long history，but its existence as an exclusive right can only be traced back to the abolition of the medieval guild system in the 18th century.

Key Words：Intellectual Property；Ownership；Author's Right；Industrial Property

一、概论

在意大利学界，传统上诉诸所有权(proprietà)制度来对表征与人的创造性活动有关的法律现象。因此，人们选择了"proprietàintellettuale"(直译为"智力所有权")来界定主体与其创造性活动的成果之间的关系。在涉及具体的智力成果时，从其内容和性质的角度，"proprietàletteraria"("文字作品的所有权")、"proprietàartistica"("艺术作品的所有权")和"proprietàindustriale"("工业所有权")成为文学创作、艺术创作、企业经营或一般意义上的经济活动领域的智力成果的理论表达，[①]前两者对应于知识产权法中的"dirittod'autore"(直译为"作者权")，后者同时也是立法中的术语表达，涵盖了著作权以外的其他知识产权类型。

但需要注意的是，在近年来的法学理论中，"proprietàintellettuale"一词颇受诟病，因而已经很少被使用，其原因要从这一概念产生的源头去寻找：过去诉诸所有权(proprietà)理论来描述人的精神领域的创造性的智力成果(proprietàintellettuale)，主要是以著作权为考察样本作出的选择，下文将提道，法国大革命的成果之一就是，确认了所有权是人格的体现，这是所有权神圣不可侵犯最深层次的原因，作为创造性成果的文艺作品，同样是作者人格的体现，它们都具有绝对的不可侵犯性，所有权概念因而成为表达这种新型权利的术语选择的基础。[②] 这就是"proprietàletteraria"和"proprietàartistica"的由来，而为了将文艺作品所有权以外的所有智力成果也都纳入这种无形所有权的范畴，"proprietàintellettuale"这一上位概念才应运而生。但实际上，"proprietàintellettuale"所包含的商标、专利等很多现代商业性的因子与传袭自古罗马的古典的"proprietà"(所有权)概念并不兼容。[③] 因此，现在越来越多的法学家选择了放弃这一概念，而专以"proprietàindustriale"一词来指称此等包括专利权和商标权等在内的工业产权，以区别于古典意义上的所有权；同时以"dirittod'autore"来指称著作权，传统上的"proprietàintellettuale"一词虽然也偶尔被使用，但其含义已经回归到原点，界定的是旨在保护主体与其具有文学、艺术性质的智力成果之间的关系的全部规范，等同于"dirittod'autore"，即著作权。[④] 我们可能会注意到，在其他国家，这种趋势并不像在

---

① Giovanni Giacobbe，voce *Proprietà Intellettuale*，in *Enciclopedia del Diritto*，XXXVII，Milano：Giuffrè，1988，pp. 369～370.

② Cfr. Giovanni Giacobbe，voce *Proprietà Intellettuale*，in *Enciclopedia del Diritto*，XXXVII，Milano：Giuffrè，1988，p. 370.

③ Cfr. Voce *Proprietà Intellettuale*，http://it. wikipedia. org/wiki/propriet%C3%A0_intellettuale，下载日期：2013 年 11 月 15 日。

④ Giovanni Giacobbe，voce *Proprietà Intellettuale*，in *Enciclopedia del Diritto*，XXXVII，Milano：Giuffrè，1988，p. 370.

意大利这么明显,在以英语或其他语言为母语的国家,专利权、商标权等工业产权仍被包含在"proprietàintellettuale"的名号之下。①

在当今意大利法学家编著的知识产权著作和最权威的三套法学百科全书(Enciclopedia del Diritto,Enciclopedia Giuridica,NovissimoDigestoItaliano)中,基本很难再见到"proprietàintellettuale"一词,作者一般都是分别介绍"proprietàindustriale"和"dirittod'autore",即便在出现"proprietàintellettuale"的场合,也将它指向"dirittod'autore"。② 在法学教科书中也是如此,"proprietàindustriale"和"dirittod'autore"是分别独立的,很少见到囊括著作权和工业产权的整体意义上的知识产权(proprietàintellettuale)著作。

沿着这种认识趋势,意大利政府 2005 年 2 月 10 日公布的第 30 号法令,即 *Codice della proprietàindustriale*(《工业产权法典》),其调整对象为商标与其他特殊标志、地理标志、原产地名称、外观设计、发明、实用新型、半导体产品拓扑图、商业机密信息和植物新品种;而对著作权的调整,仍适用 1941 年第 633 号法律,即《著作权及与其行使有关的其他权利的保护》(*Protezione del dirittod'autore e di altridirittticonnessi al suoesercizio*)。

二、知识产权的历史考察

由于前文提到的工业产权和著作权的分立趋势,在涉及知识产权的历史的文献中,对"dirittod'autore"和"proprietàindustriale"的历史考察也是独立进行的。

(一)"dirittod'autore"(著作权)的历史

著作权的历史起源是一个非常复杂的问题,因为古今对这一主题的理解是不同的。但可以确定的是,我们今天所理解的著作权的产生是源于保护创造性行为的需要,并且强调的是作者的重要性。它可以被理解为作者与社会之间达成的一项契约,根据这项契约,作者可以享受其作品为他带来的收益,而社会从知识和文化的传播中也同样获益。从这个意义上可以说,著作权的初始目的之一就是促进文化成果的自由流通,尽管这种初始目的随着时间和空间的推移,已经被不同程度的弱化甚至背离。

尽管在古代就存在对作品的作者给予保护的需要并存在涉及该主题的某些法律规范,但著作权问题仍然是一个晚近才开始研究的课题。实际上,在古代,并不存在对书面作品的真正经济性的保护问题,因为居高的文盲程度和低下的技术能力,使得出版物的数量少之又少。作者完全可以从其作品的订阅者和其他资助人那里获得为满足舒适富足的生活所需要的经济保障。

关于著作权的历史,通说的观点是,罗马法中并无著作权。③ 当然,不能因为罗马法中

---

① Voce Proprietà Intellettuale,in Wikipedia,http://it. wikipedia. org/wiki/propriet%C3%A0_intellettuale,下载日期:2013 年 11 月 15 日。

② Cfr. Antonio Azara e Ernesto Eula (diretto da),*Novissimo Digesto Italiano*,XIV,Torino:UTET,1967,p. 210.

③ Antonio Azara e Ernesto Eula (diretto da),*Novissimo Digesto Italiano*,V,Torino:UTET,1960,p. 675.

没有对我们今天所理解的著作权和其他无形财产的保护规范就认为罗马法中存在漏洞,由于劳动的手工性和技术的落后,完全没有必要在有形财产的保护规则之外另辟一条无形财产的保护机制。① 但现代著作权保护的某些因子仍然可以追溯至罗马法。

意大利的法学家通常是沿着这样一条路径来论述"著作权"的历史的:罗马法——文字作品的特许权(privilegiletterari),即书籍特许权(privilegilibrari)——作者的主观权利。②

现代法律观念中的著作权包含财产权利和精神权利(即所谓著作人身权)两个方面。就后一个层面的权利而言,我们可以从罗马法中找到某些因子:它与罗马法中通过"侵辱之诉"(actio iniuriarum)来保护作者的人格利益,这两者存在一定的契合。侵辱是私犯的一种,指在生理上或精神上对人造成侵害的各种行为,从公元前 2 世纪开始,罗马法就通过侵辱之诉对非物质性的人格利益损害(具体来说就是自由人的身体、名誉与尊严)给予金钱赔偿。

在中世纪,"文化"作为一个整体被移转到修道院中,成为教会所特有的"财产",并不存在著作权的保护问题。随着 11 世纪大学的兴起,产生了对手稿的需求,因此产生了大批的所谓"书写员工作坊"(officinescrittorie),也就是"抄写员手工抄写复制文献的地方"。当时存在一种流传不太广泛的保护著作权的迷信机制,即所谓的"书本诅咒",认为每本手稿的第一页都写有一个诅咒,伪造者将患麻风病、下地狱等。但是对书面作品的经济方面的保护机制仍然阙如。

现代著作权观念中包含的财产利益,是与印刷术的发明联系在一起的。在印刷术发明之前,高昂的人工手抄成本和有限的阅读对象,不可能产生很多作品复本,这也阻碍了"对这些作品复本享有某种排他性的权利"这样的观念的产生。印刷术的发明,改变了这一现状,大量复本的出现成为可能。

1455 年在著作权的历史上是一个极其重要的年份,这一年,德国人约翰·古登堡(Johann Gutenberg)发明了铅活字印刷术。这种印刷术的发明意义重大,它使得低成本、快速、无限量地复制一件作品成为可能,从而产生了对作者和出版商的劳动成果进行保护的需要。③ 在此之前,书籍的流通仅限于少数具有一定文化教养的社会高层人士之间。在此之后,虽然也经历了漫长的渐进过程,书籍对普通人来说不再那么遥不可及,书面作品的广泛流通也使得对作品的创造、发行、处分等等问题浮出水面。④

印刷术的发展大大推动了《圣经》以及其他宗教经典的传播,但也便利了一些在教会看来是反动的渎圣作品的流传,因此,这就迫使教会和国家针对印刷术和出版业的发展采取某

---

① Mario Are,voce *Beni Immateriali*,in *Enciclopedia del Diritto*,V,Milano:Giuffrè,1959,p. 244.

② Cfr. Antonio Azara e Ernesto Eula (diretto da),*Novissimo Digesto Italiano*,V,Torino:UTET,1960,p. 674.

③ Cfr. Voce *Storia del Diritto d'autore*,http://it. wikipedia. org/wiki/Storia_del_diritto_d%27autore#cite_ref-4,下载日期:2013 年 11 月 15 日;Andrea Sirotti Gaudenzi (diretto da),*Proprietà Intellettuale e Diritto della Concorrenza-Volume Primo:Opere dell'Ingegno e Diritti di Proprietà Industriale*,Torino:UTET Giuridica,2008,p. 4.

④ Voce *Storia del Diritto d'autore*,http://it. wikipedia. org/wiki/Storia_del_diritto_d%27autore#cite_ref-4,下载日期:2013 年 11 月 15 日。

些预防性的控制机制。① 同时受商业利益的驱使,为排除其他出版商,有门路的出版商往往打着"为繁荣工业印刷术"的幌子而请求君主授予一项特许权,独享在某地域的出版特权。② 这两个方面的需求一拍即合,"书籍特许权制度"应运而生。在所授予的此等特许权中除主要考虑出版商的利益外,有时也会兼顾到作者的利益,会同时给予作者一定的补偿,只是在不同的历史时期,作者的利益受到兼顾的程度不同。这种特许权起先取决于君主的恣意,此后建立了"正当恩施"(graziagiustificata)制度,符合条件的出版商,经过某种形式的预先审查,可以获得君主的恩施,被授予书籍特许权。③

"书籍特许权制度"是现代著作权制度的鼻祖,它最先于 15 世纪在威尼斯出现。1469 年,德国人约翰·德·斯皮拉(Johannes de Spira,其意大利语译名为 Giovanni da Spira)将德国的印刷术引入威尼斯,并出版了西塞罗的作品《家信集》(*Epistolae ad familiares*)。此人于是年 9 月 18 日获得现代著作权历史上第一个特许权,该项特许权为期 5 年,在此期间,禁止斯皮拉以外的任何人从事印刷行业或从国外进口书籍。因此,可以看出,这项特许权保护的是出版商而不是作者的利益。但是请求获得书籍特许权并非出版商独享的权利,作品的作者同样可以提出此等请求,稍晚的 1486 年出现了第一个授予作者的特许权。随后至 16 世纪,书籍特许权制度在意大利其他地区,并进而在法国和欧洲其他国家蔓延开来。④

虽然个人也可以请求君主授予书籍特许权,但是更常见的现实情况是,特许权绝大多数都是授予出版商的,也就是说,它所保护的主要是出版商的利益,而不是作品本身,更不是作者的创造性活动。⑤ 但正是由于赋予出版商排他性地出版特定作品的权利,从而出现了"排他权"的概念。⑥

书籍特许权制度发展的极致,体现为英国 1662 年颁布的《授权法》(*Licensing Act*),它在授予出版垄断特权的同时,更便利了对作品内容的控制。⑦

经过出版商和作者的一系列冲突和斗争,18 世纪末,出版商对作品的垄断体系被打破,确立了保护个人权利的原则,书籍特许权制度走向没落,⑧新的著作权保护体制逐渐建立起

---

① Andrea Sirotti Gaudenzi (diretto da), *Proprietà Intellettuale e Diritto della Concorrenza-Volume Primo*: *Opere dell'Ingegno e Diritti di Proprietà Industriale*, Torino: UTET Giuridica, 2008, p. 5.

② Antonio Azara e Ernesto Eula (diretto da), *Novissimo Digesto Italiano*, V, Torino: UTET, 1960, p. 675.

③ Valerio De Sanctis, voce *Autore (diritto di)*, in *Enciclopedia del Diritto*, IV, Milano: Giuffrè, 1959, p. 380.

④ Voce *Storia del Diritto d'autore*, http://it. wikipedia. org/wiki/Storia_del_diritto_d%27autore # cite_ref-4,下载日期:2013 年 11 月 15 日。

⑤ Mario Are, voce *Beni Immateriali*, in *Enciclopedia del Diritto*, V, Milano: Giuffrè, 1959, p. 245.

⑥ Andrea Sirotti Gaudenzi (diretto da), *Proprietà Intellettuale e Diritto della Concorrenza-Volume Primo*: *Opere dell'Ingegno e Diritti di Proprietà Industriale*, Torino: UTET Giuridica, 2008, p. 7.

⑦ Andrea Sirotti Gaudenzi (diretto da), *Proprietà Intellettuale e Diritto della Concorrenza-Volume Primo*: *Opere dell'Ingegno e Diritti di Proprietà Industriale*, Torino: UTET Giuridica, 2008.

⑧ Antonio Azara e Ernesto Eula (diretto da), *Novissimo Digesto Italiano*, V, Torino: UTET, 1960, p. 675.

来,它以人的创造性活动为主要考虑因素,①根据这种新的体制,作者享有的主观权利被承认为是一项对其作品进行经济利用的排他性权利,在法国大革命中,这种权利被宣称为所有权的最神圣的体现。总之,出版商和作者不断博弈,加之个人主义的理念,逐渐产生现代主观权利意义上的著作权。②

书籍特许权制度的没落源于英国。1709 年,安娜·斯图亚特(Anna Stuart)女王统治下的大不列颠通过一项名为《安娜法令》(该法令于 1710 年生效)的法律,这部法律被视为现代第一部保护作者权益的著作权法,它率先废除了书籍特许权制度。③《安娜法令》授予作品的作者一项为期 14 年的著作权,且只要作者仍然生存,就可以申请延期。这项法令奠定了现代著作权立法的基础,实际上,此后整个欧洲关于著作权的立法都从《安娜法令》中获得了某些启示。④ 随后,美国的康涅狄格州、马萨诸塞州和马里兰州等相继颁布了一系列关于著作权的法律。⑤ 法国在大革命期间的 1791 年和 1793 年分别颁布的《谢普雷法》(*Loi Le Chapelier*)和《拉卡纳尔法》(*LoiLakanal*)是法国现代最早涉及著作权规范的立法,前者废除了戏剧作品的"特许权"制度,授予作者死后为期 5 年的"作者权"。实际上,现代著作权立法中表征其客体的"智力作品"(operedell'ingegno)一词就启发于这项法律;⑥后者将该期限延长到作者死后 10 年。正如谢普雷所说:"之所以授予作者以排他性的权利,是因为他们的所有权(作品)是最神圣的,每一项所有权都是人格的体现。"⑦

意大利迟至 19 世纪才最终废除特许权制度,这得益于法国法特别是"proprietàintellettuale"(知识产权)概念的影响。"作者权"的概念逐渐被接受,而"作者"的形象也更加清晰:"作者"可以是某部书面作品的写作者,或某音乐的作曲者,或者是画家,或者是图案或图纸的绘制者等。在著作权立法方面,由于在维也纳会议以后,意大利并不被视为一个统一的国家,因为在这片领土上存在很多政治实体,它们主要仿效奥地利的立法,出台了多项审查措施,对作品的内容进行控制,对作品的作者给予保护,并对仿造者课以制裁。这些政治实体的立法通过意大利统一后于 1865 年 6 月 25 日颁布的一项法律而统一起来,此后又零星出台了一些调整著作权的法令,这些立法最终统一于前文提到的 1941 年的《著作权及

---

① Mario Are, voce *Beni Immateriali*, in *Enciclopedia del Diritto*, V, Milano: Giuffrè, 1959, p. 246.

② Cfr. Antonio Azara e Ernesto Eula (diretto da), *Novissimo Digesto Italiano*, V, Torino: UTET, 1960, p. 675.

③ Cfr. Andrea Sirotti Gaudenzi (diretto da), *Proprietà Intellettuale e Diritto della Concorrenza-Volume Primo: Opere dell'Ingegno e Diritti di Proprietà Industriale*, Torino: UTET Giuridica, 2008, p. 7.

④ Voce *Storia del Diritto d'autore*, http://it. wikipedia. org/wiki/Storia_del_diritto_d％27autore＃cite_ref-4,下载日期:2013 年 11 月 15 日。

⑤ Valerio De Sanctis, voce *Autore (diritto di)*, in *Enciclopedia del Diritto*, IV, Milano: Giuffrè, 1959, p. 380.

⑥ Mario Are, voce *Beni Immateriali*, in *Enciclopedia del Diritto*, V, Milano: Giuffrè, 1959, p. 262.

⑦ Cfr. Voce *Storia del Diritto d'autore*, http://it. wikipedia. org/wiki/Storia_del_diritto_d％27autore＃cite_ref-4,下载日期:2013 年 11 月 15 日。

与其行使有关的其他权利的保护》，这项法律适用至今。[①]

(二)"proprietàindustriale"(工业产权)的历史

在意大利的术语体系中，"proprietàindustriale"是从属于"dirittoindustriale"（"工业法"）的一个理论范畴。"dirittoindustriale"是一个地地道道的意大利术语，在其他即便同样具有罗马法传统的国家也很难找到相应的对译，它是对18世纪发起于英国的工业革命所带来的社会经济制度（或者说是生产方式）的根本变革在法律上作出的回应，虽然在理论上它调整的是有关工业活动的法律关系，但并非像商法一样是一个独立的法律部门，它本身并没有带来任何新的法律规则，因此可以说是具有同质性的工业产权的权利主体所处的法律情势的一个表征。自19世纪末以来，"dirittoindustriale"突破了传统上"工业产权"的限制，将竞争法和著作权法也纳入其内。一直到今天，该术语仍在理论上被使用，而且其内涵和外延更加广泛，将任何与新技术有关的主题都统摄其下。[②]

传统上作为"工业法"主要调整对象的"proprietàindustriale"基本上与"dirittoindustriale"同时出现，作为发明、专利、商标、实用新型等工业性所有权的上位概念。意大利于2005年颁布了《工业产权法典》，但"工业产权"本身只是一个概称，因此并没有法学家会在理论上笼统地谈论它的历史，而是分别谈论专利的历史、商标的历史等等。

1. 商标的历史

商标（Marchio）的基本含义是"标记"（segno），标记意味着在被标记的事物之间存在一个"公分母"，因此，标记具有识别、区分和选择三种功能。[③] 意大利法学家莱莫·弗兰切斯凯利（Remo Franceschelli）有一个著名的对商标的定义："商标通常是指与识别或区分问题有关的所有的事物，它们被做成标记，附在事物本身或与该事物有关的文件之上。"[④]但是，该定义有将"商标"与各种形式的表征主体的"名称"相混同之嫌。实际上确实存在这样一种观点，认为中世纪表征主体人格的各种形式的图形标记都是商标，这样的标记有封印、签章、花押字、旗帜、徽记，以及本义上的商标等。前几种标记实际上是姓名或名称的表现形式，与本义上的商标是不同层面的事物，它们在起源、目的和法律性质上迥然相异，其间的差别就像现今商业法律语境中"商标"与"企业名称"之间的关系。[⑤]

(1)古代的商标

就本义上的商标而言，作为表征事物来源的工具，很少有哪种制度像它一样在古代就流传甚广，这一点从古代文献中存在众多表达商标之意的术语就可以看出：*marca*，*marcha*，

---

① Cfr. Voce *Storia del Diritto d'autore*, http://it. wikipedia. org/wiki/Storia_del_diritto_d%27autore#cite_ref-4,下载日期：2013年11月15日。

② Andrea Sirotti Gaudenzi (diretto da), *Proprietà Intellettuale e Diritto della Concorrenza-Volume Primo：Opere dell'Ingegno e Diritti di Proprietà Industriale*，Torino：UTET Giuridica，2008，pp. 163~164.

③ Antonio Azara e Ernesto Eula (diretto da), *Novissimo Digesto Italiano*，X，Torino：UTET，1964，p. 214.

④ Remo Franceschelli, *Trattato di Diritto Industriale*，Vol. I，Milano：Giuffrè，1960，p. 191.

⑤ Cfr. Maria Ada Benedetto, voce *Marchio (storia)*, in *Enciclopedia del Diritto*，XXV，Milano：Giuffrè，1975，p. 577.

marco,*marchio*,*marchum*,*merchum*,*merca*,*merco*,*signum*,*signio*,*segno*,*signale*,*segnale*,*bolla*,*bola*,*bollo*,*bollum*,*nota*,*sigillum*. 众所周知,古希腊人就通常在艺术作品,比如雕塑、花瓶、宝石、铸币上印上商标。在古罗马,商标不仅出现在各种艺术品上,而且出现在锡管、瓦罐、砖石和其他建筑材料以及各种商品之上,比如奶酪、葡萄酒、眼药水。因此,商标既可以是表征个人的,表明作品的制作者,也可以是表征厂商的,表明产品的产地。①

对于商标的保护,在古代东方国家和古希腊,是否将商标作为一项商业制度在法律上予以保护,由于缺少文献的支持,很难给出答案,但可以肯定的是,在古罗马是存在商标的法律保护机制的:其一是公法领域的保护机制,即公元前 81 年颁布的《关于伪造的科尔内流斯法》(*Lex Cornelia de Falsariis*),这一法律最初适用于伪造遗嘱、钱币的情形,所以又被西塞罗称为《关于伪造遗嘱或钱币的科尔内流斯法》,该法后来扩大适用于假冒商标的情形。根据该法,对奴隶的处罚是极刑;对自由人的刑罚是禁绝水火。其二是私法领域的保护机制,即侵辱之诉和诈欺之诉,前者修复的是对人格的侵犯,后者弥补的是财产损失。②

(2)中世纪的商标

西罗马帝国灭亡后,意大利北部伦巴第王国的国王罗塔里(Rothari)于 643 年颁布的《罗塔里敕令》(*EdictumRothari*)中提到了"signum"(标记)一词,但它与我们所讨论的商标无涉。法兰克人则经常在"所有权的标记"的意义上使用"marcha"(标记),用以区分个人的财产与部落的财产。③

11—12 世纪,西欧萌生了现代工商业,但由于市场的狭小,各地的手工业者为了排除彼此间的竞争和抵制封建领主的压榨,便逐渐联合起来,按照不同的行业组成了各种行会。在此后的几个世纪里,手工业者在各自所属行会的笼罩下以行会为单位从事经营活动,行会既是管理者同时又是其属下的手工业者及其店铺所制造的产品或提供的服务的担保者。因此,在现代工业革命到来之前,并不存在需要以商标来区别不同店铺的问题。④ 但在不同的行会之间,仍需要以不同的商标来彼此区分,而且行会通常强制其属下的店铺或厂商使用该行会确定的商标,这是由商标所被赋予的以下三种功能所决定的:(1)便于行会对商品的控制;(2)阻止竞争和外来商品的进口;(3)确保税收。⑤ 这也决定了,中世纪行会制度下的商标保护,所着眼的并非消费者的利益,而是手工业者和商人的利益,并服务于城市和国家的商业和财税政策,而对消费者利益的保护只是一种间接的附带结果。这一点从违反国家和行会的规定未使用或滥用商标,可能会受到的处罚中不难看出:罚款、没收伪造的商品或贴

----

① Cfr. Maria Ada Benedetto, voce *Marchio*(*storia*), in *Enciclopedia del Diritto*, XXV, Milano: Giuffrè, 1975, p. 578.

② Cfr. Maria Ada Benedetto, voce *Marchio*(*storia*), in *Enciclopedia del Diritto*, XXV, Milano: Giuffrè, 1975, p. 577.

③ Cfr. Maria Ada Benedetto, voce *Marchio*(*storia*), in *Enciclopedia del Diritto*, XXV, Milano: Giuffrè, 1975, p. 577.

④ Andrea Sirotti Gaudenzi (diretto da), *Proprietà Intellettuale e Diritto della Concorrenza-Volume Primo: Opere dell'Ingegno e Diritti di Proprietà Industriale*, Torino: UTET Giuridica, 2008, p. 184.

⑤ Maria Ada Benedetto, voce *Marchio*(*storia*), in *Enciclopedia del Diritto*, XXV, Milano: Giuffrè, 1975, p. 579.

有仿造商标的商品、暂时或永久性地开除出行会。同时还要考虑到,此等违法行为(模仿、伪造或滥用商标等)对生产者造成的损害远远大于对消费者造成的损害,它们首先冲击到的是行会组织和城市对地方性工业的垄断,由此带来的是经济利益和财税收入的减损。①

在一边倒地强调商标的保护生产者利益的功能的中世纪,有一个声音显得特别异类,但却与我们当今对商标的定位相呼应,这就是评论法学派的代表人物巴托鲁斯的观点。巴托鲁斯在其去世一年后(1358 年 1 月 20 日)才由其女婿尼科拉·亚历山德里(Nicola Alessandri da Perugia)出版的作品——*Tractatus de insignis et armis*(《论徽标与纹章》)中,专门讨论了商标问题。他首先一般性地论述了贵族的徽标,然后详细分析了一枚由一名技术娴熟的工匠所打造的图章,再之后讨论了徽标的继承移转问题,并由这个问题过渡到对商标在商业团体解散的情况下其移转问题的论述。在使用某个商标的商业团体解散之前,人们已经通过长期的认知而形成了对贴有该商标的产品的信赖,因此,在该商业团体解散后,如何继续保护人们的这种信赖而不受欺骗,成为巴托鲁斯唯一的担心,这就涉及商标的公示和公信问题。② 对此我们不予详述,需要指出的是,巴尔都斯(Baldus de Ubaldis)和佩特鲁斯(Petrus de Ubaldis)兄弟继续讨论了这一主题,虽然他们和巴托鲁斯之间在很多问题上的观点迥异,但对商标功能的认识是一致的:商标不仅是一种"归属"的标记,而且是一种"信任"的标记。③ 这种认识恰恰就是现代商标法区别于中世纪仅仅注重对生产者保护的商标法的最大不同。

(3)近现代的商标

随着工商业的发展和近现代市场的生成,中世纪的行会制度逐渐被废除。1776 年,法国率先废除了行会制度,仅保留了 4 个行会组织,④这 4 个行会也在 1789 年 8 月 4 日被全部废除。意大利和英国也先后于 18、19 世纪废除了行会制度。过去由各种行会所承受的"担保"产品和服务的功能,在现在这样一个开放性的竞争环境中,迫切需要一种新的工具来承受,这种新的工具必须能够使不同商家区别开来。1803 年,现代第一部非行会性的商标法在法国的诞生,宣告了商标迎来隆重登场的新的生机。⑤ 意大利第一部商标法的出现则迟至半个多世纪以后的 1868 年,这部法律一直适用到 1942 年,为一部新的商标法所取代。⑥

---

① Maria Ada Benedetto, voce *Marchio* (*storia*), in *Enciclopedia del Diritto*, XXV, Milano: Giuffrè, 1975, pp. 579~580.

② Maria Ada Benedetto, voce *Marchio* (*storia*), in *Enciclopedia del Diritto*, XXV, Milano: Giuffrè, 1975, pp. 580~581.

③ Maria Ada Benedetto, voce *Marchio* (*storia*), in *Enciclopedia del Diritto*, XXV, Milano: Giuffrè, 1975, pp. 582~584.

④ Andrea Sirotti Gaudenzi (diretto da), *Proprietà Intellettuale e Diritto della Concorrenza-Volume Primo: Opere dell'Ingegno e Diritti di Proprietà Industriale*, Torino: UTET Giuridica, 2008, p. 184.

⑤ Maria Ada Benedetto, voce *Marchio* (*storia*), in *Enciclopedia del Diritto*, XXV, Milano: Giuffrè, 1975, p. 586.

⑥ Maria Ada Benedetto, voce *Marchio* (*storia*), in *Enciclopedia del Diritto*, XXV, Milano: Giuffrè, 1975, p. 587.

2. 发明专利的历史

从词源上分析,专利(brevetto)一词源自古法语中的"bref"和英语中的"brief",本义是指一张简短的书面文书,即可以表征权利的证书。因此,不同于著作权的自动取得,专利是通过预先支付一笔钱款而获得的"特许权",获得一项专利就意味着获得一项垄断性的排他权利。①

专利的起源也非常古老。在威尼斯的"圣马可图书馆"就保留着一份公元前 3 世纪的文书,希腊历史学家菲拉尔克斯(Φύλαρχος,意大利语译名为 Filarco)在其中提到了发生于当时的古城锡巴里斯(Σύβαρις,其意大利语译名为 Sibari)的一件事:一位发明了独特菜品的厨师被授权在一年的时间内可以排他性地制作这道菜。② 在文艺复兴时期,"发明"被认为是艺术的表现方式而得到保护,专利权的授予变得普遍,专利权的法律制度体系也逐渐建立。有确切记载的第一位获得工业发明专利者,是文艺复兴早期著名的建筑师和工程师、佛罗伦萨花之圣母大教堂穹顶的设计者菲利波·布鲁内莱斯基(Filippo Brunelleschi),他因为设计了一艘安装有带齿轮的起重装置的被称为"海上怪物"(Badalone)的轮船,可以沿着阿尔诺河运送大理石和其他货物,而于 1421 年 7 月 9 日被授予一项为期三年的排他性地制造这种船舶的特许权(privilegio)。③ 这种授予发明人以特许权的做法迅速从意大利向欧洲其他国家扩散,从文献中不难找出英国、法国等关于授予此等特许权的记载。实际上,前文提到的中世纪保护著作权的书籍特许权制度就是以发明专利的特许权制度为蓝本的。④

但严格来说,上述有关特许权的记载并非现代意义上的专利,它们并非建立在法律的基础之上,而是根据君主的意愿所授予的。第一部关于保护发明专利的立法措施是 1474 年 3 月 10 日威尼斯共和国所发布的,这项立法措施是威尼斯元老院决议的一部分,其中规定:"任何人在本城市制造了前所未有的新的精巧的机械装置,一俟改进趋于完善以便能够使用和操作的,即可向市政机关登记。本城其他任何人在 10 年内没有得到发明人的许可,不得制造与该装置相同或者相似的产品。"⑤这项立法措施并非严格意义上的专利法,现代意义上的第一部专利法的头衔属于英国国王詹姆斯一世 1624 年颁布的《垄断法》(*Statute of Monopolies*),根据该法,发明人可以获得为期 14 年的专有权。《垄断法》将保护的对象限于发明,不包括著作权的相关议题,这就给人以著作权不如发明权重要的想象空间。⑥ 无论如何,这部法律是现代专利法的开始,对以后各国的专利立法产生了很大影响。从 18 世纪末到 19 世纪,美国、法国、西班牙、德国和日本等工业发达国家都陆续制定了专利法,20 世纪

① Andrea Sirotti Gaudenzi (diretto da), *Proprietà Intellettuale e Diritto della Concorrenza-Volume Primo：Opere dell'Ingegno e Diritti di Proprietà Industriale*, Torino：UTET Giuridica, 2008, p. 343.

② Andrea Sirotti Gaudenzi (diretto da), *Proprietà Intellettuale e Diritto della Concorrenza-Volume Primo：Opere dell'Ingegno e Diritti di Proprietà Industriale*, Torino：UTET Giuridica, 2008, p. 345.

③ Andrea Sirotti Gaudenzi (diretto da), *Proprietà Intellettuale e Diritto della Concorrenza-Volume Primo：Opere dell'Ingegno e Diritti di Proprietà Industriale*, Torino：UTET Giuridica, 2008, p. 343.

④ Maria Ada Benedetto, voce *Marchio (storia)*, in *Enciclopedia del Diritto*, XXV, Milano：Giuffrè, 1975, p. 586.

⑤ Cfr. Voce *Brevetto*, http://it. wikipedia. org/wiki/Brevetto,下载日期:2013 年 11 月 15 日。

⑥ Andrea Sirotti Gaudenzi (diretto da), *Proprietà Intellettuale e Diritto della Concorrenza-Volume Primo：Opere dell'Ingegno e Diritti di Proprietà Industriale*, Torino：UTET Giuridica, 2008, p. 345.

以后,包括中国在内的发展中国家也步入拥有专利法国家的行列。

不可不提的是 1603 年 5 月 21 日意大利的一项行会法律——*Parte Veneziana*,它确立了一项至今依然有效的原则:特许权的获得需要以履行一定的行政手续为前提。①

对于意大利来说,其第一部专利法诞生于 1855 年,是由当时的撒丁王国议会所颁布的,此后的撒丁—皮埃蒙特王国于 1859 年 10 月 30 日以第 3731 号法令所颁布的另一项专利法,对发明专利的授予和保护等问题进行了更为系统的规定,它在意大利专利概念的演变史上具有最为重要的意义,因为它将专利变为真正意义上的"权利",而在此之前,专利仅仅是一项由国王授予的"特许权"。统一后的意大利王国于 1939 年颁布了《专利法》,该法在 1946 年以后的意大利共和国继续生效,并于 1996 年进行了修订,一直适用到 2005 年,其有关工业发明专利的规定为《工业产权法典》所取代。②

三、结语

通过上文的考察可知,在意大利的法学术语体系中,"知识产权"(proprietàintellettuale)一词由于它所包含的商业性的因子与古典意义上的所有权(proprietà)相龃龉而已很少被使用,意大利法学家通常都是单独来谈论著作权和工业产权的相关议题的。就"知识产权"的历史而言,意大利法学家总体上认为,著作权和工业产权的产生都是晚近的,前者可以追溯到 15 世纪欧洲印刷术的出现,后者则是近现代工商业发展的产物,特别是专利制度,它完全是文艺复兴所带来的人的智力创造空前活跃并日益得到重视的结果。但是,我们仍然可以从古代历史中发现某些知识产权的因子,这种因子表现在:一方面,现代著作权所包含的对作者的精神权利的保护可以在罗马法的侵辱之诉中找到相应的保护机制;另一方面,商标作为一个社会现象的历史更为悠久,且自古希腊和古罗马以来、历经中世纪以至近现代,其历史都未曾中断,在不同历史时期对商标的法律保护机制也未曾缺失,但在 18 世纪以前对商标的保护更为侧重的是行会组织和地方政府并兼及手工业者和商人的利益,这不同于在中世纪行会制度废除后所建立起来的以商标权形式存在的现代商标制度,后者对商标"公信"功能的强调使消费者利益的保护被纳入至少与商标权人的利益同等重要的考虑范畴。

(本文编辑:董慧娟)

① Maria Ada Benedetto,voce *Marchio*(*storia*),in *Enciclopedia del Diritto*,XXV,Milano:Giuffrè,1975,p.586.

② Andrea Sirotti Gaudenzi(diretto da),*Proprietà Intellettuale e Diritto della Concorrenza-Volume Primo:Opere dell'Ingegno e Diritti di Proprietà Industriale*,Torino:UTET Giuridica,2008,p.346.

日本应用美术品著作权法保护实证分析及其启示

■黄钱欣*

摘　要：日本的应用美术品只有当其"可以视同纯粹美术品"时才可以纳入《日本著作权法》保护，具体而言就是要有独立的艺术部分，以及且该艺术部分要达到一定的独创性高度，该高度的判断标准与纯粹美术品一致。而应用美术品与我国的实用艺术品大致相当，因此实用艺术品纳入《著作权法》保护也可以借鉴日本的标准，即艺术部分与实用部分实质分离，且艺术部分的独创性高度判断标准应与纯美术作品一致。

关键词：实用艺术品；应用美术品；表达；独创性高度

Study on the Protection of the Product of Applied Art by Japanese Copyright Law and the Enlightenment

Huang Qianxin

Abstract：Only when the product of applied art can be considered as fine arts，can it be protected by *Japanese Copyright Law*. In detail，it needs to have independent art part which has certain level of originality as fine arts. Since the product of applied art is equal to applied art work in China，the standard of Japan to protect the applied art work can shed some light on our legislation. That is to say the expression exists，and the level of originality should be consistent with fine arts.

Key Words：Applied Art Work；Product of Applied Art；Expression Level of Originality

一、日本关于应用美术品著作权保护的相关规定

《日本著作权法》第 2 条第 1 项第 1 号①规定：著作物，是指思想或感情的独创性的表达，范围包括文艺、学术、美术和音乐作品。同时，在该条第 2 项中规定：本法所称"美术著作物"包括美术工艺品。日本所称的"著作物"，就相当于我国所说的"作品"。此外，日本将美术品

---

* 黄钱欣，1987 年生，男，厦门大学知识产权研究院 2014 级在读博士生。研究方向：知识产权法。
① 日本法律中的"条""项""号"相当于我国法律中的"条""款""项"。

（不是《日本著作权法》中的"美术作品"）分为纯粹美术品和应用美术品。在"美国T恤案"中，东京地方裁判所提到：美术品按照不同观点可以有多种分类，但从与美的价值有关的纯粹性乃至美的价值和实用价值的观点来看，可以分为以鉴赏为目的的纯粹美术品，以及应用于实用物品为目的的应用美术品。纯粹美术品是绘画、雕刻等专以美的表现为目的的作品，与此相对，应用美术品不单以美的表现为目的，而以装饰或者装饰兼实用为目的，换言之，就是以实用或产业上利用为目的的美的创作物。① 由此可以看出，日本以创作时的目的为依据，将以专为鉴赏为目的的美术品称作纯粹美术品，将以应用于实用物品为目的的美术品称作应用美术品。单从《日本著作权法》第2条第1项第1号字面上可以看出，成为著作物，需要满足两个条件，一个是"思想或感情的创作性表达"，一个则是属于"文艺、学术、美术和音乐作品"。虽然后者常常不被重视，通常认为包括性的泛指所有知识性的和文化性的精神活动的所产，②但在美术品的保护上，后文会提到，应对"美术"的含义引起注意。

1966年7月由文部省发行的《著作权制度审议会答复说明书》（以下简称《答复说明书》）将应用美术品大致划分成以下四类：(1)美术工艺品、服饰用品等实用品本身；(2)施于家具上的雕刻等和实用品结合的作品；(3)以用作文镇的模型等量产实用品的模型为目的的作品；(4)以被用作染织图案等实用品的图样为目的的作品。可以看出，这份《答复说明书》认为美术工艺品属于应用美术品。但毕竟这份文件也不是正式的法律，所以不能认为在立法上规定了美术工艺品属于应用美术品。小野昌延就认为美术工艺品是否属于应用美术品，在立法上没有明确的规定，在日本，有人认为《日本著作权法》第2条第2项是注意规定，美术工艺品只是作为纯粹美术品的一种被强调要保护；也有人认为该条文是特别规定，美术工艺品属于应用美术品，但却作为例外而受著作权法的保护。③ 但不管怎样，至少我们可以找到上述两者的共同点：前者认为美术工艺品是作为纯粹美术品而自然受到保护的，而后者认为美术工艺品虽然属于应用美术品，但却作为一种例外而受到保护，言下之意就是认为应用美术品在不例外的情况下即通常情况下是不受保护的。因此，就可以得出一个结论：应用美术品原则上不受著作权法保护，而纯粹美术品则肯定受著作权法保护。所以，结合《日本著作权法》关于著作物的定义，又可以看出，抛开美术工艺品这个属性尚有争议的对象不谈④，《日本著作权法》第2条第1项第1号中的"美术"其实仅指纯粹美术品。因为从上述可知，纯粹美术品无疑是受著作权法保护的，所以它就要符合著作物的定义。而应用美术品原则上是不受著作权法保护的，所以不能被包含在著作物定义中所提及的"美术"当中。这也可以在下文将提到的"食玩模型"案控诉审⑤中得到印证，在该案中，法院在已经认定涉案模

---

① 1981年4月20日，東京地裁，昭51(ワ)10039号，ティーシャツ事件。

② ［日］松尾和子：《彩色素烧人形——博多人形案》，载齐藤博、半田正夫主编：《著作权判例百选》，有斐阁2001年版，第24页。

③ ［日］小野昌延：《图案——T恤案》，载齐藤博、半田正夫主编：《著作权判例百选》，有斐阁1994年版，第24～25页。

④ 但笔者在下文论述中还是遵从《答复说明书》的看法，将美术工艺品姑且纳入应用美术品的范畴。

⑤ 2005年7月28日，大阪高裁，平16(ネ)3893号，チョコエッグ・フィギュア事件・控诉审。由于日本的审级制度和我国不同，所以在这里只能将"控诉审"大致理解为我国的"二审"。该案将会在下文进行介绍。

型是"一定程度的思想和感情的创作性表现"的情况下,还要判断其属于纯粹美术品还是应用美术品,这就说明,作为美术品,仅仅是思想和感情的创作性表达是不够的,正因为定义中的"美术"仅指纯粹美术品,所以若模型属于纯粹美术品,则就同时满足了关于著作物定义的第二个方面,即属于文学艺术范围,从而自然受著作权法保护;而若模型属于应用美术品,则原则上不受著作权法保护。

而为什么要在一件物品已经是"思想和感情的创作性表现"之后,还要对其制作目的和利用情况进行考量才能受著作权法保护,笔者认为这可能和日本意匠法①与著作权法的目的和关系调整有关。意匠法属于工业产权法,以促进工业生产为目的,而著作权法则以促进文化发展为目的,所以,被应用于工业实用目的的应用美术品,就在原则上受到意匠法保护,而纯以"美的追求"为目的的纯粹美术品,则受著作权法的保护。若将应用美术品完全不加任何条件地划归著作权法保护,则可能会由于意匠法和著作权法相比所具有的一系列劣势,而损害意匠法的机能发挥,所以关于著作物定义的第二个方面,就是为了将著作权法的保护范围仅限于文化领域,保护意匠法的存在意义。② 但意匠又可以在可用于工业的物品上以二次元或三次元的方式引起美感,所以意匠和著作物都具有表现美这一基本性质,有时在一个物品上会同时具备两方的属性。③ 所以,对于处在意匠法和著作权法管辖交界地带的应用美术品,若要受到著作权法的保护,就需要一定的条件。

那么,什么样的应用美术品才能受到著作权法的保护,这个问题在日本争论已久。日本著作权法只是一般性的将"美术"著作物包含在"著作物"中,而在应用美术品中,只规定将一品制作的手工的美术工艺品包含在美术著作物中,关于其他的应用美术品却没有规定。④《答复说明书》在日本著作权法关于应用美术品的保护中起了重要作用,它关于应用美术品的保护提出了两个方案,但最后只采用了第二个方案。在该方案中提道,若关于应用美术品的保护措施还难以顺利规定时,可以先采取以下做法,而"更加有效的做法","将成为今后应该加以考虑的课题"。而姑且采取的做法则是:(1)明确规定保护美术工艺品;(2)对图案及其他量产品模型或者以用于实用品的图样为目的的作品原则上归意匠法等工业产权法保护,但是,若它们具备了作为纯粹美术品的性质的场合,可以作为美术作品进行保护;(3)关于被做成海报等,或者被用于海报等的绘画、相片等,可以作为著作物或者著作物的复制来处理。由此可以看出,由于应用美术品如何受著作权法的保护,是一个难以解决的问题,所以,日本最后在立法里也只将应用美术品中的美术工艺品明确列入著作权法保护的范围,而

---

① 日本的"意匠"相当于我国的"外观设计专利"。

② [日]田村善之:《知识产权法》,有斐阁 1999 年版,第 362 页。当然,关于著作权法和意匠法的关系问题又是一个复杂的问题,本文就不在此展开了,而且,也有学者认为,"将应用美术品纳入著作权法保护,为什么会损害意匠制度的机能发挥,还是有些不可理解,但不管怎样,这不是一个可以一举解决的问题"。([日]松尾和子:《彩色素烧人形——博多人形案》,载齐藤博、半田正夫主编:《著作权判例百选》,有斐阁 2001 年版,第 25 页)

③ [日]松尾和子:《彩色素烧人形—— 博多人形案》,载齐藤博、半田正夫主编:《著作权判例百选》,有斐阁 2001 年版,第 24 页。

④ [日]纹谷畅男:《应用美术品的保护》,载《昭和 56 年度重要判例解说》,有斐阁 1982 年版,第 262 页。

对于其他应用美术品,则交给司法实践自行判断了。所以,在司法实践中,有的法院就将美术工艺品做扩大解释,认为其不只是一品制作的作品,还包括量产品,从而将其他应用美术品也纳入著作权法的保护;而有的法院则仍然严格将美术工艺品限定为一品制作,而否定其他应用美术品的著作权法保护。① 但其实上文的《答复说明书》已经给出了一个建议,即"具备了作为纯粹美术品的性质的场合",应用美术品是可以受著作权法保护的。同时,实务界也普遍采用应用美术品是否能视同纯粹美术品这一标准。② 这也与上文所做的关于著作物的定义中"美术"含义的推理一致,因为符合著作物定义的"美术"仅指纯粹美术品,所以,应用美术品若要当作著作物受到保护,从逻辑上讲,就只能在"能够视同纯粹美术品"的情况下才可以实现。

综上所述,根据美术品制作时的主观目的是"专门追求美"还是"产业上的利用",美术品分为纯粹美术品和应用美术品。《日本著作权法》关于著作物的定义中的"美术"仅指纯粹美术品,而应用美术品原则上是不受著作权法保护的,其要受到著作权法保护,必须满足一定的条件,即"能够视同纯粹美术品"。因此,接下来文章将介绍日本司法实践是怎样将符合条件的应用美术品纳入著作权法保护的。

二、日本关于应用美术品著作权保护的司法实践

在日本关于应用美术品著作权保护的司法实践是非常多的,本文在此就举出四个较具代表性的案例。即"美国 T 恤"案,因为案中的应用美术品是属于艺术部分和实用部分可以形式上分离的;"博多人形"案,因为该案是日本应用美术品保护史上的一个经典案例;"食玩模型"案控诉审,该案会被重点介绍,因为该案涉及应用美术品较多,说理也较充分,且裁判法院级别较高,是位于经济发达地区的大阪高等裁判所,裁判更具权威性;"儿童椅子"案,因为该案所涉应用美术品艺术部分和实用部分形式上难以分离,且时间距今较近,也可以从一定程度上反映出日本裁判的最新趋向。

(一)"美国 T 恤"案③

该案于 1981 年由东京地方裁判所作出判决。案件的一个争议焦点就是:作为 T 恤图样印制在 T 恤上的画作是否具有可版权性,受著作权法保护。法院针对该争点,作出如下分析和判断:

首先,法院通过认定画作的创作目的,将其认定为应用美术品。法院认为,"本案画作的制作以作为原告销售的 T 恤上的图样进行印制为目的",故属于应用美术品。也就是说,涉案画作的制作目的其实就是应用于实用品,进行量产,所以,其属于应用美术品。

其次,法院针对应用美术品是否可以受著作权法保护展开了分析。其认为,现行的著作权法采用了《答复说明书》的第二种方案,"虽然不能认为应用美术品可以普遍的作为美术著

---

① [日]纹谷畅男:《应用美术品的保护》,载《昭和 56 年度重要判例解说》,有斐阁 1982 年版,第263 页。

② [日]田村善之:《知识产权法》,有斐阁 1999 年版,第 363 页。

③ 1981 年 4 月 20 日,東京地裁,昭 51(ワ)10039 号,ティーシャツ事件。

作物进行保护",但只要应用美术品"从客观和外形的角度来看,与作为纯粹美术品的绘画、雕刻等相比,没有质的差异"的场合,就不能以其实用性的目的或产业上的利用而否定其著作权法的保护。而且,关于美术工艺品以外的图案、模型等应用美术品,不能狭义地理解为不受著作权法的保护,只要从客观和外形的角度看,"可以视同纯粹美术品",也应该受到著作权法的保护。然后,法院又从反面进行了说理,认为纯粹美术品,是"专以美的表现为目的的",其"本质特征"在于"专门追求美",而与此相对,应用美术品如果"从客观和外形的角度看,因实用性或产业利用的目的而使得美的表现受到了实质上的制约",就不能说其具备纯粹美术品那样的"专门追求美"的"本质特征",因此也"不能与纯粹美术品被同样看待"而受到著作权法的保护。所以,应用美术品能否受到著作权法的保护,关键在于"除去主观制作目的,从客观和外形的角度来看",其是否"专门追求美",而不受实用目的"实质上的制约"。

最后,法院结合本案画作,认为该画作"在下方配置了花的图样,在左右两侧配置了海豚具有跃动感的动作,在中心,冲浪手尽管快要被浪所吞没,但还是在尽力保持平衡,这一瞬间性的动作被描述了下来,从整体上来看,可以充分给人一种跃动感,是一种思想和感情的表达","从客观和外形来看",其艺术部分并未受到实用目的的"实质上的制约",可以认为是"专为追求美的表现而制作"的作品。所以,该画作"可以视同纯粹美术品",虽然制作时有实用目的,但从客观上看具有作品性,可以受到著作权法的保护。

(二)"博多人形"案①

该案于 1973 年由长崎地方裁判所佐世保支部作出判决。该案在日本应用美术品著作权保护上是一个重要案例,经常被学术论著提到。它的重要意义在于,即使美术著作物以产业上的利用为目的而被创作或大量生产,也不能仅以此为由来否定其美术性,从而不给予其著作权法的保护。② 案件的一个争点就是涉案人形玩具是否可以构成著作物。法院针对该争点作出如下分析:

首先,法院通过观察涉案人形玩具,认为人形玩具是"属于感情的创作性的表现,具备作为美术工艺性价值的美术性"。而著作权法又规定著作物必须是"思想或感情的独创性的表达",所以,可以认为人形玩具是美术品。

其次,法院认为,美术品即使以量产或产业上的利用为目的而被制作,甚至已经被量产,也不能仅以此为由来否定其作品性。

所以,法院最后认为人形玩具具备作品性,可以受著作权法保护。

(三)"食玩模型"案控诉审③

该案于 2005 年由大阪高等裁判所作出判决。在案件中,涉及一种巧克力蛋,这种巧克力蛋的外层是巧克力,内部是一个塑料包装,里面会随机地附赠一个玩具模型,这种玩具模型被称作"食玩模型"。案件的一个争点就是这些食玩模型是否具有可版权性,能否受著作权法保护。法院针对该争点,在对食玩模型的制作过程和外形等事实问题进行认定之后,分

---

① 1973 年 2 月 7 日,長崎地裁佐世保支部,昭 47(コ)53 号,博多人形事件。

② [日]牛木理一:《彩色素烧人形——博多人形案》,载齐藤博、半田正夫主编:《著作权判例百选》,有斐阁 1994 年版。

③ 2005 年 7 月 28 日,大阪高裁,平 16(ネ)3893 号,チョコエッグ・フィギュア事件・控訴審。

为四个部分进行分析,即先列举简单著作权法的规定,然后从理论上探讨了纯粹美术品和应用美术品的区别,进而判断食玩模型是否属于纯粹美术品,在得出食玩模型属于应用美术品之后,最后判断食玩模型的作品性。

首先,法院简单举出了《日本著作权法》中关于应用美术品的规定,即上文提到的第2条第1项第1号关于著作物的定义以及第2条第2项将美术工艺品纳入美术作品的规定,同时还提到了第10条对美术作品的列举性规定,其中并未包含应用美术品。

紧接着,法院从理论上对纯粹美术品和应用美术品的区别展开了论述。在这里,法院对二者的区分标准与上文提到的略有不同,除了从制作者制作时的主观目的出发,还将一般人的看法也纳入进来,认为制作者的目的和"一般人的平均眼光"来看的目的均是专门追求美,就是纯粹美术品;而制作者的目的或从"一般人的平均眼光"来看的目的并非上述目的,就算是应用美术品。而对于应用美术品,法院又认为大致可以分为以下三类:(1)纯粹美术品被应用在实用品上的场合;(2)纯粹美术品的技法被用在了具有实用性目的的单件制作的物品上,但比起实用性,该物品重点放在美的追求上的场合;(3)纯粹美术品的感觉或技法被用于机械生产或大量生产的场合。本来出于不致让意匠法的存在意义消失的考虑,一般来讲,应用美术品是不受著作权法保护的,但若应用美术品"具有这样一种美术性,即与实用性和机能性相分离,可以作为独立的美的鉴赏对象,以至于在具备了一定的审美感觉的一般人看来,具有了能视同纯粹美术品的程度的美的创作性,这样的情况下,其就可以作为美术著作物受到著作权法保护"。

接下来,法院将判断本案食玩模型是否属于纯粹美术品。法院认为,虽然食玩模型"可以认定是一定程度的思想或感情的创作性表现",但其目的是为了"促进零食的销售而作为赠品附在零食里"和"量产"。所以,模型由于"并非以专门作为美的鉴赏对象为目的",而是"以实用为目的而制作",而且从"一般人的平均眼光"来看,模型也是以实用为目的而制作的,因此,模型属于应用美术品。另外,法院还提到,由于模型制作精美,因此,很多人不是冲着吃零食而是收集模型才购买零食的,这些人将模型看作是"鉴赏的对象"了。但由于纯粹的美术毫无疑义的具有著作权,而著作权的获得无须履行复杂的手续,又无公示要求,且还能获得包括刑法在内的强大保护,所以,如果从购买者的眼光来看,在某物品的制作目的是否专门出于鉴赏这个问题上与制作者有分歧,是不宜给予其著作权法保护的。而且,如果某物品制作时是出于实用目的,而在其后的销售过程中评价颇高,成了美的鉴赏对象时,也不宜认为该应用美术品就转化为了纯粹美术品而将其纳入著作权法保护,否则会"损害法的可预测性"和"稳定性"。从这点也可以看出,法院对认定纯粹美术品还是持谨慎态度的。因此,法院将模型认定为应用美术品。

最后,法院结合模型造型,判断其是否可以视同纯粹美术品而受著作权法保护。本案模型有三种类型,分别是动物模型、妖怪模型、爱丽丝模型。法院分别作出判断。

(1)动物模型。法院认为动物模型"制作极其精巧,具有相当程度的美术性",但这些动物模型只是"忠实地再现了实际动物的色彩、形状,动物的姿势等也可以在市场上销售的收录在一般图鉴里的绘画、相片中随处见到,缺乏制作者独自的解释和安排",或者即使有虚构的动物模型,但这些动物模型也"只是以至今为止已有的想象图为基础所作,并未超出一般的想象领域",因此,动物模型"没有强烈地表现出作者的个性,创作性并不高","从具有一般审美感觉的人看来,不具备可以视同纯粹美术品的美的创作性,不能被认定为著作物"。从这里也可以看出"美术性"和"美的创作性"是不同的,前者是指从审美的角度看是否精巧美丽,而后者则是侧重于制作者个人烙印的深浅。制作得再精巧,在市场上再受欢迎,美术性再高,若制作者个人烙印不够深,还是会被认定为美的创作性不够,即独创性高度不够,从而不能受到著作权法的保护。

(2)妖怪模型。法院认定,妖怪模型与上述的动物模型不同,都是空想出来的模型,虽然有些妖怪模型是以传统画作中妖怪的形象为基础,并将其立体化而制作的,但这些模型的制作过程中也加入了制作者的"想象力和感性,反映了制作者的思想和感情","强烈的表现了制作者的个性,具有高度的创作性"。而另一部分空想出来的妖怪模型,"自不待言,是具有高度创作性"的。另外,法院还顺便提到,这些妖怪模型"制作精巧,具备了可以成为美的鉴赏对象那样程度的美术性"。所以,"以具有一定的审美感觉的一般人的眼光为基准,妖怪模型具备了可以视同纯粹美术的美的创作性",可以受到著作权法的保护。

(3)爱丽丝模型。爱丽丝模型是以《不思议之国的爱丽丝》和《镜之国的爱丽丝》两部奇幻小说中的登场人物为原型制作的一系列模型。法院也认为爱丽丝模型具备了"相当程度的美术性"。但是这些模型虽然"反映了制作者的思想、感情,并非没有创作性",但是它们只是"忠实的将小说中的插画人物进行立体化,在这一过程中,缺乏制作者独自的解释和安排(这点和妖怪模型不同)",所以,爱丽丝模型"没有强烈地表现出制作者的个性,其创作性也不够高","尽管其极其精巧,但从具有一定审美感觉的一般人看来,尚不具备可以视同纯粹美术的美的创作性,不应受到著作权法保护"。

因此,综上所述,尽管三种模型都具有"相当程度的美术性",但其中两种因为"没有强烈地表现出制作者的个性",因而被否定了可版权性,另一种则因"表现了制作者的思想、感情,具备了高度的创作性",从而认定其"具备了可以视同纯粹美术品的美的创作性",具有可版权性。

(四)"儿童椅子"案[①]

该案于 2010 年由东京地方裁判所作出判决。法院认为,"从与意匠法的关系考虑",著作权法将纯粹美术品和美术工艺品作为美术作品保护,而对于应用美术,则"只有在其具有了能够视同纯粹美术品的美术性的场合,才能受著作权法保护"。

接下来,法院在将本案设计认定为应用美术之后,认为该设计"不具有能够视同纯粹美术品或美术工艺品的美术性,故不能成为著作权法的保护对象"。

三、应用美术品著作权保护实践的评析及启示

(一)我国实用艺术品著作权法保护面临的问题

在我国学术和实务中,实用艺术作品和实用艺术品这两个概念经常未加严格区分而使

---

① 2010 年 11 月 18 日,東京地裁,平 21(ワ)1193 号,子供用椅子形態模倣事件。

用。① 而关于这两个概念也各自均未有权威的定义。笔者认为,实用艺术品和实用艺术作品两者是有区别的,实用艺术品确实兼具实用性和艺术性两个方面,但只有当艺术性部分能够被认定为是一种表达,且该表达的独创性高度达到一定高度的情况下,才能算作是实用艺术作品,受到著作权法的保护,这样也可以突出实用艺术作品与实用艺术品的不同就在"作品"二字上,亦即只有当实用艺术品符合了作品条件,才称得上实用艺术作品。② 同时,我国又将美术作品大致分为纯美术作品和实用艺术作品。纯美术作品是指纯粹为表现个性与美感而创作的美术作品,它们一般专供陈设、欣赏、收藏使用;而实用艺术作品则不仅为表现艺术美感,而且还为满足生产或生活需要,并投入产业制作、销售的艺术品。③

而根据著作权法的基本原理,实用艺术品要具有可版权性,需要满足表达和独创性两个条件,其中面临两个问题:(1)怎样将艺术部分分离出来成为独立的表达;(2)实用艺术品的独创性高度判断标准应低于纯美术作品还是与其一致。同时,由于实用艺术品兼具实用性与艺术性,故对其认定和法律适用也值得讨论。因为实用艺术品与应用美术品大致相对应,所以,对上述问题可以从日本对应用美术品的保护中得到一点启示。

(二)应用美术品的认定和法律适用

实用艺术品并未在现行法中作出定义,只能如上文所说的,我们可以认为其是兼具实用性和艺术性的产品。但某部分到底是实用部分还是艺术部分,根据不同人的看法,难免会产生分歧。而日本保护应用美术品著作权的做法是以制作者在制作时的目的为准,虽然制作者的主观目的有时也难以从外观上推知,但至少这也还是为我们打开了一条思路,而且在"食玩模型"案控诉审中,法院对认定纯粹美术品还是比较谨慎的,其认为不能因为应用美术品在后来的销售中获得较高美的评价,就可以转化为纯粹美术品而受到著作权法的强大保护。这提示我们,是不是可以尽可能地从争议对象的外观推知制作者的制作目的,以判定是否是纯美术作品还是实用艺术品。

另外,由于应用美术品兼具实用性与艺术性,所以对其法律适用也是一个难题,在应用美术品这块"地盘"上,怎样划分意匠法和著作权法的"势力范围"? 日本目前是采取这样的做法,出于产业发展的考虑,应用美术品原则上应归工业产权法主要是意匠法管辖,但对"可以视同纯粹美术品"的,可以适用著作权法保护。当然,对于这部分特殊的应用美术品,是否可以适用意匠法与著作权法的重叠保护等问题,尚有争议,而意匠法和著作权法的关系也像上文提到的一样,"并非一举能够解决的"④,但至少这也可以为我国提供一些思路,我们可以考虑将实用艺术品原则上划入专利法保护,但符合一定条件的,叫以认定为实用艺术作品,受到著作权法的保护。

① 管育鹰:《实用艺术品法律保护路径探析——兼论〈著作权法〉的修改》,载《知识产权》2012 年第 7 期。

② 丁丽瑛:《实用艺术品纳入著作权对象的原则》,载《厦门大学学报》(哲学社会科学版)2004 年第 6 期。

③ 丁丽瑛:《实用艺术品纳入著作权对象的原则》,载《厦门大学学报》(哲学社会科学版)2004 年第 6 期。

④ [日]松尾和子:《彩色素烧人形——博多人形案》,载齐藤博、半田正夫主编:《著作权判例百选》,有斐阁 2001 年版。

(三)艺术部分能成为独立的表达

由于著作权法只保护表达而不保护思想,所以,将实用艺术品上的艺术部分独立出来,就是必须经过的步骤,而关于怎样将其分离出来,或者说艺术部分和实用部分应处于怎样的一种关系,国内的看法似乎尚未完全明确。[①] 所以我们可以参考日本的做法。

在"美国 T 恤"案中,法院认为若应用美术品"从客观和外形来看",是"专门追求美",而不受实用目的"实质上的制约",就可以认为是"专为追求美的表现而制作"的作品,"可以视同纯粹美术品"而受到著作权法的保护。在"法尔比"案一审[②]中,法院也认为"即使是实用品的设计形态,若从客观来看,存在可以与实用面和机能面相分离独立的部分,具备作为美的鉴赏对象的美的特性,就可以认定其具备了纯粹美术品的性质,可以受著作权法保护"。但该案所涉应用美术品"由于不具备可以独立于实用面和机能面的,可以作为美的鉴赏对象的美的特性",所以不能受到著作权法的保护。在"佐贺锦袋带"案[③]中,法院也提出了"从客观来看,可以和实用性的一面相分离,而成为一件完整的美术作品,构成美的鉴赏对象"的标准。

从以上判决中可以看出,日本在"剥离"艺术部分时,采用的标准是该艺术部分能否与实用面分离,成为独立完整的美的鉴赏对象,而不受实用部分实质上的制约。笔者认为这背后体现的是法院严格遵守著作权法只保护表达这一法理的结果。因为著作权法保护的范围仅限于表达,所以应用美术品受到著作权法保护的部分应仅限于表达,而该表达部分就必然要经过一个与实用部分分离的过程。在形式上可以分离的情况下还相对容易,可在形式上难以分离的情况下就比较复杂了,表达部分需要不受实用部分实质上的制约。其背后的原因在于纯粹美术品的本质特征在于专门追求美,所以应用美术品要视同纯粹美术,当然也要符合这个本质特征,也就是要考量艺术部分是否因为实用目的而受到实用部分的实质上的制约。[④] 因此,我国实用艺术品要纳入著作权法的保护,亦必须经历这一将艺术部分分离出来的过程,这不仅仅是一种形式上的分离,更是一种实质上的分离,要从艺术部分的外观、结构

[①] 有学者认为,"实用性和艺术性在形式上不可以分离"(吴晓梅:《实用艺术作品的界定及保护》,载《人民司法》2005 年第 4 期);也有学者认为,"实用性和艺术性可以结合,而无论这两种特性是否可以分离,都是实用艺术作品"(孟祥娟:《实用艺术作品宜为著作权独立的保护对象》,载《学术研究》2013 年第 3 期);也有学者认为,实用艺术作品分为实用性与艺术性可以分离的实用艺术作品和实用性与艺术性不能分离的实用艺术作品。实用性与艺术性可以分离的实用艺术作品,是指实用成分与艺术成分在实体上或概念上是可以分离的物品,属于著作权法的保护对象;实用性与艺术性不能分离的实用艺术作品是指无论在实体上还是在概念上,其实用成分与艺术成分都不能分离的物品,属于工业产权法的保护对象(李雅琴:《实用艺术作品的著作权适格性问题研究——兼论我国〈著作权法〉的修改》,载《湖北社会科学》2013 年第 8 期);还有学者认为,实用艺术品的艺术性表达必须能够与产品的实用性分离而存在。若实用物品最终设计更多的是体现或满足实用功能要求,而非艺术上的创作或选择,则该实用品的艺术表达应当视为不能与产品的实用性分离可独立存在,因而不属于著作权的保护对象[丁丽瑛:《实用艺术品著作权的保护》,载《政法论坛》(中国政法大学学报)2005 年第 3 期]。

[②] 2001 年 9 月 26 日,山形地裁,平 11(わ)184 号,ファージ·著作权法違反事件·第一审。

[③] 1989 年 6 月 15 日,京都地裁,昭 60(ワ)1737 号,佐贺锦袋带事件。

[④] [日]榎户道也:《著作权法上应用美术品的保护》,载牧野利秋、饭村敏明、三村量一、末吉亘、大野圣二主编:《知识产权法理论与实务》,新日本法规出版社 2007 年版。

等各个方面仔细权衡,作出判断。

而这个实质分离的过程,确实也是一个复杂的过程,暂时还没有一个具体的实施标准,只能待由司法实践中具体衡量。有时甚至会出现无法分离的情况,也就是思想与表达合并存在的情况。这种情况通常表现为产品服务于实用功能的"思想"与富有美感的外形"表达"密不可分时,或者当这种功能或思想仅有一种或极具有限的几种表达可供选择时,若以著作权保护这一唯一或有限的表达,则等于在事实上保护了该产品的功能或思想,而这不符合著作权保护的理论基础及立法宗旨。因此,当实用艺术品的思想或功能与表达重叠合并时,著作权法不仅不保护思想或功能,也不保护表达。[①] 上文提到的"儿童椅子"案中,也因为从椅子的设计中无法分离出完整的美的表现,不能成为一项独立的表达,所以就不能受著作权法的保护。

同时,还要注意,分离应根据应用美术品的具体情况,从客观的外形的角度来看,这样才能避免让第三人遭受不测的损害。[②] 在上面提到的几个日本案例中,也多有提到从客观的、外形的角度来看。这里是一个法官自由裁量的过程。当然,表达和思想的划分是一个著作权法上的更深层次的问题,而且两者之间的界限至今亦只存在于抽象的观念中,尚未有一个具体可操作的标准,[③]甚至,对思想与表达的二分法都有学者表示质疑。[④] 但尽管上述原则仍较抽象,却至少给我们树立了一个理念:即使在实用部分和艺术部分形式上难以分离的场合,艺术部分仍然可能与实用部分产生实质上的分离,不受其制约。著作权法只保护这样的艺术部分。

因此,对应于应用美术品,实用艺术品的可版权性的第一步,就是要有能够不受实用部分实质上的制约、能够真正分离于实用部分的艺术部分,成为一项表达。这是著作权法原理的体现。这个度必须要把握好,这个表达的圈子划大了,可能会将技术工艺也一同纳入著作权保护;划小了,则可能让该保护的表达流入公有领域。虽然,实践中可能尚难把握这个度,但是从理论上是可以推出这个要求的,也必须坚持这个要求。

(四)独创性高度判断标准

关于实用艺术作品的独创性高度,国内有学者认为实用艺术品的独创性高度判断标准应低于纯美术作品,[⑤]也有学者认为实用艺术作品的艺术性创作程度至少同美术作品的创作程度是相当的……虽然从形式上看,实用艺术作品本身的实用性和艺术性已经水乳交融,和谐地结合为不能分割的整体,但其高度的艺术性,使人们能够轻易地在其实用价值之外,体味到艺术价值的独立存在。这也是实用艺术作品的艺术性可以独立于其实用性而存在的根本原因,同时也是其能够得到著作权法保护的基础。[⑥] 那么,实用艺术作品的独创性高度

① 丁丽瑛:《实用艺术品著作权的保护》,载《政法论坛》(中国政法大学学报)2005年第3期。
② [日]榎户道也:《著作权法上应用美术品的保护》,载牧野利秋、饭村敏明、三村量一、末吉亘、大野圣二主编:《知识产权法理论与实务》,新日本法规出版社2007年版。
③ 王迁:《知识产权法教程》,中国人民大学出版社2009年版,第50~54页。
④ 李琛:《树·阳光·二分法》,载《电子知识产权》2005年第7期。
⑤ 丁丽瑛:《实用艺术品著作权的保护》,载《政法论坛》(中国政法大学学报)2005年第3期。
⑥ 吴晓梅:《实用艺术作品的界定及保护》,载《人民司法》2005年第4期。

判断标准到底应有多高,我们可以从对日本实践的评析中得出启示。

在上述提到的四个日本案例中都体现了一个观点,即认为应用美术品若要受到著作权法的保护,需要具备可以视同纯粹美术品的相当程度的美的创作性。这就是说,应用美术品受到著作权法的保护,还有一个独创性高度的要求,而该高度要与纯粹美术品一致。这一标准还在很多其他案例中得到运用。① 回到上面的四个案例,逐一分析。在“美国 T 恤”案中,虽然涉案画作被用于实用目的,但经过综合判断,法院认为该画作并未受到实用目的的制约,依然表现出了充分的跃动感,能给人一种美的享受,在这点上具备了纯粹美术品的性质,所以可以予以著作权法保护。在“博多人形”案中,法院也认为案中的人形玩具具有了相当程度的美术工艺性,所以尽管被用于量产,但也不能以此为由否定其作品性。而在“食玩模型”案控诉审中,法院也认为“妖怪模型”强烈表现了作者的个性,具有高度的创作性,具有可版权性。在“儿童椅子”案中,法院则认为由于椅子设计并未反映出制作者的思想感情,独创性高度不够,因此不能成为作品。通过上述介绍,可以看出,法院认为纯粹美术品作为著作物的一种,具有一种性质,即表现作者的个性,反映作者的思想感情,是一种通过美术的形式,将作者的思想感情见诸外的结果。而应用美术品要“视同纯粹美术品”而具有可版权性,自然也要具备纯粹美术品的这一本质特征。既然要视同纯粹美术品,那么其独创性标准自然也要和纯粹美术品一致。如果应用美术品受到了实用面的实质制约,不能强烈的反映制作者的个性,导致其呈现出一种很低程度的独创性,这种独创性高度在纯粹美术品的场合若是不符合作品要求的,那么在应用美术品的场合也同样不能认定为作品而受著作权法的保护。

另外,在“食玩模型”案控诉审中还有一个地方值得注意,即法院认为三种模型“都在一定限度内反映了作者的个性,可以认定为思想或感情的创作性表现”,但其后马上用括弧注明“只是创作性程度的高低如后文所述有所不同”。这里也体现出了大阪高等裁判所作为一所高水平的裁判所,审理该案的法官十分严谨,他虽然认定模型反映了作者的个性,却加了限定词“一定程度”;虽然使用了著作物定义中的“思想或感情的创作性表现”这样的词句,但是马上在后面用括弧注明“创作性程度的高低如后文所述有所不同”,这些都是为了不让人产生误解,以为三种模型就直接被认定为著作物了。从这里也可以看出,仅仅是思想感情的表达是不够的,仅仅有作者个性的体现也是不够的,要成为著作物,还需要创作性达到一定的高度,用我国的术语来说,就是独创性要达到一定的高度。而这个高度,就是纯美术作品的独创性高度。

此外,我们还要注意到独创性高度和艺术高度不同。独创性高度是指作者在作品上所打下的自己个性烙印的深浅程度,而艺术高度则是从审美的角度来看一个对象的精美程度。在“食玩模型”案控诉审中就很明显的体现出了二者的区别。“食玩模型”在市场上大受欢迎,很多人都觉得其十分精巧,许多儿童甚至包括一部分大人买巧克力蛋并不是为了吃它,而是为了收集里面附赠的这些小玩具模型。但其中的“动物模型”和“爱丽丝模型”却因为只

---

① 如“gona 字体”案第一审[1997 年 6 月 24 日,大阪地裁,平 5(ワ)2580 号,ゴナ書体事件·第一审]、“佛坛雕刻”案[1979 年 7 月 9 日,神户地裁姫路支部,昭 49(ワ)291 号,仏壇彫刻事件]、“法尔比”案控诉审[2002 年 7 月 9 日,仙台高裁,平 13(う)177 号,ファービー著作権法違反事件·控訴審]等等。

是忠实的将原已存在的形象做成模型,缺乏制作者的强烈的个性反映,而被判定为不属于著作物,不能受到著作权法的保护。[①] 而"妖怪模型"却因为在制作过程中充分加入了制作者的个人安排,强烈体现了作者的个性,而可以认定为著作物。所以,对于著作权法来说,"不怕你长得丑,就怕你没个性"。

同时,实用部分和艺术部分是否在形式上可以分离,将会对独创性高度的认定产生影响。上面提到的四个案例中,除了"儿童椅子"案,其他三个案例中的应用美术品都属于形式上可以和实用部分相分离的,甚至可以说其实用部分相当微弱,所以制作者就可以在艺术部分充分发挥,就和在制作纯粹美术品时一样,可以充分体现个人的思想感情,强烈反映自己的个性,独创性程度就可以比较高,相对也较容易以纯粹美术品的独创性标准来认定。而"儿童椅子"案中,由于椅子的实用部分和艺术部分形式上难以分离,甚至可以说密不可分,因此对其独创性高度的认定就相对较难,需要运用高度的抽象思维,将艺术部分抽象出来,再判断其独创性高度,但在这种情况下,由于艺术部分和实用部分高度融合,常常会让艺术发挥束手束脚,从纯粹美术品的独创性要求来看,往往会被判定独创性高度不够。

所以,实用艺术作品的独创性高度判断标准应与纯美术作品一致,同时我们还应注意独创性高度和艺术高度是不同的,判断实用艺术品的独创性高度时应考察其是否在一定程度上体现了作者的个性安排,而非从美学意义上判断其是否精巧美观。

四、结论

应用美术品原则上不受著作权法的保护,只有在"可以视同纯粹美术品"的情况下才可以纳入著作权法的保护,具体而言就是有可以独立存在的艺术部分,以及艺术部分的独创性高度应与纯粹美术品一致。中、日两国关于实用艺术品和应用美术品的著作权保护具有可借鉴的基础,通过对日本应用美术品著作权法保护实践的分析,实用艺术品要纳入著作权法保护需要满足两个条件:艺术部分能与实用部分实质分离,且艺术部分的独创性高度判断标准应与纯美术作品一致。

(本文编辑:张贤伟)

---

① 当然,这里可能又涉及一个颇具争议的话题,即临摹作品是否构成作品。但这不是本文讨论的重点,本文只是想借此案例表明反映作者个性的重要性。

日本知识产权保险研究

■[日]日本专利代理人协会近畿支部 著　方海龙 译*

前言①

本文由日本专利代理人协会近畿支部 2011 年知识产权制度检讨委员会新规业务研究部撰写。

谈到企业的知识产权风险,"侵权风险"是较为热点的话题。专利代理人站在促进知识产权保护与运用的立场,在开展专利申请等日常性业务时应格外注意这一风险。而与大企业相比,中小企业的技术调查能力较弱,风险管控体制不甚健全,知识产权侵权风险更容易遭到忽视,有时甚至攸关企业存亡。不少企业经营者和专利代理人对以知识产权侵权争议解决费用作为保险对象的保险或许有所了解,但对我国严格意义上的"知识产权保险"的实际情况进行深入论述的文献还较为少见。

本文将关注点聚焦于 2011 年春某外资保险公司推出的知识产权侵权损害赔偿保险(正式名称为"业务过失赔偿责任保险特约"),该保险对企业活动中涉及的有关知识产权侵权风险进行补偿。对于该类保险的背景和现状,本文也有所考察。同笔者预想的一样,实际上现阶段上述新开发的保险产品多带有实验意义,但对于中小企业的有关方面的风险管控确实也提供了一定的可选项。知识产权保险产品的推广对于专利代理业务的拓展也有间接的促进作用,因此本文末尾从专利代理人的角度出发对知识产权保险业务的拓展也提出了若干建议。

一、知识产权保险的相关背景

(一)知识产权关联风险

在探讨知识产权保险的相关问题时,首先分析知识产权关联风险等背景因素,尤其是在

---

　*　方海龙,1989 年生,男,厦门大学知识产权研究院 2013 级在读硕士生。

　①　本文是对一份日文版的研究报告的翻译,原日文版的标题为《知财保险についての研究》,作者为日本专利代理人协会近畿支部知识产权制度检讨委员会新规业务研究部会,来源:http://www.kjpaa.jp/aboutus/research 最新の研究成果(一般向),下载日期:2012 年 3 月 12 日。译者方海龙参加了其硕士生导师董慧娟主持的中国人民财产保险股份有限公司 2013 年度灾害研究基金资助项目——"知识产权侵权风险研究和保险设计"的研究工作,本文也是该课题研究成果的重要组成部分。

企业活动中产生的相关风险。

知识产权侵权风险是首当其冲的分析对象,可区分为侵犯他人知识产权(侵权)和被他人侵犯知识产权(被侵权)两种情况。前者使得本公司的产品面临停止销售的风险,而后者是本公司的知识产权被他人非法使用,产品的独占性和专有性受到侵犯。为应对这两种风险,在与相对人进行交涉和提起诉讼的过程中还会发生相关费用。当被迫支出上述费用时,就产生了知识产权风险的问题。而实际上知识产权风险所产生的必要费用达到了何种程度? 根据对 2010 年发生的 95 起专利诉讼案件(包含非侵权类型的案件)所作的调查,平均每起案件的诉讼费用高达 6132 万日元。虽然上述数据中不包含争议双方达成和解与未进入诉讼阶段的情况,不能断言知识产权纠纷一定会产生高额费用,但能够看出知识产权侵权引发的风险还是比较高的。

至于侵权之外的风险,主要是围绕职务发明中的补偿金请求权和专利许可合同所产生的有关纠纷。前者曾有过法院认可职务发明人数百万日元的补偿请求的情形,后者在市场和企业规模较大或牵涉专利池的情况时,也会产生高额的赔偿费用。由此看出,围绕知识产权所产生的风险类型多样,且风险程度较高。

作为上述风险的应对措施之一,知识产权保险存在一定的必要性。而不同规模和行业性质的企业,对知识产权保险的需求程度也不一而同。在美国这样知识产权相关诉讼费用和损害赔偿费用很高的国家,企业购买知识产权保险也只是个例。对于日本来说,知识产权保险在各类行业的企业中还远远谈不上普及。

(二)知识产权保险的形态、功能和构成

现有的知识产权保险,主要是作为"企业综合赔偿责任保险(Comprehensive General Liability Insurance)"中的可选项之一,由客户自主选择的险种。根据维基百科的定义,企业综合赔偿责任保险,是综合覆盖企业的潜在风险,涵盖设施所有人管理人赔偿责任、承揽业者赔偿责任、产品赔偿责任等保险范围,另外根据客户的个别需求订制特别险种的保险产品。

赔偿责任保险的功能主要有以下几个方面:

(1)损失补偿功能:判决、调解确定由被保险人承担侵权责任后由保险人支付保险金;

(2)权利保障功能:被保险人为应对不当侵权索赔要求而支出诉讼费用(包括确定有无侵权赔偿责任的诉讼费用)后由保险人支付保险金;

(3)被侵权人保护功能:可作为被保险人的资本担保,但被保险人侵权时,被侵权人不能直接向保险公司提出理赔要求。

从保险合同的构成来看,赔偿责任保险主要分为包含普通保险条款和各种特别条款、特殊条目,以及仅包含普通保险条款这两种类型。后一种保险=普通保险条款(规定保险金赔付条款、免责条款、通知义务等共通事项)+特别条款(针对侵权风险的特别款项)+特殊条目(自动附带或任意附带)。

二、日本知识产权保险现状

日本现有的知识产权保险主要有三种:知识产权诉讼费用保险、知识产权许可保险和知

识产权侵权损害赔偿保险。三种保险的保险对象各不相同。

(一)知识产权诉讼费用保险

知识产权诉讼费用保险早在1994年就已推向市场。该保险针对与知识产权侵权争议相关的诉讼或仲裁,补偿由被保险人所承担的律师费、知识产权鉴定费和诉讼费。预先设定免责金额和最高80%的赔付比例,最终赔付的保险金=(作为理赔对象的诉讼费-免责金额)×赔付比例。该保险销量不大,现已考虑停售该险种。

(二)知识产权许可保险

知识产权许可保险是为了支持知识产权许可交易的国际业务拓展,由日本经济产业省下设的独立行政法人"日本贸易保险(NEXI)"于2003年开发,主要是为应对日本企业同国外企业缔结专利实施许可合同后,因对方企业的破产或赖账、对方企业所在国的外汇管制等原因造成专利使用费无法收回的情形,在许可合同签订后规避可能发生的收账风险,由保险公司补偿企业所受到的损失。

知识产权许可保险主要的保险对象是专利实施许可合同。与专利权转让合同不同,专利实施许可合同一般是在合同签订后根据被许可人利用该技术所生产、销售产品所达到的营业额来计算相应的专利使用费。使用费在合同订立时是不确定的,由许可人在双方约定的期限内分次收取。而专利权转让合同是一次性交易,在订立时转让价款就已经确定,为规避这种专利权转让费的收账风险所适用的是一般贸易保险,而非知识产权保险。

对于知识产权许可保险来说,参保人应事先明示许可合同的内容、交易方、交易价格并由保险公司进行审查。新签订的许可合同和已经订立的许可合同均可纳入保险对象。当许可合同的交易方信用危机较高,保险公司就不会再订立保险合同。同时保险公司还会设定保险金的赔付限额来进一步降低保险风险。该保险的保费是保险价额乘以保险费率。而保险费率是根据许可合同交易方所在国的国别范畴和风险保障范围来进行厘定的。当发生保险合同规定的保险情形时,要求被保险人在45日以内向保险公司提交损害发生通知书,由保险公司审查后进行理赔。保险赔偿金由被保险人的受损金额乘以实际的保费付费比例来加以确定,同时不得超过赔付限额。

(三)知识产权侵权损害赔偿保险

2011年3月AIU损害保险公司推出知识产权侵权损害赔偿保险"专利等知识产权特约",它是以"业务过失赔偿责任保险"中的特殊协议的形式推向市场的。保险对象是参保人因对第三方知识产权的侵权行为所承担的侵权损害赔偿,包括损害赔偿金、不当得利返还及相关诉讼、仲裁、调停等费用。而赔偿金中属于惩罚性的加重赔偿部分等不列入理赔对象。该保险对免责金额和赔付比例未作任何规定,在参保前无须进行前期技术调查,合同中也没有防范逆向选择的明文条款,但是保险金的赔付额限定在1000万日元(约60万人民币)这样的较低的金额,保险对象也限定于法院判决或指定机关仲裁、调解所确定的赔偿费用,降低了保险公司承担的风险。

该保险作为日本保险市场推出的第一个有关知识产权侵权损害的保险,具有实验产品的性质,销量也不大。主要原因有三:第一,该保险的宣传力度不够,相关需求企业并不十分了解。第二,保险金赔付限额设定为1000万日元,比较低。而参保人参保的最大理由就是为了在特殊情况时能够规避风险。而1000万日元这样较低的赔付金额是根本不够的。比如,中小企业在主力产品侵犯他人专利权需要予以赔偿时,可能会面临破产的风险。而上述赔付限额恐怕不能够使企业从根本上回避此类风险。第三,该保险的适用范围仅限于法庭判决、庭上和解及指定机关仲裁、调解所确定的赔偿费用,除此之外双方私下和解的情况则不在保险范围内。对于保险金和保险范围的限制,使得中小企业参保的积极性并不是很高。

此外,该保险并未真正得到推广,还因为现阶段保险公司并没有十分努力地去做营销。这大概是因为该保险作为日本首个知识产权侵权损害保险,保险公司并未充分掌握知识产权侵权事件的发生概率和合理的损害赔偿金的数据,保险销售量的增加随之带来的是保险公司所负风险的增加。而如果参保人数一直维持在较少水平,则仍需数年时间来收集相关的统计数据,该保险真正得到普及也还需要很长一段时间。

三、知识产权保险相关课题研究

本节主要探讨损害保险与知识产权风险的关系,以及知识产权保险产品在设计上的有关课题。此外,知识产权保险是否会掩盖知识产权侵权可能产生的刑事罪责,进而削弱知识产权相关法律法规对知识产权侵权的打击效果,下文也对此进行了分析。

(一)损害保险原则与知识产权风险

商法规定,损害保险的基本原则是当偶然事故发生时对其造成的损失进行补偿。而知识产权侵权行为是否属于"偶然事故"值得商榷。在保险项目的设计上,列入保险对象的"事故"的界定、"损失"的发生情形以及损失额的计算都由保险公司加以认定。

当某一企业掌握尖端技术并取得良好的市场效益时,竞争企业会进行效仿。尽管竞争企业在进入同一市场前会尽可能的调查清楚该企业持有的专利技术以避免侵犯其专利权,但仍可能存在无法确认其专利,或无法判断其享有专利权的保护范围,结果侵犯了其专利权的情形。尽管竞争企业已经努力避免,但仍然发生的专利权侵犯能否看作"偶然事故",这里的界限难以区分。而对于该企业享有的专利权的保护范围,侵权是否成立,有无造成损失,以及损失额的确定,都需要很高的专业知识,有时通过诉讼也难以确定,由保险公司这样的外部第三人去判断是比较困难的。

因此,知识产权侵权相关保险,严格适用损害保险的原则是较为困难的,相较于普通的损害保险需要更为灵活的设计方式。

(二)削弱抑制侵权效果问题

有人指出,知识产权保险可能会削弱知识产权相关法律法规对侵权行为的抑制效果,违反公序良俗。侵犯知识产权所产生的损害赔偿责任中的损害,是一种对可得利益的损害。然而,知识产权的权利客体是无形物,仅赔偿可得利益恐怕权利人无法得到适当的保护。法律将权利人因侵害而失去的市场机会也看作损失的一部分,规定了以侵权人的侵权所得利益为基础的损失金额的计算方法。其宗旨是,将侵犯知识产权造成的损害认定为"规范性损害",以发挥法律制裁、抑止侵权行为的效果。

而知识产权侵权损害保险将诉讼裁定侵权人负担的损害赔偿金以保险金的形式加以补偿,将会削弱法律制裁、抑止侵权行为的效果,破坏法律将其认定为"规范性损害"的初衷。具体而言,若参保人的损害赔偿责任完全由保险来进行补偿,将造成参保人轻视潜在侵权风险的倾向,助长侵权行为的发生。而侵权行为增加也使得保险公司赔付更多的保险金,使得保险制度自身的发展不可持续。实际上企业在商业活动中,尽管存在可能侵犯其他企业知识产权的风险,有时仍会无视侵权风险进行产品的研发和制造,而购买损害保险可能会进一步降低防范侵权的心理底线。

美国也存在上述争论,认为损害保险对因重大过失或故意侵犯知识产权而裁定的赔偿金进行补偿,有可能破坏"规范性损害"的主旨。但主流观点认为,如果保险公司在保险合同中对参保人的行为进行一定程度的管控,将继续发挥法律对侵权的抑制效果。对于参保人的管控方法来说,可以规定故意或重大过失侵权时保险公司免除责任,按比例赔付损害赔偿金的一部分,剩余部分由被保险人自己负担,以及设定保险金的赔付限额,即投保额。而对于设定保费而言,应当参照机动车保险设计成损害发生次数越多保费越高的结构,此外还可以考虑审查参保人的风险管控体制进而确定保费的方法。

(三)知识产权保险设计上的有关课题

通过对上述三种日本知识产权相关保险的介绍,我们可以看到市场上现有的知识产权保险在开发设计中的问题:

1. 保险对象的认定

在保险项目的设计上,列入保险对象的"侵权事故",损失额的计算都由保险公司加以认定。而对于该被侵权人享有的专利权的保护范围,侵权是否成立,有无造成损失,以及损失额的确定,都需要很高的专业知识,有时候即便通过诉讼程序也难以确定,由保险公司这样的第三人去判断比较困难,需要保险公司借助独立公正权威的专业机构对保险对象进行评估。

2. 缺乏事故数据

对于损害保险的设计而言,需要基于合理的统计数据对事故的发生概率和规模进行预测。而对于知识产权侵权而言,同交通事故等一般侵权事故相比数据量较少,对于当事人私下和解等未进入诉讼阶段的侵权案件就更难把握,使得侵权事故的数据收集变得更加困难。

3. 大数法则与确保参保人数

根据保险中的大数法则,保险合同订立数量越多,一定期限内保险事故实际发生的数量越接近于理论上的数值。即风险单位数量愈多,实际损失的结果会愈接近从无限单位数量得出的预期可能损失的结果。据此,保险人就可以比较精确的预测危险,厘定合理的保险费率,在保险期间内收取的保费与赔偿金及其他费用开支相平衡,从而确保该保险的持续发展。

而知识产权侵权损害保险,受到前述事故数据信息不足的局限,计算理论上保险事故发生的概率较为困难,对于侵权风险的保险需求也不甚明确,能够满足大数法则的参保人数可以说是个未知数。对于知识产权损害保险来说,大企业的需求要比小企业高,而中小企业虽然侵权事故的发生率低,一旦发生侵权事故就有可能受到致命的打击。应该区分大企业与中小企业两个层级的市场,对中小企业收取其可以接受的保费,设计出能够应用于大数法则的保险产品。

4. 防范逆向选择

在保险制度的设计上,以相同条件加入保险的参保人之间保险事故发生的可能性应该是相同的。换句话说,尽管个别的被保险人参保后实际的事故发生率较高,但参保前对于事故发生率及损失额的大小是不了解的。只有以此为前提,才能对以相同条件参保的所有被保险人收取统一而合理的保险费。如果这个前提不能保证,事前知道自己的事故发生率比平均概率要高的人会选择参保,事故发生率比平均低的人又不参加保险,就会出现所谓"逆向选择"的问题,造成参保人数减少,理赔比率上升,保险公司负担的风险增加,进而使保险制度自身不可持续。

对于知识产权侵权风险而言,一般的侵权发生概率等统计数据并不充分。另外,确定侵权实际成立后有无发生诉讼或损害赔偿,会受到参保人在具体产品领域内的专利权保有状况和许可合同的实际交易内容等个别因素的较大影响。这类的个别信息参保人容易掌握而保险公司却不易把握,由此产生信息不对称的问题。因此,对出于逆向选择的考虑想要参保的企业,保险公司容易过小估计事故发生的概率从而放纵这类企业的参保。因此,保险公司应该在参保审查时对被保险人附加严格的提供完整信息的义务,在保险事故发生后若核查出参保人存在重大过失或故意隐瞒关键信息时免除自己的理赔责任。

5.风险分散化

如前所述,对于保险公司而言,知识产权保险是难以充分把握其风险性的险种。至今未得到普及,是因为陷入了无法预知侵权风险→产品设计受到制约→无法推出有吸引力的保险产品→产品得不到普及→数据搜集困难无法预知风险这样一个恶性循环中。

为了跳出这一循环,风险分散化是个有效的方法。以大多数企业参加的行业协会等业内团体作为被保险人,即以协会为单位整体加入保险,就覆盖了作为协会成员的每一个企业潜在的知识产权侵权风险,同时由于参保人的大幅增加也更接近于"大数法则"的应用,从而使风险得到分散。而因为参保人都是业内人士,也提高了业内风险信息收集的精确性。此外,如果把行会在业内进行有关知识产权侵权风险的教育培训作为参保条件的话,也会降低企业的侵权风险。行会还可以对参保企业的风险管控能力进行担保进而获得更加优惠的保险费用。将知识产权保险与行会现存的互助制度进行组合,推出更有吸引力的保险产品,进而普及知识产权保险将变得可能。

四、以专利代理人的视角进行考察

(一)知识产权侵权保险的社会意义

通过本文第二部分对 AIU 公司的保险产品进行的分析,可以得出结论知识产权侵权损害保险的产品对象以中小企业为中心。

AIU 公司的保险赔偿限额设定在 1000 万日元这样较低的额度,大企业参保的动力不足。当然,随着保险公司对统计数据的进一步收集,以大企业为客户对象的设定高额保险金的保险产品也有可能会推向市场,而当下的保险产品主要还是以中小企业为对象的。对于中小企业来说,加入知识产权侵权保险的利处又在哪里呢?同业务范围较广的大企业相比,知识产权侵权风险对中小企业的打击相对来说会更大。比如说,本公司的主力产品侵犯了他人的专利权,被专利权人索取高额的损害赔偿金时,可能会导致公司破产。

因此,对面向市场积极推出新产品的中小企业来说,为了回避最坏情况、将损害抑制在最低程度以及转移风险,加入知识产权保险的好处还是较大的。此外,对已有技术的调查能力较弱,应对争议的资金能力不足的中小企业的参保必要性也较高。具体来说,参保利益较大的中小企业有以下几种:竞争企业开发与本公司所持技术相近的有关技术并积极申请专利;本公司所属行业的竞争企业积极申请和实施知识产权,使本公司有被诉侵权的潜在风险;创意产业中的中小企业不得不雇佣很多派遣工或兼职工,与正式职员相比他们的知识产权保护和守法意识比较淡薄。

　　说到底,在企业自身努力避免侵犯他人的知识产权这一大前提下,参加知识产权侵权保险能够使得中小企业更加安心地拓展业务。可以说,知识产权侵权保险首要的社会意义就是在于帮助中小企业更加放心地开展业务。而当知识产权保险广为人知时,可以想见中小企业经营者们的知识产权风险意识也将得到提高,会更加认识到知识产权的重要性。企业出于防范侵权目的越来越多的相互交叉许可实施专利技术,在双方的技术交易中积极运用知识产权可能会拓展出新的业务。这可以看作知识产权侵权保险的第二层社会意义。

(二)知识产权侵权保险对专利代理人的意义

　　知识产权侵权保险的普及对专利代理人来说也有积极的意义。

　　首先,通过保险转移知识产权侵权的风险,企业对新产品和新功能的开发意愿也会扩大,会有更多的知识产权被创造出来。而侵权保险的市场宣传也会使企业更加认识到知识产权的重要性,专利申请的数量会增加,向专利代理人进行咨询的业务也会增加。此外,还可以向保险公司建议同专利代理人订立合同的企业在购买保险时可以获得保费上的优惠,并且在保险合同中将新产品开发时咨询专利代理人规定为企业义务。

　　其次,知识产权侵权保险是以侵权争议所产生的费用作为保险对象的,中小企业的经济负担若能通过保险转移,对无理的侵权警告对抗到底的企业也会增加。以往对于较为弱小的中小企业来说,即便在侵犯他人知识产权的可能性很低的情况下,考虑到诉讼所需的费用、时间、精力,以及对日常业务造成的影响,面对无理的知识产权侵权纠纷时,也只能忍气吞声自咽苦果,而知识产权保险可以充当上述情况中的中小企业维护自身权益的坚强后盾。因此,随着知识产权保险的普及,可以预见相关诉讼、ADR 和无效审判的案件数量会大幅增加,应诉和法庭和解过程中对专利鉴定等各种业务的需求也会增加。侵权纠纷中客户的财务能力有保障了,专利代理人也就不用过多地考虑中小企业的财务状况,而向客户要求合理的报酬了。

(三)专利代理人如何推动知识产权侵权保险的普及

　　如上所述,知识产权侵权保险的普及对专利代理人来说有着诸多利益,专利代理人应该积极向客户宣传知识产权侵权保险。而专利代理人作为与技术企业交往密切的职业群体,对于知识产权侵权保险的宣传推广发挥着不可替代的重要作用。

　　现阶段知识产权侵权保险的参保人数较少,宣传力度不够、知名度不高是重要原因之一。当该保险的知名度提高、参保人数增加时,保险公司能够掌握更为全面的统计数据,可能会采取提高理赔上限,扩大保险范围等一系列受到客户欢迎的调整措施,这样参保人数会进一步增长,到时大型保险公司也会参与到这一市场中分一杯羹,进而又扩大侵权保险的知名度和普及率,形成良性循环。专利代理人无疑在这一过程中扮演着重要角色。而真正能够吸引消费者的侵权保险产品应该怎样设计?站在专利咨询业务的第一线,每天倾听客户的想法,了解企业在知识产权领域的实际情况的专利代理人作为建议者再合适不过了。接下来结合本文第二部分介绍的 AIU 公司的保险产品,对更有吸引力的保险产品的设计提出建议。

1. 侵权警告调查费用

现有的保险合同规定,纳入保险范围中的企业对知识产权侵权事实的调查费用,仅包含法庭和 ADR 机关予以考虑和认定的法律事实。然而,若企业收到侵权警告后向专利代理人进行咨询,在侵权纠纷进入诉讼阶段之前就予以解决的话,对于保险公司和专利代理人来说都是有利的。例如,专利代理人对损害赔偿的申诉进行分析调查后得出没有侵权事实的结论,就避免了进入诉讼程序后产生的诉讼费用。而专利代理人的调查费与诉讼费相比很少,在诉讼前能解决争端,对于保险公司来说是有利的。此外,对专利无效进行调查时,相关英文技术文献的调查费用可能高达数百万日元,而中小企业制造贩卖的产品,是比较容易找到证实其专利无效的文献的。若将该技术文献的调查费用列入保险范围并设定最高 100 万日元的限额,在降低了保险公司承担的风险的同时,被保险人运用该保险也会更加方便。

2. 商标权撤销申请费用

对于企业申请撤销和无效专利权或商标权来说,现有的保险适用范围仅包含在司法诉讼中提起上述申请的情形。而向有关行政部门申请撤销注册后长期不使用的商标,与商标权无效审判相比在手续和期限上都更为简便,费用也更为低廉,降低了保险公司承担的相应风险。从规避诉讼、减少赔偿金的角度,保险公司应该把诉前申请撤销商标权的费用也包含在保险范围之内。

3. 专利侵权追偿费用

例如,零部件制造商 A 公司向 B 公司供给零部件,该零部件侵犯了第三人的专利权。B 公司使用该零部件制造产品,第三人向 B 公司提出专利侵犯警告并请求损害赔偿,B 公司在向第三人支付损害赔偿金后向 A 公司追偿。而现有保险合同的保险范围仅包含被保险人直接牵涉侵权争议中的情形,对于侵犯第三人知识产权而被交易人追偿的情形则不予理赔。这对于制造销售零部件的众多中小企业来说,可带来的利益不大。应该综合考虑产业链上下游的相互联系,扩大保险适用范围将侵权损害追偿费用纳入其中。

4. 侵权争议和解中专利代理人的参与

现有侵权保险的适用范围仅限于法庭判决、庭上和解及指定机关仲裁、调解所确定的赔偿费用,对于争议双方私下和解达成的赔偿金则不予理赔。这主要是因为这种私下和解的发生概率不明,同时争议双方可能约定不当的高额赔偿金来讹诈保险公司。这时如果由专利代理人协会指派中立的专利代理人进行调解,对侵权事实和损害赔偿金作出恰当认定,促进争议双方达成和解的话,就降低了保险公司承担的风险,保险公司可以考虑将这种私下和解的情形纳入保险范围。

5. 限定产品侵权作为保险对象

上述 AIU 公司的侵权保险,以被保险人所实施的侵权行为作为保险对象,包括被保险人在制造和销售产品或提供服务过程中涉嫌的侵犯第三人知识产权的行为。这一规定的保险对象范围较宽,而对保险公司来说,保险合同订立前的专利调查等风险防控较难,容易产生逆向选择的问题。保险公司为降低风险,只得调低保险金的上限,并限定理赔范围。因此,应该将保险范围限定在产品侵权这一特定情形上。例如,企业在刚刚决定投入市场的产品规格时参加保险,保险合同应当规定被保险人负有委托专利厅认定的调查机构调查其他公司相关专利的义务。当调查结果显示存在侵权可能性时,保险公司有权不与其签订保险合同。这样一来保险公司防范了逆向选择,将风险最小化,才有可能大幅提高保险金的赔付限额。在考察企业生产规模的基础上决定保费,对大企业有参保价值,对保险公司也有利可图的保险也将变成可能。

(本文编辑:董慧娟)

司法论坛

网络交易平台服务提供商的商标间接侵权责任探析

■谢爱芳*

摘 要：网购时代,随着网络交易平台服务提供商的加入,原本简单的"侵权人—被侵权人"二元法律关系变得更为复杂。在网络商标侵权中,对网络交易平台服务提供商采取较严格的责任,能够最大限度地保护商标权人的合法权益,但也会导致网络交易平台提供商将更多的精力投入防止侵权和避免承担责任当中,不利于电子商务的发展,最终这种成本将转嫁到消费者头上,不利于社会整体福利的增进。而对网络交易平台服务提供商采取较为宽松的责任,虽然有利于电子商务的发展,但是也可能导致更多的利用网络进行商标侵权行为的发生,损害商标权人的合法权益和公平、健康的市场交易秩序。对网络交易平台服务提供商课以商标间接侵权责任的最终目的,并不是为了惩罚某种侵权行为,而在于平衡商标权人、网络用户、网络交易平台服务提供商以及社会公众各方的利益。

关键词：网络交易平台；商标；间接侵权

The Indirect Infringement Liability of the OTPSP
Xie Aifang

Abstract：The service providers of online trading platform makes the legal relationship between the infringer and the infringed become more and more complicated in the era of online shopping. Setting strict liability to the OTPSP could provide maximum protection for the trademark owners, but the OTPSP have to spend more energy on preventing infringement or avoiding responsibility, and the cost will finally be transferred to the consumers. It will hold up the development of the e-commerce and harm the lawful rights

---

* 谢爱芳,1982 年生,女,福建省厦门市中级人民法院助理审判员,法学硕士。

and interests of the trademark owner. The final purpose of setting indirect infringement liability to the OTPSP is to balance the benefits between the trademark owners, the users, the OTPSP and the public rather than to punish infringement.

Key Words: Online Trading Platform; Trademark; Indirect Infringement

一、引言

　　网络技术的普及,电子商务的发展,带给我们生产生活便利的同时,也将传统的商标侵权引入网络,网络交易平台日渐成为商标侵权等纠纷的新阵地,利用网络交易平台销售侵犯注册商标专用权的商品的现象愈演愈烈。2011 年,全国工商行政管理部门自 2010 年 11 月开展专项整治行动以来,查处了一大批通过互联网销售侵犯注册商标专用权商品的案件。截至 2011 年 6 月底,全国各级工商部门在专项行动中网上检查网站 504728 个,实地检查网站 130668 个,删除违法商品信息 38446 个,关闭违法网站 1199 个,责令整改网站 6895 个。[①]网络商标侵权已经成为网购时代一个不可回避的话题。在网络侵权中,侵权行为主体与传统的民事侵权主体有明显不同,除了网络用户外,还有网络交易平台服务提供商。随着网络交易平台服务提供商的加入,原本相对简单的"侵权人—被侵权人"二元法律关系变得更为复杂。[②]一方面,网络交易平台服务提供商面对平台上大量的商品信息无法一一审查,另一方面,其又客观上为网络用户的商标侵权行为提供了交易场所并从中收取一定的服务费。那么,网络交易平台服务提供商在其服务的网络用户所为的商标侵权法律关系中,其法律地位如何,应当承担怎样的权利和义务,其行为是否构成了商标间接侵权[③],是否应当承担损害赔偿责任? 这些问题的处理,关系到商标权利人合法权益的维护、网络交易平台服务提供商合理风险的承担以及公平健康市场交易秩序的维护,值得研究。

二、观点争鸣:网络交易平台服务提供商是否应当承担商标间接侵权责任

(一)网络交易平台服务提供商的经营模式及特征
　　根据《网络交易管理办法》[④]第 22 条的规定,网络交易平台是指在网络商品交易活动中

---

　　①　《千余个商标侵权网站被关闭》,载《法制日报》2011 年 9 月 8 日,http://www.admaimai.com/NewsPaper/NewsletterUrl.aspx? id＝2684,下载日期:2012 年 6 月 2 日。

　　②　刘颖、黄琼:《论〈侵权责任法〉中网络服务提供者的责任》,载《民商法学》2010 年第 12 期。

　　③　一般而言,网络交易平台服务提供商主要是为参与商品或服务交易的双方提供服务并从中收取服务费,本身并不直接参与商品或服务的实际交易;但这也不是绝对的,部分网络交易平台服务提供商也参与了商品或服务的实际交易。如果网络交易平台服务提供商直接以自己的名义销售侵犯商标专用权的商品,其行为构成直接侵权行为,所应承担的法律责任运用传统商标侵权的判断方法基本上可解决,本文重点讨论的是网络交易平台服务提供商因所服务的对象涉及商标侵权时所应当承担的民事法律责任。

　　④　《网络交易管理办法》是国家工商行政管理总局发布的一项关于在网上购物交易的管理办法,这项政策于 2014 年 3 月 15 日起施行。

为交易双方或者多方提供网页空间、虚拟经营场所、交易规则、交易撮合、信息发布等服务，供交易双方或者多方独立开展交易活动的信息网络系统。目前一些大型的 IT 企业，如 IBM、索尼、联想等都建立了自己的网络交易平台，同时也有许多服务商专门从事网络交易平台运营，为没有自建网络交易平台的企业和个人提供相关服务，国外最为著名的是 ebay，国内较为成功的有易趣和淘宝等。[①]

网络交易平台服务提供商是为网络商品交易提供第三方交易平台、宣传推广、信用评价、支付结算、物流、快递、网络接入、服务器托管、虚拟空间租用、网站网页设计制作等营利性服务的经营者。[②] 网络交易平台服务提供商具有如下特征：

(1)中立性

网络交易平台服务提供商独立于交易双方，只是为双方的交易提供一定的网络空间以及技术服务的，通俗地说，就是电子市场，尽管这种行为客观上为双方当事人提供了交易机会，但一般而言，网络交易平台服务商本身并未积极地促成交易成功。

(2)独立性

不同于传统的"市场"，传统的市场并非一个独立的法律主体，或是由民间自发形成的，或是由国家出资建立的集中买卖货物的固定场所，网络交易平台服务提供商具有独立的法律主体地位，应当依法进行工商登记才可提供网络交易平台服务，具有完全的民事权利能力和行为能力。

(3)营利性

尽管网络交易平台提供商具有一定的中立性，如前文所述，只是提供网络空间以及技术服务，不积极促成交易，不同于传统的"居间人"，但网络交易平台的提供商也并非"不食人间烟火"，其所提供的服务并非公益、免费的，而是要收取一定的服务费。以淘宝商城为例，在其提供网络交易平台服务的同时，依据协议向不同客户收取技术服务费，根据淘宝商城2011 年类目商品技术服务费率一览表的规定，这种技术服务费与客户的交易额直接挂钩，即不同商品规定不同的费率乘以商品交易额构成客户应当缴纳的技术服务费。

(二)关于网络交易平台服务提供商是否应当承担商标侵权责任的不同观点

关于网络交易平台服务提供商是否需要对其所服务的网络用户所实施的直接商标侵权行为负责，存在较大的争议。认为网络交易平台服务提供商不应当承担商标间接侵权责任的主要依据包括：(1)观点一：技术中立。认为网络交易平台服务提供商是以中立且公平的方式提供服务，至于网络用户是否利用平台从事侵害商标专用权的行为与网络交易平台服务提供商无涉。(2)观点二：无法控制。认为网络世界中流通着大量的信息，网络交易平台服务提供商，对其服务并未具备绝对的控制力。在此情况下，网络交易平台服务提供商显然无法消除所有与网络服务相关的侵权风险，在此前提下，若相关立法政策要求网络交易平台服务提供商负担共同侵权行为或帮助行为的责任，过于严苛。

认为网络交易平台服务提供商应当承担商标间接侵权责任的主要依据包括：(1)观点

---

① 胡子鸣：《网络交易平台提供商的法律定位——淘宝网商标侵权案引发的思考》，载《无锡职业技术学院学报》2009 年第 5 期。

② 参见《网络交易管理办法》第 3 条。

一:制造风险者、得利者应承担相应的风险。认为既然网络已带来较高的侵害风险,且网络交易平台服务提供商已利用此种风险较高的交易模式获取利益,则此风险增加所造成的后果应由其承担,而不应由知识产权遭受侵害的权利人承担。(2)观点二:风险并非完全不可控。在网络技术日益精进的今日,防止侵害发生在信息技术上并非遥不可及的幻想,加上网络上的商标侵权往往是一定期间内多次发生的行为,因此网络交易平台服务提供者对其所能防止的商标权侵害,应受到不同的对待,视应负担部分的侵权行为责任而定。①

笔者认为,面对海量的商品交易信息,要求网络交易平台服务提供商事先逐一审查,判断是否构成商标侵权,对于网络交易平台服务提供商而言过于严苛,网络交易平台服务提供商并不具有完全控制这种侵权发生的能力,也不负有控制这种风险的义务。虽然网络交易平台的本身具有一定的中立性,平台既可用于销售正品,亦可能用于销售假冒伪劣产品以及假冒不伪劣产品,正如一把刀,既可用于切菜,也可用于杀人。但平台的中立性并不代表网络交易平台服务提供商是完全中立的,关键在于网络交易平台服务提供商在其中所扮演的角色。实际上,有时网络交易平台服务提供商并非完全中立,尽管其在与网络用户签订协议时往往会要求网络用户不得利用平台从事侵权行为,但实际上,不可否认的是,网络交易平台服务提供商通过向网络用户(包括直接实施商标侵权人)收取了服务费,而非像商标权利人收取费用,有的服务费的收取与网络用户的商品销售行为直接挂钩,其中也包括了侵权商品的销售所得。且在一定情形下,网络交易平台服务提供商对于网络用户的商标侵权行为并非毫不知情。若网络交易平台提供商无须负担部分的侵权行为责任,从法律风险负担的角度而言,似有不合理之处。因此,有必要在网络交易平台服务提供商控制能力范围内对其进行适度的规制,在保护商标权人合法权益与促进网络产业发展间实现利益的平衡。

三、立法规制:网络交易平台服务提供商商标间接侵权责任的相关规定

如何在网络交易平台服务提供商控制能力范围内对其进行适度的规制,在保护商标权人合法权益与促进网络产业健康发展间实现利益的平衡,是立法者首先需要面对的问题。

间接侵权,是指一个自然人或法人的行为本身不构成直接侵权,但却诱导、怂恿、教唆或帮助他人从事侵权行为。② 在商标侵权领域的间接侵权行为,可理解为:没有实施受商标专用权控制的行为(没有实施直接商标侵权行为),但故意引诱他人实施直接侵权行为,或者在明知或应知他人即将或正在实施直接侵权行为时为其提供实质性的帮助,以及特定情况下

---

① 谢国廉:《网络服务提供者关于商标权侵害之民事责任 英美商标法实务之最新发展》,载《法令月刊》2010年第12期。

② 王惠中:《间接侵犯知识产权的若干问题探析》,载万鄂湘主编:《知识产权法理论与适用》,人民法院出版社2005年版,第17页。

直接侵权的准备和扩大其侵权后果的行为。①

我国立法并未使用"间接侵权"这一术语,但这并不意味着我国实际不存在间接侵权的相关规定。目前,我国关于网络交易平台服务提供商商标间接侵权责任的相关立法主要体现在两个方面:

(一)关于间接侵权的相关规定

最高人民法院《关于贯彻执行〈中华人民共和国民法通则〉若干问题的意见(试行)》第148条第1款对部分间接侵权行为进行了规制,规定:"教唆、帮助他人实施侵权行为的人,为共同侵权人,应当承担连带民事责任。"这是关于间接侵权的最早规定。《中华人民共和国侵权责任法》(下文简称《侵权责任法》)第9条亦明确规定:教唆、帮助他人实施侵权行为的,应当与行为人承担连带责任。《中华人民共和国商标法实施条例》(下文简称《商标法实施条例》)第50条第2款规定,"故意为侵犯他人注册商标专用权行为提供仓储、运输、邮寄、隐匿等便利条件的",属于侵犯注册商标专用权的行为。这是间接侵权责任在商标侵权立法中的具体化。在确定网络交易平台服务提供商的商标间接侵权责任时,应当符合上述法律的规定。

(二)关于网络交易平台服务提供商间接侵权责任的规定

网络交易平台服务提供商作为网络服务提供者的一种,在研究如何确定其在网络商标侵权中的法律责任时,有必要考察我国现有立法的关于网络服务提供者的相关规定。在《侵权责任法》出台之前,我国并没有关于网络服务提供者侵权责任的专门规定,相关立法散见于《信息网络传播权保护条例》《网络商品交易及有关服务行为管理暂行办法》②及《最高人民法院关于审理涉及计算机网络著作权纠纷案件适用法律若干问题的解释》③等。

《侵权责任法》第四章"关于责任主体的特殊规定"中第36条明确规定:网络用户、网络服务提供者利用网络侵害他人民事权益的,应当承担侵权责任。网络用户利用网络服务实施侵权行为的,被侵权人有权通知网络服务提供者采取删除、屏蔽、断开链接等必要措施。

---

① 对此学界有不同的观点。有观点认为,间接侵权责任主要包括代理侵权责任(Vicarious Liability)、辅助侵权责任(Contributory Infringement)和诱引侵权责任(Inducing Infringement)三类。参见胡开忠:《网络服务提供商在商标侵权中的责任》,http://www.fengxiaoqingip.com/ipluntan/lwxd-sb/20121120/8993.html,下载日期:2014年10月14日。另有学者认为,"间接侵权"与"间接责任"并不是同义语,"间接责任"涵盖了所有本人没有实施"直接侵权"的行为,却基于某种法定原因而对"直接侵权"行为承担责任的情形。如雇主对雇员在雇佣范围内进行的侵权行为承担责任,就是典型的"间接责任",又称"替代责任"(Vicarious Liability),但雇主并不因此就被法律视为从事了"间接侵权",成为侵权者。参见王迁:《网络环境中的著作权保护研究》,法律出版社2011年版,第146～147页。

② 国家工商行政管理总局《网络交易管理办法》自2014年3月15日起施行,国家工商行政管理总局2010年5月31日发布的《网络商品交易及有关服务行为管理暂行办法》同时废止。《网络交易管理办法》第27条规定,第三方交易平台经营者应当采取必要手段保护注册商标专用权、企业名称权等权利,对权利人有证据证明平台内的经营者实施侵犯其注册商标专用权、企业名称权等权利的行为或者实施损害其合法权益的其他不正当竞争行为的,应当依照《侵权责任法》采取必要的措施。

③ 2012年12月17日《最高人民法院关于审理侵害信息网络传播权民事纠纷案件适用法律若干问题的规定》发布,该司法解释于2013年1月1日起,《最高人民法院关于审理涉及计算机网络著作权纠纷案件适用法律若干问题的解释》于该日同时废止。

网络服务提供者接到通知后未及时采取必要措施的,对损害的扩大部分与该网络用户承担连带责任。网络服务提供者知道网络用户利用其网络服务侵害他人民事权益,未采取必要措施的,与该网络用户承担连带责任。《侵权责任法》第 36 条关于网络服务提供者责任的相应规定,参考了著作权法领域关于网络服务提供者的"避风港原则"[①]和"红旗标准"[②]。"避风港原则"最早来自于美国 1998 年制定的《数字千年版权法案》(DMCA 法案)。该法案针对 BBS 等"信息存储空间"服务规定:服务提供者因执行用户的指令而在其经营的网络系统中存储内容而侵犯版权的,在符合以下条件时不承担赔偿责任:(1)服务提供者并不实际知晓存储在其网络系统中的内容是侵权的;在缺乏该实际知晓状态时,没有意识到能够从中得知明显侵权行为的事实或情况;在得以知晓或意识到侵权内容之后,迅速移除侵权内容或屏蔽对它的访问。(2)在服务提供商具有控制侵权行为的权利和能力的情况下,没有从侵权行为中直接获得经济利益。(3)在得到侵权通知后,作出迅速反应,移除被指称侵权的内容或屏蔽对它们的访问。"红旗标准"是指即使权利人没有发出过指称用户上传的内容或被链接的内容侵权的通知,只要网络服务提供者意识到了"能够从中明显发现侵权行为的事实或情况",而没有"迅速删除侵权内容或屏蔽对它的访问",网络服务提供者的行为就构成"间接侵权"。显然,当用户上传的内容侵权,或被链接的内容侵权的事实已经像一面鲜亮的红旗在网络服务者面前公然地飘扬,以至于处于相同情况的理性人明显能够发现时,如果网络服务提供者采取"鸵鸟政策",像一头鸵鸟那样将头深深地埋入沙子之中,装作看不见侵权事实,仍然组织、保留侵权内容或指向这些内容的链接,而不采取断开链接的措施,则同样能够认定网络服务提供者至少"应当知晓"侵权材料的存在。欧盟电子商务法案 2000/31 也提供了类似的原则。[③] 通过"避风港原则"和"红旗标准",《侵权责任法》第 36 条在规定了免责情形的同时也划定了网络服务者承担责任的范围。在此之前,相关的立法关于网络服务提供商的相关规定都是涉及侵犯著作权的责任,并没有涉及网络商标侵权等其他侵权行为,该条规定对于规制网络交易平台服务提供商的行为具有重要意义。

上述法律规定为网络交易平台服务提供商商标侵权责任的认定提供了依据。《侵权责任法》第 9 条、《商标法实施条例》第 50 条第 2 款中与网络服务提供者的相应规定之间的关系如何,应当如何适用?笔者认为,上述规定共同构成了网络交易平台服务提供商商标侵权责任的规制依据,《侵权责任法》第 9 条属于对间接侵权中帮助侵权的一般规定,《商标法实施条例》第 50 条第 2 款则属于该规定在商标权间接侵权的具体化;《侵权责任法》第 36 条则是专门规定网络服务提供者侵权责任的规定,包括但不限于网络服务提供者间接侵权的特殊规定。在一定程度上可以说,《侵权责任法》第 9 条关于帮助侵权的相关规定与第 36 条第

---

① 王迁:《网络环境下的著作权保护研究》,法律出版社 2011 年版,第 216 页。

② See Melvile B. Nimmer & David Nimmer, *Nimmer on Copyright*, §12B. 04〔A〕〔1〕, Matthew Bender & Company, Inc,(2003),转引自王迁著:《网络环境下的著作权保护研究》,法律出版社 2011 年版,第 279 页。

③ 罗愉姝:《网络交易中商标侵权责任共担的认定》,载《中国知识产权》(网络版)2011 年 11 月(总第 57 期),http://www. chinaipmagazine. com/journal-show. asp? id=1116&pn=0,下载日期:2012 年 5 月 11 日。

2款、第3款关于网络服务提供者间接侵权的相应规定属于同一部法律中对间接侵权的一般规定和关于网络服务提供者间接侵权的特别规定。因此,在认定网络交易平台服务提供者构成商标间接侵权时,首先应当符合《侵权责任法》关于间接侵权的一般规定;《侵权责任法》第36条第2款、第3款则为规制网络交易平台服务提供商的商标间接侵权提供了具体规则。根据《侵权责任法》第36条的规定,网络服务提供者免责的前提是:接到被侵权人通知后,网络服务提供者采取删除、屏蔽、断开链接等必要措施。此处的"免责"指的是免除商标侵权损害赔偿责任。网络交易平台服务提供商承担间接侵权责任主要包括两种情形:一是网络服务提供者接到网络用户通知后未及时采取必要措施的,并规定此时承担的损害责任范围为系对损害的扩大部分与该网络用户承担连带责任;二是网络服务提供者知道网络用户利用其网络服务侵害他人民事权益,未采取必要措施的,此时承担责任的范围为与该网络用户承担连带责任。

四、司法裁量:网络交易平台服务提供商商标间接侵权的相关案例评析

尽管我国立法已经为网络交易平台服务提供商的商标间接侵权责任提供了依据,但总体而言,过于笼统,需要在司法实践中加以摸索。通过考察我国及其他国家、地区的相关案例,有助于我们进一步深化对网络交易平台服务提供商的商标间接侵权责任的认识。

(一)衣念诉淘宝相关案例

[案例一]衣念(上海)时装贸易有限公司起诉徐某与浙江淘宝网络有限公司商标侵权案①。原告认为,被告徐某销售的涉案商品侵犯了其注册商标专用权,在被告徐某未能提供相关商标授权文件的情况下,被告淘宝公司允许被告徐某销售涉案商品的行为属于为被告徐某的侵权行为提供便利,构成侵权,应承担相应的民事责任。上海市黄浦区人民法院一审认定淘宝网不构成辅助侵权,原因是虽然原告先后5次向淘宝公司投诉徐某在淘宝网上许诺销售和销售侵犯原告被许可使用商标"E·LAND"权利的产品,该证据真实性无法认定,且即使可认定,该证据亦不能反映出原告对徐某的上述投诉系针对涉案注册商标或涉案商品,且淘宝网上商品种类繁多、情况复杂,被告淘宝公司对原告投诉进行的是初步判断,其采取的删除措施不能直接证明被告徐某侵犯了原告的权利,也不能证明被告淘宝公司知道被告徐某的侵权行为;而淘宝公司收到原告的侵权投诉后,根据原告的要求暂时保留了涉嫌侵权的商品信息链接,并提供了被告徐某的身份信息,待原告提起诉讼后,被告淘宝公司即删除了相应的商品信息链接;此外,淘宝公司还通过淘宝网公开发布了《淘宝网服务协议》《商品发布管理规则》等,明确规定用户在淘宝网网上交易平台上不得买卖侵犯他人知识产权或其他合法权益的物品等,并设置了相应的惩罚规则。因此,淘宝公司作为网络服务提供者已经尽到其应负的合理注意义务,不予支持原告关于淘宝公司应承担侵权责任的主张。

[案例二]衣念(上海)时装贸易有限公司起诉杜某与浙江淘宝网络有限公司商标侵权

---

① 参见上海市黄浦区人民法院(2010)黄民三(知)初字第42号民事判决书。

案①。一审法院上海浦东新区法院认定:网络服务提供者接到通知后删除信息只是免于承担赔偿责任的必要条件,而非充分条件;如果网络用户继续利用网络实施侵权行为,网络服务提供者应采取进一步措施制止继续侵权;至于哪些措施属于必要的措施,应当根据网络服务的类型、技术可行性、成本、侵权情节等因素确定。本案中,淘宝公司接到衣念公司的投诉通知后,对投诉的内容进行了审核并删除了杜某发布的侵权商品信息。根据淘宝网当时有效的用户行为管理规则,其在接到衣念公司的投诉并经核实后还应对杜某采取限制发布商品信息、扣分,直至冻结账户等处罚措施,但淘宝公司除了删除商品信息外没有采取其他任何处罚措施。在原告 7 次有效投诉杜某在淘宝网上许诺销售和销售侵犯原告被许可使用商标"TEENIE WEENIE"商标专用权商品的情况下,淘宝网应当知道杜某利用网络交易平台销售侵权商品,但淘宝公司对此未采取必要的措施以制止侵权,杜某仍可不受限制地发布侵权商品信息。淘宝网有能力、有条件对特定侵权人采取措施,在知道杜某多次发布侵权商品信息的情况下,未严格执行其管理规则,依然为杜某继续实施侵权行为提供网络服务,是对杜某销售侵权商品的放任、纵容。其故意为杜某销售侵权商品提供便利条件,构成帮助侵权,具有主观过错,应当承担连带责任。二审判决维持原判。

在前述两个案例中,淘宝所提供服务的网络用户均构成商标侵权,商标权人均先后多次向淘宝公司投诉直接侵权人在淘宝网上许诺销售和销售侵犯商标专用权的产品,淘宝也均根据投诉删除了涉嫌侵权产品的链接。两个案例都是关于淘宝这一网络交易平台服务提供商商标侵权的认定,尽管案情略有不同,但结果却大相径庭,一个不构成帮助侵权,一个构成帮助侵权,需要承担连带赔偿责任。从中我们也可以发现,司法实践对于网络交易平台服务提供商是否应当承担商标侵权责任的认识在不断地加深,早期的较为宽松,目前愈加严格。案例二已被最高人民法院公报收录,作为公报案例,该案的审理为司法实践释放出了强劲的信号,对于涉及网络交易平台服务提供商商标侵权案件的审理具有示范的效力,对于判断网络交易平台服务提供商主观过错和客观上帮助的行为认定具有重要意义。

(二)L'Oréal 诉 eBay 相关案例

2007 年,欧莱雅(L'Oréal)在法国、德国、比利时、西班牙、英国将 eBay 告上法庭,指控 eBay 的网站上存在销售假冒伪劣香水、化妆品的行为,侵害了其商标权,并指控 eBay 没有积极发挥监管作用,导致用户在平台上贩卖假货。在这场法律纠纷中,双方争论不断。欧莱雅认为,eBay 有责任采取更多适当的措施来杜绝在其网络上销售假冒产品。而 eBay 则否认指控,称自己只是为客户提供了一个便于购买和销售产品的交易平台,他们已经采取了反假冒措施并履行了应尽的义务。如果某家公司对 eBay 网站上出售商品的真伪存在疑问,eBay 将撤销此商品的出售,而保护商标权主要还应该靠欧莱雅自己。②

2007—2009 年间,eBay 在欧洲五国 eBay 皆胜诉。③ 在英国 L'Oréal S. A. & Ots v.

---

① 参见《最高人民法院公报》2012 年第 1 期,第 38~48 页。

② 欧莱雅和 eBay 八年诉讼案宣布和解,http://money.163.com/14/0124/08/9JBER66300253B0H. html,下载日期:2014 年 10 月 13 日。

③ 欧莱雅和 eBay 六年诉讼案宣布和解,http://money.163.com/14/0124/08/9JBER66300253B0H. html,下载日期:2014 年 10 月 13 日。

eBay International AG & Ots 案中,法院认为,eBay Europe 的特定交易系统本身并非造成商标权侵害的通信设施,销售者亦可通过此系统销售未侵害第三人商标权的商品。网络交易平台提供者系以中立的方式经营网络交易平台。eBay Europe 的网站系以中立且公平的方式营运,未帮助或鼓励出卖人于网络交易系统上陈列或贩卖仿冒商品,相反的,eBay Europe 已主动采取相关措施以防止或减少侵害商标权的行为,至于 eBay Europe 有无可能采取更进一步的措施以防止或减少侵害商标权的行为,则并非此处的判断重点;尽管 eBay Europe 的确知悉讼争商标权侵害行为确已发生且可能继续发生,同时 eBay Europe 也因此侵害而获有利益(除了商标权人及时向 eBay Europe 申诉而能防止侵害的情况外),eBay Europe 尚不足以认定其与其他被告应承担连带共同侵权的责任。因此,eBay Europe 无须承担共同侵权的损害赔偿责任。[①]

2011 年 7 月 12 日,欧盟法院就欧莱雅(L'Oréal)公司诉 eBay 公司网上销售侵权商品一案作出裁决(C-324/09),认为网络交易平台在特定条件下应承担侵权责任。欧盟法院首先对网络交易平台在交易过程中实际角色进行了区分,它认为,如果互联网运营商在优化网上交易及促进销售的过程中扮演了"主动角色",则不能依据欧盟《电子商务指令》第 14 条免责,所谓"主动角色"主要是指帮助优化网店页面。只有在技术上保持中立,即限于对数据的自动处理才可能适用《电子商务指令》的免责条款。即使网上交易平台没有扮演前述的主动角色,如果其作为一个"尽职经营者"应当"知晓"(aware)其网上销售的非法性,而且,在知晓后,未能立即从网站删除相关数据或删掉链接,也不能免责。投诉是法院判断网络交易平台是否知晓的一个重要因素。网络交易平台在知晓侵权事实后,不能仅仅限于终止该次侵权行为,还应该防止同一个侵权人针对同一商标的同类侵权行为再次发生,甚至包括禁止其进入平台。[②]

2014 年,欧莱雅公司与 eBay 公司宣布结束诉讼,达成和解。[③]

尽管双方之间终于达成和解,但欧盟法院的裁决对于我们研究网络交易平台服务提供商的法律责任具有重要参考价值。该裁决对网络交易平台服务提供商在交易过程中的实际角色进行了区分,如果网络交易平台服务提供商超出了"技术中立"层面,在优化网上交易及促进销售的过程中扮演了"主动角色",则可能无法免责;并认为网络交易平台服务提供商应当是"尽职经营者",在"知晓"其网上存在商标侵权行为时,要采取更积极的措施制止侵权。欧盟法院与案例二中我国法院的观点基本一致,即网络交易平台服务提供商应尽到合理的注意义务,在其有理由知道他人从事商标侵权行为的情况下,应及时采取必要措施阻止侵权。尤其在遇到反复侵权的时候,网络交易平台服务提供商不能满足于简单删除链接,还必

---

① 谢国廉:《网络服务提供者关于商标权侵害之民事责任——英美商标法实务之最新发展》,载《法令月刊》2010 年第 12 期。

② 罗愉姝:《网络交易中商标侵权责任共担的认定》,载《中国知识产权》(网络版)2011 年 11 月(总第 57 期),http://www.chinaipmagazine.com/journal-show.asp? id＝1116&pn＝0,下载日期:2012 年 5 月 11 日。

③ 《欧莱雅和 eBay 六年诉讼案宣布和解》,http://money.163.com/14/0124/08/9JBER66300253B0H.html,下载日期:2014 年 10 月 13 日。

须及时采取必要措施,防止同一个网店反复侵犯同一个商标的行为发生。

五、思路厘清:认定网络交易平台服务提供商商标间接侵权责任需要注意的几个问题

网络交易平台服务提供商承担商标间接侵权责任的认定,正如英国 L'Oréal S. A. & Ots v. eBay International AG & Ots 案的 Arnold 法官所言:"我认为此系一个不易裁判的争议。"① 对于这一问题不同的法官可能有不同的认识,对其中关键的几个问题进行梳理和思考,有助于我们厘清思路,统一裁判尺度。

(一)商标权人合法权益保护与电子商务发展的利益平衡问题

尽管适用于传统侵权领域的各类侵权法规范均适用于网络侵权领域,但由于网络侵权行为的特殊性,在互联网产业发展与公民合法权益的保护二者之间发生冲突的时候,对于网络交易平台服务提供商应当采用较严格的责任还是更宽松的责任,需要进行利益的平衡。对网络交易平台服务提供商采取较严格的责任,自然会最大限度地保护商标权人的合法权益,但也会导致网络交易平台提供者将更多的精力投入防止侵权和避免承担责任当中,不利于电子商务的发展,最终这种成本将转嫁到消费者头上,不利于社会整体福利的增进。而对网络交易平台服务提供商采取较为宽松的责任,虽然有利于电子商务的发展,但是可能导致更多的利用网络进行商标侵权行为的发生,损害商标权人的合法权益和公平、健康的市场交易秩序。是否对网络交易平台服务提供商课以相关的责任的最终目的,并不仅仅是为了惩罚某种侵权行为,客观的目的在于平衡商标权人、网络用户、网络服务提供者以及社会公众各方的利益。②

网络交易平台服务提供商的商标间接侵权责任的判定原则,源于网络著作权间接侵权责任的"避风港原则"和"红旗标准",因此,网络著作权间接侵权责任的相关规定及案例对于网络交易平台服务提供商的商标间接侵权责任的判定具有重要的借鉴意义。尽管如此,网络交易平台服务提供商的商标间接侵权责任与网络服务提供者著作权间接侵权的判定应存在一定的差别。网络著作间接侵权"避风港原则"和"红旗标准"的设立很大程度上需要平衡著作权人、公众及著作传播者之间的利益,以实现鼓励创作,传播文化的目的;而网络商标侵权中需要平衡的利益则包括商标权人、网络用户、消费者、网络交易平台服务提供商等的利益,最终实现维护公平市场竞争秩序,促进社会经济发展的目的等。此外,在我国,著作权的产生源于创作,作品自创作之日起,即产生了著作权,而非源于登记,对于网络上传播的作品就是是否构成侵权的判断对于网络服务提供者而言相对较难。而商标权的产生源于登记。从这一个角度来看,对于网络上所销售的商品是否构成商标侵权,网络交易平台服务提供商要寻找答案相对更为容易。从另一个角度来看,商品信息非常巨大,类型十分复杂,有新品、

① 谢国廉:《网络服务提供者关于商标权侵害之民事责任——英美商标法实务之最新发展》,载《法令月刊》2010 年第 12 期。
② 张新宝、任鸿雁:《互联网上的侵权责任〈侵权责任法〉第 36 条的解读》,载《民商法学》2010 年第 12 期。

二手货、代购等不同商品类别,不同的权利人还可能在不同类的商品上注册相同的商标,[①]网络交易平台服务提供难以从中甄别和屏蔽侵权信息。相较于对某些当期热播影视剧涉嫌侵权之判断,对某些知名度有限的商标之侵权判断又似乎相对容易些。因此,在借鉴网络著作间接侵权的相关规定时,应当考虑到这些差别,具体情况具体分析,不可生搬硬套。

(二)网络交易平台服务提供商商标间接侵权责任的归责原则

《侵权责任法》第36条的规定为网络交易平台服务提供商的商标间接侵权责任的认定提供了法律依据,但仍存在许多需要明确的地方。关于归责原则,特别是《侵权责任法》第36条第1款关于网络服务提供者侵权责任的理解,存在争议。有的学者认为,该款规定了网络侵权行为自己责任规则,即网络用户和网络服务提供者因为自己的过错造成他人的损害,应当承担侵权责任。[②] 也有的学者认为,第36条第1款"利用网络侵犯他人民事权益"中的"利用"一词并不能排除行为人不知是侵权信息的情况,应该是无过错责任。[③] 笔者认为,该条只是从立法形式更严谨的角度出发,进行原则性地开宗明义,因此规定得比较笼统,并未明确侵权的归责原则。因为利用网络侵犯他人的不同的权益可能导致适用不同的归责原则,可能适用过错责任,也可能适用无过错责任,究竟适用何种归责原则,应当结合不同的责任以及不同的权益进行综合判断。具体到网络交易平台服务提供商的商标间接侵权责任,应当明确针对的是停止侵害责任还是赔偿损失责任,若针对的是停止侵害责任,适用无过错责任;若针对的是损害赔偿责任,则适用的是过错责任。

(三)网络交易平台服务提供商商标间接侵权责任的构成要件

在分析网络交易平台服务提供商商标间接侵权责任构成要件时,需要注意把握好如下问题:

1.一个前提

虽然法条没有明确的提及,但根据间接侵权的构成要件,此处隐含着一个前提,即网络交易平台服务提供商服务的网络用户所销售商品的行为构成商标侵权。只有讼争产品构成商标侵权,网络交易平台提供商才可能构成间接侵权。

2.具体构成要件

(1)《侵权责任法》第36条第2款所规制间接侵权责任构成要件如下:①网络用户利用其网络服务侵害他人商标权益;②网络交易平台服务提供商"不知道"网络用户利用网络服务实施侵权行为的(结合第36条第3款的规定,可知这种免责是有前提的);③网络服务提供者接到被侵权人关于采取删除、屏蔽、断开链接等必要措施的通知;④网络交易平台服务提供商接到通知后未"及时"采取"必要措施"。针对上述情形,网络交易平台服务提供商应承担的法律责任为:对损害扩大的部分与网络用户承担连带责任。

---

① 邵勋:《衣念(上海)时装贸易有限公司诉杜国发、浙江淘宝网络有限公司侵害商标权纠纷案——网络交易平台经营者帮助侵权的司法认定》,载《人民法院报》2012年04月26日,http://rmfyb.chinacourt.org/paper/html/2012-04/26/content_43917.htm? div=-1,下载日期:2014年10月14日。

② 张新宝、任鸿雁:《互联网上的侵权责任〈侵权责任法〉第36条的解读》,载《民商法学》2010年第12期。

③ 刘晓海:《〈侵权责任法〉"互联网专条"对网络服务提供者侵犯著作权责任的影响》,载《知识产权》2011年第9期。

(2)《侵权责任法》第 36 条第 3 款所规制的间接侵权责任的构成要件如下：①网络用户利用其网络服务侵害他人商标权益；②网络交易平台服务提供商知道上述情况；③未采取必要措施的。需要明确的是，《侵权责任法》第 36 条第 2 款、第 3 款所规制网络交易平台服务提供商的商标间接侵权责任的主观构成要件均系故意。其中，第 36 条第 3 款规定的要件包括"知道网络用户利用其网络服务侵害他人民事权益"，主观上是故意自不必说；第 36 条第 2 款，虽未明确指出，但网络服务提供者"不知道"网络用户利用网络服务实施侵权行为的，在接到通知后，不及时采取必要措施，可理解为明知所服务的网络用户的行为可能构成商标侵权，而放任此行为，属于间接故意。因此，主观上也是故意。

3. 相关难点的把握

(1)何为"知道"

《侵权责任法》第 36 条所规制的网络交易平台服务提供商的两种商标间接侵权行为的构成要件均涉及是否知道网络用户利用其网络服务侵害他人民事权益。这里的"知道"是什么含义，是否包含明知和应知？多数学者主张，这里的"知道"包含明知和应知两种情形。[①] 关于"明知"，权利人发出通知是"明知"的重要判断依据但并非唯一的方法。"应知"是指无论当事人是否在主观上意识到直接侵权行为的存在，只要他已经获得了足以使人合理推断出侵权行为存在的信息，在法律上就被视为已经"知悉"该侵权行为。[②] 在判定"应知"时，应当注意把握网络交易平台提供商之合理注意义务，可参考"红旗标准"，即如果侵权事实十分明显，像一面鲜艳的红旗，作为一个理性人应当知道侵权行为的存在，那么即使权利人并未向网络服务提供者发出通知，网络服务提供者也应当采取删除等措施。[③]

(2)何为"有效通知"

通知的内容可借鉴《信息网络传播权保护条例》第 14 条的相关规定，包含以下内容：权利人的姓名(名称)、联系方式和地址等个人信息；要求删除或断开链接的足以定位侵权信息的网络地址；构成侵权的初步证据。通知的形式应当是书面形式。网络交易平台服务提供者对于权利人提交的权利证明及侵权初步证据的审查并作出审查，通常而言仅需作形式审查，要求网络服务提供者进行实质审查不具有现实性，可能导致网络服务提供商承担了过多的义务。[④]

(3)何为"及时"采取了"必要措施"

首先应当由被侵权人提出，若被侵权人没有提出，则应当采取可能造成损害最小的必要措施。"必要措施"应当根据网络服务的类型、技术可行性、成本、侵权情节等因素确定，目的在于防止侵权进一步发生。具体到网络交易平台经营者，这些措施可以是对网络用户进行

---

① 刘晓海：《〈侵权责任法〉"互联网专条"对网络服务提供者侵犯著作权责任的影响》，载《知识产权》2011 年第 9 期；张新宝、任鸿雁：《互联网上的侵权责任：〈侵权责任法〉第 36 条解读》，载《民商法学》2010 年第 12 期；陈锦川：《网络服务提供者过错认定的研究》，载《民商法学》2011 年第 10 期。

② 王迁：《网络环境中的著作权保护研究》，法律出版社 2011 年版，第 274～281 页。

③ 朱凤玲、张今：《网络交易平台提供商的商标侵权过错认定》，http://www.fengxiaoqingip.com/ipluntan/lwxd-sb/20120302/7815.html，下载日期：2014 年 10 月 14 日。

④ 关于通知及效果的更多内容，参见杨立新、李佳伦：《论网络侵权责任中的通知及效果》，载《法律适用》2011 年第 6 期。

公开警告、降低信用评级、限制发布商品信息直至关闭该网络用户的账户等。[①] 认定网络交易平台服务提供商采取的必要措施是否及时,应当根据权利人提交通知的形式,通知的准确程度,采取措施的难易程度,网络服务的性质,所涉商标的知名度,网络用户的规模、是否存在重复侵权记录等因素综合判断。应当注意避免网络交易平台服务提供者制造其防止侵权的假象,来规避侵害商标权责任。[②]

六、结语

如何在商标权利人、网络交易平台服务提供商以及公平健康市场交易秩序等各方的利益间找寻最佳的平衡点,既是立法者所欲实现的目的,也是司法裁量者应当遵循的原则。且这种平衡点不是永恒不变的,不同的案情、不同的技术条件都可能使之发生改变。借鉴网络交易平台服务提供者著作权间接侵权的相关规定和司法实践经验不失为一条捷径,但仍须注意两者间的差别,具体情况具体分析。除了通过完善相关法律规定、在司法实践中不断总结经验外,还可以通过创新相关制度,如加强网络交易平台服务提供商与商标权利人合作(如建立类似海关的知识产权备案制和查处平台)[③]、采取防止网络用户滥用投诉权利的措施[④]等方式,提高预防、制止网络商标侵权的效率,降低网络交易平台服务提供商的法律风险,平衡商标权人、网络商户、消费者、网络交易平台服务提供商的合法利益,促进电子商务的健康发展,增进社会福利。

(编辑:陈节节)

① 邵勋:《衣念(上海)时装贸易有限公司诉杜国发、浙江淘宝网络有限公司侵害商标权纠纷案——网络交易平台经营者帮助侵权的司法认定》,载《人民法院报》2012 年 04 月 26 日,http://rmfyb.chinacourt.org/paper/html/2012-04/26/content_43917.htm? div=-1,下载日期:2014 年 10 月 14 日。

② 谢国廉:《网络服务提供者关于商标权侵害之民事责任——英美商标法实务之最新发展》,载《法令月刊》2010 年第 12 期。

③ 2012 年 5 月,为打击侵权售假,商标侵权网上投诉平台开始在北京市朝阳区启用,商标权利人发现有侵权行为,可以直接上网投诉。同时,海淀中关村试点设"正品同盟"监督电子市场商户。商标侵权网上投诉平台可以方便全国的商标权利人对发生在朝阳区的商标侵权行为上网投诉,权利人可通过网络递交投诉材料,执法人员届时通过短信形式通知投诉人执法行动的时间,这样既降低投诉成本,又提高处置效率,有利于及时地查处侵权行为。廖爱玲:《商标侵权网上投诉平台在朝阳区启用》,http://www.100ec.cn/detail-6036613.html,下载日期:2012 年 6 月 2 日。

④ 如可要求权利人发出涉嫌侵权通知时,提供一定的担保金,防止少数人以此为手段,造成不正当竞争后果,类似于财产保全担保金,为担保错误产生的损害提供救济,防止此项权利被滥用,影响网络销售平台服务提供者及网络用户的正常经营。

知识产权审判"三合一"机制改革探析

——以福建法院知识产权审判"三合一"试点为研究对象

■曹慧敏　潘彩虹 *

摘　要:依照《国家知识产权战略纲要》及《人民法院第三个五年改革纲要》的战略部署,各地法院开始试行知识产权审判"三合一",出现了浦东、武汉、西安、重庆、江苏、内蒙古等为代表的典型做法。福建法院在 2002 年开始实行知识产权审判"二合一"的基础上,福州、厦门两地法院在 2010 年下半年开始试行知识产权审判"三合一"改革试点。本文在分析总结福建法院"三合一"的司法实践以及参考我国多地"三合一"经验的基础上,提出相关的完善建议。

关键词:知识产权审判;诉讼制度;"三合一"改革

A View on the Integrated Hearing of Three Types
of IP Protection Cases

—Taking the Experience of the Fujian Courts as an Example

Cao Huimin　Pan Caihong

Abstract:According to The National Intellectual Property Strategy promulgated in 2008 and "the third five-year reform outline of the people's court", the people's courts throughout the country have implemented Integrated Hearing of civil, criminal and administrative types of IP Protection Cases, among which Pudong, Wuhan, Xi'an, Chongqing , Jiangsu, Inner Mongolia are spotlighted. The courts of Fuzhou and Xiamen are trying this new type of trail based on the old experience. This paper provided suitable suggestions by learning from the judicial practices of other countries.

Key Words:Intellectual Property Trial; Procedure System; Integrated Hearing of Three Types of IP Cases

---

* 曹慧敏,1982 年生,女,硕士,福建省高级人民法院法官;潘彩虹,1987 年生,女,福建省泉州市泉港区人民法院法官。

一、引言

当今世界,知识产权已经成为国家发展的重要战略资源,知识产权的拥有数量和对知识产权创造、运用、保护和管理能力已经成为衡量一个国家经济、科技实力的核心因素。[①] 保护知识产权就是保护创新,随着经济社会和文化的迅速发展,保护知识产权的需求越来越强烈。[②] 传统的知识产权"三审分立"机制[③]日益暴露出不利于统一执法标准和维护司法权威、不利于知识产权审判的专业化发展、不利于相关程序的有效衔接和司法效能的整体发挥、不利于节约司法资源等诸多问题,知识产权"三审合一"[④]的呼声越来越强烈,国家对此予以高度重视。2008 年 6 月 5 日,国务院颁布了《国家知识产权战略纲要》,其中明确要求"研究设置统一受理知识产权民事、行政和刑事案件的专门知识产权法庭";2009 年 3 月 17 日,最高人民法院印发了《人民法院第三个五年改革纲要(2009—2013)》,确定要"探索设置统一受理知识产权案件的综合审判庭",至此,知识产权"三审合一"改革工作正式被摆上议程。

二、福建法院知识产权审判"三合一"开展概况

福建法院一直积极关注知识产权审判"三合一"的改革动态,2002 年在全国率先开始实行知识产权审判"二合一"(民事和行政)机制的基础上,经过充分调研及最高人民法院批复同意之后,自 2010 年下半年开始在福州、厦门两地法院开展知识产权审判"三合一"试点工作,试点法院于 2011 年 1 月正式开始受理刑事案件。

(一)"三合一"前后案件管辖及审理概况

"三合一"前,福建法院知识产权民事、行政、刑事案件分别由法院不同业务庭进行审理。自 2002 年始,福建法院便开始在省法院及中院推行知识产权民事和行政案件统一由知识产权审判庭审理的审判机制,在全国法院中率先实现了"二合一",为"三审合一"试点工作打下了良好的基础,并得到了最高人民法院的充分肯定及兄弟省份的借鉴。

2008 年 5 月,即《国家知识产权战略纲要》颁布前,福建省高级人民法院印发《关于落实2008 年司法改革工作任务的分工方案》,福建省高级人民法院民三庭据此对知识产权审判"三合一"试点开展深入调研,在此基础上经最高人民法院批准,福州市鼓楼区人民法院(以下简称鼓楼法院)、厦门市思明区人民法院(以下简称思明法院)、晋江法院自 2009 年 11 月起开始受理辖区内部分知识产权民事案件。2010 年下半年最高人民法院《关于同意福建省部分人民法院开展由知识产权庭统一受理知识产权民事、行政和刑事案件试点工作的批

---

① 吴汉东:《实施知识产权战略实现创新驱动发展》,http://www.sipo.gov.cn/mtjj/2013/201301/t20130121_783721.html,下载日期:2013 年 5 月 15 日。

② 倪寿明:《保护知识产权就是保护创新》,载《人民司法》2012 年第 9 期。

③ 即知识产权民事、行政、刑事案件分别由知识产权庭、行政庭和刑庭审理;在级别管辖上,知识产权一审民事案件主要由中级以上法院审理,而知识产权刑事、行政一审案件则主要由基层法院审理。

④ 即知识产权审判庭统一受理知识产权民事、行政和刑事案件。

复》,同意在福州中院、鼓楼法院、厦门中院、思明法院正式开展知识产权审判"三合一"试点工作。图 1 反映了福建法院知识产权案件管辖法院的变化。

"三合一"前:

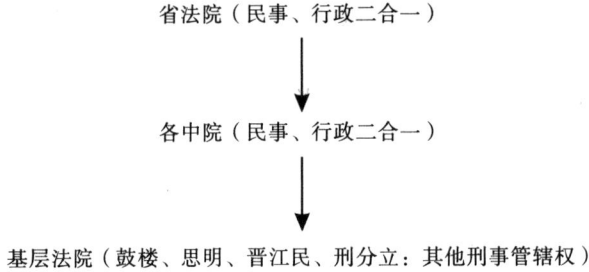

"三合一"后:

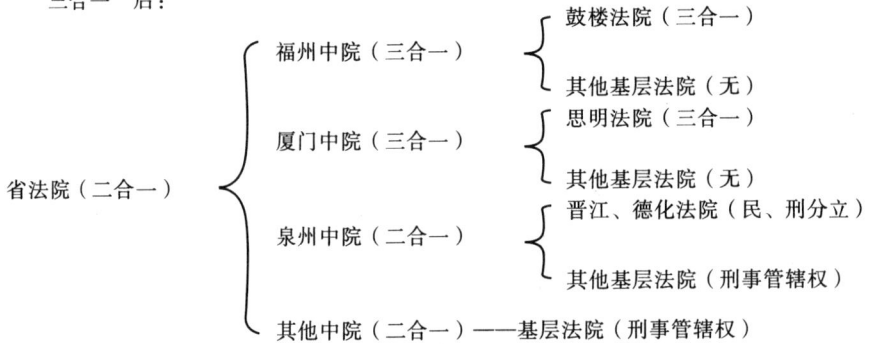

图 1 福建法院知识产权案件管辖法院的变化

2011 年 1 月 1 日起,福州、厦门两市两级法院正式由知识产权庭统一受理知识产权民事、行政、刑事案件。由福州市鼓楼区人民法院、厦门市思明区人民法院知识产权庭受理其辖区内的知识产权普通民事案件和全市辖区内依法应由基层法院受理的一审知识产权行政和刑事案件;福州中级人民法院、厦门中级人民法院知识产权庭受理二审知识产权民事、行政和刑事案件及依法应由中级人民法院受理的一审知识产权民事、行政和刑事案件。据统计,2009 年 1 月 1 日至 2010 年 12 月 31 日,福州、厦门市两级试点法院共受理各类一审知识产权民事、刑事、行政案件 1616 件,共审结 1420 件,结案率为 87.87%。知识产权审判"三合一"以后,从 2011 年 1 月 1 日至 2012 年 12 月 31 日,两级试点法院共受理各类一审知识产权民事、刑事、行政案件 3104 件,共审结 2939 件,结案率为 94.68%。具体数据如表 1 所示。

表 1 试点法院"三合一"前后知识产权一审案件审理情况

		2009—2010 年				2011—2012 年			
		民事	刑事	行政	总计	民事	刑事	行政	总计
福州中院	受理	634	1	3	637	1293	9	0	1302
	审结	573	1	3	577	1289	9	0	1298
鼓楼法院	受理	101	2	1	104	356	95	2	462
	审结	72	2	1	75	362	78	2	442

续表

		2009—2010 年				2011—2012 年			
		民事	刑事	行政	总计	民事	刑事	行政	总计
厦门	受理	565	1	7	573	669	23	3	695
中院	审结	475	1	5	481	563	15	3	581
思明	受理	280	13	8	301	564	74	3	641
法院	审结	274	9	4	287	562	53	3	618

（二）实行"三合一"以来呈现的特点

通过对福州、厦门两级法院主要审判数据和指标的分析对比，可以得出，知识产权实行"三合一"以来，其主要特点为：

第一，案件数量增长较大。"三合一"后上升幅度较大，尤其是民事、刑事案件上升幅度更大。

第二，案件类型分布不衡。知识产权三大类型案件中，民事案件占约达 93.27％，刑事案件和行政案件的数量相对较少，分别占比 6.48％和 0.26％。

第三，审判质量和效果有所提高。据统计，思明区人民法院实行"三合一"以来，共受理各类知识产权案件 742 件，审结案件 676 件，结案率为 91.11％，民事案件调撤率达 69.92％，一审服判息诉率达 86.55％，无超审限、重大发改、申诉抗诉案件。厦门市中级人民法院知识产权庭 2011 年 1 月 1 日至 2012 年 9 月 20 日，共受理各类案件 647 件，审结 468 件，结案率为 72.33％，调撤率为 54.3％，一审服判息诉率为 71.99％，一审案件发改率为 1.75％，二审案件发改率为 1.30％，无超审限、重大发改、申诉抗诉案件。两级法院的审判质效呈现出高结案率、高调撤率、低上诉率、低发改率的"两高两低"良好发展态势。[①]

三、福建法院知识产权审判"三合一"的主要成效与问题

（一）"三合一"的主要成效

1. 整合知识产权审判资源

知识产权实行"三合一"之前，知识产权刑事案件在刑事审判庭处理，行政案件在行政审判庭处理，案件数量比较少，类型也集中于几个案件类型，造成当事人为同一侵权事实，奔波于不同法院，也增加了其维权成本，造成了司法资源的极大浪费。譬如，1995 年，涉及侵犯中美合资上海吉列有限公司"飞鹰"商标的刑事、行政、民事案件分别被起诉到浦东法院，由三个不同庭室审理，既增加了当事人讼累，也容易导致司法认定上的差异，浦东法院领导亲自协调三个业务庭室，发现三类案件关键问题均在于知识产权事实问题的认定上，后以民庭牵头解决事实问题促使圆满解决该系列案件，该事项也直接推动浦东法院在 20 世纪末便开展"三审合一"试点。

---

① 黄从珍、曹慧敏：《福州、厦门两级法院知识产权"三审合一"试点情况的调研报告》，载《福建审判》2013 年第 2 期。

2.提高知识产权案件审判质效

通过"三合一",知识产权案件审判的质效也明显有所提升。"三合一"前,不同庭室的法官对于知识产权民事、刑事、行政案件具有不同的审判思路,也缺乏专业的知识产权培训,导致不同类型的知识产权案件的审判尺度不尽相同。知识产权案件审理过程中会出现不同审判庭室对同一事实在认定上的不一致或刑事判决的罚金与民事赔偿冲突等问题,影响司法对知识产权保护的力度。"三合一"机制实行以后,整合了审判资源,完全符合知识产权案件"刑事、民事、行政"交叉的特点,便于统一司法裁判尺度。"三合一"后,试点法院法官同时具备知识产权民事、行政及刑事审判专业知识,鉴于专业的敏感性,在知识产权民事案件中发现了一些犯罪线索,及时移送公安机关进行侦查。在厦门地区,试点法院则对原来帮助运输假烟行为的不同裁判进行了统一协调,"三合一"前有的法院判决构成销售伪劣产品罪,而有的则判决构成生产、销售伪劣产品罪,经过沟通协调,现已经统一为生产、销售伪劣产品罪,进一步促进审判的准确性。以厦门市思明区人民法院为例,"三合一"之后知识产权案件审判质效不断提高,司法公信和形象也不断提升,当事人纷纷送来"重视知识产权 彰显司法保护""公正执法 公道人心""扬司法公正利剑 为品牌维权护航"等锦旗、牌匾,审结的案例入选厦门市十大精品案例,民三庭也获得了"审判质量奖""审判效果奖"等。

3.提升知识产权审判队伍素质

通过实行"三合一",促使知识产权审判庭的法官钻研不同案件类型的知识产权案件,在钻研过程中不断提升了知识产权的专业化水平。又因知识产权案件专业性较强,涉及一些理工科的知识,客观上促进了知识产权审判法官朝综合方向发展,不仅要精于法律适用,还要运用综合知识进行事实认定。

4.打造立体保护环境

"三合一"试点前,知识产权行政、刑事案件数量较少,根据调研了解,公安、检察等机关在知识产权保护方面与法院进行专门沟通的较少,缺乏专人负责知识产权案件专项工作,未进行深入的研究,未将知识产权保护列入非常重要的位置,甚至流于形式。

"三合一"试点工作开展以来,福建试点法院积极主动地与公安、检察、知识产权行政机关等沟通联络,从而促进了相关机关对知识产权保护的重视。譬如,省法院民三庭组织召开"刑事打击网络盗版"研讨会,邀请公安、检察以及知识产权行政机关、高校等各方参加。福州市中级人民法院与福州海关、工商局、文化局、知识产权局等联合发文建立知识产权纠纷"大调解"联动机制。鼓楼检察院专门成立以公诉科科长牵头的知识产权刑事案件公诉小组,专门负责知识产权刑事案件的公诉工作;鼓楼检察院的检察长也非常重视知识产权案件的公诉工作,亲自出庭开展诉讼活动。厦门市中级人民法院与公安、检察及知识产权行政机关定期召开协调会议。思明区人民法院与司法行政机关建立密切合作关系,受案后第一时间委托其对被告人进行审前社会调查,以全面考量被告人的主观态度,加强对被告人进行当庭教育改造等等。通过"三合一"试点工作,大大加强了法院与公安、检察以及相关行政机关在知识产权保护问题上的沟通与协调,试点法院普遍与相关机关建立了良好的工作协调、互动、交流机制,做到了资源共享、优势互补、形成合力,共同打造了知识产权大保护工作机制,营造了良好的全方位立体的区域知识产权保护环境。

(二)"三合一"的困难与问题

从开展知识产权"三合一"司法实践分析,也暴露出一些问题,要真正实现突破传统的知识产权"二合一"的限制,实现知识产权诉讼统合审理,必须完善"三合一"模式的缺漏,这是制度改革必须重视的重要问题。[①]

1. 案件类型分布不均衡

从当前开展的知识产权"三合一"司法实践情况来看,福建法院知识产权"三合一"民事、刑事与行政一审案件数量的比例约为 360∶5∶1。实行"三合一"的法院审理的民事案件较多,刑事和行政案件数量明显偏少,三类案件类型的数量分布极其不均衡,知识产权民事、刑事、行政案件紧密结合的特点还未凸显。例如,福州市中级人民法院 2011—2012 年共受理了知识产权民事案件 1293 件,而知识产权刑事案件才受理 9 件,行政案件受理数量则为 0 件。在很少审理刑事、行政案件的情况下,存在法官如何维持对刑事、行政诉讼司法理念、原则、制度的精确掌握问题。[②] 民事、刑事、行政案件三类诉讼在诉讼程序和审判理念上存在较大的差异,再加上长期审理民事案件的法官所产生的定性思维,将不可避免地影响到其对刑事诉讼和行政诉讼的审理,[③]容易造成有关刑事、行政的司法理念被民事诉讼的司法理念所同化,致使刑事案件、行政案件民事化处理的情况发生。

2. 案件管辖不够合理

一方面,在"三合一"试点法院,主要是福州、鼓楼及厦门、思明两级人民法院,但在最高人民法院及省高级人民法院层面尚未实行案件的集中管辖,知识产权案件一审民事、刑事、行政案件统一由福州、厦门两级法院知识产权庭审理,二审仍分别由高院的相关知识产权庭、刑事庭审理,导致高院不能加强对下级法院知识产权刑事案件方面的指导,不利于司法资源的合理配置。另一方面,试点法院部分辖区内的普通知识产权民事案件由基层法院管辖,但是有另一部分辖区内的普通知识产权民事案件由试点中级人民法院管辖,导致部分相同类型的民事案件分别在基层人民法院和中级人民法院作为一审案件进行审理,使相同类型的案件可能出现不相一致的审判结果,也使一些当事人产生疑惑。

3. 法官专业知识较为欠缺

我国的法学本科教育大都青睐文科生,导致法院缺乏既精研于法律又具有理工科方面背景的综合性人才,为审理专业性、综合性较强的知识产权案件带来了困难。福建法院聘请了 42 名各技术领域专家顾问担任知识产权案件审判技术咨询专家,但仍存在技术性与专业性法官人才的欠缺问题。

综上所述,福建法院知识产权审判"三合一"取得了显著的成效,例如,审判质效进一步改进提升,司法资源进一步合理整合,司法裁判尺度进一步有效统一。但"三合一"改革试点工作作为审判体制改革的创新举措,在其试点过程中难免呈现渐进性和不彻底性的特征。

[①] 徐雁:《海峡两岸知识产权"三审合一"审判机制探析》,载《海峡两岸司法实务热点问题研究》(上),人民法院出版社 2011 年版。

[②] 何震、魏大海:《改革探索 积极创新——知识产权司法保护"三审合一"研讨会综述》,载《法律适用》2010 年第 8 期。

[③] 姚建军:《三审合一:知识产权立体保护资源配置研究》,载《中国知识产权》2010 年第 3 期。

四、我国各地知识产权审判"三合一"的若干做法

(一)大陆各地的典型做法

20 世纪 80 年代初期,我国没有专门的知识产权审判机构,知识产权案件分散于民事、刑事、行政庭分别审理,随着社会的变迁,经济的发展,知识产权民事、行政、刑事审判"分立"模式导致的弊端日渐凸显。[①] 为使知识产权司法保护体系更加协调、有效,进一步提高司法保护知识产权的水平,我国不少法院积极研究探索建立三大类型案件统一审理的审级制度,解决传统的知识产权案件级别管辖、部门管辖不统一的问题。[②] 经过认真归纳,我国大陆实行"三合一"审判的主要做法有以下几种:

1. 浦东

上海市浦东新区人民法院从 1996 年就开始试行由知识产权审判庭集中审理涉及知识产权民事、刑事、行政案件。这种知识产权民事、刑事、行政案件统一由知识产权庭审理的立体审判模式,被已故著名知识产权专家郑成思称为"浦东模式",也就是后来的"三合一"。[③] 在探索的早期阶段,知识产权刑事和行政案件上诉后二审不在知识产权庭审理,而仍在中院的刑庭和行政庭审理。从 2009 年开始,上海两个中级人民法院也已经实行"三合一",所以一审法院审结的三类案件上诉审也集中于知识产权庭,从而实现了横向和纵向上的"三合一"。[④] 星星之火,可以燎原。至此,全国各地法院掀起了一股勇于尝试、探索、创新"三合一"新机制的热潮。

2. 西安

西安市中级人民法院自 2006 年起开始实行"三合一"制度,即知识产权民事案件继续由知识产权审判庭审理,但遇到涉及知识产权的刑事、行政案件,要吸纳两名知识产权民事审判法官参与,组成五人合议庭进行审理,以确保刑事、行政、民事知识产权案件审判人员取长补短,统一认识,并逐渐过渡到由知识产权审判庭统一审理全部知识产权案件。[⑤] "西安模式"的主要特点在于知识产权庭的民事法官对刑事审判庭、行政审判庭所涉及的知识产权刑事案件、民事案件提供支持,这是知识产权"三合一"与地区实际情况契合的一个有益探索。

3. 武汉

2008 年 4 月开始,武汉市首个基层法院知识产权庭在江岸法院成立,审理一审知识产

---

① 易玲:《知识产权三审合一的"合"与"分"——兼谈日本知识产权专门化审判模式及我国的路径选择》,载《政治与法律》2011 年第 11 期。

② 钟莉、刘建新:《知识产权司法保护与行政执法衔接策略研究》,载《科技与法律》2009 年 5 月第 81 期。

③ 盛学友:《"三合一"给我们带来了什么——探访上海知识产权"三审合一"新机制》,载《法律与生活》2009 年 12 月(下)。

④ 魏小毛:《知识产权"三审合一"的六人模式》,http://www.cipnews.com.cn/showArticle.asp?articleid=16360,下载日期:2013 年 5 月 26 日。

⑤ 丁静:《西安中院:"三审合一"创新知识产权保护新机制》,http://news.sina.com.cn/o/2006-04-25/17478788383s.shtml,下载日期:2013 年 5 月 18 日。

权民事案件,还实行跨区域管辖,原来由武汉市全市各基层法院管辖的知识产权一审行政案件,统一由江岸法院集中管辖。武汉市中级人民法院知识产权庭集中审理知识产权刑事、行政、民事二审案件,并由武汉市中级人民法院管辖的知识产权行政一审案件集中到知识产权庭审理。武汉模式在"三合一"机制探索中实现了集中审理的彻底性。中、基层两级法院都成立专门的知识产权庭,而且两级知识产权庭都实现了两个层面集中审理知识产权民事、刑事、行政案件。①

4.重庆

重庆法院建立高级、中级、基层法院三级联动,集民事、刑事、行政纠纷案件审判为一体,将审判机制创新、审判组织创新与审判管理创新有机结合的"三级联动、三审合一、三位一体"的知识产权案件审判管理模式。全市知识产权一、二审案件统一由重庆市渝中区人民法院知识产权审判庭和重庆市第五中级人民法院知识产权审判庭管辖,重庆市高级人民法院知识产权审判庭统一指导下级法院的知识产权民事、刑事、行政审判工作。② 三级法院知识产权三类案件的案号均是"知"字当头。

5.江苏、内蒙古

江苏法院自 2008 年 1 月起开始选择南京、苏州、南通 3 个中级人民法院及其下辖的鼓楼区、昆山市、通州区 3 个基层法院开展知识产权审判"三合一"改革试点工作。但由于这种方式缺乏省高级人民法院的顶层设计和参与,导致试点工作开展不甚理想。为使改革试点工作得以顺利进行,江苏省高级人民法院最终选择由省高级人民法院进行顶层设计,2009 年 3 月 18 日,经最高人民法院批复同意,江苏省法院率先在全省范围内正式开始实行知识产权"三合一"审判。目前,江苏高级人民法院、全省 13 个中级人民法院以及 29 个有部分知识产权案件管辖权的基层法院均全面开展"三合一"试点,在省域范围内实现了知识产权审判"三合一"改革试点工作的全面推广。据统计,自 2009 年 7 月至 2012 年 12 月,江苏法院在"三合一"框架内共审理一、二审知识产权刑事案件 1500 件,审理一、二审知识产权行政案件 53 件,刑事、民事、行政三类案件均呈现出上升幅度较大的态势。

内蒙古自治区高级人民法院充分考虑该自治区地广人稀、知识产权案件数量相对较少的特点,在区政法委的大力支持下,由区政法委牵头组织协调公、检、法三家对开展知识产权审判"三合一"取得共识,在此基础上,经最高人民法院批准,2009 年 8 月 16 日,内蒙古自治区高级人民法院、区检察院、区公安厅联合下发了《关于知识产权审判"三审合一"试点工作中刑事司法保护若干问题的意见》,其中明确规定了发生在全区范围内的知识产权各类案件,起诉到法院后,一律由中级人民法院知识产权庭作为一审。

---

① 李进、何震:《武汉市江岸区法院知识产权"三审合一"制解析》,载《人民司法》(应用版) 2010 年第 15 期。

② 《重庆市高级人民法院关于重庆市第五中级人民法院、重庆市渝中区人民法院知识产权审判庭统一审理知识产权民事、刑事、行政案件试点工作的实施方案》(2008 年 11 月 24 日)。

表 2　"三合一"模式特点汇总表

模式	浦东	西安	武汉	重庆	江苏、内蒙古
特点	最先探索	法官参与	跨区域管辖	集中管辖	高院三合一

　　各地做法有各自的优点和不足,我们通过分析各典型做法,有利于从中获得灵感,并借鉴其他省市的成功经验,以期福建的"三合一"模式更加完善。

(二)我国台湾地区的特色制度

1.专门法院"三合一"制度

　　我国台湾地区的司法体系与大陆不同,法院分为普通法院和行政法院,民事诉讼和刑事诉讼由普通法院管辖,实行三审终审制;行政诉讼则由行政法院系统管辖,实行两审终审制。[①] 但是我国台湾地区根据"智慧财产法院组织法"于 2008 年 7 月正式成立智慧财产法院,统一受理我国台湾地区的知识产权民事、刑事和行政案件,打破了这种司法体系的划分。我国台湾地区智慧财产法院案件管辖的具体范围如表 3。

表 3　台湾智慧财产法院案件管辖的具体范围

地方法院	智慧财产法院	最高(行政)法院
	知产民事一审、二审	知产民事终审
知产刑事一审	知产刑事二审	知产刑事终审
	知产行政一审	知产行政二审

2.技术审查官制度

　　知识产权案件专业性强、审理难度大,最主要的原因是因为法官科学知识的局限性和案件涉及科技领域的无限性之间的矛盾,法官仅凭自己有限的自然科学技术知识无法判断包罗万象的纷争的技术事实。[②] 我国台湾地区的技术审查官主要是协助法官做好科学技术问题方面的认定,为法官办理案件提供技术判断、技术资料的搜集、分析及提供技术意见。我国台湾地区的技术审查官对案件的事实认定和裁判没有表决权,只有提供技术咨询意见的权利。

3.自行判断知识产权有效性制度

　　我国台湾地区的"智慧财产案件审理法"第 16 条规定:当事人主张或抗辩智慧财产权有应撤销、废止之原因者,法院应就其主张或者理由自为判断,不适用"民事诉讼法""行政诉讼法""商标法""专利法""动植物品种及种苗法"或其他法律有关停止诉讼程序之规定。此条规定是我国台湾地区智慧财产法院的最大特色,此制度的施行有利于提高知识产权案件的

---

　　① 骆丽玲:《海峡两岸知识产权审判体制改革的比较研究》,载《海峡两岸司法实务热点问题研究(上)》,人民法院出版社 2011 年版。

　　② 刘新平:《台湾知识产权审判制度对大陆的借鉴》,载《海峡两岸司法实务热点问题研究》(上),人民法院出版社 2011 年版,第 327 页。

诉讼效率,及时维护诉讼当事人的合法权益,有利于防止被诉侵权人利用行政程序来阻止民事诉讼程序的进行。

五、我国大陆地区知识产权审判"三合一"制度之完善

我国大陆实行的知识产权审判"三合一"制度与我国台湾地区智慧财产法院的做法有许多相似之处,大陆又与台湾地区属于同一法源,我国台湾地区的"三合一"制度改革的经验是我国大陆"三合一"改革的有益参考。"三合一"改革试点工作是法院司法改革的一项系统性工作,我们必须在不断总结积累有益经验的基础上,反思存在的问题,对制度进行不断的甄选和完善。

(一)加强顶层设计

较为完善的顶层设计是试点工作成功开展的前提。江苏、内蒙古等地开展试点工作前,经过了大量的调研等基础工作,并由省级公、检、法三家机关联合发文,两地高级人民法院也特别以文件的形式下发全省法院关于开展试点的方案,在当地较为顺利地开展"三合一"工作。鉴于最高人民法院层面尚未开展知识产权审判"三合一",也未正式出台相关方案,缺乏顶层设计,致使下级法院在刚开始试点过程中存在一些困难,各地法院的做法不尽相同,有成功经验也有失败的教训,一些下级法院对此试点工作的态度较为随意,在近期的调研过程中,也发现一些地方法院由于人事变动等原因,出现了"倒退"的声音。

改革必然会有一些阻力和阵痛,但我们应从大局出发来推进知识产权审判"三合一"工作。"开弓没有回头箭",加上前期一些地区法院试点的成功,"三合一"工作应乘胜追击,在前期试点的基础上,加强对全国法院具有知识产权案件管辖权法院开展知识产权审判"三合一"的顶层设计。

(二)试点审判组织专门化

根据我国大陆的实际,多年以来并未像德国、我国台湾地区等那样设置专门知识产权法院,欣喜的是,如今已经开始在几个地方试点知识产权法院。知识产权审判虽然有其专业性特点,但受编制、经费、人才选任等所限,短时间内不可能在全国法院中设置专门独立的知识产权法院,因而在未试点地区和单位的现有审判组织内先实现知识产权审判民事、行政、刑事"三合一"有其合理性。在此基础上,可以选择较为成熟的地区试点知识产权审判组织的专业化。

(三)完善相关救济制度

当前,大陆知识产权实行平行程序制度,即知识产权侵权程序与无效程序相互独立运行,但权利的效力状态是侵权判断的先决条件。这种制度在一定程度上阻碍了知识产权诉讼程序的进程,削弱了知识产权司法保护功效。而"法院不得对专利权进行实质性审查"的做法,常常在司法实践中被侵权人加以利用拖延诉讼程序。我国大陆的知识产权制度缺少的不是一个形式上的专门法院,而是欠缺一个有效率的知识产权救济制度。我国台湾地区智慧财产法院的自行判断知识产权有效性制度为我们提供了一个前进的方向。实际上,法院直接宣告知识产权效力并不存在无法逾越的法理障碍。知识产权推定有效的背后是对行政行为有效性的推定,即推定行政机关已尽善良义务,依法对申请人列举的与案件有关的技

术范围进行了必要的审查。因此,知识产权有效性推定,也可以理解为对行政行为或行政认定正确性的认定。建议借鉴我国台湾地区的不中止诉讼的做法,以期解决大陆知识产权民事诉讼及行政确权双轨制救济模式下,法院因为无效程序的提起而导致长时间中止侵权程序的弊端。

(四)提高审判人员的专业水平

知识产权审判呈现高度的专业化特点,这种专业化不仅体现为知识产权某些领域与技术紧密联系,更体现为知识产权法律适用的专业化。我国台湾地区实行了技术审查官制度,协助法官审理知识产权案件,而我国大陆的知识产权审判则采用专家咨询等方式来弥补法官专业技术的不足。但是从审判实践来看,我国台湾地区的技术审查官虽然具有一定的借鉴意义,但是其只能作为案件技术专业意见的提供者,而不能作为案件侵权判定的决策者;同样,我国的鉴定、专家咨询、专家辅助人制度也存在着类似的问题:知识产权案件因技术问题导致事实认定错误的现象仍比较突出。[①] 为确保裁判的正确性,第一,建议建设一支专业的知识产权审判队伍。那么,如何建立一支专业的知识产权审判队伍呢?可以考虑在法院内部全面加大对知识产权法官司法理念、司法政策和业务知识的培训力度,以不断提高法官的综合素质、提升法官的审判能力和水平。第二,建议探索专家陪审员制度。挑选技术领域的专家担任知识产权案件的陪审员,直接参与知识产权案件侵权情节的认定,参与知识产权审判的全过程。由专家陪审员参加的合议庭作出的判决书对案件技术问题以及据此对法律问题所作的判断也更易于被当事人接受。[②]

六、结语

当前,我国大陆的知识产权法院已经进入试点阶段,知识产权审判"三合一"制度经过近些年的实践取得了一定的成效,全国各地知识产权审判"三合一"的模式也如百家争鸣般,获得了各自的发展。但是,从全国层面来说,亦未有一个统一的"三合一"的制度模式,各地法院知识产权审判"三合一"制度改革仍处于探索阶段,只能摸着石头过河。但我们相信,只要认真积累知识产权"三合一"的经验,认真思考存在的问题,认真分析美、日、德等国以及我国台湾等地区的经验做法,承继他们的有益做法,大陆一定可以走出最适合司法实践实际的"三合一"机制。

(本文编辑:张贤伟)

---

① 孙海龙、姚建军:《司法鉴定与专家辅助人制度研究 以知识产权审判为视角》,载《人民司法》(应用版)2008年第3期。

② 孙海龙、姚建军:《司法鉴定与专家辅助人制度研究——以知识产权审判为视角》,载《人民司法》(应用版)2008年第3期。

理论争鸣

我国大陆与台湾地区技术措施反规避保护之比较

■董慧娟*

摘　要：在世界各国家或地区的版权法中，技术措施的反规避保护是一个十分重要且具有一定争议的问题，该制度在各国立法和司法中的具体体现也不同。正值我国著作权法新一轮修订之际，对我国大陆和台湾地区的技术措施保护制度进行对比分析，发现区别和类似之处，探寻造成此种差异的原因，对我国技术措施制度的修订及完善是大有裨益的。为此，比较研究将主要围绕相关立法规定展开，同时兼顾大陆相关司法实践和典型案例之评析。

关键词：技术措施；规避；例外

Comparison on Anti-circumvention System of Technological Measures between Mainland China and Taiwan

Dong Huijuan

Abstract：The protection provided for technological measures by the anti-circumvention system has been confirmed by many countries and areas. It is in fact a vital and controversial issue and the scopes and conditions of protection of technological measures in the laws or judicial practices are different in different countries. As the revision of the copyright law of Mainland China is going on, it is substantial for us to compare and study on the differences of the protection of technological measures between Mainland China and Taiwan to provide some useful materials for the modification. Therefore, the comparison and research will center around related provisions of the laws

---

* 董慧娟，1982年生，女，厦门大学知识产权研究院讲师、硕士生导师，法学博士。研究方向：知识产权法。

mainly and also touch the judicial practice or typical cases of Mainland China.

　　Key Words：technological measure；circumvention；exception

一、我国大陆现行法规定及发展趋势

(一)《中华人民共和国著作权法》的相关规定

　　在我国现行的《著作权法》中,涉及"技术措施"问题的规定主要是第 48 条[①]第 6 项。从该条文的表述方式以及 8 项并列式侵权行为形态的列举来看,"未经著作权人或者与著作权有关的权利人许可,故意避开或者破坏权利人为其作品、录音录像制品等采取的保护著作权或者与著作权有关的权利的技术措施的",即构成"侵权行为","法律、行政法规另有规定的除外"。

(二)《中华人民共和国信息网络传播权保护条例》的相关规定

　　由上可知,《著作权法》对技术措施的规定是在对侵权行为的列举式规定中体现的,但并未对"技术措施"本身的界定或保护条件进行明确规定。而在我国《信息网络传播权保护条例》(2013 年 1 月修订,以下简称《条例》)中,却对技术措施作出了更为详细的规定,主要体现在该条例第 4 条、第 12 条、第 18 条、第 19 条和第 26 条。

　　《条例》第 26 条将"技术措施"定义为"用于防止、限制未经权利人许可浏览、欣赏作品、表演、录音录像制品的或者通过信息网络向公众提供作品、表演、录音录像制品的有效技术、装置或者部件"。

　　《条例》第 4 条明确列举了三种被禁止的规避技术措施的行为:一是不得故意避开或破坏技术措施;二是不得故意制造、进口或向公众提供主要用于避开或破坏技术措施的装置或部件;三是不得故意为他人避开或者破坏技术措施提供技术服务。可见,《条例》既禁止直接规避行为[②],也禁止准备行为,即相关规避设备及规避服务的制造、进口或提供行为。

---

　　① 我国大陆现行《著作权法》第 48 条规定:"有下列侵权行为的,应当根据情况,承担停止侵害、消除影响、赔礼道歉、赔偿损失等民事责任;同时损害公共利益的,可以由著作权行政管理部门责令停止侵权行为,没收违法所得,没收、销毁侵权复制品,并可处以罚款;情节严重的,著作权行政管理部门还可以没收主要用于制作侵权复制品的材料、工具、设备等;构成犯罪的,依法追究刑事责任:(一)未经著作权人许可,复制、发行、表演、放映、广播、汇编、通过信息网络向公众传播其作品的,本法另有规定的除外;(二)出版他人享有专有出版权的图书的;(三)未经表演者许可,复制、发行录有其表演的录音录像制品,或者通过信息网络向公众传播其表演的,本法另有规定的除外;(四)未经录音录像制作者许可,复制、发行、通过信息网络向公众传播其制作的录音录像制品的,本法另有规定的除外;(五)未经许可,播放或者复制广播、电视的,本法另有规定的除外;(六)未经著作权人或者与著作权有关的权利人许可,故意避开或者破坏权利人为其作品、录音录像制品等采取的保护著作权或者与著作权有关的权利的技术措施的,法律、行政法规另有规定的除外;(七)未经著作权人或者与著作权有关的权利人许可,故意删除或者改变作品、录音录像制品等的权利管理电子信息的,法律、行政法规另有规定的除外;(八)制作、出售假冒他人署名的作品的。"

　　② 在学界,一般将对技术措施的规避分为直接规避行为和间接规避行为两类,前者指对技术措施的直接规避或破坏,后者是指不直接实施规避行为、而仅为直接规避行为提供规避设备或者服务的行为。

《条例》第 18 条、第 19 条则分别规定了实施规避行为者的法律责任。其中,第 18 条[①]第 2 项的规定明确将"故意避开或破坏技术措施的"行为单独定性为"侵权行为"之一,这与现行《著作权法》第 48 条的规定是一致的。

(三)《中华人民共和国著作权法》(修订草案送审稿)的相关规定

2011 年 7 月 13 日,我国大陆的著作权法第三次修订工作正式启动,其修订草案送审稿于 2014 年 6 月 6 日公布并向社会公开征求意见。在此次著作权法修订工作中,对技术措施保护制度的修改成为一大亮点,主要集中体现于专章("第六章 技术保护措施和权利管理信息")规定中。具体规定如下。

第 68 条规定:"本法所称的技术保护措施,是指权利人为防止、限制其作品、表演、录音制品或者广播电视节目被复制、浏览、欣赏、运行、改编或者通过网络传播而采取的有效技术、装置或者部件。"

第 69 条规定:"为保护著作权和相关权,权利人可以采用技术保护措施。未经许可,任何组织或者个人不得故意避开或者破坏技术保护措施,不得故意制造、进口或者向公众提供主要用于避开或者破坏技术保护措施的装置或者部件,不得故意为他人避开或者破坏技术保护措施提供技术或者服务,但是法律、行政法规另有规定的除外。"

第 71 条规定:"下列情形可以避开技术保护措施,但不得向他人提供避开技术保护措施的技术、装置或者部件,不得侵犯权利人依法享有的其他权利:(一)为学校课堂教学或者科学研究,向少数教学、科研人员提供已经发表的作品、表演、录音制品或者广播电视节目,而该作品、表演、录音制品或者广播电视节目无法通过正常途径获取;(二)不以营利为目的,以盲人能够感知的独特方式向盲人提供已经发表的作品,而该作品无法通过正常途径获取;(三)国家机关依照行政、司法程序执行公务;(四)具有安全测试资质的机构对计算机及其系统或者网络的安全性能进行测试;(五)进行加密研究或者计算机程序反向工程研究。"

另外,在《著作权法》(修订草案送审稿)中,"第七章 权利的保护"中的第 78 条还对技术措施规避行为可能导致的行政责任和刑事责任作了规定。该条规定:"下列违法行为,可以由著作权行政管理部门予以警告,没收违法所得,没收主要用于避开、破坏技术保护措施的装置或者部件;情节严重的,没收相关的材料、工具和设备,非法经营额五万元以上的,可处非法经营额一倍以上五倍以下的罚款,没有非法经营额、非法经营额难以计算或者非法经营额五万元以下的,可处二十五万元以下的罚款;构成犯罪的,依法追究刑事责任:(一)未经许可,故意避开或者破坏权利人采取的技术保护措施的,法律、行政法规另有规定的除外;(二)未经许可,故意制造、进口或者向他人提供主要用于避开、破坏技术保护措施的装置或者部件,或者故意为他人避开或者破坏技术保护措施提供技术或者服务的……"

---

① 我国大陆现行《信息网络传播权保护条例》第 18 条规定:"违反本条例规定,有下列侵权行为之一的,根据情况承担停止侵害、消除影响、赔礼道歉、赔偿损失等民事责任;同时损害公共利益的,可以由著作权行政管理部门责令停止侵权行为,没收违法所得,非法经营额 5 万元以上的,可处非法经营额 1 倍以上 5 倍以下的罚款;没有非法经营额或者非法经营额 5 万元以下的,根据情节轻重,可处 25 万元以下的罚款;情节严重的,著作权行政管理部门可以没收主要用于提供网络服务的计算机等设备;构成犯罪的,依法追究刑事责任:(一)通过信息网络擅自向公众提供他人的作品、表演、录音录像制品的;(二)故意避开或者破坏技术措施的……"

（四）《中华人民共和国计算机软件保护条例》的相关规定

根据我国《计算机软件保护条例》（2013 年 1 月修订）第 24 条第 3 款的规定："故意避开或破坏著作权人为保护其软件著作权而采取的技术措施的"，属于侵犯软件著作权的行为。

（五）《最高人民法院关于审理涉及计算机网络著作权纠纷案件适用法律若干问题的解释》的相关规定（下称《计算机网络著作权司法解释》）

我国 2006 年 11 月 20 日第二次修正的《计算机网络著作权司法解释》第 6 条规定，"网络服务提供者明知专门用于故意避开或者破坏他人著作权技术保护措施的方法、设备或者材料，而上载、传播、提供的，人民法院应当根据当事人的诉讼请求和具体案情，依照著作权法第四十七条第（六）项的规定，追究网络服务提供者的民事侵权责任"。可见，该司法解释明确禁止网络服务提供者对规避或破坏保护著作权的技术措施的方法、设备或材料的故意上载、传播及提供行为，将其定性为侵权行为。

（六）小结

从现行有效的法律法规来看，我国大陆目前对技术措施保护的规定相对比较简单，但并未就技术措施反规避保护的限制与例外作出专门性规定。因此，似乎是单纯强调了对技术措施的反规避保护这一个方面，在实践中容易导致对技术措施的绝对性或扩大性保护之危险。

然而，在《著作权法》（修订草案送审稿）中，相关立法原则和价值取向方面出现了令人瞩目的重大变化。一方面，强调对"技术保护措施"的反规避保护，同时，第一次明确地在法律层面规定了技术措施反规避保护的例外情形，明确列举了 5 种"可以避开"技术保护措施的情形。在我国大陆的著作权法历史上，这可谓具有标志性、里程碑式的意义。

二、我国台湾地区的立法规定

为了应对数字电子时代非法复制及传播的严峻形势，我国台湾地区于 2004 年"著作权法"修订时增加了关于技术措施反规避保护的内容，主要体现在该法第 80 条，有部分台湾地区的学者称之为"防盗拷措施"。

我国台湾地区"著作权法"第 80 条之二对技术措施保护问题（"防盗拷措施"）作出了规定，具体分为以下四项：（1）"著作权人所采取禁止或限制他人擅自进入著作之防盗拷措施，未经合法授权不得予以破解、破坏或以其他方法规避之"；（2）"破解、破坏或规避防盗拷措施之设备、器材、零件、技术或信息，未经合法授权不得制造、输入、提供公众使用或为公众提供服务"；（3）"前二项规定，于下列情形不适用之：一、为维护国家安全者。二、中央或地方机关所为者。三、档案保存机构、教育机构或供公众使用之图书馆，为评估是否取得数据所为者。四、为保护未成年人者。五、为保护个人资料者。六、为计算机或网络进行安全测试者。七、为进行加密研究者。八、为进行还原工程者。九、为依第四十四条至第六十三条及第六十五条规定利用他人著作者。十、其他经主管机关所定情形"；（4）"前项各款之内容，由主管机关定之，并定期检讨"。

三、技术措施的界定与保护条件之比较

(一)技术措施的界定和反规避保护的范围

在我国大陆,《条例》第 26 条将"技术措施"定义为"用于防止、限制未经权利人许可浏览、欣赏作品、表演、录音录像制品的或者通过信息网络向公众提供作品、表演、录音录像制品的有效技术、装置或者部件"。而《著作权法》(修订草案送审稿)第 68 条则将"技术保护措施"界定为"权利人为防止、限制其作品、表演、录音制品或者广播电视节目被复制、浏览、欣赏、运行、改编或者通过网络传播而采取的有效技术、装置或者部件。"

在《条例》中,浏览和欣赏属于对作品或其他客体进行访问或接触的情形,而"向公众提供"是进行信息网络传播以及使用作品的行为。可见,《条例》所保护的"技术措施"既包括控制访问的技术措施,也包括控制使用的技术措施。而在修订草案中,内涵、外延上的主要变化为:一是增加了保护客体——广播电视节目,二是删除了录像制品,三是增加了"复制""运行""改编"这三种可防止或限制的行为方式。总体上可理解为是权利人权利范围和保护客体的扩大。

与大陆相比,台湾地区的相关规定较为简洁。从"著作权人所采取禁止或限制他人擅自进入著作之防盗拷措施,未经合法授权不得予以破解、破坏或以其他方法规避之""破解、破坏或规避防盗拷措施之设备、器材、零件、技术或信息,未经合法授权不得制造、输入、提供公众使用或为公众提供服务"的规定来看,规制对象为著作权人采取的禁止或限制他人"擅自进入著作"的"防盗拷措施"和相关"设备、器材、零件、技术或信息"。而大陆立法文件中的"技术(保护)措施"是指权利人所采取的一种"有效技术、装置或者部件"。两相比较,不难发现些许差异:(1)台湾地区强调防止"进入",而大陆则列举了防止未经许可的"复制、浏览、欣赏、运行、改编或者通过网络传播"等诸多种使用方式;(2)台湾地区强调保护目的和对象为"著作",而大陆则有限地列举了作品、表演、录音制品和广播电视节目这 4 种对象;(3)技术措施的采取者——主体方面,台湾地区强调是"著作权人",而大陆则规定为"权利人",也许也理解为主要包括著作权人和其他相关邻接权人;(4)另一明显区别在于,大陆立法明确强调"有效性"这一条件,而台湾地区立法对"有效性"并无明确要求。[①]

在技术措施反规避保护的范围上,我国大陆和台湾地区大体上是一致的,都明确禁止对技术措施的规避或破坏行为、对规避设备的故意制造或进口以及向公众提供规避技术或信息。

(二)技术措施的保护条件和侵权行为的判定

从上述介绍及对比分析来看,我国大陆的《著作权法》和《条例》均明确列举了规避或者破坏技术措施的行为这一版权侵权行为的种类;因此,直接规避技术措施的行为本身似乎就足以单独构成版权侵权行为了。在台湾地区的立法规定中,这一点也是类似的,在判定规避

[①] 参见王迁、朱健:《技术措施的"有效性"标准——评芬兰 DVD-CSS 技术措施保护案》,载于《电子知识产权》2007 年第 9 期。

技术措施为版权侵权行为时,似乎不再需要具备其他要件了。

1. 我国大陆的典型案例

在大陆的司法实践中,从为数不多的几个相关案例的审理过程和结果来看,法院也基本上是严格依照法律规定进行侵权判定的:在确定相关技术措施"适格"后、重点审查被告是否实施了直接规避(或破坏)行为;直接规避行为与侵权认定之间似乎是简单的直接对应关系,无须考虑其他要件。

迄今为止,我国司法实务中发生的与技术措施直接相关的案件并不多。主要的典型案例有以下几个。以下分别介绍主要案情及裁判结果。

(1)王锦峰、广东省东莞市神州视觉科技有限公司诉广东省深圳市沙井沙一股份合作公司振华电子设备厂和沙井沙一股份合作公司侵犯著作权纠纷案①

该案主要涉及对某一操作系统软件的著作权侵权。2006 年 3 月 18 日,原告神州视觉公司与被告沙一厂签订了代理协议书,双方约定由前者授权后者制造、销售某产品并且授权后者使用与该产品相配套的某操作系统软件,前者为后者提供软件免费升级服务。合同签订后,神州视觉公司向被告沙一厂提供了生产上述产品的技术图纸和配套操作软件,每一台机器配套有一套软件。原告以交付光盘或发送电子邮件的方式向被告提供相关软件。事实上,神州视觉公司在提供软件时采取了技术保护措施,即每一套软件载体都配套有一个加密狗、一个图像卡和配套的附件,因此,安装在每一台机器中的软件,只有当加密狗相关号码与图像卡信息一致时,该已安装软件才能运行,若不一致则该软件无法运行。

原告诉称,被告破解了原告的涉案软件加密技术保护措施,非法复制原告涉案软件的目标程序,构成对原告计算机软件著作权的侵犯。然而,法院经审理认为,原告在自己应承担的举证责任方面举证不充分,未能证明被告存在上述行为。因此,一审法院驳回了原告的诉讼请求。② 二审也是同样的结果。

(2)北京精雕科技有限公司诉上海奈凯公司著作权侵权纠纷案③

在该案中,原告声称自己已不断提高 Eng 文件格式的加密强度,以使自己享有著作权的一款名为 JDPaint 的计算机软件不被非法使用,并确保该软件仅能在原告的雕刻机的数控系统中使用,但被告破解了 JDPaint 软件输出的 Eng 格式文件,规避了原告的技术措施,因此构成了对原告 JDPaint 软件版权的侵犯。

一审法院判决驳回了原告的诉讼请求,原告上诉后二审法院驳回了上诉。但两个法院的裁判理由不同。一审法院认为,Eng 格式数据文件中包含的数据和文件格式不属于JDPaint 软件中受法律保护的对象或范围,不是该软件的保护范围,不受著作权法保护。被告开发出的软件能读取 Eng 文件实质上是软件与数据文件的兼容问题,这一兼容行为并不构成侵权。二审法院则认为,原告的 Eng 格式文件不属于版权法中的"技术措施",因为其

---

① 具体案情可参见一审(2007)深中法民三初字第 160 号;二审(2008)粤高法民三终字第 213 号。
② 祝建军:《破解技术保护措施的认定》,载于《人民司法》2010 年第 6 期。
③ 具体案情可参见上海市第一中级人民法院民事判决书(2006)沪一中民五(知)初第 134 号,上海市高级人民法院民事判决书(2006)沪高民三(知)终字第 110 号。在此仅探讨该案中与技术措施有关的部分,不涉及该案中的计算机软件的发表权等其他问题。

功能是完成数据交换而非对 JDPaint 软件予以保护,而是欲限制 JDPaint 软件的合法取得者在其他数控系统中使用该软件的可能性;所以被告的破解行为不构成故意规避或破坏技术措施的版权侵权行为。[①]

(3)武汉适普软件有限公司诉武汉地大空间信息有限公司侵犯计算机软件著作权纠纷案[②]

在该案中,原告武汉适普公司对自主开发的 VirtuoZo NT 全数字摄影测量系统相关软件(以下简称 NT 软件)享有著作权,地大公司向原告购买了 7 套该软件用于生产。2007年,原告发现被告未经许可而在生产用电脑上擅自安装并使用了至少 50 套该软件,遂将被告诉至法院,称被告的安装、使用行为侵犯了自己的软件著作权,要求停止侵害、赔偿损失。

在本案中,被告除了擅自复制、安装和使用 NT 软件外,还有规避相关技术措施的行为和嫌疑。因为 NT 软件的安装和使用需要使用者将网卡号传给原告,由原告进行加密授权,生成软件许可证由用户复制到指定目录、再运行执行文件从而完成安装过程。这是一种一对一的安装,一般情况下,这应当是原告主动采取了技术措施的结果。而被告在被合法授权的使用之外,明知该软件设置了加密保护措施仍破解其技术措施,对核心加密文件进行复制并在生产用电脑上安装和使用。因此,法院认为,原告所采取的加密措施在通常情况下能起到阻止普通人非法使用的预防侵权效果,被告的破解行为构成侵权。

很明显,这一案件涉及对技术措施“有效性”的认定问题。依照我国大陆的相关法律规定,要想得到反规避保护,某技术措施必须具备“有效性”。而此种有效性,在司法实务中仅仅要求某技术措施在“通常情况下”能起到阻止普通人(非相关领域的技术人员)未经许可的非法使用这一预防效果即可,所谓的“有效性”不应当也不可能是绝对的有效性。

(4)文泰刻绘软件著作权案[③]

在该案中,原告北京文泰世纪科技有限公司是文泰刻绘系统软件的著作权人,原告对软件采取了“DISCGUARD”光盘加密验证技术这一技术措施。被告孙晓峰、香港创造国际科技有限公司和瑞精创造科技(深圳)有限公司在购买上述软件后破解了原告的技术措施,还在其网站上提供补丁压缩文件“1234”——一种“文泰解密补丁”软件,该软件能规避原告的技术措施,使用户轻松实现对原告的文泰刻绘软件的使用。为此,原告将三被告诉至法院,认为被告破解了自己的技术措施,侵犯了软件著作权,要求被告停止侵害、赔偿损失。

经深圳市龙岗区人民法院审理,该案以原告胜诉而告终,法院判令被告立即停止规避原告技术措施的行为及提供规避工具的行为,并连带赔偿原告经济损失 10 万元人民币。

(5)小结

综观我国大陆既已发生的以上四个典型案例,不难发现,都是与计算机软件直接相关的版权侵权纠纷,都涉及对技术(保护)措施的破解或规避,但并不涉及对作品、表演、录音制品

---

① 参见董慧娟:《版权法视野下的技术措施制度研究》,知识产权出版社,第 222～224 页。
② 详细案情请参见陈嘉欣:《评武汉适普软件有限公司诉武汉地大空间信息有限公司侵犯计算机软件著作权纠纷案——对比北京精雕科技有限公司诉上海奈凯电子科技有限公司著作权侵权纠纷案浅论技术措施的构成要件》,载《中国商界》2010 年第 202 期。
③ 详细案情参见深圳市龙岗区人民法院民事判决书(2009)深龙法民初字第 4153 号。

或者广播电视节目的版权保护问题。前两个案件原告的诉求并未得到法院的支持,一个是由于原告未能完成自己的举证责任,另一个是涉及对"技术措施"本身的认定问题,不属于受著作权法保护的技术措施,以及兼容和反向工程行为的定性问题,后两个案件中原告的诉求则得到了司法机关的支持。

在上述案件中,原告都以被告规避或破坏技术措施这一直接规避行为(而非间接规避行为)为由来主张被告侵权并要求赔偿。而在审理这些案件时,法院大体都遵循以下两个步骤:先审查涉案的所谓"技术措施"是否属于我国著作权法等相关法律所规定的适格的"技术措施"①,再审查被告是否有规避或破坏该技术措施的行为;在完成以上两个主要步骤后,法院一般就会得出基本结论了。

2. 我国台湾地区部分学者的观点②

对技术措施的规避、破坏行为本身是否即能构成一种版权侵权行为,无须其他构成要件呢?乍一看,这个问题似乎并不是一个"问题",或者说,不是一个会引发争议的问题;但若细细斟酌,似乎又不易得出肯定性的答案。

对于这一问题,部分台湾学者曾专门撰文指出,台湾地区"著作权法"第 80 条之二关于"防盗拷措施"的保护规定存在着"颠覆传统著作权法利益平衡及权利制衡之观念":因为,"不仅'防盗拷措施'保护规定之违反只须有著作权侵害危险存在即可成就(未经允许规避'防盗拷措施'或提供规避之工具或服务),无须如传统著作权法下之著作权侵害须有著作替代之现象,另外,由'著作权法'第 80 条之二之文义可知,第 80 条之二之立法者似并非在创设新种的著作财产权,因而传统关于著作权保护之要件及限制当然无法对第 80 条之二产生节制之作用,值得忧虑的是,未来的著作权法发展是否会因第 80 条之二之增订而使著作权人获致无可节制的权利";所以说,台湾地区的现有立法规定,可能会导致对原本'著作权法'所允许的信息交换、利用功能的"过分打压","以致传统著作权法下之利益平衡趋于崩解"。③

在台湾地区,还有章忠信等学者对技术措施反规避保护制度进行了较深入的研究,④其中也有部分学者提出疑虑⑤:倘若在技术措施的反规避保护问题上将单独的直接规避行为即定性为版权侵权行为,那么,在行使相关请求权和寻求相关救济时,应当如何看待已单独

---

① 在审查技术措施的适格性时,一般重点审查该技术措施是否具备有效性、防御性(或正当性)、合法性、相关性等特点或条件。

② 行文至此,笔者本应对我国台湾地区的技术措施反规避保护方面的司法实践或典型案例进行一个梳理以与大陆形成对比。然而,较为遗憾的是,在技术措施反规避保护方面,关于我国台湾地区的司法实践,笔者未能查找到丰富的典型案例的相关资料。所以仅分析台湾地区的立法状况和部分学者的观点。

③ 沈宗伦:《论科技保护措施之保护于著作权法下之定性及其合理解释适用:以检讨我国著作权法第80 条之 2 为中心》,载于《台大法学论丛》第 38 卷第 2 期,2009 年 6 月。

④ 参见章忠信:《著作权法制中"科技保护措施"与"权利管理资讯"之探讨(上)》,载于《万国法律》2000 年总第 113 卷;许富雄:《数位时代合理使用之再探讨——以反规避条款为中心》,台湾中原大学 2004年硕士论文。

⑤ 沈宗伦:《论科技保护措施之保护于著作权法下之定性及其合理解释适用:以检讨我国著作权法第80 条之 2 为中心》,载于《台大法学论丛》第 38 卷第 2 期,2009 年 6 月。

构成版权侵权行为的技术措施规避行为和后续的(破解技术措施之后发生的)对相关著作的非法使用行为(也构成版权侵权行为)两者之间的关系呢?这两个行为是一个侵权行为还是两个侵权行为,是并列关系还是后者吸收前者?对于只有破解行为、没有后续对作品的非法使用等传统的版权侵权行为发生的情况下,在侵权损害赔偿的民事责任部分,如何计算侵权损害赔偿呢?

可见,虽然我国大陆和台湾地区在立法规定上似乎都是将直接规避行为单独定性为一种版权侵权行为,但对于此种定性在司法实践乃至传统的版权法体系中可能产生的种种问题或疑虑,尚值得进一步思考,在逻辑体系上似乎欠缺严谨性。

四、技术措施反规避保护的例外之比较

显然,无论是在我国大陆还是台湾地区,立法者都已经意识到技术措施反规避保护的相关规定有危及传统的对作品的合法利用的公众权利或利益,因此都在立法或修订立法的过程中体现了例外性规定。

笔者认为,例外的存在,无论对哪一个国家或地区而言,都是对技术措施反规避保护制度极其重要的且必不可少的制约,能发挥平衡其他利害关系人(包括社会公众)相关权益的重大作用,而非辅助或补充,更非可有可无的点缀。

1. 例外的具体情形

从技术措施反规避保护的例外情形来看,如前所述,台湾地区立法上规定的例外情形多达 10 种:"一、为维护国家安全者。二、中央或地方机关所为者。三、档案保存机构、教育机构或供公众使用之图书馆,为评估是否取得数据所为者。四、为保护未成年人者。五、为保护个人资料者。六、为计算机或网络进行安全测试者。七、为进行加密研究者。八、为进行还原工程者。九、为依第四十四条至第六十三条及第六十五条规定利用他人著作者。十、其他经主管机关所定情形。"实际上,最后一项是兜底性条款。

而我国大陆的《著作权法》(修订草案送审稿)第 71 条仅列举了 5 种例外情形,可简要归纳为:(1)为课堂教学或科研目的提供已发表作品且无法通过正常途径获取;(2)不以营利为目的,以盲人能感知的方式向盲人提供已发表的作品且无法通过正常途径获取;(3)国家机关执行公务;(4)安全测试;(5)加密研究或反向工程。

仅从种类和数量上看,我们对例外情形的考量偏少。实际上,台湾地区立法所列举的上述 10 种例外情形,仍有部分情形可供大陆的立法者参考或借鉴,比如,为维护国家安全的目的、为保护未成年人等。

2. 例外的立法方式

在例外情形的具体方式上,无论是大陆还是台湾地区,都采取了列举式立法,将立法时特别需要保护或考量的利益予以优先保障,避免其因技术措施的反规避保护而被实质性剥夺或限制。但是,列举式立法方式本身是否能足够周延地将一切必要的例外均考虑在内、没有遗漏呢?显然,效果是不甚理想的。为此,台湾地区"著作权法"第 80 条之二中第(4)项专门规定:"前项各款之内容,由主管机关定之,并定期检讨。"再加上第(3)项末尾处的兜底性条款,这样一来显然能弥补立法时的考虑不周,为今后潜在、可能的例外情形的增补或修改

留下足够的空间和灵活度。

相反,我国大陆《著作权法》(修订草案送审稿)第 71 条对例外情形的规定,采用了有限列举的方式,是一种封闭式、而非开放式的立法设计,仅列举了 5 种例外情形,其后并无概括性兜底条款。这种方式十分不利于日后司法者、执法者和其他人员对此种例外规定进行可能的扩张性解释。

3. 例外情形的适用范围

关于例外情况的适用范围,根据大陆《著作权法》(修订草案送审稿)第 71 条规定,5 种例外情形仅适用于直接规避行为,而不适用于提供规避技术、装置或部件这种间接规避行为。因为很显然,"下列情形可以避开技术保护措施,但不得向他人提供避开技术保护措施的技术、装置或者部件,不得侵犯权利人依法享有的其他权利"。而在台湾地区的立法中,从"前二项规定,于下列情形不适用之"这一表述可以看出,上述 10 种例外情形是同时适用于直接规避和间接规避这两种行为的。

上述差异十分明显。因此,笔者认为,从某种意义上来说,仅从例外情况的适用范围来看,我国大陆对技术措施的反规避保护比台湾地区的保护水平更高一些,尤其是在预防、打击间接规避行为这一侵权行为方面。

五、结论

笔者上述对我国大陆和台湾地区在技术措施反规避保护方面的比较分析,旨在提供一个比较法的视野。值得注意的是,在种种类似的立法规定层面,是 WCT 和 WPPT 这两个国际互联网条约的要求。而两个地区和法域之间的种种差异,则反映了两者在制度设计层面、保护力度和水平、利益考量等方面的不同,需要我们的立法者、司法者和执法者进一步深入研究。在实践层面,两个地区之间的差异,既需要我们的广大版权人、潜在的技术措施规避者(潜在的侵权人)、广大社会公众关注,更需要所有致力于促进两岸经济贸易合作的人士有较为全面、深入的了解。

论增设延伸性著作权集体管理的条件约束与完善

■韩伟 张新锋*

摘 要：我国移植北欧国家运行成功的延伸性著作权集体管理，不仅应当移植规则本身，还要移植其赖于运作的外部法律环境。应当通过竞争提高组织集体管理组织的效率，开放著作权集体管理市场，取消非营利要求，发展多类型著作权集体管理机构。设立著作权集体管理组织信托与代理性质并行的模式，加强著作权人对著作权集体管理组织的审计监督，适用反垄断法制约著作权集体管理组织，防止其滥用市场支配地位。

关键词：延伸性著作权集体管理；法律移植；制约

On the Improvement and Requirement for External Legal Environment of Extended Copyright Collective Management

Han Wei   Zhang Xinfeng

Abstract：As a solution to settle copyright use disorders，the extended copyright collective management was born in specific political，cultural and social environment in Nordic countries. In China's transplantation of extended copyright collective management system process，the careful supporting measures must be built to improve the operation quality and level of copyright collective management organization and refine the content of this system，so that right protection of copyright owner and other measures could be additionally established.

Key Words：Extended Copyright Collective Management；Legal Transplantation；Regulation

在我国增设延伸性著作权集体管理制度受到现有著作权集体管理组织和主管行政部门的支持。但是移植具体的法律制度，不仅仅需要移植法律制度本身，同时还需要移植法律制度生存所需的法律体系和外部环境。同理，移植延伸性著作权集体管理制度必须谨慎，应移植整个体系，而不仅仅是规则本身，还包括该制度赖以存在的著作权集体管理组织和反垄断

---

* 韩伟，1977 年生，男，中国诚通控股集团有限公司风险管理与法律事务部副总监；张新锋，1977 年生，男，厦门大学知识产权研究院副教授，法学博士，研究方向：知识产权法。

规制等。[①] 但是,外部环境是一个宽泛的概念,整体移植延伸性著作权集体管理得以良好运行的外部因素如政治、文化和社会等外部环境几乎不可能。仅从延伸性著作权集体管理制度所需法律体系的角度出发,这一制度还需要其他相应的约束机制方能尽量减少其"恶",发挥其"善"。

一、取消设立限制、使著作权集体管理组织之间形成有效竞争

根据我国《著作权集体管理条例》第 7 条第 2 款的规定:"设立著作权集体管理组织,应当具备下列条件……(二)不与已经依法登记的著作权集体管理组织的业务范围交叉、重合;(三)能在全国范围代表相关权利人的利益……"实际上扼杀了自下而上自发设立著作权集体管理组织的可能性,因为任一个著作权集体管理组织既能、又不能代表全国相关权利人。说能是因为只要著作权集体管理组织成立,其他权利人都应当可以加入著作权集体管理组织让其成为自己的代言人;说不能是因为能够代表权利人应为集体管理组织成立后自然发展的结果,而不是前提条件。所以,其尺度完全由负责审批的行政管理部门掌握。第(二)项规定实际上赋予了在某著作权领域内集体管理组织的唯一垄断地位,其他任何人都无法在该领域内再申请设立著作权集体管理组织。自由竞争环境下逐步壮大的垄断组织不特别可怕,因为它要保持垄断地位必须保持创新和提供价格、品质都具有竞争力的产品,且因为规模效应和劳动力细分而减少竞争导致的成本负担。[②] 例如微软公司虽然在全球个人计算机操作系统都具有垄断地位,但是其一直保持着创新和研发领先,为客户提供更好的消费体验。即便如此,我们仍要警惕其恶的一面,即对整个社会的经济繁荣和进步可能带来的压制。其实,最可怕的是行政力量主导下的垄断,因为法律和政策的倾斜将导致垄断组织有恃无恐,进而更易造成滥用垄断地位。在著作权集体管理组织享有唯一合法垄断地位的情况下,其不仅看不到自身的不足,不注意听取众多著作权人的不满意见加以改进,反而因自动代表全国所有著作权人却蠢蠢欲动,已经充分说明了著作权集体管理组织唯一垄断地位的社会危害性。

为促进著作权集体管理组织之间的充分竞争,应对现有制度做如下修改:

1. 废除著作权集体管理组织关于全国代表性的设立前置条件。任何著作权人都可以申请设立集体管理组织,且可以在全国范围内接受著作权人的委托。在市场经济和全球化的今天,任何生产要素甚至都可以在全世界自由流通,毋宁说一国之内。著作权的财产权利亦具有生产要素的属性,自然在流通和授权上也不应有地域和层级的限制。与此相适应,《著作权集体管理条例》中有关国务院著作权管理部门负责审批的条款应予以修改,[③]将权利下

---

① Thomas, Riis & Jens, Schovsbo, Extended Collective Licenses and the Nordic Experience——It's a Hybrid but is it a Volvo or a Lemon? *Columbia Journal of Law & the Arts*, 2010, 33, p. 496.

② Ludwig, Von, Mises, *Socialism: An Economic and Sociological Analysis* (6th Revised edition), J. Kahane 译, Indianapolls: Liberty Fund Inc., 1981, p. 389.

③ 《著作权集体管理条例》第 9 条:"申请设立著作权集体管理组织,应当向国务院著作权管理部门提交证明符合本条例第七条规定的条件的材料。国务院著作权管理部门应当自收到材料之日起 60 日内,作出批准或者不予批准的决定。批准的,发给著作权集体管理许可证;不予批准的,应当说明理由。"

放到各省市著作权管理部门,且进一步简化程序审批要求,国务院著作权管理部门更多的是发挥协调功能,不宜参与著作权集体管理组织具体设立方面的事务。

2.废除关于著作权集体管理组织之间业务不得交叉或重合的规定。著作权集体管理组织会根据自身优势领域和专业特长,定位目标服务著作权人群体,法律无须为著作权集体管理组织划定经营范围,更不能限制著作权人的选择自由。只有充分竞争,才能促进著作权集体管理组织的强大和壮大,这一点已经在中国加入世贸组织之后得到了充分的证明。保护越少的行业和企业都取得了蓬勃发展,同理,躲在政策垄断背后的著作权集体管理组织只有真正站在充分竞争的阳光里才能获得新生。实际上,北欧国家特定著作权领域内也往往都不止一家著作权集体管理组织存在,而且芬兰不仅一家可以延伸代表该领域内所有著作权人。① 可见,北欧国家鼓励著作权集体管理组织之间的竞争。对此,我国应予借鉴。

二、开放著作权集体管理市场、取消非营利要求并发展多类型的著作权集体管理机构

我国目前对某领域内设立的唯一著作权集体管理组织实行垄断保护。《著作权集体管理条例》第 6 条规定:"除依照本条例规定设立的著作权集体管理组织外,任何组织和个人不得从事著作权集体管理活动。"也就是说,其他类型的著作权集体管理机构首先不得设立,如设立或变相从事集体管理活动亦属违法。这种简单粗暴地剥夺其他组织、个人商业机会和著作权人多样选择权的立法实属匪夷所思,看不出其正当性何在。在市场经济下,市场对资源配置起到基础性作用,市场亦应是自由竞争的市场,不能对市场主体人为设置非正当性限制。从事实上看,此种对著作权集体管理组织的垄断保护,甚至远超饱受诟病的银行系统垄断。

从逻辑上看,以非营利为"标签"的著作权集体管理组织在与营利为目的的其他机构对比时应具有优势,可现实是,"其(营利性的民间版权代理机构)在市场竞争的表现让一些法定集体管理组织感到了恐惧。这从另一个方面说明了我国的一些法定集体管理组织在工作效率和质量方面还存在问题。从这种意义上讲,这些民间代理机构的存在,对于促进集体管理组织提高内部运营水平是有积极意义的。因此,政府没有必要动用公权力以一刀切的方式将这些营利性民间机构逐出市场"②。除应废止《著作权集体管理条例》第 6 条外,还应在《著作权法》中增加防止著作权集体管理组织垄断条款,进一步放开著作权集体管理市场,鼓励多类型集体管理组织从事著作权集体管理业务,从而增加市场活力,让著作权人和使用人均能从中受益。

---

① Anna,Vuopaia,Extended Collective Licensing——A Solution for Facilitating Licensing of Works through European, including Orphans? *FCS Articles and Studies*,January 2013 (2):22.

② 罗向京:《著作权集体管理组织的发展与变异》,知识产权出版社 2011 年版,第 5 页。

三、适用反垄断法制约著作权集体管理组织、防止滥用市场支配地位

我国《反垄断法》施行于 2008 年 8 月 1 日,似无意于将著作权集体管理组织纳入规制范围。其第 6 条规定:"具有市场支配地位的经营者,不得滥用市场支配地位,排除、限制竞争。"可是关于何谓"经营者",其第 12 条则界定为"从事商品生产、经营或者提供服务的自然人、法人和其他组织。"以惯常理解,经营者须以具有营利目的为前提,非营利组织自然应予排除,这一点在该法其他条款中得到了印证。其第 11 条规定:"行业协会应当加强行业自律,引导本行业的经营者依法竞争,维护市场竞争秩序。"第 46 条第 3 款规定:"行业协会违反本法规定,组织本行业的经营者达成垄断协议的,反垄断执法机构可以处五十万元以下的罚款;情节严重的,社会团体登记管理机关可以依法撤销登记。"虽然有学者认为这两个条款共同构成了经营者认定的"补充标准",并应采狭义理解将行业协会纳入经营者范畴,[①]但是,法律条文已然将行业协会与经营者在表述上予以了区分,显然不能做合一理解。其实,于 1993 年 12 月 1 日施行的《反不正当竞争法》在第 2 条第 2 款就明确规定:"本法所称的经营者,是指从事商品经营或者营利性服务(以下所称商品包括服务)的法人、其他经济组织和个人。"其关于营利性的限定对于后世也影响颇深。而在我国,行业协会要么是著作权集体管理组织的前身,要么是著作权集体管理组织的主要发起人,因此这也预示着著作权集体管理组织不在"经营者"之列。实际上,以是否具有营利性作为判断经营者的标准,是狭隘而且有害的。只要是商品或服务的提供商,其就应该接受反垄断法的规制,以防范其滥用支配地位,并进而造成市场的破坏。就著作权集体管理组织而言,对于著作权人而言,因著作权集体管理组织提供著作权管理服务,著作权人就是著作权集体管理组织的消费者;对于使用人来说,因著作权集体管理组织提供著作权许可服务,使用人就是著作权集体管理组织的消费者。因而,著作权集体管理组织是在同时为著作权人和使用者提供服务。[②]

在西方发达国家,人们一直对垄断心存警惕。作为代言会员著作权人的著作权集体管理组织往往是自由竞争中存活下来的强壮个体,因而具有较大的市场影响力。著作权集体管理组织的此种垄断地位,将造成使用者和著作权人因著作权集体管理组织的唯一性而丧失选择权,更为严重的是,著作权集体管理组织将在实践中演变为贸易的束缚。[③] 在历史上,无论是英国还是美国,都是使用者表示不满并对著作权集体管理组织进行发难的。[④] 与西方国家不同的是,我国使用者虽有不满,但相较于著作权人而言所发不满声音较少,毕竟多数情况下,使用人从著作权集体管理组织取得作品使用权的成本要远远低于与著作权人个别谈判的结果。使用人的不满多因著作权意识薄弱认为不应收费,或是对收费标准是否

---

①　焦海涛:《论〈反垄断法〉中经营者的认定标准》,载《东方法学》2008 年第 5 期。

②　Josef, Drexl, Collecting Societies and Competition Law, http://ip. mpg. de/shared/data/pdf/drexl_-_crmos_and_competition. pdf (p5),下载日期:2014 年 3 月 2 日。

③　Lucie, Guibault & Stef, Van, Gompel, Collective Management in the European Union, Daniel J, Gervais. Collective Management of Copyright and Related Rights (2nd Edition), Alphen aan den Rijn, Netherlands: *Kluwer Law International*, 2010, p.138.

④　罗向京:《著作权集体管理组织的发展与变异》,知识产权出版社 2011 年版,第 94～113 页。

科学进行质疑。著作权人的不满声音则不仅强烈,而且多集中于因集体管理组织一家独大的无可选择性,进而造成著作权人利益的侵害。这也说明,著作权集体管理组织已经因为其天然的合法垄断地位而难以为著作权人提供满意的服务。此外,因为目前著作权集体管理组织代表会员人数偏少,对使用者愿意与其合作持大力支持态度,因而使用者怨言少些。但是,随着著作权集体管理组织代表会员人数越来越多,使用者话语权将日渐萎缩,著作权集体管理组织对使用者的态度也必将转换。此时,使用者必将感受到著作权集体管理组织强大带来的垄断的负面影响。因此,若取消著作权集体管理组织必须为非营利性的要求,则可以理顺著作权集体管理组织的运营行为,有效制约其滥用市场支配地位,防止其排除、限制竞争。

四、设立著作权集体管理组织信托与代理性质并行的模式

正如时下有句名言所说的,"不要因为出发的太久,而忘了我们为什么出发",同样,我们也不能因为著作权集体管理组织的发展而忘了其成立的本初意义何在,更不能成为著作权人行使权利的拦路虎。我国著作权行政管理部门和著作权集体管理组织作为服务会员著作权人的机构,应顺应著作权人的需求,不宜以自己便利与否限定著作权人的选择。否则,将是著作权人服务于集体管理组织,而不是集体管理组织服务于著作权人。

然而,在目前的特殊国情和实践情况下,学术界和实务界关于集体管理组织与会员著作权人之间唯一信托关系的认识和做法有害无益。其危害性体现在:一是著作权人无权使用自己的作品,违背基本常理。依照信托法律关系原理,作品著作权人将作品授权集体管理组织打理,哪怕是著作权人自己也无权再行使用,这显然与常理相悖。正如海淀法院对中国音乐著作权协会(以下简称"音著协")诉北京十月天文化传媒有限公司侵犯著作权纠纷案的判决中所言:"音著协成立的初衷系为避免著作权人难以控制其权利,起到沟通著作权人与作品使用者的桥梁作用,而非著作权人使用本人作品、行使其自身权利时仍需经音著协许可并支付费用。"[①]但是,如果按照信托法律关系来看,音著协的主张显然是正当而合理的。二是妨碍了著作权人个性化选择需求。对于著作权人而言,作品创作完成后可以进行版权转让和授权使用,二者的不同点是,在版权转让中,著作权人不再享有作品的著作权,而授权使用中著作权人仍然保有作品的著作权。授权使用又可细分为独占性许可使用和非独占性许可使用两种方式。在独占性许可使用中,著作权人虽然保有作品的著作权,但是丧失了作品的控制权。即使是著作权人自己也无权再使用该作品,仅拥有获得报酬权,这也是信托法律关系的效果。而在非独占性许可使用中,著作权人仍然保有作品的部分权能,此为著作权人自己使用和再授权他人获得个性化赔偿奠定了基础。信托关系性质的确立显然不利于著作权人利益最大化的需求。

前文已在理论上充分阐述了集体管理组织与会员著作权人并非只具有信托性质的法律

---

① 李因:《郑钧演唱〈天下没有不散的筵席〉音协起诉维权未获支持》,http://bjgy.chinacourt.org/article/detail/2013/04/id/951097.shtml,下载日期:2013 年 4 月 24 日。

关系,在目前集体管理组织长期占据著作权集体管理市场垄断地位,而且某领域内只有一家集体管理组织的情况下,必须改变集体管理组织惯常的优势地位惯性,扭转著作权人必须屈就集体管理组织此种本末倒置的格局,赋予著作权人更多的选择自由。建议废除《著作权集体管理条例》第 20 条的如下规定:"权利人与著作权集体管理组织订立著作权集体管理合同后,不得在合同约定期限内自己行使或者许可他人行使合同约定的由著作权集体管理组织行使的权利",改强制性规定为任意性规定。同时,在《著作权集体管理条例》中增加禁止性规定,禁止集体管理组织限定著作权人只提供独占授权的合同范本,集体管理组织必须根据著作权人的需求提供独占授权和非独占授权两种可供选择的模式。

五、加强著作权人对著作权集体管理组织的审计监督

中国市场上现存的垄断企业与各自政府主管部门之间的交往现实证明:特定的垄断组织和主管部门建立起直接的联系,主管部门常常成为垄断企业滥用市场优势行为的保护伞。[1] 此种情形也在著作权集体管理组织身上得到了印证,因此必须加强并提倡自下而上的审计监督方式。

审计在很多情况下被认为是发现问题和解决问题的有力工具,然而,目前的著作权集体管理组织的审计制度异常薄弱。一是《中华人民共和国审计法》(以下简称《审计法》)未将著作权集体管理组织纳入调整范围。目前我国的《审计法》主要适用于政府机构和国有企事业单位,虽然我国著作权集体管理组织有着强烈的国家意志和色彩,但是却归入民间社会组织之列,等于将著作权集体管理组织排除出了《审计法》的适用范围。[2] 二是《著作权集体管理条例》自上而下的审计方式不能有效维护会员著作权人的权益。《著作权集体管理条例》第 31 条规定:"著作权集体管理组织的资产使用和财务管理受国务院著作权管理部门和民政部门的监督。著作权集体管理组织应当在每个会计年度结束时制作财务会计报告,委托会计师事务所依法进行审计,并公布审计结果。"这种既负责审批又进行财务监督的方式,显然是著作权管理部门和民政部门充当了运动员与裁判员合一的角色。同时,由著作权集体管理组织自己审自己,效果如何也无须多言。三是著作权集体管理组织进一步缩小硬性审计情形。五家著作权集体管理组织中,中国文字著作权协会和中国电影著作权协会相对中规中矩地规定了应对每一会计年度进行财务审计,但是没有说明违反规定不进行审计将有何责任。[3] 中国音乐著作权协会、中国音像著作权集体管理协会和中国摄影著作权协会则将

---

① 崔国斌:《著作权集体管理组织的反垄断控制》,载《清华法学》2005 年第 6 期。

② 《审计法》第 2 条第 2 款规定:"国务院各部门和地方各级人民政府及其各部门的财政收支,国有的金融机构和企业事业组织的财务收支,以及其他依照本法规定应当接受审计的财政收支、财务收支,依照本法规定接受审计监督。"

③ 中国文字著作权协会《章程》第 33 条规定:"协会的资产使用和财务管理接受会员代表大会和业务主管单位及财政部门的监督。协会在每个会计年度结束时制作财务会计报告,委托会计师事务所依法进行审计,并以适当方式公布审计结果。"中国电影著作权协会《章程》第 4 条规定:"协会的资产使用和财务管理接受会员大会和业务主管单位、财政部门及民政部门的监督。协会在每个会计年度结束时制作财务会计报告,委托会计师事务所依法进行审计,并以适当方式公布审计结果。"

审计缩小适用为资产来源属于国家拨款或者社会捐赠、资助的情形,使得本来形式意义多于实质意义的审计更是名存实亡。[①]

鉴于著作权集体管理组织是维护会员著作权人权益的本质,采取自下而上且刚性要求的审计监督应成为今后制度完善的努力方向:

1. 修改《审计法》将著作权集体管理组织纳入调整范围。《审计法》对审计监督的原则、审计机关和审计人员、审计机关职责、审计机关权限、审计程序、法律责任等作了相对全面的具体规定,较之《著作权集体管理条例》更为全面,也具有更高的法律效力,因此应将著作权集体管理组织等垄断型社会团体纳入该法的调整范围。

2. 在《著作权集体管理条例》中明确由会员大会表决通过的会计师事务所对每个会计年度财务报告进行审计。《著作权集体管理条例》第17条第3款第5项规定会员大会:"审议批准理事会的工作报告和财务报告",但是对于基本不通晓财务知识的著作权人而言,听取财务报告无异于没有任何实质意义,必须由专业的会计师事务所进行审计,并将审计情况报告全体会员,且可供全体会员随时查阅。之所以必须由会员大会表决,而不是由西方发达国家通行的理事会聘请,是避免理事会作为内部人对聘请的会计师事务所施加不利影响。因为,西方发达国家的著作权集体管理组织一般都是由理事会聘请职业经理人负责集体管理组织的日常管理和财务审批的,由理事会聘请审计机构是为了对职业经理人进行监督,我国无职业经理人制度,更须防范理事会滥用职权。

3. 在《著作权集体管理条例》中明确建立兼职审计员制度,可以不定期地对集体管理组织进行审计监督。丹麦音乐著作权保护组织(KODA)《协会章程》第21条规定:"……2. 会员大会应选举出4名监督审计员(critical auditor)……监督审计员有效期是一年,每年进行重新选举。3. 监督审计员有权在任何必要时召集理事会。"[②]该条实则是赋予了审计员的日常审计权,既可规避会计年度审计期间的真空期,也进一步促进了年度财务报告审计的真实性。我们可以在引进该制度时加以改造、吸收,由会员大会选举具有一定财务知识的会员著作权人担任兼职审计员,不定期对著作权集体管理组织的财务收支情况进行审计监督,并有权召集理事会和会员大会,反映有关重大问题。

(本文编辑:周杰)

[①] 中国音乐著作权协会《章程》第42条规定:"协会的资产管理必须执行国家规定的财务管理制度,接受会员代表大会和财政部门的监督。资产来源属于国家拨款或者社会捐赠、资助的,必须接受审计机关的监督,并将有关情况以适当方式向社会公布。"中国音像著作权集体管理协会《章程》第36条规定:"本会的资产管理必须执行国家规定的财务管理制度,接受会员大会和财政部门的监督。资产来源属于国家拨款或者社会捐赠、资助的,必须接受审计机关的监督,并将有关情况以适当方式向社会公布。"中国摄影著作权协会《章程》第42条规定:"本会的资产管理必须执行国家规定的财务管理制度,接受会员代表大会、业务主管单位及财政部门的监督。资产来源属于国家拨款或者社会捐赠、资助的,必须接受审计机关的监督,并将有关情况以适当方式向社会公布。"

[②] BY-LAWS of KODA, http://www.koda.dk/fileadmin/user_upload/docs/KODA_Laws.pdf (pp.4~5),下载日期:2014年3月3日。

专利信息分析方法及其应用研究

■罗立国[*]

摘　要:专利是个巨大的信息库,专利信息分析方法也大量地出现。在总结现有专利信息分析方法的基础上,将专利信息分析方法分为一维分析法、相关关系分析法与综合分析法三大部分,并对这些方法进行解析,构建了企业专利信息分析框架,以期为企业运用这些方法来为企业经营和管理决策提供信息支持。

关键词:专利;专利信息;专利分析方法

Study on the Patent Information Analysis Methods
and Its Application
Luo Liguo

Abstract:The patent is a vast information base and a large number of patent information analysis methods are appearing. The paper summarizes the existing patent information analysis methods, divides these patent information analysis methods into one-dimensional analysis, correlation analysis and comprehensive analysis, and resolves these analysis methods, to build the corporate patent information analysis framework, so that the businesses can use these methods to provide information support for the business and management decisions.

Key Words:Patent;Patent Information;Patent Analysis Methods

一、引言

知识经济时代,代表技术创新成果的专利数量激增,据国家知识产权局公布的数据显示:全国专利申请数量于 2010 年突破 100 万件,2013 年突破 200 万件。根据世界知识产权组织的统计,90%～95%的发明创造会首先出现在专利文献中,例如,电视机的主要技术于 1929 年就发表在专利文献中,直到 1948 年才在期刊中有所反映,相隔了近 20 年。

＊ 罗立国,1983 年生,男,厦门大学知识产权研究院、法学院博士后。研究方向:技术创新与知识产权。

Schmookler(1966 年)就指出有价值的信息可以慎重地从专利数据中得到,[①]Albert 和 Jaffe(2003 年)也认为可以用专利来代表知识,专利不仅提供发明创新率的信息,而且提供发明本身的信息,专利对于所有国家和所有申请人在一段很长时间内的数据是可获得的,并且所有的信息是可显示的,不会被隐藏着的。[②] 企业可以通过专利信息的分析,避免低水平重复研究,为重大项目决策提供支持;在进行产品研发时,提供研发发展趋势的准确预测,Cantwell 和 Jane(1999 年)指出在企业创新活动中,充分利用专利文献信息资源,可以节约60% 的开发经费和 40% 的开发时间。[③] 因此,如何有效地利用这些海量数据就显得至关重要,为企业提供有效的专利信息分析方法,来为其技术创新提供决策支持,帮助企业解决技术创新中所遇到的问题。

二、专利信息分析方法

发明和实用新型专利申请时需要提交申请书、权利要求书、说明书、说明书摘要、说明书附图和摘要附图等文件,专利信息指的是这些文件所包含的信息,可以划分为结构化和非结构化的信息,结构化的信息就是指专利申请文件中著录项的内容,例如专利号、申请人、发明人、名称、分类号、摘要、代理人等等信息,这些内容随各国国内法要求不同而不同;非结构化的信息指的是权利要求书、说明书中的文字,这些文字没有预先分类,很大程度上需要人工进行辨析。需要明确的一点是,专利信息分析方法是针对检索得到的专利集进行的分析。专利信息分析方法可以分为一维分析法、相关关系分析法与综合分析法三大部分。

1. 一维分析法

一维分析法指的是针对单个信息的分析,集中在著录项内容上,例如专利号、申请人、名称、法律状态等等,分析结果一般是数量,如专利申请总量、申请人总量、申请类型分布情况等信息。Bradford(1934 年)提出的布拉德福文献离散定律,[④]即对于某一主题而言,将科学期刊按刊载相关论文减少的顺序排列时,可以划分为对该主题最有贡献的核心区,以及含有与该区域论文数量相同的几个区域,每个区域里的期刊数量成 $1:n:n^2$ …… 被借鉴到专利文献的分析中,如分析专利文献集中在哪些 IPC 分类号。

2. 相关关系分析法

专利信息中除了一维的信息外,更多的是存在相互关系的,包括著录项之间的相互关系,如申请年份与申请人、申请地域与申请人、专利族、专利引用、发明人网络等;权利要求之

---

① Schmookler J. , *Invention and Economic Growth* , Harvard University Press, 1966.

② Albert G, Hu Z, Jaffe A B. Patent Citations and Intemational Knowledge Flows: The Cases of Korea and Taiwan, *Internatinal Journal of Industrral Organization*, Vol. 21, No. 6, 2003, pp. 849~880.

③ Cantwell J A. , Jane M. , Technological Globalization and Innovative Centers: the Role of Corporate Technological Leadership and Locational Hierarchy, *Research Policy* , Vol. 23, 1999, pp. 119~144.

④ Bradford S. C. , Sources of Information on Specific Subjects, *Engineering: An Illustrated Weekly Journal* , Vol. 137, 1934, p. 85.

间的相互关系;说明书内容的相互关系。

（1）时间序列分析法

时间序列分析法是最基本的相关关系分析法,即根据时间序列来统计所需信息的方法,横轴表示年份、纵轴表示申请量、申请类型、申请人量、IPC 分类号等等。在此基础上,可以进行变化,先对专利集进行筛选成为专利子集,再进行分析,比如,申请人年申请量分析,即先对专利集进行申请人筛选成为申请人专利子集,再对申请人专利子集进行时间序列分析;申请地域年申请量分析,即先对专利集进行申请地域筛选成为申请地域专利子集,再对申请地域专利子集进行时间序列分析。

（2）空间序列分析法

空间序列分析法指的是根据空间序列来统计所需信息的方法。横轴表示地域、纵轴为申请量、申请类型、申请人、IPC 分类号等等,也可以和时间序列分析法一样进行变化。

时间和空间序列分析法提供了专利整体概况信息,反映各国家或企业技术创新行为变化的快慢和趋势、技术开发能力的强弱、识别竞争对手、分析其技术策略,某项技术在不同主题间的分布、分析该技术领域的重点技术及技术发展趋势等情况。

（3）专利族分析法

专利族代表的是一项技术在国际间的相关关系。申请人利用国外优先权可以在国家或地区之间提出同一和改进专利申请、利用国内优先权可以在国家内提出改进专利申请,这些专利就构成了专利族。专利族的分析可以为了解技术弥补语言上的差异,了解专利权人对此项技术的全球布局情况,另外专利申请是需要费用的,专利族越大一般表明此项专利价值越高。

（4）专利引用分析法

专利引用体现的是专利之间的相关关系。专利引用分为引用与被引用,可以说是把论文引用功能引入专利文献中,专利引用分析展现的是专利之间的引用关系,在后专利是被引用在先专利的发展,故一般可以用来描述技术的发展路线,提供某项技术的发展路径。

运用专利引用进行的研究非常丰富,如 Jaffe 等（1993 年）对专利引用的知识性进行实证研究,研究成果表明专利引用可以呈现一些当地的地理特征,即一个区域或国家运用专利引文中产生的知识更直接地从地理上近的区域或国家获得。[①] Acosta（2003 年）,Albert（2003 年）和 Henderson（2005 年）则分别用专利引用来描述美国、西班牙、韩国和中国台湾

[①]　Jaffe，Adam B.，Rebecce Henderson and Manuel Trajenberg，Geographic Localization of Knowledge Spillovers as Evidenced by Patent Ciations，*Quarterly Journal of Economics*，Vol. 108，1993，pp. 577～598.

地区的知识流动和溢出①②③。Verbeek（2003 年）计量生物技术和信息技术领域的美、日、欧专利引用，揭示了基础科学研究成果在上述地区间的知识流动规律。④

（5）专利网络分析法

20 世纪 30 年代的哈佛学者研发了个人关系间的模式和派系的构造，然后，曼彻斯特人类学者，运用上述研究来调查部落和村镇社会的关系的特征，在此基础上，Moreno（1934年）对社会关系基础进行了研究，⑤社会网络分析方法初步形成，在此后的发展中，Barnes（1974 年）还对个体中心网（ego-centric）和社会中心网（socio-centric）进行研究，⑥后来 Freeman（1979 年）和 Scott（2000 年）等丰富了社会网络分析的概念和方法⑦⑧。专利中包含了大量的相关关系，专利网络分析法就是基于专利中所包含的相关关系进行分析的，典型的有申请人网络、发明人网络、专利许可网络、专利转让网络等等。

专利网络分析法是把社会网络分析法运用到了专利领域，如申请人网络代表的是共同申请人之间申请专利的状况，可以看出某个技术领域中，有哪些申请人有共同申请专利行为、共同申请专利的数量，提供竞争情报信息。如专利许可网络指的是许可人与被许可人之间专利许可的情况，可以看出某个技术领域中，哪些专利权人进行了专利许可活动及其强度，哪些是专利技术引进方，深入对所引进的技术进行分析，可以得到技术发展趋势、专利权人的技术实力，研发重点等等信息。

（6）权利要求树分析法

权利要求书是个规范的文件，权利要求之间存在着引用关系，体现了技术方案的延伸与范围，独立权利要求被看作是"树根"，从属权利要求被看作是"树干"，从而构成了权利要求树。权利要求树可以非常直观地展示此项专利所要求保护的技术方案与范围，在专利诉讼中可以为分析专利保护范围提供参考。

（7）矩阵分析法

矩阵分析法针对说明书的内容进行分析，典型的有技术/功效矩阵和问题/解决矩阵。专利技术/功效矩阵常用表格表示。横栏第一栏表示出专利文献中采用的技术手段种类，纵

---

① Acosta M，Coronado D.，Science-technology Flows in Spanish Regions An Analysis of Scientific Citations in Patents，*Research Policy*，Vol. 32，No. 10，2003，pp. 1783～1803.

② Henderson R，Jaffe A B.，Patent Citations and Geography of Knowledge Spillovers A Reassessment Comment，*Amercian Economic Review*，Vol. 1，No. 3，2005，pp. 461～466.

③ Albert G，Hu Z，Jaffe A B.，Patent Citations and Intemational Knowledge Flows：The Cases of Korea and Taiwan，*Internatinal Journal of Industrral Organization*，Vol. 21，No. 6，2003，pp. 849～880.

④ Verbeek A，Debackere K，Luwel M.，Science Cited in Patents A Geographic "Flow" Analysis of Bibliographic Citation Patterns in Patents，*Scientometrics*，Vol. 58，No. 2，2003，pp. 241～263.

⑤ Moreno，J. L.，*Who shall Survive? Foundations of Sociometry，Group Psychotherapy，and Sociodrama*，Washington，DC，Nervous and Mental Disease Publishing Co.，1934.

⑥ Barnes，J. A.，*Social Networks*，Addison-Wesley Pub. Co，Reading，Mass，1974.

⑦ Freeman，L. C.，Centrality in Social Networks Conceptual Clarification，*Social Networks*，Vol. 1，No. 3，1979，pp. 215～239.

⑧ Scott，J.，*Social Network Analysis：A Handbook*，Sage Publications Ltd，2nd edition，2000.

列第一列列出专利文献中所要达到的功效种类,而在表中央列出各专利编号。在此表格中,可以看出专利的空白区、疏松区和密集区,可以对空白区进行挖掘,发掘出新的技术发明点。而疏松区和密集区中的专利是相关联的,需要对自己的专利和其他专利进行严格比较,避免以后的侵权。企业可以根据表中侵权风险的技术区域、有利可图的区域、研发已成饱和状态的区域等,拟定下一步的研发策略。

问题/解决矩阵展示的是技术发展过程中的技术难题及其相应的解决方法。横栏表示需要解决的问题(根据年代分类),纵栏表示解决方法,矩阵中填入相关的专利,可以显示技术的进步历程。此矩阵和技术/功效矩阵相近似,不过此矩阵集中体现技术发展过程中所要解决的技术难题,是问题导向的一种分析方法。

3.综合分析法

专利所能展示的信息是多维度的,蕴含极其丰富的内涵,综合分析指的是专利结合其他因素进行目的性的分析方法。

(1)生命周期分析法

根据 R. Vernon 提出的产品生命周期理论,把产品划分为萌芽期、发展期、成熟期、稳定期和衰退期。[①] 相对于专利而言,一般也经历专利申请量和申请人较少—大幅上升—持续增加—保持稳定—下降的相对应过程,从而通过统计一段时间内某项技术相关专利的申请数量和专利申请人数量的变化,来绘制技术生命周期,进而了解产品的生命周期,为企业提供进入市场与否的决策支持。

(2)专利预测

专利预测指基于现有专利数据对未来作估计,体现在专利数量发展趋势预测和技术发展趋势预测上。专利数量发展趋势预测通常采用统计学的相关工具方法,如直观预测法、判断预测法、技术预测法、回归分析预测法、计量经济模型预测法、投入产出模型预测法、增长曲线预测法、时间序列分析预测法和系统动力学模型预测法等;技术发展趋势预测则需要基于对专利技术本身进行分析,结合专家的经验判断为企业提供研发发展指导功能。

(3)专利组合

专利组合指的是根据企业所拥有专利的使用率与潜在价值,配合专利分析来寻找核心技术,并以核心技术为中心,建构特定核心技术领域的专利组合,使竞争对手无法利用专利回避进入市场。H. Ernst(1998 年)首次提出专利组合(patent portfolio)理论,并运用该方法评估一家企业的专利配置并用于企业研发战略规划,取得了良好的效果。[②] Wagner(2004年)进一步完善了专利组合理论,认为以单项专利为主导的时代已经过去,在新的专利世界中整体(专利组合)的价值将远远大于局部(单项专利)价值之和,不断扩张的专利申请活动

---

① Vernon R., International Investment and International Trade in the Product Cycle, *Quarterly Journal of Economics*, Vol. 80, 1966, pp. 190~207.

② Ernst H., Patent Portfolios for Strategic R&D Planning, *Journal of Engineering and Technology Management*, Vol. 15, No. 4, 1998, pp. 279~308.

正是企业普遍实施专利组合战略的必然结果。[①] 专利组合的创建和应用不仅最大效应地发挥了专利的作用,并且能为企业决策提供一套科学合理的可视化工具,使企业在决定专利研发的投资战略、技术转移和商业化能够依据科学指标进行动态监测。

(4)专利地图

专利地图指的是以可视化的图表格式呈现加值化的专利资讯,可以看作是前面专利信息分析方法的结果可视化。根据分析方法的不同将专利地图分为两种:一种是定量分析图,包括构成比例图、排行图、趋势图(二维和三维)、雷达图、专利组合图、引证统计分析图等;另一种是定性分析图,包括矩阵图、TEMPST 图、技术发展图、问题 vs. 方法图等。而根据功能的不同又可将专利地图分为专利管理图、专利技术图和专利权利图。专利管理图包括历年专利动向图、专利占有比例图、专利排行榜表、技术生命周期图、公司专利平均年龄图、公司专利引用族谱表、IPC 分析图等。专利技术图包括专利分析摘要表、专利技术分布鸟瞰表、专利技术领域累计图、专利技术/功效矩阵表、问题/解决矩阵、技术发展路径图等。专利权利图包括专利权利要求关系分析、专利家族图等。

三、专利信息分析方法的应用

专利信息分析方法的功能在于为需求者提供所需的服务。在实际运用中,企业可以综合上述方法来分析专利数据,一般从管理层面、技术层面和权利层面这三个方面着手进行分析,其框架如图 1 所示。

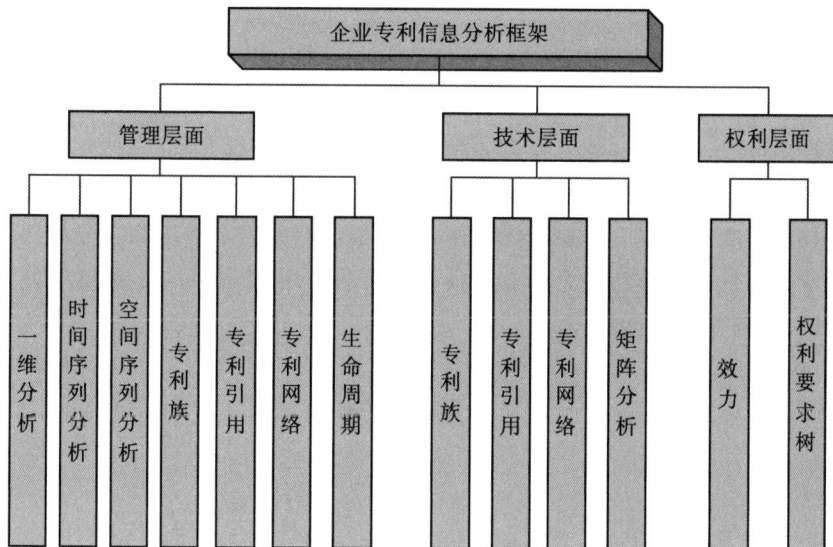

图 1　企业专利信息分析框架

管理层面集中在统计数据的分析方面,最常采用的是一维分析、时间序列分析和空间序

① Wagner P. R. , Parchomovsky G. , Patent Portfolios, Pennsylvania: School of Law and University of Pennsylvania,SSRN Working Papers,2004.

列分析这三种方法,显现给企业管理者的包括申请量趋势、申请类型趋势、申请人趋势、IPC分类统计和发明人统计等信息,还可以进一步针对具体竞争对手作上述分析,提供专利状况、竞争对手情况、历史情况等专利整体分布信息,为企业宏观管理决策提供支持。对于某些重要的专利还可以采用专利族和专利引用方法进行深入的解析,获知其国外申请情况、引用发展情况,为企业研发方向确定、是否进行技术引进、实行专利反包围等决策提供支撑。

技术层面是针对专利中所包含的技术信息的分析,专利族、专利引用和专利网络也能反映专利所包含技术信息的脉络,如专利引用体现了这些专利技术之间的相互关系,在后专利是如何发展在先专利的,呈现这一技术领域的技术发展情况;专利网络中的聚类分析更是体现出了专利所包含技术之间的相关性程度,呈现这一技术领域的技术分布情况。矩阵分析更直观地为企业提供技术空白点,从微观角度提供了研发方向。

权利层面是法律角度的分析,效力这一维分析即指专利的法律状态,如果专利被无效则被认为是自始无效,从法律上就不存在侵权的情况,换言之,任何人对此专利进行使用都不用承担法律责任,即无效专利和过期专利中所包含的技术可以免费使用,这相对于企业而言就是一座巨大的宝藏。权利要求树往往运用在个案纠纷中,发生无效诉讼或侵权诉讼时,需要对本专利与产品或方法或对方专利进行比较,通过权利要求树对专利权利要求进行解析与对比,为是否侵权提供帮助。

当然,专利预测与专利组合的综合分析方法则是针对企业某些具体需求来展开的,如企业期望获得某技术领域的专利申请数量的预测,就可以采用一些预测方法来获取;企业运用专利组合对所拥有的专利进行组合,构建专利池,从而避免竞争对手进入市场。

四、结论

专利包含着巨大的信息,本文在评述和归纳现有专利分析方法的基础上,把专利信息分析方法分为一维分析法、相关关系分析法与综合分析法三大部分,针对企业的具体需求划分为管理层、技术层和权利层三个层面的应用,另外根据特别需求运用综合分析法获得相关的信息,认为专利信息分析方法对企业有着极其重要的作用,企业可以运用这些方法来为企业经营和管理决策提供信息支持。

(本文编辑:周杰)

知识产权管理

新一代信息技术产业专利许可实证研究

——以华为、联想、中兴和大唐为例

■乔永忠　　刘思汶[*]

摘　要：基于专利许可的视角研究企业技术合作和知识溢出具有重要意义。通过对中国新一代信息技术产业代表企业华为、联想、中兴和大唐的专利许可数据分析，可以发现：多数企业专利许可数量总体上呈现逐年递减的趋势；不同企业的产品、方法、产品及方法专利许可类型存在着明显的差异；许可专利涉及技术领域大类相似，小类差异显著；企业在专利许可中所处地位不同；专利许可的主要类型相同，但具体许可专利的数量存在显著的不同。

关键词：新一代信息技术；专利许可；合作模式

Research on the Patent Licensing of the New Generation of Information Technology Industry in China: The Case of Huawei, Lenovo, ZTE and Datang

Qiao Yongzhong　Liu Siwen

Abstract: The research of technology cooperation and knowledge spillovers based on the perspective that patent licensing is of great significance. By analyzing the patent license data of Huawei, Lenovo, ZTE and Datang, we can draw the following conclusions: most companies' patent license quantity is decreasing yearly on the whole; licensing types of product patents, method patents, product and process patent in different companies are obviously different; licensing technological fields are the same in the class and significant

* 乔永忠，1968年生，厦门大学知识产权研究院副教授，博士，研究方向：知识产权管理。刘思汶，1988年生，女，厦门大学知识产权研究院在读硕士生。

difference are found in the sub-class；different companies are in different position in the patent licensing；the main types of patent licensing are the same，but the exact number of patent licensing exist significant differences.

Key Words：New Generation Information Technology Industry；Patent Licensing；Cooperation Model

一、引言

　　新一代信息技术产业是我国战略性新兴产业重点发展的七大产业之一，电子信息产品制造、信息网络、信息服务和软产业的融合发展，极大地推动了云计算、物联网、移动互联网、新一代移动通信等新兴业态的发展。[①] 该产业处于科技发展的前沿，凭借企业单独的力量，很难对核心技术进行突破，所以以专利许可的模式进行合作的企业越来越多，专利竞赛也成为企业合作和博弈发展的新趋势。[②] 专利许可协议是专利权人与被许可人讨价还价的结果，[③]通过不同模式的专利许可，同一产业或者不同产业的企业，可以获得更多的专利实施权，并进一步促进技术创新，如通信产业技术标准中合理的专利许可可以使企业获得更多的专利收益；[④]医药产业企业更有可能通过相对有效的技术市场将其专利许可给需要的企业；[⑤]在化学技术领域，化工产品企业在专利许可行为方面具有很强的积极性等。[⑥] 不过，基于某一产业领域，通过典型企业间专利许可状况分析专利合作的研究成果却很少发现。因此，基于我国新一代信息技术产业的迅速发展和企业间合作模式的逐渐复杂化等问题，本文拟从专利许可的视角分析我国新一代信息技术产业企业间的合作模式，为战略性新兴产业企业通过专利许可方式促进技术创新提供参考。

二、数据收集与研究对象

(一)数据收集
　　本文中的专利许可数据来自于中国国家知识产权局专利信息服务平台(http：//search.

---

　　① 中国国务院：《"十二五"国家战略性新兴产业发展规划》，2010 年 5 月。

　　② Silipo，Damiano B.，The Evolution of Cooperation in Patent Races：Theory and Experimental Evidence，*Journal of Economics*，Vol. 85，No. 1，2005，pp. 1~38.

　　③ Kishimoto，S.，Watanabe，N.，Muto，S.，Bargaining Outcomes in Patent Licensing：Asymptotic Results in a General Cournot Market，*Mathematical Social Sciences*，Elsevier，Vol. 61，No. 2，2011，pp. 114~123.

　　④ 徐明：《通信产业技术标准中专利许可的收益研究》，载《科学学与科学技术管理》，2012 年第 11 期。

　　⑤ Anand，B.，Khanna，T.，The Structure of Licensing Contracts，*Journal of Industrial Economics*，Vol. 48，No. 1，2000，pp. 103~135.

　　⑥ Arora，A.，Patents，Licensing，and Market Structure in the Chemical Industry，*Research Policy*，Vol. 26，No. 4，1997，pp. 391~403.

cnipr. com/)的法律状态栏目。具体检索方法为,在法律状态公告日栏中输入关键词"年份",法律状态栏中输入关键词"许可",然后对检索结果进行统计、归类与整合。将通过上述方法收集到的申请号输入网站首页的"申请(专利)号"栏目,得到分类号,然后根据国际专利分类号(IPC)(第八版)进行整理即可得到技术领域部分的数据。检索数据的发生时间为2009—2013 年。

(二)研究对象

根据国家工业和信息化部公布的《2012 电子信息百强名单》并参考各企业的主要业务方向,本文从新一代信息技术产业中选取华为技术有限公司(以下简称"华为")、联想移动通信技术有限公司(以下简称"联想")、中兴通讯股份有限公司(以下简称"中兴")和大唐电信科技集团(以下简称"大唐")四家企业为代表,对其从专利许可量逐年变化、许可对象、许可方式及许可使用专利技术领域等方面对比分析,研究新一代信息技术产业的企业间专利合作模式。

三、数据分析

(一)专利许可数量的发展趋势

将专利许可数量按照年份统计,得到华为、联想、中兴和大唐公司的专利许可数量变化趋势(表 1)。

表 1　四家代表企业的专利许可量分布

	2009 年	2010 年	2011 年	2012 年	2013 年
华为	23	6	10	1	0
中兴	47	3	13	5	1
联想	0	0	5	15	68
大唐	9	4	7	1	2

从表 1 可以看出以下两种趋势:一是除联想外,四家企业专利许可数量呈现波浪式递减趋势。二是联想专利许可量呈现逐年递增趋势。2009 年和 2010 年没有专利许可记录,2011 年开始逐渐出现少量专利许可,2013 年剧增,截至该年度 4 月份达到 68 件;华为、中兴和大唐的许可量都呈现逐年递减的趋势,2009 年专利许可量最多,2013 年无专利许可记录。

联想专利许可量在 2013 年激增和其与杜比的合作历程相关,联想的专利许可几乎全部来自于杜比实验室。自 2005 年起,杜比与联想开始携手合作,不断推出具有强大娱乐功能和影院级音响体验的 PC 产品。2008 年,在联想全新系列的 IdeaPad 笔记本电脑中,全系列采用了"杜比家庭影院技术",集合了联想全球创新技术和设计实力的 IdeaPad 笔记本电脑,将杜比家庭影院技术的优质体验,为全球消费笔记本用户所享。然而,真正意义上的专利许可从 2012 年 6 月杜比实验室与联想公司达成了一项为期两年的合作协议开始,之后联想在 ThinkPad、ThinkCentre、IdeaPa 和 IdeaCentre 等产品线中采用第四代杜比家庭影院技术或第二代杜比 PC 先进音频技术,从而使得 2013 年联想专利许可量激增。

(二)许可专利类型

四家企业中除中兴许可专利有 5 件外观设计专利外,其余企业许可专利都是发明专利或实用新型专利,其专利类型分为产品、方法和产品及方法(详见表 2)。许可专利类型中华为和中兴主要为产品及方法专利,联想产品专利居多,中兴三种类型分布均匀。究其原因,与各企业的业务分布关系密切。华为产品和解决方案涵盖移动、宽带、IP、光网络、电信增值业务和终端等领域,致力于提供全 IP 融合解决方案,因此涉及的方法专利多于产品专利。联想是全球个人电脑市场的领导企业,主要生产台式电脑、服务器、笔记本电脑、打印机、掌上电脑、主板、手机等商品,许可专利的类型多集中于产品专利。中兴是全球领先的综合通信解决方案提供商,全球第四大手机生产制造商,两块业务比重相当,反映出其许可专利中产品专利和方法专利的比重基本持平。大唐的主要业务包括通信终端产业和与通信终端相协调的通信应用和服务产业两大部分,因而许可专利的内容也同时涉及产品和方法两个方面。可见,企业许可专利类型与其主要经营业务相关。

表 2　四家企业许可专利类型

	华为	联想	中兴	大唐
产品及方法	22	27	23	11
方法	11	18	23	8
产品	7	43	23	4

(三)许可专利技术领域

通过对许可专利根据 IPC 分类号进行技术领域划分,可以掌握四家企业技术的输出和需求程度。本部分根据国际专利分类号(IPC)(第八版),分析四家企业许可专利涉及的技术领域分布[①]。信息技术产业的 IPC 分类号主要分布在 G 部和 H 部,也有少量分布在 B 部和 C 部。[②]

1. 许可专利按部划分

对许可专利按照部进行分类,可以粗略了解四大企业专利许可的领域。四家企业许可专利整体分布如下:华为许可专利技术分布在 H(电学)部的有 50 件,分布在 G(物理)部的有 26 件,分布在 B(作业;运输)部的有 1 件,分布在 C(化学;冶金)部的有 1 件;联想许可专利技术分布在 H 部的有 55 件、G 部的有 52 件;中兴许可专利技术分布在 H 部的有 111 件、G 部的有 22 件;大唐许可专利技术分布在 H 部的有 39 件、G 部的有 6 件、C 部的有 6 件。从四家企业整体的技术分布情况来看,专利许可技术主要集中在 H 部,其次是 G 部,C 部和 B 部技术也有少量涉及。

2. 许可专利按大类划分

对四家企业许可专利按照大类划分整理,得到其许可专利技术的分布情况(表 3)。华为的专利许可分布较为分散,其他三家企业则相对集中,主要集中在 H04 大类(电通信技术)。

---

① 一个专利的申请号可能对应一个或多个 IPC 分类号。

② 湖南省知识产权局:《战略性新兴产业专利检索手册》,知识产权出版社 2013 年版,第 426~494 页。

表3　四大企业许可专利按照大类技术领域分布

	华为	联想	中兴	大唐
基本电器元件(H01)	8	0	3	0
发电、变电或配电(H02)	7	0	4	0
基本电子电路(H03)	1	20	3	1
电通信技术(H04)	15	35	102	40
其他类目不包含的电技术(H05)	17	0	0	0
测量;测试(G01)	11	0	2	3
控制;调节(G05)	1	0	2	0
计算;推算;计数(G06)	13	9	14	2
信号装置(G08)	2	0	0	0
乐器;声学(G10)	40	0	3	1
信息存储(G11)	3	0	0	0
测时学(G04)	0	0	1	0

首先,华为许可专利技术分布相对均匀,主要集中在 G10 大类(乐器、声学),其次在 H05 大类(其他类目不包含的电技术)和 H04 大类(电通信技术)分布较多。其次,与华为不同,其他三家企业许可专利的技术领域分布相对集中:联想主要分布在 H04 大类(电通信技术)和 H03 大类(基本电子电路);中兴主要集中在 H04 大类(电通信技术),少量分布在 G06 大类(计算、推算、计数);大唐也主要集中在 H04 大类(电通信技术),在 G01 大类(测量、测试)领域有少量专利许可。

华为是信息与通信解决方案供应商,在电信网络、企业网络、消费者和云计算等领域构筑端到端的解决方案,为电信运营商、企业和消费者等提供 ICT 解决方案和服务,业务范围广泛,因此其许可专利的技术分布情况比较分散,并且在 G10 大类(乐器、声学)、H05 大类(其他类目不包含的电技术)和 H04 大类(电通信技术)的技术相对突出。

联想集团由联想及前 IBM 个人电脑事业部所组成,开发、制造和销售科技产品及服务,产品线包括个人电脑服务器、工作站以及包括平板电脑和智能手机等的一系列移动互联网终端,因此,技术内容主要集中在对互联网终端的开发上,涉及最多的技术领域是 H04 大类(电通信技术)和 H03 大类(基本电子电路)。

中兴技术领域集中的表现可能与其仍处在转型初期密切相关,在中兴全球分析师大会上,中兴执行副总裁何士友曾表示:“从 2012 年及之后三年,中兴将着重从电信设备提供商向通信综合服务提供商转型,致力于不断将产品与服务进行融合,从而满足多种类型市场的需求。”这使得中兴现阶段的技术仍高度集中在 H04 大类(电通信技术)。

大唐的情况与中兴类似,大唐电信正在深化调整公司的产业结构、产品结构、战略布局并大力发展战略新兴产业,将发展重点由核心网向更靠近用户的领域转移,由提供单一产品向整体解决方案转型。

3. 许可专利按小类划分

四家企业许可专利小类涉及技术领域的主要分布如表4所示。

表 4 四家企业许可专利主要涉及的技术领域及其数量①

华为	H01B	H01L	H02H	H04B	H04L	H05K	G01R	G06F	G06Q	G08G
	3	4	6	4	11	17	11	12	2	2
联想	H03G	H03M	H04B	H04N	H04R	H04S	G06F	G10K	G10L	G11B
	13	7	5	6	6	16	7	4	36	3
中兴	H02H	H02J	H03M	H04B	H04J	H04L	H04M	H04N	H04Q	G06F
	2	2	2	11	6	16	10	4	35	14
大唐	H04B	H04L	H04M	H04Q	H04W	G01S	G06F	G10L	B65D	
	4	12	6	14	2	3	2	2	3	

从表 4 可得出如下结论:华为许可专利涉及技术领域最多的是 H05K 小类(印刷电路等),其次是 H04L 小类(数字信息的传输)和 H02H 小类(紧急保护电路装置);联想许可专利涉及技术领域中 G10L 小类(音频分析或处理等)相对于其他小类遥遥领先,其余小类如 H04S(立体声系统)和 H03G(放大的控制)等则分布均匀,均有一定量的分布;中兴②许可专利涉及的技术领域中小类 H04Q(选择)的总量最高,除此之外 H04L(数字信息的传输)、G06F(电数字数据处理)、H04B(传输)等均有一定量的分布;大唐的许可专利涉及的技术领域主要有 H04Q(选择)、H04L(数字信息的传输)和 H04M(电话通信)。

(四)专利许可主体

近年来,企业之间专利许可不仅发生在不同的技术领域之间,而且发生在规模大小不同的企业之间,如包含一些属于不同类型专利权人的互补性专利大幅度增加;③因为大企业一般拥有相关技术的专利数量较多,所以与小企业相比,大企业与合作伙伴之间容易进行交叉许可或者普通许可行为。④ 通过分析四家企业专利(被)许可人(表 5),分析各企业许可模式的异同。华为的专利许可的被许可人不固定,大多是广东省的公司。华为是全球第二大通讯设备供应商,全球第三大智能手机厂商,也是全球领先的信息与通信解决方案供应商。随着华为企业逐渐走向成熟,在国内的专利许可量逐年减少,然而同时华为每年支付 3 亿美元左右的专利许可费,以获得业界其他公司专利技术的合法使用权。目前,华为已经与业界主要厂商和专利权持有人签署了数十份知识产权交叉许可协议。华为的专利合作模式正向我

---

① B26D:切割或用于切断;H01B:电缆、导体或绝缘体及其选择;H01L:半导体器件等;H02H:紧急保护电路装置;H02J:供电或配电电路装置或系统;H03G:放大的控制;H03M:一般编码、译码或代码转换;H04B:传输;H04J:多路复用通信;H04L:数字信息的传输;H04M:电话通信;H04N:图像通信;H04Q:选择;H04R:扬声器、助听器及扩音系统等;H04S:立体声系统;G10K:发声器械;G10L:语音合成或识别;H05K:印刷电路;G01R:测量电或磁变量;G01S:无线电导航等;G06F:电数字数据处理;G06Q:数据处理系统或方法等;G08G:交通控制系统;G10L:音频分析或处理等;G11B:基于记录载体和换能器之间的相对运动而实现的信息存储。分号下边的数字为该领域专利数量。

② 中兴许可专利中有 5 件外观设计的分类号未在表格中列出。

③ Bekkers, R., Verspagen, B., Smits, J., Intellectual Property Rights and Standardization: the Case of GSM, *Telecommunications Policy*, Vol. 26, No. 3, 2002, pp. 171~188.

④ Lanjouw, J. O., Schankerman, M., Characteristics of Patent Litigation: a Window on Competition, *The Rand Journal of Economics*, Vol. 32, No. 1, 2001, pp. 129~151.

们展现了一个在国内基本成熟的大企业与国外技术领先企业专利许可合作的过程。

表5　四家企业的专利许可主体地位

	华为	联想	中兴	大唐
许可	40	3	67	30
被许可	0	85	2	0

在联想的88件许可专利中,有3件是联想移动通信科技有限公司对联想移动通信软件(武汉)有限公司关于终端设备的专利许可使用;其余85件都是被许可使用,并且许可人是固定的杜比实验室特许公司、杜比国际公司,其中有33件是杜比实验室特许公司、杜比国际公司对联想移动通信科技有限公司的专利许可使用,52件是杜比实验室特许公司、杜比国际公司对联想(北京)有限公司的专利许可使用。杜比实验室特许公司、杜比国际公司主要发明声音降噪及声音压缩编码等技术,这正与联想的产品需要相契合,杜比数字技术是世界上最为先进的音频编码系统,美国、欧盟、澳大利亚等国家和地区几乎都把杜比数字作为其数字电视传输标准中音频部分的首选,杜比实验室特许公司、杜比国际公司不仅仅提供技术认证服务,并且为企业提供音频技术的全套解决方案,帮助企业开发新产品,开拓新市场。联想与杜比实验室特许公司、杜比国际公司通过专利许可使用达成专利合作,保证技术更新与企业发展同步进行,这无疑是联想能够迅速发展壮大的坚实的技术后盾。

中兴专利许可,大部分为许可他人使用专利,其中许可内部公司使用的专利许可量占总量的81%,其余与其他企业间的许可只占19%。中兴专利许可的许可人均为中兴通讯股份有限公司;除此之外,有2件专利许可是意大利息思维有限责任公司对中兴通讯股份有限公司的专利许可使用。近年来中兴对专利技术的把握上升到了一个新的高度,2013年第一季度,中兴通讯的国际专利申请量继续位居全球企业第一,这些专利的申请地则覆盖了欧美、日本、韩国和一些经济发展迅猛的新兴国家。2013年前5个月,中兴通讯的第四代移动通信产品在欧洲的出货量同比增长,在过去5年中,中兴在欧美市场的营业收入增长了近50%,出口的快速增长得益于专利技术的有力支撑,取决于总公司与子公司和分公司间快速的技术交流,因此对于中兴来说,企业内部的专利许可比与其他企业间的专利许可更为重要。

大唐的专利许可对象情况与中兴类似,多为企业内部的专利许可使用,这与大唐复杂的内部组织结构是分不开的。大唐的专利许可的许可人全部为大唐集团的下属企业,主要的有西安大唐电信有限公司、大唐移动通信设备有限公司、大唐微电子技术有限公司、大唐电信科技股份有限公司、电信科学技术研究院和大唐微电子技术有限公司;被许可方也基本都是大唐集团的内部企业,包括大唐电信(天津)技术服务有限公司、大唐电信(天津)通信终端制造有限公司、大唐电信科技产业控股有限公司和电信科学技术第四研究所,除此之外,大唐集团对外其他公司的专利使用许可有2件,分别是上海飞利通信科技实业总公司和广州市明森机电设备有限公司。①

---

① 四家企业的数据信息来自于各企业官方网站。

(五)专利许可方式

专利实施许可按许可方所授予被许可方的权利和范围大小,可分为独占许可、排他许可、普通许可、分许可、交叉许可。学者认为,最优的专利许可方式可能是排他性的,也可能是非排他性的,关键取决于专利许可合同双方对成本收益的权衡。[1] 华为的许可类型全部为独占许可,没有普通许可;联想的许可方式以普通许可为主,有 85 件,占总许可量的96.59%,独占许可仅 3 件;中兴的许可方式主要是独占许可,共 66 件,占总量的 97.06%,普通许可只有 2 件;大唐的许可方式中独占许可也占了大部分,共 19 件,占总量的90.48%,普通许可 2 件。四家企业专利许可类型主要的许可方式只有独占许可和普通许可两种类型,华为、中兴和大唐的独占许可方式占绝对多数,联想的情况则相反(表 6)。

表 6　四家企业专利许可类型分布

	华为	联想	中兴	大唐
独占许可	40	3	68	20
普通许可	0	85	2	2

独占许可只有被许可人可以使用许可人的专利,其他人包括许可人本人均不得使用该专利,这种许可方式能为企业节约管理成本,目的性强,适用于企业之间的合作。华为、中兴和大唐的专利许可基本都是企业之间的许可,因此独占许可居多。与此相反,联想的专利许可中绝大多数都来自于杜比实验室特许公司、杜比国际公司,相当于杜比实验室特许公司、杜比国际公司为联想提供技术支持,所以更多适用的是普通许可。专利许可的类型因合作的对象和合作方式的不同而不同,华为、中兴和大唐以独占许可为主,而联想则是普通许可居多。

四、结论

专利许可在促进技术创新过程中发挥着非常重要的作用,尤其是被跨国公司或者规模较大企业经常运用的对内技术许可模式,[2]已经成为从企业内部 R&D 投入和新产品开发的重要选择之一。[3] 综上所述,得出以下五点结论:一是四家企业专利许可数量总体上呈现逐年递减的趋势,联想例外。二是许可专利类型中华为和中兴主要为产品及方法专利,联想产品专利居多,中兴三种类型分布均匀。三是许可专利涉及技术领域最多的分别是华为在印

---

① Kuang-Cheng Andy Wang, Wen-Jung Liang, Pin-Shu Chou, Patent Licensing under Cost Asymmetry among Firms, *Economic Modelling*, Vol. 31, No. 3, 2013, pp. 297~307.

② Kulatilaka, N., Lin, L., Impact of Licensing on Investment and Financing of Technology development, *Management Science*, Vol. 52, No. 12, 2006, pp. 1824~1837.

③ Atuahene-Gima, K., Inward Technology Licensing as an Alternative to Internal R&D in New Product Development: a Conceptual Framework, *Journal of Product Innovation Management*, Vol. 9, No. 2, 1992, pp. 156~167.

刷电路等技术领域、联想在音频分析或处理等技术领域、中兴和大唐在小类选择（H04Q）技术领域。四是在（被）许可人方面中兴的专利许可大部分为企业内部的许可；联想和大唐的专利许可人比较固定；华为的被许可人不固定，大多是广东省的公司。五是四家企业专利许可类型只有独占许可和普通许可两种类型，华为、中兴和大唐的独占许可方式占绝对多数，联想情况则相反。

（本文编辑：董慧娟）

专利产业化背景下专利法实施效率的实证研究

——基于我国 2007 年至 2011 年的数据分析

■徐海宁*

摘　要：专利产业化是我国实现经济转型、建设创新性国家的必由之路。在专利产业化背景下，以 2007—2011 年我国官方公布的专利统计数据为依托，对国内专利法实施效率进行系统地实证化研究，并从中探析我国目前专利产业化的困境所在，同时在借鉴美国《拜杜法案》经验的基础上进而提出适合中国国情的解决策略。

关键词：专利产业化；专利法实施效率；专利实施；发明创造

An Empirical Study of Implemental Efficiency of Patent Law in the Context of Patent Industrialization

—Based on Data-Analysis of 2007-2011 in China

Xu Haining

Abstracts：Patent industrialization is necessary for China to achieve economic transformation and become an innovative country. In the context of patent industrialization，based on patent statistics from 2007 to 2011 issued by SIPO，implemental efficiency of *Patent Law* is studied in a systematic and empirical way，which indicates that several dilemmas occur in the course of patent industrialization currently，and that it's of great benefit to put forward some strategies suitable for China on the basis of the experience of the *U. S. Bayh-Dole Act*.

Key words：Patent Industrialization；Implemental Efficiency of Patent Law；Patent Implementation；Inventions

一、引言

　　近年来，我国专利申请总量保持持续增长的趋势。根据世界知识产权组织公布的数据，至 2011 年我国专利申请量已位居世界第四，专利申请量增速则跃居世界第一。但是，上述

---

　　*　徐海宁，1990 年生，上海社会科学院法学研究所 2012 级民商法在读硕士生，研究方向：知识产权。

专利的实施与产业化率普遍偏低,对国内经济发展的拉动作用较弱,这既造成我国科技资源的严重浪费,也不利于我国专利事业的发展。因此,专利产业化问题已成为政策制定者和学者热切关注的问题。

本文以专利产业化为背景,以 2007—2011 年我国官方公布的专利统计数据为依托,对国内专利法实施效率进行系统地实证化研究,并从中探析我国目前专利产业化的困境所在,进而提出切实可行的解决策略。

二、专利产业化背景下专利法实施效率的合理性

法律效率意味着法律效益与法律成本之比例。其中,法律效益是指通过立法、执法、诉讼、守法过程中对法律权利资源的最优配置,除去各种成本耗费后,进而实现法律资源使用价值在质上的极优化程度和量上的极大化程度及其所得到的综合效果。[①] 作为专利法法律效益的体现,专利法的制定与实施,是专利制度自身得以建立并完善的重要保证,它为专利技术的推广应用(即专利产业化)创造了适宜的法律环境。同时,伴随着科技成果的市场转化,专利产业化有效地创造了专利技术的经济价值(或经济效益)。就本质而言,专利产业化是以专利申请权和专利权为表现形式的科技成果,在市场中获得规模化价值实现或价值再创造的过程。[②] 因此,专利产业化之举已然成为专利法的重要法律效益。

专利产业化的直接效益体现在于专利法的实施效率。其中,对于专利法实施效率的评价,则需要评估专利法颁布实施后其对社会主体行为的导向作用,而此种导向作用的直接结果即专利技术转化为现实生产力的程度和规模,即专利产业化的水平。从实践层面分析,以专利法实施效率为导向确立的专利产业化评估指标具有制度合理性。

从专利产业化的角度看专利法实施效率的合理性,可以从专利法的立法目的、"有利于推广应用"在专利法立法目的中的地位、专利产业化与发明创造的推广应用之间的关系这三个方面进行展开。

(一)专利法的立法目的

立法是立法主体有意识,有目的的活动。立法目的的不同直接决定立法活动及法律体系的不同。中国专利立法的价值取向是国家根据现实发展状况和未来发展需要作出的一种公共政策选择和安排。[③] 作为专利制度基本规范的集中体现,现行的《专利法》充分体现了我国专利制度与世界知识产权制度相接轨的融合趋势。可以说,《专利法》的立法目的对于指导和推动专利制度的建设有着重要的作用。我国的《专利法》首条规定了专利制度的立法宗旨,即为了保护专利权人的合法权益,鼓励发明创造,推动发明创造的应用,提高创新能力,促进科学技术进步和经济社会发展。

---

① 陈仲:《论立法效益构成及其提高路径》,载《商业时代》2011 年第 10 期。
② 黄洪波、宋河发、曲婉:《专利产业化及其评价指标体系与测度方法研究》,载《科技进步与对策》2011 年第 15 期。
③ 马宁:《从〈专利法〉三次修改谈中国专利立法价值趋向的变化》,载《知识产权》2009 年第 5 期。

(二)"有利于推广应用"在专利法立法目的中的地位

作为一项重大的系统工程和创新工程,专利技术的产权化、产业化,形成了专利转化为现实生产力的直接推动器。从产业化角度分析,专利技术的最终价值是在市场上获得实现或者再创造。因此,专利产业化是专利实现价值的最高目标。而"有利于推广应用"的立法要旨则正是对专利产业化的侧面阐释。在全球竞争化格局中,专利成果的运用和产业化程度早已成为国家间科技竞争力与经济发展水平的衡量标准之一。

在现行的《专利法》中,"有利于推广应用"的实现是在"鼓励发明创造"的基础路径上进行的。通过"鼓励发明创造",推动整个社会生产力水平的提升,以此达到新技术的推广应用。专利保护期限的设立即体现了《专利法》中"有利于推广应用"这一立法初衷。其中,如何确定一个合理的专利保护期限,对于作为社会博弈规则的制定者来说就面临着一个两难的选择:无专利保护或保护期限太短,创新者无法收回巨大的前期投入;保护期过长,对于社会而言,则净损失就越大。[①] 因此,从"有利于推广应用"的角度出发,专利保护期限的划定在赋予专利权人一定期限内自由处分专利技术的权利的同时,也有效地减缓了因专利技术独占时间过长所带来的对专利技术推广应用的阻碍。

(三)专利产业化与"发明创造的推广应用"之间的关系

建设创新型国家的重要衡量指标之一在于创造的知识产权数量、质量以及知识产权转化对经济社会发展的贡献率。专利成果只有经过实施、运用、产业化的动态实现进程,才能转化为现实的生产力,从而对社会经济产生助推作用。

一项专利技术成果实现产业化的过程需要历经研发阶段、实施阶段、产业化阶段等三个阶段。其中,"发明创造的推广应用"介于实施阶段与产业化阶段之间,意味着专利技术必须通过推向市场的形式得以实现其价值。而专利技术的市场化则是属于产业化阶段的范畴。一项专利要产业化,需要经历"研究、开发、产品、商品化、产业化"多个阶段,涉及政府、企业、高校、科研机构、个人、中介机构等多个主体,最终产品达到一定的市场容量,形成一定的生产规模,才能称之为产业化。目前,成熟的专利产业化一般采取的步骤是:企业发现市场需求,初步研发项目产品,寻找融资,推出市场,完成技术成果的产业化。由此可见,专利产业化的必然路径是"发明创造的推广应用",而"发明创造的推广应用"也是实现专利产业化的必经阶段,两者紧密联系。所以,做好专利产业化工作,必须以市场需求为导向,重视发明创造的推广应用。

三、专利产业化背景下专利法实施效率概况

(一)专利产业化的现状

为了进一步研究我国专利产业化的现状,确定一系列科学的评估指标是十分必要的。笔者认为,专利产业化的评估指标可包括:专利泡沫、专利存活率、专利技术转化率、专利实施率以及科技进步对经济增长的贡献率。

---

① 王帮俊、周敏:《专利制度对技术创新动力机制作用的探析》,载《科技导报》2006 年第 11 期。

1. 专利泡沫

"专利泡沫"的规模直接反映了专利的实施效率,体现了专利产业化的成效。根据国家知识产权局 2011 年 4 月发布的《专利统计简报》的数据显示,截至 2010 年年底,我国有效专利共计 221 万余件。但是,有效专利的构成结构极不均衡:技术领域有限、技术覆盖面狭窄且技术含金量较低的实用新型和外观设计专利分别占国内有效专利总量的 46.5% 和 39.3%,而创造水平及科技含量较高的发明专利比重相对较低,只有 14.2%。在国际知识产权领域,发明专利因具有较高的技术含金量而成为一个国家或地区经济和科技实力的重要评价指标。由此可见,我国体现科技含量核心的发明专利在巨大的专利数量里只占很小的一部分,这是"专利泡沫"最明显的标志之一。[①]

2. 专利存活率

专利存活率是有效专利存量占专利授权量的比值。根据《专利法》的规定,专利权维持的前提在于向国家知识产权局缴纳年费——这使得专利权人必须根据专利的市场收益和市场潜力决定是否对专利进行续费。因此,专利存活率可在一定程度上衡量专利发展的质量和技术水平。

鉴于专利类型中发明专利的技术水平最高,因此,选取有效发明专利比例指标进行评价更符合现实应用的状况。国家知识产权局的统计结果表明,截至 2011 年 6 月底,我国有效专利仅为 63.2 万余件,这其中有相当一部分是最近刚刚授权、还在维持的。存活期超过 5 年的只有 21 万余件,超过 10 年的就只剩下 4348 件,能够维持 10 年或者 20 年完整法定保护期限的专利数量极少。这些存活的专利中,我们国内的专利主要是以实用新型和外观设计为主,技术含量相对较高的发明专利的存活数量只占总存活数量的 13%。发明专利数量少并且存活期短,表明我国的专利质量亟须进一步提高。

总体而言,我国的专利质量不高,专利运用和产业化水平较低,未能充分发挥专利制度"有利于推广应用"这一立法初衷,在很大程度上影响了我国专利事业的良性发展。

3. 专利技术转化率及其实施率

专利技术的转化率和实施率均意味着专利技术作用于实际的社会生产,转化为现实生产能力的效率,这两者是衡量专利产业化水平的重要标准之一。根据《2009 年全国技术市场统计年度报告》的数据显示,2008 年共完成专利技术交易 4353 项,涉及金额 243.97 亿元,专利技术转化率不到两成。同时,根据国家科技部的统计数据显示,我国每年有省部级以上的科技成果 3 万多项,但是能大面积推广并产生规模效益的仅占 10%～15%;每年的专利技术有 7 万多项,但专利实施率仅约为 10%。由此可见,通过技术市场进行商业化、产业化的专利技术占国内有效专利总量的比例仍处于较低水平。

4. 科技进步对经济增长的贡献率

自社会主义市场经济体制建立以来,中国经济的投资拉动特征十分显著,但这期间国内研发资本存量的弹性系数较小,2011 年的数值仅为 0.13,表明了技术进步所带来的经济效益较低。同时,根据国家科技部的统计数据显示,2012 年科技进步对经济增长的贡献率约

---

① 王正志:《中国知识产权指数报告 2011》,知识产权出版社 2011 年版,第 145 页。

为 39％,其中高新技术对经济增长的贡献率仅为 20％,远远低于发达国家 60％的贡献率。可以说,目前我国专利技术成果转换为经济效益依旧不够明显,专利运用和产业化的水平还不够高。为此,加大强化专利技术产业化机制,提高科研经费投入力度的同时予以严格监管,是应然之道。

(二)专利法实施效率的实证分析

专利实施许可也称专利许可证贸易,是指专利技术所有人或其授权人许可他人在一定期限、一定地区、以一定方式实施其所拥有的专利,并向他人收取使用费用。专利实施的目的是通过专利技术成果的转化、应用和推广,实现科技对于社会生产力的推动。专利实施是成功实现专利产业化的重要环节之一,其程度和水平是衡量专利产业化的重要标准之一。

专利实施许可合同的备案信息较为直接、真实、全面地反映出专利实施的主体、数量和发展趋势。笔者汇总国家知识产权局发布的专利实施许可合同备案登记相关信息,以2007—2011 年长达 5 年的数据为样本,运用统计学软件,分析不同主体、不同类型专利的实施许可情况,从而折射出我国专利产业化进程中对于专利法的实施效率。

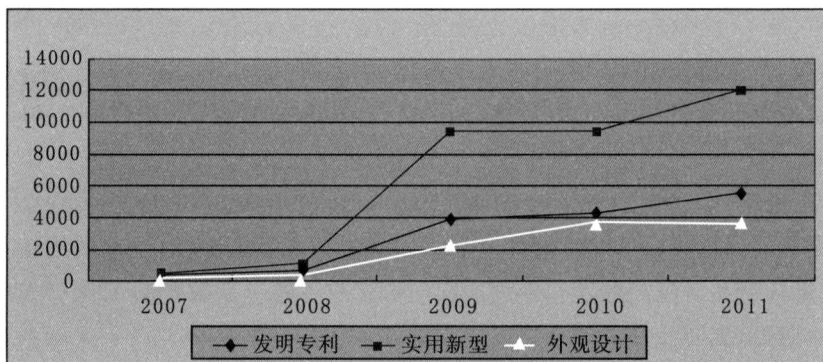

图 1 2007—2011 年不同类型专利实施数量变化趋势图

图 1 表明,在 2007—2008 年期间,三种专利的实施量相对较小,相互差距不大,但自2008 年以后均呈现出大幅上升趋势。其中,实用新型专利的实施量一直高于发明专利和外观设计专利,且其增长速度亦远远超过其他两种专利。可见,实用新型专利更易实施和市场化。此外,图 1 也表明,不断攀升的专利实施总量标志着我国专利产业化事业的发展自2007 年之后取得了显著成效。作为专利产业化水平提高的一大基本因素,专利实施总量的增长对于减少专利泡沫、提高专利存活率均有直接的积极影响。

在专利实施许可合同中,发明专利的许可人类型主要有四种:企业、个人、高校和科研机构。图 2 表明,在 2007—2008 年间,许可人为企业的比重占据首位,而许可人分别为个人、高校和科研机构的比重相对较低;但自 2008 年以后,许可人为企业的比重大幅下降,而许可人分别为个人、高校和科研机构的比重则出现显著上升的趋势。从比重增长幅度分析,许可人为科研机构的实施专利量增幅约为 10％,而许可人为个人、高校的实施专利量增幅较高,约为 30％。它表明,发明专利的许可主体已趋于多样化,以往由企业"垄断"发明专利许可的情形将不复存在。此外,合理地均衡发明专利的许可主体比例,有利于扩大发明专利的实施途径,提高发明专利的实施效率,从而有利于专利存活率的提升。

由图 3 可知,在 2007—2008 年间,发明专利的被许可人只有企业;自 2009 年以后,发明

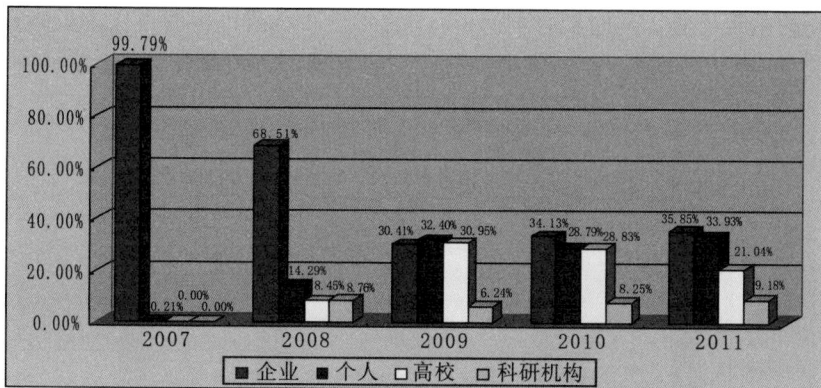

图 2   2007—2011 年发明专利许可人构成的比例变化

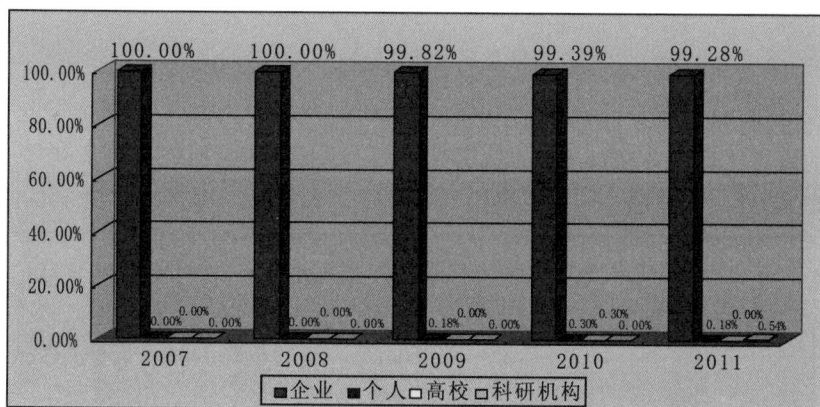

图 3   2007—2011 年发明专利被许可人构成的比例变化

专利的被许可人才陆续出现个人、高校和科研机构等主体,且各自所占的比重均未超过1％。它表明,发明专利实施的最主要动力始终来自于市场最为重要的主体即企业。

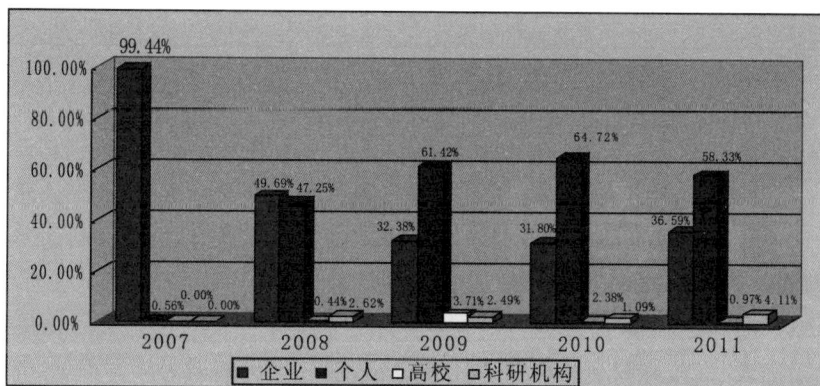

图 4   2007—2011 年实用新型许可人构成的比例变化

由图 4 可知,2007 年,企业作为实用新型专利的许可人所占的比重近 100％,而作为许可人的个人仅占 0.56％;2008 年,作为许可人的企业所占比重大幅下滑,而个人所占比重明显上升,且增速较快;自 2009 年始,作为许可人的个人所占比重超过企业,并保持

20％～30％的差距优势。同时期,作为许可人的高校和科研机构所占比重虽略有上升,但均未超过 5％。可见,个人和企业是实用新型专利最主要的许可主体。

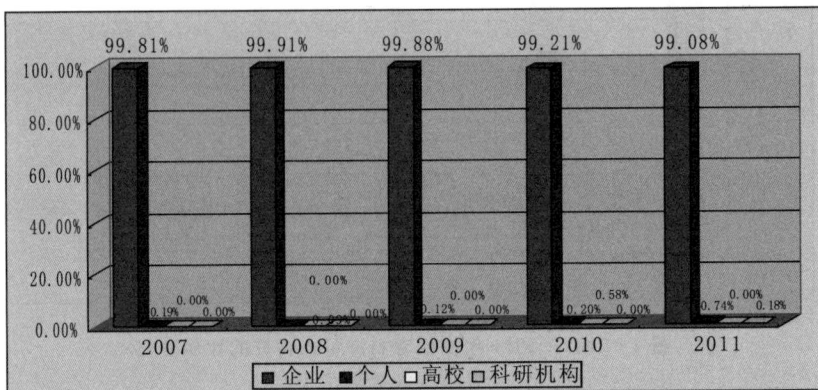

图 5　2007—2011 年实用新型被许可人构成的比例变化

由图 5 可知,2007—2011 年间,实用新型专利的被许可人基本上都是企业,个人、高校和科研机构所占比重未曾超过 1％。这说明,实用新型专利的市场化很大程度上是依赖于企业的运作的。

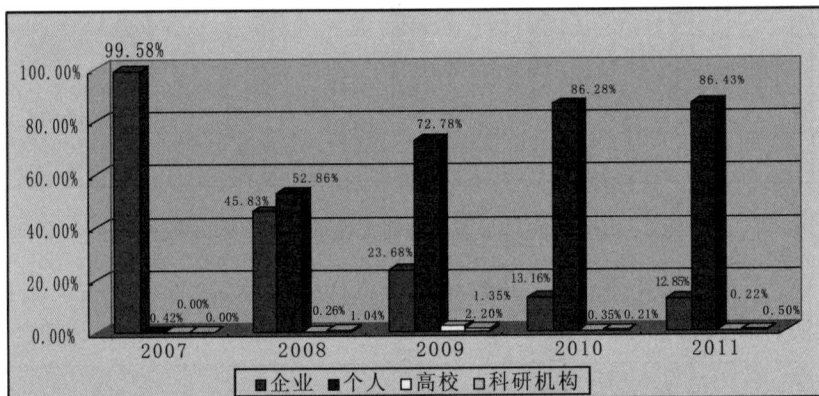

图 6　2007—2011 年外观设计许可人构成的比例变化

由图 6 可知,2007 年,外观设计专利的许可人基本上都是企业,个人仅占不到 1％的比重;自 2008 年始,作为许可人的企业所占比重出现持续性地大幅下滑,而个人所占比重则出现持续上升,由此逐渐成为外观设计许可人最主要的群体。此外,高校和科研单位所占的比重始终维持在 2.5％以下,且在 5 年间其变化不大。

由图 7 可知,在 2007—2011 年间,作为外观设计被许可人的企业所占比重始终维持在 98％以上,而个人、高校和科研机构所占比重极小,部分年份甚至为零。可见,外观设计专利实施的主体仍然是以企业为主。

(三)不同主体的专利产业化水平

目前,我国专利产业化的主体类型主要分为四种,即个人、企业、高校、科研机构,其专利产业化的水平则因主体不同而呈现出较大的差异和不平衡。其中,由于作为主体的个人单独参与专利产业化的环节较少,且他们往往集中于专利申请阶段,故下文讨论的专利产业化

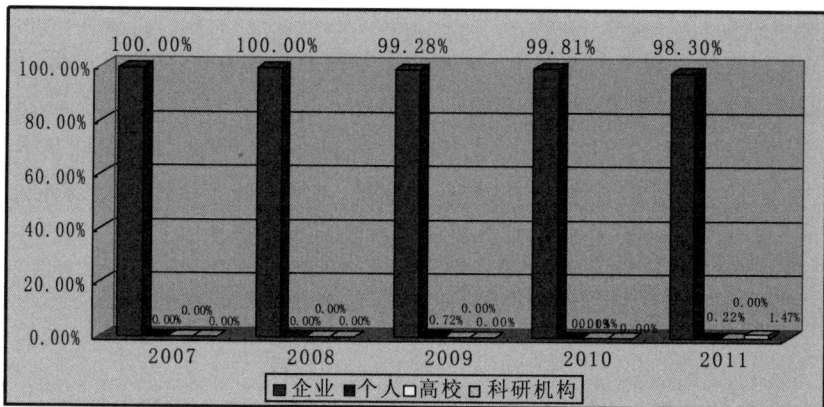

图7　2007—2011年外观设计被许可人构成的比例变化

主体不包括个人。

　　对于高校而言,77.2%的高校专利未实现产业化。从原因层面分析,一方面是高校对于专利产业化并未给予足够的重视,另一方面则是现阶段的专利产业化模式尚未初步建立,仍处于水平较低的初始阶段。它主要表现为,国内重点高校取得的专利往往是来自于国家课题的成果,其研究会比较集中于学科前沿的基础研究,从而导致这些专利在市场转化层面缺乏可操作性。此外,国家知识产权局《高等学校知识产权保护的现状及对策研究》调查报告显示,专利质量呈现逐渐下降趋势,平均存活期只有3年多。可见,专利质量的高低也是影响高校专利产业化成功与否的重要因素。

　　对于企业而言,国内企业在研发与市场开拓方面存在不合理、不到位的衔接,其研发成果的应用渠道也不够畅通。其中,中小企业更是面临着产业化资金严重短缺的窘境,由此导致这些企业在专利研发、成果转化等方面的能力不足。

　　对于科研机构而言,其专利实施率大约为20%,超过7成的专利成果缺乏实施的外在条件,只能束之高阁,无法转化为现实的社会生产力。在已实施的专利成果中,专利投入与产出成正相关的仅占10%,其余的产业化项目基本上处于亏损状态。

(四)不同类型专利的产业化水平

　　不同类型专利的审批难度和研发成本决定了不同类型专利技术含量的高低,从而在很大程度上影响了专利的潜在市场价值,导致了不同类型专利在专利产业化水平上的差异。

　　1.实用新型专利

　　实用新型专利审批快、授权易、费用低,加上实用新型专利产业化所具有的投资周期短、风险成本小、见效快的特点,往往被更多的中小企业选择作为产业化的对象。由图4和图5可知,实用新型专利的许可主体主要是个人,实施主体主要是企业,这说明实用新型专利在市场化和产业化过程中企业的推动作用至关重要。

　　2.发明专利

　　我国专利运用能力建设取得成效,发明专利实施率超过80%,专利技术转移率接近2成。国家知识产权局调查显示,发明专利以自行实施为主,转让、许可他人实施为辅。已经实施的专利中,只自行实施的占80.8%,转让或许可占19.2%。转让、许可对象近九成是境内企业,表明产、学、研合作成为推动国内企业发展的重要力量。

3. 外观设计专利

在我国专利法的三种专利分类中,外观设计专利的技术水平及含量最低,但具有简易、实施成本低廉、风险小的特点,便于进行小规模的产业化。国家知识产权局公布的数据显示,全国的外观设计专利的实施效率约在 30%。外观设计专利的技术领域基本集中在轻工业,绝大多数为日用品包装,更新速度快,易被替代,市场空间小,盈利前景有限。因此,外观设计专利的产业化只能成为整个专利产业化事业的一小块版图。

四、专利产业化的困境

一般而言,专利产业化系统应由两个部分构成,即专利产业化的主体和客体:主体意味着人,而客体则代表作为发明创造的专利。分析专利产业化所面临的困境,需要从不同主体、不同类型专利两个视角对专利产业化过程中反映出来的问题和困难予以分析。

(一)不同主体的困境

专利产业化是一项充分发挥主体能动性的工程,专利产业化的水平很大程度上受制于不同主体专利产业化遇到的困境。

1. 受制于资金瓶颈

专利的产业化是一项复杂的工程,需要持续大量的资金投入,特别是在科研经费和市场推广资金方面。我国 R&D 经费占 GDP 的比重长期以来并未发生明显变化,维持在 0.65%~0.83% 的低水平。各主要产业化主体的科研经费,特别是高校和科研机构,过于依赖于国家财政,缺乏其他的有效融资渠道。

2. 专利成果的市场转化机制滞后

专利技术欠成熟,专利成果与市场脱节,大多数高校和科研机构的研究项目在科技的研发选题上偏重理论,产出的专利成果,大多数停留在书面的学术成果层面,仅仅成为职称评定与工作考核的标准,造成了专利成果与市场脱节,科研人员对于专利技术的商业化不关心,使得专利的开发初衷违背了市场化的规律,跟不上技术市场的需求。

3. 企业、高校和科研机构未成为专利产业化的主力

在知识经济发达的社会,企业的创新动力和创新能力是社会科技进步的基本落脚点,会正面带动高校和科研机构的专利产业化发展,反之,高校和科研机构的技术创新也会为企业的专利产业化提供合适的技术成果。但目前,我国企业的自主创新能力依旧比较薄弱,缺乏专利产业化的原动力,对于整个社会的专利产业化未能起到应有的推动作用。此外,高校和科研机构在专利产业化方面缺乏合适的激励机制,导致其专利实施的积极性和针对性不强。因此,只有企业与高校、科研机构形成良性持久的利益互动,才能促使整个社会的专利产业化向着规模化、市场化、规范化的方向发展。

(二)不同类型专利的困境

不同类型专利的产业化困境,有着共通性问题,它主要表现在以下三个方面:

首先,现行的《专利法》对于专利(尤其是实用新型专利与外观设计专利)的审查标准较低,这在鼓励专利申请、提升专利数量方面确实发挥了一定的积极作用,但这也导致低水平专利的大量出现、重复出现,形成数量增长与质量增长的不同步,不利于作为发明创造的专

利的推广应用。此外,现行的专利审查标准缺乏对专利市场因素的实际考量,使得很大一部分"出产"的专利对于提升《专利法》的实施效率,抑或专利产业化,并未有推动作用。

其次,专利产业化实施的渠道、空间有限,不利于专利孵化机制地建立。现行《专利法》中对于专利产业化的规定过于笼统,导致法律条款在可操作性层面缺乏应有的指导与合法的规范。目前,专利产业化领域涉及的法律法规主要集中于由政府部门颁布的行政法律、法规,其实施的法律效力有限。

最后,图1至图7表明,我国专利产业化的主要原动力在于企业。它主要表现为,无论是专利许可的主体,还是专利实施的主体,均以企业为主。从价值的角度分析,专利的核心价值是推广应用,一个专利的市场价值并不主要取决于其专利类型,而与专利成果的市场定位以及市场需求匹配度有关。与企业相比,无论是作为专利许可的个人、高校和科研机构,还是作为专利实施的个人、高校和科研机构,由于其缺乏市场化的敏锐嗅觉,缺乏对于利益的最大化追求,使得个人、高校和科研机构在专利产业化进程中的角色定位不显著,或者说是其应有的角色功能未得到充分发挥。因此,提高个人、高校和科研机构对其各自握有的科研资源和技术力量的有效利用率是提升现阶段我国专利产业化的一个重要环节。

五、提高专利产业化以改进《专利法》实施效率的建议

根据上文对《专利法》实施效率的实证分析,表明我国目前的专利产业化水平尽管已有所提高,但仍然存在尚无法突破的瓶颈,未能充分发挥其对于国家科技水平、社会经济的推动作用。

(一)美国《拜杜法案》的启示

国外关于专利产业化的专门立法并不多,美国的相关立法成就在西方发达国家中占据领先地位。美国的《拜杜法案》(Bayh—Dole Act)颁布于1980年,其核心在于规定由政府经费所支持获得的发明专利,原则上归发明者所在的研究机构所有,并且给发明人奖励。即,《拜杜法案》使私人部门享有联邦资助科研成果的专利权成为可能,从而产生了促进科研成果转化的强大动力。[1] 同时,《拜杜法案》的显著成效得益于其对于产权激励的制度设计,为政府、高校、科研机构和企业的产业化合作以及政府财政资助的专利成果的市场推广提供了高效合理的运作模式,符合科技法的制度激励原理,即"植根于法的激励功能"[2],在推动中小企业、大学和科研机构的技术创新[3]的同时有效地带动了整个专利产业化的进程。可以说,《拜杜法案》从明确专利权归属的角度理清了政府、企业、高校和科研机构等一系列专利产业化主体之间的利益关系,从制度层面上为实现政府财政支持和帮助下完成的发明创造的产业化提供了保障,为美国实现第三次科技革命后的技术创新大飞跃奠定了坚实的基础,促进了经济繁荣。

---

① 廖晓淇:《美西地区科技创新和知识产权体系考察报告》,载《中国软科学》2009年第2期。

② 倪正茂:《论科技法的激励原理》,载《中央政法管理干部学院学报》1999年第3期。

③ 陈广君:《一部促进科学发展的重要法律——新修订的〈科技进步法〉述评》,载《科技与法律》2008年第3期。

相比于美国,中国政府每年在财政支持方面均将大量资金投入科研机构、企业、高校的科研项目,但专利成果的市场化、产业化程度远较美国的水平低。其中,制度缺位是不可忽略的重要因素。例如,对于由政府财政资助的科研项目所产生的专利成果,特别是职务发明,我国《专利法》未曾对其归属作出明文规定;对于专利权的实施,包括许可、转让及其途径,均未有相应的知识产权保护制度作出明确的规定,遑论对政府介入的知识产权项目进行专项管理的规范化制度及其措施。在此情况下,专利权归属于政府,从而引发项目承担单位在权利、义务、责任上的不清晰,对承担单位研发专利的积极性造成挫伤,大大减缓了承担单位对技术成果进行推广和产业化的主动性。从某种意义上来讲,目前我国专利实施过于依赖于企业的力量,而个人、高校和科研机构则处于相对弱势的地位,这一现状与我国有关专利产业化制度的缺位以及相应措施的不配套有着密切的关联。因此,从《拜杜法案》的成功经验着手,我国《专利法》应进一步明晰专利权的归属、行使和利用,具体规定各专利主体的权责,重视提高高校、科研承担单位开发专利和进行专利产业化的积极性和主动性。

(二)中国的策略选择

针对目前我国《专利法》实施效率中的专利产业化问题,如何合理解决制度设计和具体实践的矛盾,是当务之急。具体的应对策略体现在以下几个方面:

1. 完善专利审查制度,从严监督专利质量,重视专利产业链上游建设。在进行专利审查时应以市场需求为重要导向和考量标准,保证授权专利具有相当的市场价值和市场前景,从专利产业化供应链的环节上把好关。同时,将高校和科研机构作为专利产业化的上游供应链,加强对其市场引导和监督,建立科研经费和科研项目的严格论证机制,保证科研资源的投入和专利的质量和市场价值产出成正比。

2. 完善专利资助政策,加强专利的产、学、研建设,同时加强和完善专利立法,明确专利成果的产权归属。政府应促进建立以企业为主体、高等学校和科研机构参与的产、学、研联合体,形成优势互补、利益共享和风险共担的运行机制。需要特别注重对于高校、科研机构专利产业化的引导和扶持,培育高水平的产、学、研基地,为专利技术的一条龙产业化提供孵化器和孵化资金,逐渐形成政府、企业、高校和科研机构共同参与专利产业化的互动局面。

3. 提升基础研究和应用研究在研究与开发经费投入中的比重,鼓励高校和科研机构选取关键技术突破,对产出成果及时申请知识产权保护。针对政府科技投入产生的专利权,建立权利放弃的论证机制。成立专利经营机构,盘活国有闲置专利资产,促进专利技术成果的商品化。

4. 运用政府的政策引导作用,拓展专利产业化的市场融资渠道。重视发明专利的开发,加大对于专利产业化上游的前期基础建设,特别是对专利产业化的实施进行专项资金的扶持。综合运用专利转让、许可、信贷、实施等多种手段盘活专利价值,鼓励各大银行面对企业、高校和科研机构进行专利权质押贷款,完善风险补偿机制,形成专利权融资担保风险的多方分担机制。

六、结语

专利产业化作为技术走向市场的重要环节,对于社会生产力的推动和经济的发展有着重要作用。现阶段,我国专利产业化的评价指标体系尚未建立,有关专利产业化水平的衡量也没有统一规范的标准。在此情形下,通过对专利法实施效率的实证考察,有利于清楚地了解和研究目前我国专利产业化的现状与困境,从而能够在借鉴域外经验的基础上提出适合中国国情的解决策略,真正提升我国知识产权创造、运用、保护和管理的综合能力。

（本文编辑：周杰）

专题聚焦：标准与专利

标准化组织知识产权政策的演进
——FRAND 原则与事前披露原则的融合

■ 李军政 *

摘　要：专利权人借助技术标准平台所获得的利益已经在实际上超出了专利权本身的技术贡献，标准化组织的知识产权政策应该对专利权进行适度的限制。但传统的 FRAND 原则由于其自身的不确定性以及其事后披露相关专利许可条件的特性而不能有效地达成制约标准必要专利权的目的。事前披露原则作为对传统 FRAND 原则的完善，其事前披露专利信息和专利许可条件的特性使得其可以更好地胜任对专利权人的制约职能。事前披露原则与传统 FRAND 原则的有机结合，说明了对标准必要专利的有效规制不能仅靠事后规制，更应注重事前规制。

关键词：标准化组织；知识产权政策；FRAND 原则；事前披露原则

The Evolution of Intellectual Property Policy of Standards-Setting Organization
—Integration between FRAND and Ex Ante Disclosure Principle
Li Junzheng

Abstract：By means of technical standard platform, the patentee may obtain extraordinary interest which in fact beyond the technical contribution of patent right itself. Accordingly, Intellectual property policy of Standards-Setting Organization should take

---

* 基金项目：深圳市科技研发资金软科学研究项目"国际贸易环境中企业专利和标准运作研究"(项目号：RKX20130423162341215)。李军政，1972 年生，男，厦门大学知识产权研究院知识产权法专业在读博士生，研究方向：知识产权法。

appropriate restrictions on patent right. Limited by the characteristic uncertainty of traditional FRAND and the non-preventability of Post Disclosure Principle，they cannot effectively achieve the purpose to control Standard Essential Patent. Being the improvement of FRAND，Ex Ante Disclosure Principle may help perfectly restrict patentee. The integration between FRAND and Ex Ante Disclosure Principle explains that Ex Ante preventable regulation is more necessary besides post-regulation.

Key Words：Standards-Setting Organization；Intellectual Property Policy；FRAND；Ex Ante Disclosure

一、专利权标准化导致的利益失衡

专利权标准化使得专利权的效力大大加强，打破了专利权人与社会公众之间既有的利益平衡，标准化组织知识产权政策应当对其进行相应的限制。

专利权成为标准必要专利后，尽管其作为专利权的效力仍应依专利法被限定于特定的范围内，但其实际影响力却借助技术标准的公共平台超出了专利法设定的范围：首先，技术标准的兼容互通性使得专利技术随之得到技术市场和产品市场广泛的应用，效力和影响力远远高于未被纳入技术标准的类似专利技术。其次，技术标准的外部网络效应和市场锁定效应的存在使得专利技术的应用范围再一次随之扩大，甚至在一定程度上形成了对专利权法定期限性和地域性的突破。再次，标准必要专利不仅可以作为专利权对他人单独进行许可使用，而且还可以作为标准化组织所设立的专利池的一员额外享有集体对外授权许可的机会，从而大大扩大了专利技术的使用频率和影响力。并且，在专利实践当中，信息通讯等产业愈加细致的技术分工使得专利丛林现象广泛存在，大多数专利技术都不能单独形成生产力，而只有和其他相关专利技术一并加入技术标准组织的专利池，才能真正实现创新技术方案的实用化和产业化。最后，标准必要专利借助于技术标准的市场运作，能够实现产品市场的良性循环，从而有利于专利权人进一步深入开拓既有市场，在专利收益方面则更加体现了网络效应；同时，专利权人更可借助于既有专利技术的市场推动力，进一步巩固和发展其在技术创新方面的优势；而不拥有标准必要专利的其他企业则在技术方面一般只能首先适应和跟进标准必要专利，而后才能在此基础上逐步实现新一轮的技术更新。

可见，专利权人借助技术标准平台所获得的利益已经在实际上超出了专利权本身的技术贡献。并且，鉴于技术标准所具有的技术锁定效应，专利权人所获得的这种超额利益在一定程度上是在专利技术使用人别无选择的情况下实现的。理论上对于标准必要专利这种由于制度因素而具有的客观上的获取利益的能力称之为"专利劫持"①。对于这种现象，美国联邦贸易委员会（FTC）在其于 2011 年 3 月发布的名为《发展中的知识产权市场》的报告中

---

① 当然，这种将"专利劫持"定义为与专利权人的主观态度无关的客观现象的观点也在理论上受到了质疑。See Roger G. Brooks，Patent "Hold-Up"，Standards-Setting Organizations and the FTC'S Campaign against Innovators，*AIPLA Quarterly Journal*，Fall，2011，p. 435.

作出了明确的概括:"(专利劫持是指)专利权人基于侵权人的转换成本而要求并获得专利许可费的能力。"[①]报告同时认为"专利劫持"现象具有"体制性问题"的特征。[②] 并且,美国学者在对该报告进行评论时从理论上分析了"专利劫持"现象产生的原因:其一,潜在的专利被许可人(如果要转而使用其他专利技术)将会产生沉没成本——已经发生且不能弥补的成本;其二,专利标准化减少了能够与得以标准化的专利权相竞争的专利技术的数量。这两个因素使得标准必要专利权人得以在向需要采用标准技术的人收取专利许可费的谈判中处于有利地位。[③] 并且,FTC 的这份报告还认为标准化组织的技术标准的设立实际上进一步强化了这种专利劫持现象。[④]

既然专利权人借助技术标准可以获取高于其本身技术贡献的利益,使得专利权人与专利技术使用人以及社会公众之间原先在专利法规制之下所达成的利益平衡机制被打破;那么,根据民事法律关系权利与义务相一致的原则,对专利权人课以相应的义务自然也具有正当性,并且在理论上既符合专利法以保护专利权人利益为手段、以实现科技进步和社会发展为目的的立法宗旨,也与技术标准所具有的非竞争性公益平台性质以及所应当发挥的促进公共利益发展的功能相适应。从知识产权法理层面来看,专利法所要实现的是第一次利益平衡,即专利权人以技术公开为条件换取法律赋予的有限垄断效力;当专利权通过技术标准这一平台在权利范围和市场影响力方面都得到相应扩张之后,专利权人对专利使用人以及社会公众所应承担的义务也就应当相应地得到扩张,以实现权利义务的第二次平衡。如果说专利权人为了技术的权利化而应根据专利法承担技术信息公开义务的话,那么,专利权人为了权利的标准化则应根据标准化组织的专利政策承担相应的权利信息和许可信息公开义务。无疑,依据专利法和标准化组织的这两次信息公开义务的存在都是出于维护社会公共利益的目的。

虽然技术标准产生的途径有很多种,但是那些对于高科技与知识产权密集型企业至关重要的技术标准大多出自私有性质的标准化组织,[⑤]因此,对于专利标准化导致的利益失衡问题,标准化组织的知识产权政策(主要表现为专利政策)在很大程度上应当承担起相应的矫正任务,完善标准化组织的知识产权政策也是对"专利劫持"现象最为有效的预防方式。对于技术标准中的专利权而言,其所追求的公平精神体现在该专利技术纳入技术标准后能

---

① FTC, The Evolving IP Marketplace: Aligning Patent Notice and Remedies with Competition(Mar. 2011), p. 22, http://www.ftc.gov/os/2011/03/110307patentreport.pdf.,下载日期:2013 年 2 月 25 日。

② FTC, The Evolving IP Marketplace: Aligning Patent Notice and Remedies with Competition(Mar. 2011), p. 22, http://www.ftc.gov/os/2011/03/110307patentreport.pdf.,下载日期:2013 年 2 月 25 日。

③ Federal Trade Commission and Department of Justice Antitrust Division Roundtables,Competition and Intellectual Property Law and Policy in the Knowledge-Based Economy, Nov. 6, 2002, p. 15 (remarks of Carl Shapiro, Transamerica Professor of Bus. Strategy, Haas Sch. of Bus., Univ. of Cal., Berkeley), http://www.ftc.gov/opp/intellect/021106ftctrans.pdf.,下载日期:2013 年 2 月 26 日。

④ FTC,The Evolving IP Marketplace: Aligning Patent Notice and Remedies with Competition (Mar. 2011), p. 191, http://www.ftc.gov/os/2011/03/110307patentreport.pdf.,下载日期:2013 年 2 月 25 日。

⑤ Mark A. Lemley & Philip J. Weiser, Should Property or Liability Rules Govern Information? *Texas L. Rev.*, Vol. 85, 2007, p. 783.

否继续维持各方利益的平衡：专利权人可以通过技术标准获取适当高额的利益,标准实施人的技术使用成本也能够得到合理的控制。专利法本身就注重通过限制专利权人的专利权以达到公益目的;专利与标准结合后产生的不利于公共利益的后果仅通过反垄断进行规制不能很好地体现技术标准所应有的公益性目的,更应通过标准化组织专利政策的平衡来体现公益性。

二、标准化组织专利许可政策的各种模式比较

标准化组织的专利政策一般都对专利权人行使权利进行了限制,最典型的限制就是被广泛采纳的 FRAND 条款。绝大多数标准化组织的知识产权政策规定了该条款,更有少数标准化组织要求免费许可(Royalty Free-RF)。

(一)免费许可模式

显然,免费许可模式与专利权的财产权属性不相符合,会在很大程度上阻碍专利权人参加标准化组织的积极性。从专利权人的经济理性角度来看,免费许可模式一般在以下几种情形才可能得以实施:其一,标准必要专利权人之间在互惠前提下实现相互免费使用;其二,专利权人出于市场经营的专利战略考虑:其专利权的利益来源并不首先在于收取使用许可费,而是通过专利免费使用战略抢先占领产品市场,进而通过技术和产品的进一步更新从后续市场获益;其三,该专利技术与未被纳入技术标准的其他专利技术或者非专利技术相比,并没有明显的技术优势,因而专利权的市场价值相对较小。

(二)专利池许可模式

即标准化组织通过设立专利池的形式来统一对外实施必要专利的许可。专利池的设立可以减小技术标准设定前在许可成本方面的不确定性,使得专利权人事前确信自己有价值的专利能够通过技术标准获得相应的报酬,因而专利池的设立有利于专利权人利益的实现。不仅如此,专利池的设立也有利于技术标准实施人利益的实现,因为 FRAND 许可原则的存在使得技术标准实施人只需支付合理的使用费率便能免于专利劫持的困扰。[①] 不过,这种集体对外许可授权模式的弊端在于,其对标准化组织鉴别一项专利技术是否构成标准必要专利的职能和义务提出了更高的要求,否则,任何非必要标准专利的存在都既是对标准化组织正当性的破坏,也是对潜在的技术标准实施人的自由选择权的剥夺。

(三)FRAND 许可模式

多数标准化组织实施 FRAND 条款的宗旨在于制止标准必要专利权人的"专利劫持"行为。[②] 该条款目前已被大多数标准化组织所广泛接受,成为解决技术标准中知识产权问题的"宪法性原则"。[③] 然而,FRAND 作为知识产权许可政策的原则性规定,其也存在着内容

---

① Theresa R. Stadheim, Rambus, N-Data, And The FTC: Creating Efficient Incentives In Patent Holders And Optimizing Consumer Welfare In Standards-Setting Organizations, *Albany Law Journal of Science and Technology*, 2009, p. 483.

② Daniel A. Crane, Intellectual Liability, *Texas L. Rev.*, Vol. 88, 2009, p. 253.

③ 丁道勤、杨晓娇:《标准化中的专利挟持问题研究》,载《法律科学》2011 年第 4 期。

不确定、难以形成有效约束力的固有缺陷：

1. 多数标准化组织为了避免承担可能的垄断责任,通常对其 FRAND 条款仅作出原则性的模糊规定,而很少有标准化组织对该条款的含义及许可协议争议的解决办法予以解释和规定。这当然也就使得该条款本应承担的抑制专利劫持现象的制度宗旨难以实现,而必须更多地借助于事后的争端解决程序甚至是诉讼程序才能得以实现,从而产生了极大的制度成本。

2. 大多数标准化组织之所以没有进一步细化规定 FRAND 条款,其在技术操作层面的原因则在于标准设定过程是一个“技术”选择的过程,而 FRAND 条款集技术、商业与法律事务于一体,因而标准化组织无力作出明确的规定。

3. FRAND 条款本身的原则性和不确定性,加之多数标准化组织基于上述原因不愿或不能对其具体适用情形加以明确规定,使得其对专利权人并未形成实质性约束:专利权人多在加入标准化组织时按照标准化组织的要求“慷慨”地作出 FRAND 承诺,却在自己的专利技术得以顺利纳入技术标准之后置该 FRAND 承诺于不顾,或运用其专利许可协议中的限制性条款将本已缺少约束力的 FRAND 条款架空。2013 年审结的具有轰动效应的深圳华为公司与美国 IDC 公司的诉讼纠纷即起因于此。[①]

4. FRAND 原则对于标准必要专利权的鉴定问题一般没有明确的规定。这样一来,过低的 FRAND 原则门槛就会使得大量并不具有技术标准意义上的技术优势的小专利作为标准必要专利涌入技术标准体系,为技术标准的实施带来不必要的成本和障碍。

5. FRAND 原则在专利权人是否因 FRAND 承诺而放弃禁令请求权问题上存在很大争议。鉴于技术标准固有的转换成本问题,专利权人的禁令请求权一直是对标准实施人最大的威胁。FRAND 原则对此问题的不置可否,使得专利权人与标准实施人之间的进一步协商存着在天然障碍,更为司法机关正确适用 FRAND 原则、进而从司法的角度适用强制许可制度设置了障碍。

三、从 FRAND 原则向事前披露原则的演进

标准必要专利权人的专利劫持行为(或者说专利劫持作为一种客观现象)的真正目的并非在于禁止技术标准实施人使用其专利技术,而是在于利用其标准必要专利的独占地位作为威胁手段来寻求超过其本身技术贡献的额外收益。这种专利劫持行为之所以得以奏效,一则在于标准化组织在不知情的情况下将该专利技术纳入技术标准,使其得以利用技术标准的兼容性、锁定性和网络效应对技术标准实施人形成“劫持”;其二,更在于标准化组织的 FRAND 许可条款仅在技术标准通过后对相关专利权人具有一定的约束力,而不能使得标准化组织在标准制定过程中根据相关专利权人提供的许可条件对更多专利技术进行比较和选择,以至于其后陷于被动。

---

① 参见广东省高级人民法院(2013)粤高法民三终字第 305 号民事判决书,http://www.gdcourts.gov.cn/ecdomain/framework/gdcourt/jndbijapddnebboelcfapbecpepdnhbe.jsp? wsid=LM430000002014041702430911 3155&sfcz=0&ajlb=5,下载日期:2013 年 4 月 15 日。

因此,在 FRAND 原则不能够有效约束专利权人的专利劫持行为的情况下,标准化组织的专利政策向事前披露原则的转变就是必然和可行的:标准化组织不得已而有意为之的模糊的 FRAND 知识产权政策导致专利权人和技术标准实施人之间的纠纷风险和诉讼成本大大增加,这当然也在很大程度上增加了设定技术标准的风险和成本。同时,这种增加的风险和成本也会进一步削弱企业参加标准化组织的积极性。因此,为了保障和推进标准化进程,这种由 FRAND 原则本身的模糊性所带来的高风险和高成本必须被尽可能减小或消除。当然,用以消除冲突风险的方法又必须以不增大标准化组织承担垄断责任风险为前提。基于这两个方面的考虑,笔者认为,事前披露原则是较为可行的制度选择。

(一)事前披露原则的含义

事前披露原则要求专利权人在技术标准制定完成之前不仅应当披露拟纳入技术标准的专利权和专利申请的相关信息,还应披露技术标准实施过程中的专利许可授权的最高许可费率或最严格条件。可见,事前披露原则(Ex Ante FRAND)在实质意义上是对 FRAND 原则的具体化,属于广义上的 FRAND 原则。事前披露原则由 VITA(Vembus 国际贸易协会:Vembus International Trade Association)于 2007 年在其知识产权政策中首先加以规定,即要求其成员在技术标准制定之前进行专利信息和许可条件的双披露。

(二)事前披露原则的制度价值

标准化组织设定事前披露原则的宗旨在于避免不必要的诉讼和抑制专利劫持行为,以及有利于设定合理的专利许可费率。因为专利权人在事前不知道自己的专利是否能够被纳入技术标准的情况下更愿意提供一个事前合理的许可费率。[1]

FRAND 原则以及免费许可(RF)等专利政策的思路都在于,技术标准所涉专利的许可费用应当在技术标准制定完成后由当事人通过私下谈判的方式加以确定,以尽量减小标准化组织对标准专利许可事宜的参与程度。而事前披露机制则不同,其将之前相对分离的专利信息披露与专利许可两方面因素联系起来,为标准化组织的专利政策设定提供了新的思路:将专利许可条件融入专利信息披露的过程中,有利于在技术标准制定过程中就提前实现多项拟加入技术标准的专利技术之间公开透明的技术竞争乃至商业竞争;因而保证了标准化组织对各个技术方案从技术和许可使用成本两个层面进行评估,而不再只将技术因素作为唯一的判断尺度,从制度上保证了能够将性价比更为合理的专利技术纳入技术标准中。毕竟,真正的"专利劫持"只能产生于专利信息缺乏的情形之下。此外,专利法自身所要求的信息披露机制以及当代社会互联网技术强大的信息检索功能对实施这一机制的技术保障,使得信息来源手段得以极大丰富,也更使得事前专利信息披露机制能够起到抑制专利劫持现象的作用。

不仅如此,事前披露原则更可以帮助技术标准实施人在决定是否实施该技术标准之前就能够对其将来的实施成本更加明确,因而不仅可能免于之前盲目采标所形成的技术锁定和沉没成本损失,更可以在各个技术标准之间形成有效的市场竞争,为技术和产品的多样性

---

[1] Theresa R. Stadheim, Rambus, N-Data, and the FTC: Creating Efficient Incentives in Patent Holders and Optimizing Consumer Welfare in Standards-Setting Organizations, *Albany Law Journal of Science and Technology*, 2009, p. 483.

提供了强有力的制度保障。而且,由于避免或减少了专利技术使用过程中的不确定因素,更加有利于推广技术标准的实施,并避免或减少不必要的诉讼成本。

正因为如此,世界三大标准化组织 ITU、IEC、ISO 于 2007 年联合发布的统一专利政策的核心内容正在于实施专利信息披露和专利许可,即事前披露原则。这在产业实践层面反映了标准化组织的知识产权政策正在从传统的、单一的 FRAND 原则向事前披露原则演进的趋势。

不仅如此,事前披露原则作为标准化组织的知识产权政策在法律实践层面也得到了美国两大反垄断执法机构 FTC 和司法部(DOJ)的一致肯定。FTC 在其发布的知识产权报告中指出,事前披露原则可能是解决问题的有效办法;并建议标准化组织广泛采用事前许可谈判机制,即在技术标准制定完成前进行专利许可谈判。[①] 此外,FTC 更在报告中对事前披露原则的具体操作层面的问题进行了相应的阐述:技术标准实施人愿意支付的最大使用费是该专利技术相对于其他次优技术对技术标准所作的"价值增加值"。[②]

(三)事前披露原则的效力

1.自愿披露抑或强制披露

VITA 和 IEEE 这两大标准化组织都在其知识产权政策中规定了事前披露原则,要求其成员在技术标准制定过程中披露相关专利信息和许可条件。不过,VITA 采纳了强制性事前披露原则模式,即如果成员未履行事前披露义务且其专利权被纳入了技术标准,则该专利应实施免费许可。相反,IEEE 则采纳了自愿性的事前披露原则模式,要求其成员作出下列选择中的一项声明:(1)不拥有必要专利;或(2)拥有必要专利但实施免费许可;或(3)实施 FRAND 许可;或(4)实施最高许可价格条款;或(5)拒绝向标准化组织作出任何承诺。可见,公开的选择性声明这样的所谓"自愿性"事前披露原则实际上也起到了警示所有成员拒绝选择未披露专利信息的成员的专利技术加入技术标准的作用。因此,在事前披露原则下,强制性事前披露和所谓自愿性事前披露在效果上并无明显的实质性区别:拒绝进行事前专利信息和专利许可条件披露的标准化组织成员将被强制性地丧失或被选择性地丧失或放弃利用技术标准平台获得额外利益的资格。这也正是事前披露原则的制度优势所在。

此外,在司法实践中也更倾向于对强制披露原则的采纳。例如,美国南加州地方法院在著名的博通诉高通案中,采纳了"推定知悉"标准:以标准化组织成员对待标准化组织专利政策的态度为基准,只要确定该成员履行专利政策的行为为其他成员所知悉,就可以认定其他成员应该承担相应的专利披露义务。[③] 这在一定程度上是对所谓的自愿披露原则的变相强制,也暗示了司法界对此问题的态度。不过,强制披露原则在产业实践层面上也可能导致一

---

① FTC，The Evolving IP Marketplace：Aligning Patent Notice and Remedies with Competition (Mar. 2011)，p.192，http://www.ftc.gov/os/2011/03/110307patentreport.pdf.，下载日期:2013 年 2 月 25 日。

② FTC，The Evolving IP Marketplace：Aligning Patent Notice and Remedies with Competition (Mar. 2011)，p.192，http://www.ftc.gov/os/2011/03/110307patentreport.pdf.下载日期:2013 年 2 月 25 日。

③ 参见王鑫:《标准化组织专利政策中的强制披露原则研究》,载《产业与科技论坛》2009 年第 8 卷第 3 期。

些"矫枉过正"现象的产生,例如在一定程度上可能导致"过度披露"问题的加剧等。① 这需要在标准化组织专利政策整体框架下统筹安排和合理规划才可能得到解决。对此问题,下文将予以详细论述。

2.事前单方披露还是事前许可谈判

不论是采取强制性披露政策还是自愿性披露政策,标准化组织大都对专利权人与标准实施人之间联合的事前许可谈判持禁止态度。这当然是出于避免出现限制竞争结果的考虑。不过,在理论层面上,鉴于标准必要专利权人既有的技术强势地位和信息优势,标准化组织内部一定程度上的买方联合协商可以有效地抑制这种不对等状态,因而总体而言是有利于竞争秩序的。此外,司法实践对于这种事前谈判机制也持宽容的态度:作为反垄断执法机构之一的美国联邦贸易委员会(FTC)也并未对此类联合谈判行为依据"本身违法原则"的严格标准进行反垄断审查,而是依据相对宽松的"合理原则"标准进行审查。②

笔者认为,既然前述的事前单方披露政策在加以完善的基础上能够有效地实现各方利益主体的共赢,那么,标准化组织就没有必要冒着承担垄断责任的法律风险,再通过尝试一种尚存很大争议的多边联合谈判机制来对现有政策进行根本上的颠覆。更何况,谈判协商的事前披露机制也会导致标准化组织更多地以商业因素而不是技术本身的因素来判断其是否应当被纳入技术标准。当然,单方披露机制本身也需要进一步的完善,例如,更应在通过市场机制下的技术竞争实现专利许可费率的降低方面进行完善;以及,完善标准化组织成员在专利信息和许可条件披露过程中的诚信义务相关规定。

3.未尽披露义务的主观构成要件:过失未尽披露义务的责任承担问题

拥有众多专利技术的大公司作为专利权人通常会参加多个技术标准组织,以最大限制度地通过自己的专利技术对行业技术标准的选择施加影响。不过,代表大公司参加各个标准化组织会议的人选大多是技术工程师,其虽然对本公司的技术知识非常熟悉,但对这些技术之上所存在的为数众多的专利法律因素却并不一定非常了解,从而就会在无意间疏于对本公司掌握的相关必要专利技术进行披露。事实上,未履行专利信息披露义务的专利权人大都会主张自己是出于过失而非故意,毕竟,这种主观心态很难在法律层面上得到有效的鉴别。一方面,如果要求过失未披露信息的成员承担过重的法律责任,将会打击很多专利权人参与标准化组织的积极性。但是,另一方面,参与标准化组织毕竟是专利权人在利益驱动下的主动行为,如果不对其过失未披露信息行为予以规制,势必在客观上放任此种行为的泛滥,更会给技术标准实施人造成无谓的损失,产生制度上的不公正。因此,大多数标准化组织对于未履行披露义务的成员课以的责任是这两种极端情况的中和,即并未采取"要么披露,要么失去成员资格"的严格责任形式。

与未尽披露义务相反的情形是,有些专利权人过度披露专利信息。其目的不外有二:其

---

① 参见王鑫:《标准化组织专利政策采用事先披露原则的利弊分析及改进模式探讨》,载《标准科学》2009 年第 8 期。

② Federal Trade Commission and Department of Justice Antitrust Division Roundtables:Competition and Intellectual Property Law and Policy in the Knowledge-Based Economy,Nov. 6,2002,p. 52 (remarks of Carl Shapiro, Transamerica Professor of Bus. Strategy, Haas Sch. of Bus. , Univ. of Cal. , Berkeley),http://www.ftc.gov/opp/intellect/021106ftctrans.pdf. ,下载日期:2013 年 2 月 26 日。

一,避免上述可能出现的过失未履行披露义务的情形的出现;其二,尽可能使自己的专利技术成为标准必要专利,而不论其在技术上是否确实属于必要专利,使得自己可以凭借标准必要专利向标准实施人收取专利许可使用费。但是,对于标准组织和技术市场而言,这无疑将产生强烈的技术误导;对于标准实施者和消费者而言,更将产生市场误导和无谓的成本。对此问题的解决,笔者认为可以在下文论述的"最高许可费率模式"机制下,通过各个标准必要专利权人之间竞争所实现的相互制衡得以实现。

(四)事前披露原则的制度缺陷及其相应解决机制

事前披露原则可能的制度缺陷主要在于:其一,如果事前披露最高限价的许可条件仅是每个专利权人自己的行为,那么就难以避免每个专利权人的许可费叠加后超出合理许可费率的制度障碍。其二,如果标准化组织的专利权人以协商的形式事前披露最高限价的许可条件,则可能因其价格联合协商行为而触及反垄断法上最为敏感的固定价格问题,尤其是在强制性事前披露最高许可费的模式下。其三,如果技术标准实施人事前以共同协商的形式迫使专利权人作出许可条件让步,这可能构成另一个极端意义上的垄断情形,即所谓"买方卡特尔"。

对于这三种看似两难的制度弊端,建立在事前披露基础之上的"最大累计许可费率"(MCR)模式可以较为有效地加以解决:先由标准化组织按市场合理利润率确定某一相对合理的总的最高许可费率,再在此基础上将每个成员的必要专利许可使用费率进行比例分配。这一模式在继承事前披露原则优点的同时,也在客观上借助于各个专利权人内部的互相监督和制衡机制克服了事前披露原则本身存在的其他两大固有缺陷,即上述的专利权人共谋与买方卡特尔。

而且,最大累计许可费率不仅可以有效地解决上述费率叠加问题和反垄断法律问题,而且其自身还具有不可替代的市场机制优势:由于各标准必要专利权人之间在实践中通常是根据各自标准必要专利的数量比例来分配总许可费收入,而在事实上不可能依据各标准必要专利权的质量高下进行分配,因此不仅可以最大限度地鼓励每个成员积极履行专利披露义务;同时,更可借助于成员间的互相监督和制衡机制,有效地抑制之前存在的过度披露必要专利信息的标准专利投机行为:当有成员进行过度披露等投机行为时,此种模式能够激励其他成员采取适当且有效的制衡措施,以维持总许可费分配比例的稳定或达到新的平衡,从而在客观上抑制非必要专利进入技术标准,也相应地将标准化组织认定标准必要专利的压力转移到了标准必要专利权人内部。并且,由于总许可费率是事先固定的,不可能将由此产生的成本负担转嫁给技术标准实施人和消费者。

作为对事前披露许可费模式的改进,这种事前披露总许可费率模式的基本理念在于巧妙地将市场竞争机制运用到技术标准的制定和运作过程当中:只有置身于市场竞争中的各必要专利权人自己才有足够的动机和经济、技术实力去了解相互间专利技术对于技术标准的"必要性";只有以利益为导向调动成员间相互监督和制衡的积极性,才能有效地提高专利信息和许可条件披露的透明度,保证标准必要专利认定和许可的公平性。[①]

当然,实施这一最大累计许可费率模式的前提是科学合理地设定具体的总许可费率,这就要求各标准化组织在考虑技术因素和法律因素之外,更需考虑其技术标准所在产业的具体商业因素;并且,如果能够充分发挥相应行业协会在协调行业发展方面的组织优势,将更有利于这一制度模式的实现。

(五)事前披露原则的反垄断审查

如前文所述,由于标准化组织的成员大都也是市场竞争的参与者,标准化组织推行的事前披露专利信息政策就因可能违反各国反垄断法的"禁止不合理限制竞争的集体行为"的相关规定而格外受到反垄断执法机构的调查。

反垄断执法机构所担心的是标准化组织成员借助事前许可谈判形成市场支配力,即在一定时期内形成并保持"贱买贵卖"能力的竞争能力,从而通过以下两种渠道不合理地对市场竞争秩序构成了限制和破坏:其一,专利权人直接对贸易进行限制:标准化组织成员通过貌似合理的价格协议达到限制贸易的目的。不过,也有学者认为这种合谋不太可能出现,因为它出现的前提是使用标准必要专利技术的产品所占的下游市场比例要达到20%以上,而"技术标准中的专利许可使用费并不能达到这一比例"[②]。其二,标准技术实施人之间形成集团购买力,[③]即众多专利技术使用者在与专利权人进行事前许可谈判时从竞争者变成了临时的同盟者,以迫使专利权人以缺乏竞争力的价格进行专利技术许可。这显然将会大大削弱对于专利权人的创新激励,因而成为反垄断执法机构的重点审查对象。

VITA 于 2007 年 1 月 27 日通过新的涉及事先披露专利信息和许可信息的标准专利政策,而且事先主动申请并通过了美国司法部的反垄断审查,"因为该政策保留而不是限制了专利权人之间的竞争"[④]。不过,尽管如此,该政策仅是允许标准化组织成员在标准化组织之外与标准技术实施人进行专利许可谈判,而不允许成员在标准化组织内部进行任何形式的双边或多边涉及专利许可的协商。也正因为对事前协商行为的如此限制,才使得美国司法部(DOJ)认为该专利政策较好地阻止了可能出现的专利权人集团购买力垄断形式;为此,DOJ 特意指出,任何意图利用这一专利政策达到固定下游产品价格或提高专利权人许可价

---

① 王鑫:《标准化组织专利政策采用事先披露原则的利弊分析及改进模式探讨》,载《标准科学》2009年第 8 期。

② Robert A. Skitol, Concerted Buying Power: Its Potential for Addressing the Patent Holdup Problem in Standard Setting, *Antitrust L. J*, Vol. 72,2005, pp. 727~741.

③ U. S. Dep't of Justice & Fed. Trade Comm'n, Antitrust Enforcement and Intellectual Property Rights: Promoting Innovation and Competition, 2007, p. 35, http://www.usdoj.gov/atr/public/hearings/ip/222655. pdf. , p. 50,下载日期:2013 年 3 月 1 日。

④ VITA Business Review Letter, Letter from Thomas O. Barnett, Assistant Att'y Gen. , U. S. Dep't of Justice, to RobertA. Skitol, Esq. , Drinker, Biddle & Reath LLP 3 (Oct. 30, 2006), pp. 8~10. http://www.usdoj.gov/atr/public/busreview/219380.pdf. ,下载日期:2013 年 3 月 1 日。

格的行为都是对《谢尔曼法》第 1 条的违反。[①]

　　笔者认为,在理论层面上,标准必要专利权人之间协商达成最高许可费率及最严格许可条件的披露行为具有在事前抑制专利劫持现象的竞争性,可以增进额外的、下游市场的利益,因而应当不构成垄断行为:专利权人为了能够成为标准专利技术,就要与其他专利技术及相关公知技术在技术质量及许可条件等方面进行竞争,因而,事前许可谈判增加了标准化组织决策机构成员对于各专利技术许可条件的了解,得以在决定标准专利技术时在专利技术质量和其许可条件之间作出有效的实质性权衡。不仅如此,事前披露政策还更好地起到了抑制专利劫持现象的作用,因为其在 FRAND 条款基础之上设定了必要的限制,也降低了标准技术使用人的风险。[②]

　　此外,事前协商机制本身不仅不具有垄断性,而且可以从制度上防止专利权人利用技术标准平台实施垄断行为的可能性。因为,在 FRAND 原则下,标准必要专利权的许可费率是在其加入技术标准之后才得以确定,而此时其已经得到了由技术标准所赋予的市场影响力,这必然激励其所提供的许可使用费率会体现其当时已经具有的这种市场垄断力因素。而且,在 FRAND 原则下,标准化组织成员只被允许逐一与专利权人进行这种事后协商,这无疑不能与专利权人已经享有的标准必要专利权利人的地位形成平等的地位。相反,在事前协商机制下,允许标准化组织成员集体与专利权人进行协商,而且专利权人的标准必要专利地位尚未形成,其所占有的优势来源只能是专利技术本身的功能性技术因素与许可价格的商业因素;因此,标准化组织成员可以与专利权人在协商地位相对平等的前提下进行竞争,也更有利于促使专利权人提出有竞争力的专利许可费率。也就是说,事前协商机制借助于制度本身的市场机制反而达到了对垄断行为和垄断结果的抑制效果;对于 FRAND 原则所必然产生的庞大的管理成本和诉讼成本更能起到一定程度的减少或消除作用。

　　当然,标准化组织的这种集体协商机制也可能在一定程度上构成买方卡特尔,这是本制度的缺陷和应予以完善之处,更是标准化组织在依据事前披露原则制定和实施知识产权政策时应予以重点考虑的问题。

四、FRAND 原则与事前披露原则的融合

　　论述至此,可见,技术标准理论和技术标准实践目前都更加注重于通过 FRAND 原则与事前披露原则的有机结合来有效地消除专利劫持的风险,实现对标准专利权人的适当限制,实现标准化组织、专利权人、技术标准实施人、消费者等多方利益主体的利益共赢;而不是简单地从前者过渡到后者、以后者取代前者:一方面,正是由于 FRAND 义务的约束,尤其是其

---

　　① VITA Business Review Letter, Letter from Thomas O. Barnett, Assistant Att'y Gen., U. S. Dep't of Justice, to RobertA. Skitol, Esq., Drinker, Biddle & Reath LLP 3 (Oct. 30, 2006), pp. 8~10. http://www.usdoj.gov/atr/public/busreview/219380.pdf.,下载日期:2013 年 3 月 1 日。

　　② See Federal Trade Commission and Department of Justice Antitrust Division Roundtables: Competition and Intellectual Property Law and Policy in the Knowledge-Based Economy, Nov. 6, 2002, p. 54 (remarks of Carl Shapiro, Transamerica Professor of Bus. Strategy, Haas Sch. of Bus., Univ. of Cal., Berkeley), http://www.ftc.gov/opp/intellect/021106ftctrans.pdf.,下载日期:2013 年 2 月 26 日。

中的非歧视义务对于配合事前披露原则、实现抑制专利劫持的政策目标更加显得重要。非歧视义务不仅为事前实现面向全体被许可人的公平、合理的许可使用费率的目标提供了制度保障,而且,即便是在事后许可谈判的情况下,非歧视义务也可以发挥类似的作用。就实践操作角度而言,虽然非歧视义务条款也存在概念模糊、难以认定的情形,例如被许可人的情形千差万别、专利价值也随着不同的被许可人而有所变更;但是,在长期的司法实践过程中,各国和各级司法机关对于判断违反非歧视义务案件还是积累了丰富的经验,可谓驾轻就熟;相反,判断"合理""公平"条款的争议案件对于司法机关而言却仍然是一项高度复杂、争议频生的主观性很强的艰难任务,毕竟,"合理"和"公平"所源出的"诚信原则"正是私法意义上具有高度弹性和概括性的"帝王条款"。另一方面,正是由于事前披露原则的存在,即便是标准必要专利权人拥有完全的谈判能力,其也不可能收取高于其技术贡献率的许可费率,因为标准技术实施人可以自由地根据事前披露信息选择其他的、竞争性的待选技术纳入技术标准。此外,事前披露原则与 FRAND 义务尤其是非歧视义务的结合更是在根本上从实践的可操作性层面增强了实现合理的专利许可使用费率的可能性。

国外相关的典型判例也从实证的角度揭示了 FRAND 原则与事前披露原则的融合趋势:Rambus 案基本确立了标准化组织知识产权许可政策的基本原则,即 FRAND 原则,但未明确是否存在强制性的披露义务;"高通诉博通案"则确立了对 FRAND 原则的审查方法,即标准必要专利权人负有专利信息和许可条件的披露义务,且披露范围远远大于必要专利的范围,违反此义务的法律责任是推定为专利权的放弃。[①] 这两个典型案例明确显示了标准化组织知识产权许可原则从单一的 FRAND 原则向 FRAND 原则与事前披露原则的演进和融合趋势:其一,标准化组织知识产权政策不仅应当明确确立 FRAND 原则,更应当确立相应的事前披露原则;其二,为有效发挥事前披露原则与 FRAND 原则相融合的制度效力,知识产权政策更应当进一步明确规定相应的披露义务、披露范围、披露方式,及其法律责任的构成要件。

标准化组织的知识产权政策从 FRAND 向事前披露(Ex Ante FRAND)演进并逐步融合的趋势对于当前专利技术拥有量较少的发展中国家及其相关企业实施技术标准战略相对较为有利,也因此有利于技术领域的国际贸易的更加平衡和公平。因此,我国的技术标准化实践和技术标准战略应当对此予以相应的支持和借鉴,并在相关领域中推广这一理论和实践。也就是说,对于标准必要专利权的必要限制手段的选择,我国应在探索和加强公法性质的反垄断调查等事后规制措施的同时,对休现为私法性质的、作为事前规制措施的以标准化组织知识产权政策为载体的专利许可信息披露制度以及对其加以更为直接的公共政策干预的必要性给予高度重视。[②]

(本文编辑:黄钱欣)

---

① 康佑发:《标准化组织知识产权许可政策演进》,载《广州广播电视大学学报》2012 年第 5 期。

② 安佰生:《美国联邦巡回上诉法院 RAMBUS 案披露义务裁决及其影响》,载《电子知识产权》2012 年第 6 期。

标准与专利的共赢与发展

——标准中专利侵权的争端解决及建议

■ 谢斯元[*]

摘 要:在知识经济时代,随着高新技术的不断更新换代,为推动市场统一化步伐、促进市场协调发展、提高消费者福利,标准的制定与推广成为知识经济与技术发展的趋势。但是专利的知识产权属性与标准的准公共产品性质使得二者存在一定的矛盾与冲突。殊途同归,二者在推动技术创新和提高社会福祉方面又有着异曲同工之效。因此,在标准与专利的实践中,探寻其冲突与规制有助于推动二者的共赢与发展。而且,涉及标准的侵权判定较之于其他侵权行为具有的最大的一个特殊之处在于传统意义上的权利人成了"侵权人",其行为通过专利埋伏、不合理高价、拒绝许可等具体行为体现。另外,针对中国企业遭遇国际"标准壁垒"的现状,从政府、企业、行业协会的角度提出合理性对策以应对"标准壁垒"对中国贸易所带来的障碍。

关键词:标准;侵权;标准壁垒;对策

The Mutual Development of Standards and Patents

—The Settlements and Proposals of Patent Disputes in Standards

Xie Siyuan

Abstract: The era of intellectual economy witnesses the great success of high-tech development. There is a growing tendency nowadays that setting and promoting standards plays a vital role in technological updating, unification of market and improving consumers' welfare. However, the contradiction between patent and standard does exist due to the nature of intellectual property and quasi-public goods, while they has the same effect in promoting technology innovation and improving social welfare. The study of conflicts and regulations is conducive to the mutual development as a consequence. Moreover, the most prominent of infringement determination is that the IPR right holders turn out to be the infringers in the situation of patent ambush, unreasonable high price and refusing licenses. Finally, in light of the current conditions, different methods for improvement are provided to the government, companies and industry associations

* 基金项目:深圳市科技研发资金软科学研究项目"国际贸易环境中企业专利和标准运作研究"(项目号:RKX20130423162341215)。谢斯元,1990 年生,女,厦门大学法学院在读硕士生,研究方向:经济法。

concerned as reference in making decision of standard barriers.

Key Words：Standard；Infringement；Standard Barriers；Countermeasure

一、标准中的专利侵权的特殊性

毫不夸张地说，一个合适的标准的建立能够产生壁垒作用，通过对核心技术的控制能够形成排他性的技术垄断，形成一定的市场准入限制。正是基于标准与知识产权之间微妙的连锁反应，对其专利的侵权也存在一定的特殊性。以而今的网络产业为例，一种技术标准往往决定一个行业的技术路线，并且影响相关产业，使后来者只得沿着这条技术路线走下去。①

在下文中，笔者将从专利埋伏、不合理高价、拒绝许可等因素入手，探讨标准中专利侵权的特殊性。

(一)拒绝披露与专利埋伏

为了保证技术标准的有效运转，披露政策在标准制定和实施过程中处于着举足轻重的地位。良好的披露机制有助于在标准技术的遴选过程中根据实施成本来进行方案选择，避免标准遭遇专利埋伏而导致整个技术标准瘫痪或实施成本畸高。

目前，国际标准组织均规定了披露政策，但绝大多数的标准组织并不对披露的内容进行审核，也不对违反披露政策的参与人进行严厉的制裁。以 ITU 为例，ITU 在其知识产权政策中鼓励成员主动披露提案中的专利信息，但 ITU 并不对披露的内容承担保证其真实有效的责任。相比之下，ETSI 对参与人的披露采取更为宽松的政策，即自愿披露政策，并且其对于披露内容不完整的情况之下也并未规定惩罚措施。在标准组织对于披露政策的宽松态度的大背景中，一些知识产权人占据在标准制定过程中信息不对称的优势、伴随着高额许可费的利益推动、屡屡设置专利埋伏，使得标准在制定完成直至实施过程中遭遇劫持（hold-up），造成资源的无效配置并造成巨大的社会利益减损。

实务操作中也存在另一种声音值得我们思考：披露政策与新颖性丧失的问题。假使有一项专利技术在申请专利之前参与到标准制定中，则其根据标准组织的政策而进行的披露是否会影响其申请专利时新颖性的认定？我国《专利法》给出了肯定答案，《专利法》第24条规定的三种不丧失新颖性的例外中并不包含"为了参加技术标准而披露技术信息"，即在我国《专利法》语境下，为了参加技术标准而披露技术信息会使得该技术丧失新颖性。技术信息披露对于技术新颖性的"扼杀"也会使得一些潜在的技术提供者望而却步。

(二)不合理定价

反垄断法并不反对专利持有人收取许可费，但其前提是该许可费率的制定背后有合理原因支撑，换言之，反垄断法只打击不合理的定价。在运用标准的过程中，难免牵涉对标准

---

① 杜晓君、马大明：《有效率的专利联盟：竞争效应和创新效应研究》，中国人民大学出版社 2012 年版，第 33 页。

必要专利(SEP)的使用及缴费问题。一般而言,专利权人一方面希望主导技术标准以获得市专场份额,另一方面又希望从专利中获得更多的收益,倘若标准必要专利持有人收取的费用落入不合理定价,其本身作为专利权人的身份可能再叠加一个违反不合理定价原则的侵权人身份。这就是标准与专利结合的侵权的特殊性:专利权人成了侵权人。

不过,对于什么是合理定价即如何判定专利权人违反不合理定价的原则,在实务认定中存在一定的难度。在能够计算出技术研发运营成本的情况下,即使是经济学家介入参与成本的计算,其本身也是存在很大的弹性空间的。且在市场经济自由发展的情况下,交易双方的价格确定很大程度上都属于双方的意思自治。因此,不少学者批评将价格因素纳入反垄断法考量,因为不仅是认定存在难度,而且有可能违背市场经济自由运行的初衷。

(三)拒绝许可

在标准的使用中,拥有标准必要专利的权利人或者专利池的管理机构在没有合理理由支撑的情况下拒绝与第三方主体交易,其本身有可能阻碍潜在的竞争者进入市场或者是意图排除市场上现有的与自己拥有竞争关系的交易人,这种损害市场竞争秩序的行为是应当受到严厉禁止的。

在协调保护知识产权与反垄断关系的实务经验中,各国也作出了自己的探索。以美国为例,美国反垄断机构在平衡各方利益的同时更加注重对知识产权人的保护。美国不仅从政策上对于企业自主创新、研发水平的激励提供各项措施,其对于知识产权人的完善保护也是全球领先的。当然,也有观点认为美国侧重于对知识产权人的保护有可能会影响到市场竞争以及良好社会秩序的维持。相比之下,欧盟对于拒绝许可的制度则很大程度上将《欧共体条约》第 82 条不得拒绝供应产品的义务延伸到知识产权领域。欧盟关注的对象一般是拥有市场支配力的企业,考量的因素主要是拒绝提供许可的行为是否在事实上造成阻碍潜在竞争者进入市场或排除市场上现有企业的效果。

二、争端解决机制

(一)参与主体:标准化组织与产业主体

争端机制的构建需要多方主体的参与。

标准化组织作为提供平台的中介组织,参与到争端解决拥有其自身优势。一般情况下,其制定的知识产权政策都是一种自律性规则,本身并不具有强制力;而且标准化组织一般并不会介入当事人之间的潜在纠纷,但其自身知识产权政策的制定对于标准化中专利技术的透明度和可获得性都具有极大的帮助。

产业主体的参与更是争端解决机制的重要内容。这里的产业主体既包括参与标准制定的权利人,也包括标准使用者。绝大多数的纠纷涉及的人员都可以概括为产业主体,那么作为争端当事人,参与争端解决机制就显得十分重要了。

(二)标准化组织专利政策优化

现有的国际标准制定组织的专利政策都较为宽松,既不积极主动核实内容的有效性也不评价标准中专利的相关性与必要性、评判当事人的行为。而且每个标准组织之间根据自身的需求不同所制定出的专利政策也大相径庭。目前,一些学者指出标准制定组织的专利政策还有改善的余地。

1. 事前预防

为了避免"专利丛林"的发生,在标准的专利许可过程中,标准组织的FRAND原则的适用显得愈发重要。在FRAND原则下,一般不存在标准专利权人是否许可的问题,而主要是"以什么费率"许可的问题。而FRAND原则的高度概括性和模糊性也导致标准组织在标准专利侵权中的事前预防难度倍增。张平教授提出了FRAND原则可以提升的观点,笔者选取其中几个具有事前预防作用的条款进行分析:

首先,明确专利政策条款及FRAND原则。不少标准组织的专利政策条款仅起指导作用,对标准参与者或者使用者并不具有威慑力,使得这些条款成了"君子条款"。虽然FRAND原则在标准的专利许可中广泛应用,但对FRAND的理解在各国司法、执法机构却各有不同。因此,在标准制定的同时就明确该组织的专利政策在该标准中的实际适用情况、细化FRAND原则在该标准中的判断标准,有利于从源头上解决标准与专利的纠纷。

其次,有效实施专利政策。[①] 专利政策的生命在于实施,倘若有一套完美的政策却没有被实施,其价值等同于一纸空文。专利政策的实施需要标准组织的制定和牵头、专利人的积极配合、相关行政机构的政策支持等。专利政策的有效实施最重要的是对违反其规定的惩戒措施。通过细化对违反规定的各项举措,能促使专利权人有效地安排自己的标准制定活动,遵循标准制定的相关规定,自觉遵守标准制定的专利政策。

2. 事中参与

首先,标准组织可以在标准必要专利的认定上扮演更加重要的角色。根据目前各标准组织的政策进行分析,并没有任何标准化组织承担对标准必要专利的鉴定责任。[②] 但不容置疑的是,标准组织因其拥有大量的技术领域专家而在必要专利的认定上拥有先天的优势。对于标准组织而言,对标准中涉及专利的法律判断也并非难以下手,标准组织可以通过增加相关知识领域的法律人才、与实务部门与行政部门加强联系来达到优化其专业队伍的目的,通过成为标准必要专利的判定中的鉴定主体,加强标准组织在标准制定过程中的责任意识,推动标准制定的高效、健康运行。

其次,标准组织也可适当介入标准必要专利许可领域,在标准必要专利人与标准使用者之间寻求利益的平衡。在标准使用者与标准制定者两者身份完全分离的情况下,巨大的利益差异使得标准使用者在获取标准必要专利的许可上遇到了困难。这些障碍具体体现为拒绝许可、不合理高价等。在这种情况下,标准组织的适当介入有利于打破市场主体力量不均衡所带来的谈判僵局,根据其对行业的深入了解以及对市场主体力量的掌握,在不违反组织中立的价值判断的基础之上,本着推广标准采用以及提高社会福祉的宗旨,在谈判过程中适当对双方主体进行健康地引导,有利于最终谈判的顺利完成,扩大标准的适用范围,提升社会总体福利。

---

① 张平主编:《冲突与共赢:技术标准中的私权保护》,北京大学出版社2011年版,第19页。
② 马海生:《技术标准中的"必要专利"问题研究》,载《知识产权》2009年3月第2期。

3. 事后解决

假使上文所提到的事前预防以及事中参与均失灵,则事后解决就成为标准组织发挥其作用的最终防线。绝大多数的标准组织作为技术推广的主体,其制定的措施其本身并不具有严格意义的法律上的强制约束力,但如同行业守则之于从业人员之作用,标准组织在处理标准与专利的问题时所提出和作出的举动虽不具有最终的评判效力,但仍旧能在一定程度上解决标准与专利之间的冲突与矛盾。

第一,处理专利问题时恪守中立。标准组织由于不同的构成主体,其本身的价值取向可能略有不同,但最根本的推动行业技术发展及提高社会福祉的宗旨都是一致的。作为社会成员的一员,标准组织中的专家无法摆脱其自身价值及社会价值施与的影响不可能做到完全中立。正因为如此,标准组织在处理专利问题时应当采用专家团的形式对问题进行评估,对每个专家所涉及的领域、行业以及其个人背景作出一定分析和评判,在必要时也可采用标准组织之外的中立第三方的鉴定意见作为参考,提升标准组织对纠纷解决的中立性。

第二,赋予标准组织一定的惩戒权。就理论层次而言,标准组织最应当具有对违反其章程的行为进行惩戒的权力,但现实情况是,标准组织的章程的知识产权政策并没有对针对违背标准组织专利政策的严厉的惩戒措施,这使得许多规定成了一纸空文,并不具有实际的执行力及约束力。在这种情况下,赋予标准组织一定的惩戒权,例如对于违反标准组织专利政策的主体采取限制或者禁止其参与标准制定的活动、惩罚性赔偿措施、强制许可措施等,此举不仅有利于提高标准组织的影响力和威慑力,也减轻了司法、行政部门的压力,有利于规范参与标准制定的主体的行为、减少"专利埋伏"等矛盾、促进标准工作、相关技术领域的健康有序发展。

第三,承担一定的涉及专利权的责任。现行的标准组织均声明不承担任何涉及专利权的责任,这种责任承担主体的缺位也局限了标准组织在制定标准的过程中的作用,且增加了在侵权行为出现后的纠纷的复杂程度。笔者在前文提道,在标准必要专利的判定中,标准组织可以凭借其优势发挥更大的作用,更大的权利也意味着更多的责任。假使标准组织在鉴定环节发挥了一定的作用、在标准制定的初始就对标准涉及专利的问题进行了一定的预判,那在事后若发生涉及专利权的问题,标准组织也应当根据其在标准制定过程中的作用而承担一定的责任。

三、应对国际标准化形势的建议

(一)政府对策

1. 完善并建立与国际接轨的标准体系

鉴于我国目前标准化工作与国际标准化发展在总体上存在一定的差距,完善并建立与国际相接轨的标准体系是我国标准化工作的首要任务。针对我国标准化活动的发展现状,完善并建立与国际接轨的标准体系可以有两条路径:被动采用和主动参与。第一条路径——直接采用国际上通行的由国际标准组织制定的国际标准。这种直接采用的最大优势是能在最短时间内与国际技术领域、商贸交流对接、了解最新标准动态、及时更新国内相关生产领域的技术、节省标准制定成本。但这种直接采用的缺陷也显而易见,在标准制定环节的缺位使得使用者永远只能是标准化活动中被领导的一方，永远无法成为真正的参与者、在标准的更新与优化中只能扮演附随的角色。另一条路径——努力参与国际标准的制定。从长远的角度来看，只有参与标准制定才能更好地将我国技术领域的优势发挥功效，力争充分反映我国的标准化意图、为国内产品打破"行业壁垒"与"标准壁垒"打开机会之门、争取有利于我国技术长远发展的机会。为了更好地参与国际标准的制定，我国应当积极承担在各大国际标准组织中的工作，争取在国际范围内拥有更多的话语权，为中国企业走出国门保驾护航。

2. 建立和健全技术标准数据库、信息网和预警机制

信息不对称将导致市场这支"看不见的手"调控失效，提高中小企业研发风险，进而削弱中小企业自主研发积极性。换言之，标准领域的信息的有效收集与运用维系着中小企业的存亡。针对标准领域的信息不对称的具体情况，建立专门的国际技术标准信息数据库能很好地遏制信息不对称现象的发生。

首先，对于国际标准信息的收集，国家应当发挥驻外经贸机构、经贸研究机构的优势，密切关注国际技术标准制定的最新动态并进行全过程跟踪。[①] 信息网的构建不仅需要政府的多方牵头，更需要接纳其他渠道的信息来源。借鉴温州商会发动海外华侨的成功经验，从国家机构到个人都可以提供与国际标准发展或利于国内中小企业发展的信息。其次，对收集到的信息进行提炼与概括，使得这些宝贵的信息资源能够有效引导国内企业的技术发展、促进生产企业调整技术标准与生产工艺。最后，"标准壁垒"的预警机制应当为国内企业的发展提供有力保障。建立有效的预警措施，政府有关部门应当定期或不定期地发布国际、国内标准预警信息，前瞻性地准备应急预案，尽可能地将国际突发情况的损失减少到最低。

3. 优化技术和标准协同发展的法律法规和制度环境

科学技术、经济发展离不开法律的保驾护航，而我国现有的法律法规不是因为极具高度概括性而难以操作，就是 20 多年前的"老古董"，因此，优化法律法规和制度环境迫在眉睫。

首先，出台针对标准化工作的指南。由于标准化活动在我国并不成熟，实践经验缺乏，所以要在借鉴国外成功经验、向国际标准组织寻求帮助、结合我国标准化工作的具体情况的基础上，制定出适合我国企业发展、技术创新、社会进步的标准化工作指南。其次，修订《标准化法》，推出司法解释以帮助涉及标准化的审理活动。1989 年的《标准化法》显然已经不能适应当下的国情，尽快进行修改能为我国企业参与标准化活动提供法律依据及法律保障。司法解释在审判活动中的地位不言而喻，推出相关的司法解释能在最短的时间内达到预期的审理效果，在法律缺位的情况下也不失为一个好的对策。最后，标准环境的优化离不开科研院所、高校的支持。除了企业，科研院所与各大高校的研发工作也十分重要，鼓励、支持科研院所与高校积极参与国内外标准的制定，通过制定相关政策、奖励、绩效等形式对院所、高校的科研成果进行认定与激励，营造良好的自主研发与创新的社会环境。

---

① 葛晶:《技术标准对我国中小企业技术创新的影响及对策研究》,哈尔滨理工大学 2007 年硕士学位论文。

4. 缩短标准制定周期

技术的更新换代较之 10 年前已提高数倍,在技术改朝换代飞速的背景下,若不缩短标准的制定周期,很可能会导致这样一个尴尬的局面:标准尚未制定,技术已不再新。为了避免这种现象的出现,我国的标准机构在制定技术标准的同时应充分考虑标准的时效性,在考虑时效性的前提下理性采纳涉及标准的专利、技术,尽可能在保证技术推广的同时兼顾技术、标准的时效,让标准在推广之后在相关领域拥有更强的竞争力。

(二)企业应对

1. 正视标准、积极采标

由于我国开放市场化经济起步较晚,部分中小企业只顾埋头按照行业标准甚至是企业标准进行简单而低端的制造,这种对国际标准的忽视是在出口时遭遇"贸易壁垒"或"行业壁垒"的一个重要原因。我国企业只有严格进行标准化生产,才能够符合进口国的法规、标准,进而进入进口国商品领域,参与国外同类商品的竞争。目前,我国企业的采标率较之英、美等发达国家而言是很低的,这对于进入国际市场竞争而言是十分不利的。国内企业可以根据自己的产品的类型、价格、进口国等选择适合自己的国内、国际标准,尽早取得参与国际市场竞争的"入场券"。在标准竞争激烈的国际市场中,中国企业应当及时认清形势,抛弃"埋头自造"的陈旧观念,针对自身发展特征积极采纳国际、国内标准,做到"迎标创造"。

2. 注重创新、提升质量

创新是企业的灵魂,参与国际竞争的核心动力在于技术创新,技术的提升能从根本上突破国外的"标准壁垒"。首先,加大研发投入。在通过标准竞争的战场中,毋庸置疑,掌握核心技术才握有制胜的关键。雄厚、充足的资金是企业研发与创新的基础保障。其次,注重创新型人才的挖掘与培养。知识经济最缺乏的就是创新型人才,研发团队的能力往往决定一个企业的存亡。因此,企业应当注重研发型人才的培养、挖掘该技术领域中的领先人物,优秀的人才能够帮助企业摆脱壁垒困境,重夺话语权。最后,研发的生命在于运用。一项投入大量人力、物力的研发项目,若最后的成果无法被实际运用于生产,其价值等同于企业垃圾。企业可以借鉴国外的成功经验来提高企业自主研发成果的转化率,实现低投入、高产出。

与此同时,企业应更加注重产品质量,使之符合国际环保标准。正是由于标准化意识的欠缺,国内许多厂商本着薄利多销的理念进行了大量的不符合国际环保标准的生产活动。国内企业应当转变生产理念,在注重生产成本的基础上提高环保意识,达到"三清"标准:[①]即清洁能源、清洁生产、清洁产品,其内涵包括尽量节约能耗、使用可再生能源、生产过程中尽可能地减少废弃物的排放、延长产品使用周期等对环境保护、可循环发展有益的方面。

3. 加强管理、提升竞争力

管理方式的优化有助于提升竞争力。首先,良好的管理体制有助于凝聚企业自身的人力、物力,集中合力进行研发、创造;系统、科学的管理模式也能使得企业更好地将研发成果与生产转化有机结合,尽快收回研发成本。其次,加强管理有助于增强企业防范侵权意识。

---

① 徐艳、朱国银:《温州出口企业应对国际技术贸易壁垒的分析研究》,载《现代经济》2008 年第 7 卷第 11 期。

相对于国外企业,我国的经营者对知识产权保护的忽视也是造成国内企业在寻求国际合作时的障碍之一。面对维权,国内一些经营者出于对跨国诉讼成本、产品更新速度等因素的考量而放弃维权,这种做法虽然在当下减少了诉讼支出,但从长远的角度来看,对企业有百弊而无一利。只有加强管理,促进企业内部技术、专利管理机制的高效运转,才能增强企业防范侵权的意识,让中国企业"硬"起来。

4. 开阔眼界、拓宽市场

通过横向比较国际市场我们不难发现,设置壁垒的国家多数集中在美国、德国、欧洲等较为发达的知识经济强国,国内一些企业在进军这些标准"老牌强国"时屡屡碰壁。在提升企业自身竞争力的同时,国内企业也不妨转变思路,将发展重心朝壁垒主义较弱的国家倾斜,从地理上拓宽产品出口市场。企业在拓宽产品市场的同时应当加强对出口国政策、法规及国情的认识,提升对国际贸易环境的敏感度以便企业及时作出战略调整。

(三)行业组织的作为

1. 为中小企业发声、加强与外部的交流与沟通

在开拓国外市场时,中小企业是首先遭遇贸易壁垒的"头阵兵",由于力量对比悬殊,中小企业在与国外竞争者的激战中伤痕累累;在信息反馈机制并不健全的情况下,国内许多中小企业接连在类似、甚至是相同的壁垒中碰壁。中小企业由于个体利益的分散而无法获得标准制定机构或者国家的关注,在这种困境之下,中小企业寻找其发声的途径就显得尤为重要。行业协会作为协调该领域的专业组织具有先天的优势,通过在行业内的号召力和影响力为组织内的成员谋福利。

中小企业是行业的活力之源。考虑到中小企业技术分散、数量多的特点,行业组织应当积极扮演中小企业对外联系、谈判的组织者。首先,加强与行业内其他成员的信息沟通、及时反馈中小企业在现实中遭遇的壁垒问题并对这些问题进行归纳总结,提出积极的行业应对方式而非坐以待毙。其次,加强外部的沟通与交流,努力争取政府对中小企业遭遇问题的重视、积极参与技术标准的制定和实施。对于行业协会自身力量无法解决的问题应当及时反馈至国家相关主管机构,通过行业协会自身及具体个案的影响力来争取政府的帮助与支持。最后,行业组织还可以有针对性地与设置壁垒的进口国的标准组织或有影响力的国际标准组织进行对话,及时了解进口国标准组织的最新政策的同时也及时反馈我国目前标准化活动的现状和存在的障碍,在现有标准体制之下寻求各方利益的最大化,减少不必要的贸易损失。

2. 协调行业内中小企业结成技术标准联盟

作为国际贸易游戏的参与者,跻身于"游戏规则"的制定一直是业内中小企业的夙愿。然而,"游戏规则"的制定本身需要耗费大量的人力、物力,不仅如此,整个研发的过程还需要研发主体承担巨大的风险,这些对于中小企业而言都是不能承担之重。行业协会在这种情况下应当更加积极地发挥作用,利用自身优势协调行业内的中小企业结成技术标准联盟,整合行业内部的创新资源进行技术标准研发,特别是对共性技术标准的研发。[①] 行业协会可以根据其成员自身的特点及优势,发展适合的事实标准,通过事实标准的形成来加强成员在

---

① 邱构丹:《温州商会在企业应对国际贸易壁垒中的作用》,载《法制与经济》(上旬)2011 年第 12 期。

领域内的影响力,从而获得领先的市场优势。

　　3. 加强自律,抱团取暖

　　"一根筷子易折断,一捆筷子抱成团",这对当下国内行业组织的运作与发展拥有极强的参考意义。单个行业组织的单打独斗在面对国际强势经营者的经营运作时力量对比悬殊,倘若将国内相关领域的相关行业组织之间进行有机整合,做到"术业有专攻",提升行业组织的专业性。目前,国际贸易壁垒已不局限于具体的、单个的产品,其触手已伸至相关产业。因此,面对国内相关行业组织规模小、力量薄弱的缺憾,行业间应当根据各自的特点,进行组织优化,改善行业组织的组织结构、凝聚力量、集中发力。而对于那些已形成一定规模、内部规章制度清晰的拥有一定号召力的行业组织应当积极寻求政府的政策、资金支持,加强对该行业的影响力。

四、结论

　　标准与专利的结合在知识经济的大背景下是难以回避的,秉持两者推动科技进步、提高社会福祉的核心共通点有助于辩证地看待两者既对立于外在又统一于内涵的现状。通过探寻标准中侵权的特殊性有助于对实务中所涉及标准与专利问题的理性分析、完善现有争端解决机制、减少标准与专利之间的摩擦、推动标准的健康有序运行。最后,应对国际标准化形势,政府应当积极参与国际标准制定活动,企业需要提高技术创新能力并提升国际竞争力,行业组织可以在现有的基础上整合资源发挥更大的力量。

（本文编辑：黄钱欣）

知识经济背景下专利和标准的法律关系研究

■林秀芹　朱一青*

摘　要:国际贸易受全球政治经济的影响而变化莫测。企业作为国际贸易中占主导地位的贸易主体,不得不寻求多种途径确保自身在贸易竞争中占据有利地位。传统经济格局逐渐被知识经济取代,知识经济时代到来的标志就是各国之间的专利之争以及标准之争。专利与标准从一开始的相互排斥到现在的密不可分,彰显了二者的关系正在悄然转变。本文从法律体系、立法目的、许可方式与风险等方面揭示国际贸易中专利与标准的法律关系,以期探寻更加适合专利与标准融合与发展的新模式。

关键词:专利;标准;国际贸易;法律关系

Study on The Legal Relationship between Patent and Standard under the Background of Knowledge Economy

Lin Xiuqin　Zhu Yiqing

Abstract:International trade is affected by the global economic and political reasons. As the most important subjects in international trade, enterprises have to seek a variety of ways to ensure their dominated position in the trade competition. Traditional economic structure is gradually replaced by knowledge-based economy, with the patent war and the standards war among different nations. The relationship between patents and standards transferred dramatically recently, from incompatible at the beginning to inseparable at the moment. This paper reveals the legal relationship between patent and standards in international trade and from these perspectives: legal system, legislative purpose, licensing and risk, in order to develop a more suitable new way for integration of patents and standards.

Key Words:Patent;Standard;International Business;Legal Relationship

---

* 基金项目:深圳市科技研发资金软科学研究项目"国际贸易环境中企业专利和标准运作研究"(项目号:RKX20130423162341215)。林秀芹,1965年生,女,厦门大学法学院、知识产权研究院教授、博士生导师,研究方向:知识产权法、经济法。朱一青,1985年生,女,厦门大学法学院在读博士生,研究方向:知识产权法、经济法。

一、前言

从曾经的美国最大手机生产厂商摩托罗拉被谷歌收购,以及成立一百多年的爱立信依然是当今移动通信标准化全球领导的案例可以看出,国际贸易的发展趋势早已迈入知识经济时代,企业竞争的成功或是失败也越来越多地取决于知识产权经营策略。专利是世界上最大的技术信息源,据实证统计分析,专利包含了世界科技信息的 90％～95％。但是,由于权利人众多以及专利繁杂,"专利战"某种程度上更像是一场"混战"。技术标准的出现开辟了新的竞争模式——"标准战"。"标准设置的目的是平衡产品和服务的设计,并最终运用到国际贸易中来。"①从一开始的尽量避免将专利引入标准中,到现在几乎所有标准都难以绕开专利而运行,标准与专利实现了结合。一项技术标准中最好的技术是专有技术,受到一项或多项专利权保护,这并不罕见。而这场结合并不完美,一方面专利权人想方设法使自己的专利尽可能地成为必要标准专利,另一方面又面临着专利标准化的很多问题。因此,研究专利与标准的关系也就显得具有很重要的现实意义了。

二、与国际贸易有关的专利与标准法律规范体系

(一)国内法相关规定

与标准、专利相关的国内法律主要有宪法、民法通则、合同法、反垄断法、科学技术进步法、专利法和标准化法等。

1. 根本法规定。《中华人民共和国宪法》(以下简称《宪法》)规定,我国不但鼓励和扶持科学研究活动,也把采取必要措施推广创新成果、维护经济秩序作为国家的任务。

2. 基本法规定。《中华人民共和国民法通则》(以下简称《民法通则》)规定,依法取得的专利权受法律保护。

3. 单行法规定。基于《宪法》和《民法通则》的规定,各单行法也作出了具体的规定,主要是民事单行法和经济单行法。

(1)《中华人民共和国合同法》(以下简称《合同法》)。技术合同是《合同法》第 18 章规定的有名合同。《合同法》中规定,技术合同是当事人就技术开发、转让、咨询或者服务订立的确立相互之间权利和义务的合同;订立技术合同,应当有利于科学技术的进步,加速科学技术成果的转化、应用和推广;而非法垄断技术,妨碍技术进步或者侵害他人技术成果的技术合同,原则上可以被法院确认为无效。

(2)《中华人民共和国专利法》(以下简称《专利法》)。《专利法》从保护专利权人合法权益的角度对专利运行进行规定。《专利法》第 1 条规定:保护专利权人的合法权益,鼓励发明创造,推动发明创造的应用,提高创新能力,促进科学技术进步和社会经济发展是专利法的

---

① Knut Blind（Coordinator），Rudi Bekkers，Yann Dietrich，Eric Iversen，Florian Köhler，Benoît Müller，Tim Pohlmann，Stein Smeets，Jurgen Verweijen，Study on the Interplay between Standards and Intellectual Property Rights，Berlin，European Commission，April 2011，p. 11.

宗旨。同时,专利法还规定了在若干情形下的合理使用行为,以及若干情形下的强制许可,避免权利人滥用专利权。

(3)《中华人民共和国反垄断法》(以下简称《反垄断法》)。与《专利法》不同,《反垄断法》是从维护市场秩序的角度对知识产权包括专利权的运行进行规定的。专利一定程度上是垄断的一种武器。《反垄断法》所保护的是良好有序的竞争环境。《专利法》第 55 条规定,经营者可以依法行使知识产权,但是经营者滥用知识产权,排除、限制竞争的行为,则为法律所禁止。

(4)《中华人民共和国标准化法》(以下简称《标准化法》)。《标准化法》以及《标准化法实施条例》是国家对现代化生产进行科学管理的有关标准化运作制定的法律规范。规定必须制定标准的行业范围,以及标准制定和实施流程。但没有规定如何对待专利。因为《标准化法》制定于 1989 年,标准与专利的结合在二十多年前并未表现出如今这般紧密。因此,《标准化法》也并没有体现出对必要专利的规定,有一定的时代局限性。

(5)《中华人民共和国科学技术进步法》(以下简称《科学技术进步法》)。《科学技术进步法》第 1 条规定,为了促进科学技术进步,发挥科学技术第一生产力的作用,促进科学技术成果向现实生产力转化,推动科学技术为经济建设和社会发展服务,根据《宪法》,制定本法。该法第 26 条规定,国家推动科学技术研究开发与产品、服务标准制定相结合。从该条可以看出,这部法律是鼓励标准与专利相结合的。

(二)国际法相关规定

我国加入的与标准和专利相关的国际条约主要有《保护工业产权巴黎公约》、《与贸易有关的知识产权协定》(TRIPS)、《技术性贸易壁垒协定》(TBT)和《实施卫生与植物卫生措施协定》(SPS)。

1.《保护工业产权巴黎公约》规定了专利的国民待遇、优先权原则,独立保护原则等。

2.《与贸易有关的知识产权协定》规定了专利强制许可:在国家出现紧急状态或者非常情况时,或者为了公共利益的目的,各成员可以对专利进行强制许可。据此可知,如果标准中引入专利技术后专利权人拒绝许可或者要求过高,可以通过强制许可,控制实施专利技术成本。

3.《技术性贸易壁垒协定》在"序言"中明确了协议制定的出发点:鉴于国际标准和合格评定体系能为提高生产效率和便利国际贸易作出重大的贡献;希望鼓励制定此类国际标准和合格评定体系;但是期望这些技术法规和标准,包括对包装、标志和标签的要求,以及为符合技术法规和标准而制定的合格评定程序不要给国际贸易造成不必要的障碍;鉴于发展中国家在制定和实施技术法规、标准以及为符合技术法规和标准而制定的合格评定程序方面可能遇到的特殊困难,希望对他们在这方面的努力给予协助。《技术性贸易壁垒协定》是将技术(包括专利技术)与标准结合规定的最详尽的国际条约。

三、专利与标准的法律关系的层次性

从法哲学的角度来看,造法的目的是达到和平的价值取向。此外,法服务于可以明确勾勒的、我们看到一再反复出现的目标:安全与和平、正义、平等与自由。[①]

(一)第一层次:专利与标准的互异性

专利与标准之所以引起诸多讨论,不仅因为专利与标准都是企业竞争的利器,也是因为专利与标准在结合的过程中有许多矛盾之处,需要逐一解决。专利和标准之间的潜在冲突一般发生在技术标准运行过程中涉及一项或多项专利时。

1. 标准组织中各成员方利益的矛盾。标准就像一个大熔炉,专利权人为了能使自己的专利成为必要标准专利,竞相论证各自专利的必要性。但是,必要标准专利的判断以技术性为前提。必要标准专利到底是应该代表行业内最先进的技术,还是应该代表行业内最应当普及的基础性技术,往往是专利权人论证的重点,也是矛盾所在。标准组织最终的责任就是通过多番博弈,确定标准的范围和内容,以及规范标准中的专利申报情况。在标准组织各方成员达成一致之后,颁布标准。专利权人从自己利益的角度出发,认为标准中含有自己专利越多越有利于自己的经济利益,标准组织却要一方面衡量该专利的必要性,另一方面平衡其他权利人的利益。显而易见的是,这注定是个此消彼长的过程,而无法使每个专利权人达到利益最大化。如果过多的非必要专利纳入标准,必然导致终端产品支付高额许可费,影响消费者权益。这也是标准与专利最难以调和的矛盾之处。

2. 标准与专利客体性冲突:公权与私权的冲突。公共利益的保护范围与专利权保护范围的不同导致了二者产生客体性冲突。标准的出现具有天然的保护公共利益的目的性。标准产生之初就本着弱化行业差别、消除沟通障碍的理念,这一理念看起来会给消费者带来许多好处,基于对此公共利益的考量,专利权人也有意识地限制自己的权利范围。专利权的产生是为了保护私有产权,然而这一过程却并不是天然形成的。例如,以英国为例,英国是现代意义专利制度最初制定的国家,英国专利制度的演进过程在全球知识产权制度的发展史上产生了非常重要的影响。以 1624 年《垄断法案》的产生为标志,英国专利制度初步确立。专利制度之所以在《垄断法案》中确立,是因为专利制度是当时的英国各项专营的垄断制度中唯一取得合法性地位得以存续的。可见,标准保护客体的公益性与专利保护客体的私益性的矛盾也是横亘在二者融合进程中的障碍。

3. 相对稳定的标准与专利动态性的矛盾。标准与专利时间性冲突:专利有期限,标准无期限。专利由专利法保护,世界各国专利保护均有法定期限。例如,以发明专利为例,我国以及其他主要发达国家,例如日本、法国、英国、德国、加拿大等国家对其保护期限均是申请之日起 20 年。而标准的存在是以技术现状为依托,以市场需求为主导的,并没有规定的法定期限。标准的更新换代是市场自发演进的结果。这就很可能导致,标准在存续期间随时有因保护时间已到而失效的专利技术,除非标准在专利技术失去时效性之前已被新标准取代。

4. 政府所起的作用不同。政府在标准制定中起到一定的主体作用,例如在强制性标准中,国家与地方都可以相应制定国家标准和地方标准。以通信领域的标准为例,从第一代移动通信标准到目前已经悄然盛行的第四代移动通信标准的发展历程来看,政府为控制通信

---

① 　[德]H.科殷:《法哲学》,林荣远译,华夏出版社 2002 年版,第 118 页。

权利对标准的本土化都进行了政府主导型的努力和实践,但在专利方面,国家的职能更多地体现为备案而不是专利形成。

(二)第二层次:专利与标准的交叉性

专利的闭合性与标准的开放性从形式上凸显了二者的不兼容性。但是随着科技与经济的发展,专利进入标准中成为行业风向标已经是越来越多的领域不可回避的事实。这就进入了二者此消彼长的交叉融合阶段。

1. 专利与标准的融合达到帕累托最优[①]状态。标准化组织对专利的态度从最开始的尽量避免纳入标准到目前的广泛放开必要标准专利的数量可以反映出专利与标准的关系进入了混合交叉的阶段,一定程度上可以借用公共政策中的帕累托最优来形容这种状态,即达到资源分配的一种理想状态。假定固有的一群人和可分配的资源,如果从一种分配状态到另一种状态的变化中,在没有使任何人境况变坏的前提下,使得至少一个人变得更好,这就是帕累托改善。专利纳入标准,使得专利权人通过前期谈判获得后期相对巨大的收益,增加了专利权人的福利;同时也减少了被授权人的专利谈判成本,客观上的最低技术门槛也提升了整个行业的技术水平。

2. 专利与标准的融合符合利益平衡理论。专利与标准的融合就是从改善专利权人整体利益的角度出发所做的调整,从而达到利益平衡。因此,利益平衡理论可谓为解决专利标准化问题的法理学基础。[②] 根据法理学的一般原理,权利作为利益的法律化,只是在法律设定的、在一定范围内的自由。这表明任何权利都是有边界的。当个人的权利的行使危及公共利益时,必须坚持"公共利益优于私人利益"的原则。标准与专利的融合在这一层面解决了公益与私益冲突的问题。

3. 必要标准专利成为标准与专利交叉的合理媒介。当一项专利符合安全性原则、公开性原则、开放性原则、合理无歧视原则和公益性原则时,可以考虑把它制定或者允许它成为标准。必要标准专利的出现证实了标准与专利之间的螺旋关系。"在一个社会的微观和宏观领域内的关联作用,表现为循环及螺旋作用(在历史发展的意义上)。"[③]专利权人与标准组织成员对于这种关联的认识、受这种知识影响的行为与相互作用的关系最终制造了这种螺旋作用。

(三)第三层次:专利与标准的统一性

专利与标准的法律关系还体现在两者是平衡公共利益与保护私权的统一。标准中所包含的专利不一定是最先进的技术,而是对整个行业最合理的规范性要求。从这个角度来看,专利和标准在国际贸易中的作用似乎是一致的。

---

① 帕累托最优(Pareto Optimality),也称为帕累托效率(Pareto Efficiency),是指资源分配的一种理想状态,假定固有的一群人和可分配的资源,从一种分配状态到另一种状态的变化中,在没有使任何人境况变坏的前提下,使得至少一个人变得更好。帕累托最优状态就是不可能再有更多的帕累托改进的余地;换句话说,帕累托改进是达到帕累托最优的路径和方法。帕累托最优是公平与效率的"理想王国"。

② 赵阳:《国际贸易中专利标准化问题的法理研究》,载《对外经贸实务》2006 年第 11 期。

③ 〔德〕阿图尔·考夫曼:《当代法哲学和法律理论导论》,郑永流译,法律出版社 2013 年版,第 470 页。

1. 主体的融合性增加了专利和标准共同推进企业发展的可能性。标准化组织解决专利许可一般有三种模式。一是标准化组织本身不参与专利许可谈判;二是标准化组织成立专门机构负责标准中的专利对外许可;三是免费许可。第一种和第三种模式在操作上没有太多的烦琐性。在第二种情况下,标准化组织成立专门的专利许可机构,许可机构由标准化组织的成员组成,而且一般是拥有必要专利的成员。在这种许可模式下,专利权人和标准制定人是一致的。专利的主体是专利权人,企业通过加入标准化组织将自己所拥有的专利权提交给标准制定小组,并通过评判和一系列的磋商实现自己的授权地位,获得经济利益。专利权人和标准制定人的统一,使得专利权人能更有效地保护自己的专利权;标准化组织的协商制度也能在不同专利权人之间起到制衡的作用。

2. 标准化组织的工作原则决定了专利和标准运行时的统一性。标准化组织虽然是标准的代言人,但在标准已很难脱离专利运行的前提下,却不得不想方设法平衡专利在标准中的地位。首先,标准化组织对专利的基本原则是不排斥原则,即允许必要专利纳入标准。这与标准化组织刚兴起时排斥专利纳入标准的原则完全相反;专利披露原则,即要求专利信息事前披露。专利披露原则能避免在标准通行后专利权人寻求更多的许可费收益的情况;专利许可使用原则,即要求标准使用人必须获得专利权人许可才能使用专利。标准是为了群体利益而设的,标准化组织成员的扩大意味着市场中某一个领域的差异化将缩小,兼容性将增加,因此扩大标准运行范围是有利于消除贸易壁垒的。但是,不能以标准的有利性忽视专利权人的利益,只要没有出现强制许可的情况,专利使用人必须获得专利权人的许可授权;不介入原则,即标准化组织不介入具体的专利许可事务。标准化组织更多起着平台的作用。

四、必要标准专利的法律风险[①]

必要标准专利是标准中几乎难以排除的技术性指标。但是,必要专利同样存在法律风险。

1. 必要标准专利对市场的影响有多种方式,一些现象可以揭示这种影响:

(1)必要标准专利可能使权利人对市场拥有事后控制权;

(2)多重的覆盖性的权利可能导致复杂的知识产权现象;

(3)多重专利对一项标准经济贡献的价值和权利人相应的补偿成为争论的主题。

2. 存在风险类型

(1)专利挟持风险

专利挟持(patent hold-up)是合同挟持(contractual hold-up)的一种形式。例如,如果某一标准制定组织(SSO)选择适用某一标准,且其成员已为运行该标准进行了特定投入,比起在标准谈判阶段(此时还未形成必要专利),必要专利的专利权人就可以凭借专利权要求更高的许可费。为了避免发生这种情况,大多数标准制定组织在 1990—2000 年之间

---

① Knut Blind (Coordinator), Rudi Bekkers, Yann Dietrich, Eric Iversen, Florian Köhler, Benoît Müller, Tim Pohlmann, Stein Smeets, Jurgen Verweijen, Study on the Interplay between Standards and Intellectual Property Rights, Berlin, European Commission, April 2011, pp. 23~24.

(SSOs)选择适用 FRAND 条款。同时,许多专利权人在下一次谈判时就会自觉采取该策略,标准制定组织(SSOs)也不再考虑他们的技术。近年来,一些标准制定组织寻求竞争或反垄断当局的确认,他们被允许采取更多的规则,例如,采取事前披露许可条款,来进一步阻止专利挟持的发生。但是,事前披露也可能被认为是反竞争的做法。专利挟持策略主要有三种:①临时禁令;损害赔偿;转换成本策略。

(2)专利伏兵(patent ambush)和专利钓饵(patent trolling)风险

专利伏兵,指标准制定组织中某一成员在参与发展和制定标准时保留某一专利是与标准相关的信息,事后却宣称标准中采用该专利侵犯了其专利权。这是欺骗行为。有许多案例揭示了专利伏兵现象的存在,这些案例被大量记录下来。例如,Dell 公司参与 VESA 标准制定后提起反垄断仲裁的案例。② 可见,必要专利在标准公布之后还是之前被显著披露是判断专利伏兵是否成立的重要条件。此外,专利钓饵还有许多特征:以低价向破产的公司购买专利;自己不生产产品;购买重要专利来控告大公司;暗中出击。Google 法务长 David Drummond 曾提道,一支智慧型手机最多有可能收到 25 万种专利提告。

另外,还有一个与非成员相关的类似专利风险类型。只要专利权人不是标准制定组织成员,他们就没有义务适用 FRAND 条款,这些公司可以在其专利被其他公司广泛使用了之后宣称其享有专利权。在这些极端的案例中,这些公司的角色被形象地称为"鲨鱼"或者"巨怪"。专利鲨鱼在很多技术领域运作着,但是主要集中在计算机和移动通信等技术密集型领域。③ 现有的法律制度并没有要求权利人自己实施专利,专利鲨鱼公司就可以合法获得专利,即使本身不生产产品。同时,法律从制度上促进了专利泛化,对生产企业而言,难以辨识出真正的基础性专利。

(3)特许权累积(royalty stacking)风险

特许权累积是指多次许可中,支付给不同的权利人许可费的总额。Kobayashi 和 Wright 特许权累积主要带来两个问题。第一,由于外部定价,许可费总额可能是无效(或者甚至是有阻碍)的;个别权利人不考虑他们确定的价格给下游产品带来的消极影响。第二,如果一项标准具有重要价值(不是由于涵盖知识产权),知识产权权利人虽然可能尝试在租金方面讨价还价,但是很可能导致总租金的大幅度流失。

---

① 黄国群:《专利鲨鱼及专利挟持问题研究》,载《情报杂志》2012 年第 8 期。
② 基本案情:1994 年,Dell 公司参加了一项为视频电子标准联合会(Video Electronics Standards Association,VESA)制定标准的工作,该标准涉及的技术主题是一种在 486 计算机中的 CPU 和外设之间传输指令的总线即(bus)技术方案。标准建立初期,标准提案小组要求参与标准制定的各方申报与该技术方案有关的知识产权,当时 Dell 公司全程参与了标准的制定,而且 Dell 公司多次书面表示这一标准未侵犯戴尔公司专利。而实际上,Dell 公司在 1991 年 7 月获得相关专利授权。在 VESA 总线设计被 140 多万台计算机使用 8 个月后,Dell 公司于 1995 年向联邦贸易委员会(Federal Trade Commission,FTC)反垄断仲裁庭提起专利侵权仲裁。
③ 黄国群:《专利鲨鱼及专利挟持问题研究》,载《情报杂志》2012 年第 8 期。

3. 标准中专利许可模式的法律风险分析

(1)专利池许可的法律风险[①]

专利池(Patent Pool)是一种由专利权人组成的专利许可交易平台,平台上专利权人之间进行横向许可,有时也以统一许可条件向第三方开放进行横向和纵向许可,许可费率是由专利权人决定的。"专利池"(联合许可)平台上的各个专利权人之间依然有专利许可问题。

专利池的管理就是标准的定价,是产业联盟的关键环节,不仅关系到联盟成员的利益,而且还影响最终用户,直接决定了标准的发展。

专利池管理不合理,直接造成了标准的多方抵制。一个合理的管理模式,直接影响了一个标准的进展,这是我们国内产业联盟必须要处理好的一个环节。"专利灌丛化"形成的专利障碍需要专利池来消除,产业分工精细化,产业链不断拉长造就了专利池、产业技术标准化催生了专利池,现代技术周期缩短加快了专利池的形成。专利池许可受专利法、侵权法和反垄断法的规制。前两者为三种许可模式都可能受到的法律约束,而第三种规制则是专利池所特有的,也是最可能产生的。[②] 可能发生权利侵权行为;"问题专利"的无奈;可能涉及垄断。

以 3G 的三大国际标准中目前最为成熟的 WCDMA 标准为例,WCDMA 技术由欧洲和日本公司共同研发,后被国际电信联盟(ITU)接纳为国际标准。2002 年 11 月,拥有 WCDMA 主要专利的 NTT DoCoMo、爱立信、诺基亚和西门子四家公司共同提出专利许可计划,承诺将以公平合理的条件对外许可。WCDMA 基本专利的许可费率与每家公司拥有的基本专利数目成比例,累积专利费率将不超过 5%。随后,日本富士通、松下、三菱电机、NEC 和索尼公司表示愿意加入该计划,WCDMA 专利池初步形成。

(2)单独许可模式的法律风险

单独许可模式可能面临着两个方面的风险。一是外部风险,即来自标准组织知识产权政策的限制:因为在单独许可模式下,标准组织并不承担任何涉及专利的责任,因此专利权人需要承担信息披露责任,同时要按照 RAND 许可原则对第三方进行公平、合理、非歧视的使用许可。二是内部风险。专利权人需要面临专利权侵权纠纷的法律风险。在实践中存在很多风险点:第一,许可协议不明确导致风险存在。专利许可的边界模糊、期限不明确、对象不明确(例如关联公司)、许可方式不同(有时会混淆是独家许可还是普通许可等),有时会面临许可地域的差异。第二,专利许可协议的效力风险。关于协议生效的规定,备案是否是强制性要求,许可条件是否过于苛刻,也会影响许可协议的效力问题。第三,RAND 条款的细化与执行。公平、合理、非歧视的要求该如何执行,尤其是许可费用量化该以何标准为参照,也难以找到具体的规定。第四,专利许可后的专利权滥用,比如垄断等。

(3)免费许可的法律风险[③]

免费许可并不是指专利权人完全放弃其权利而由使用者免费并自由地使用其专利。虽然在通常的情况下,免费许可不会受到反垄断法的规制,但是因为免费许可是专利权人放弃

---

① 张平主编:《冲突与共赢:技术标准中的私权保护》,北京大学出版社 2011 年版,第 165 页。

② 张平主编:《冲突与共赢:技术标准中的私权保护》,北京大学出版社 2011 年版,第 150 页。

③ 张平主编:《冲突与共赢:技术标准中的私权保护》,北京大学出版社 2011 年版,第 150 页。

了对该专利直接的经济利益情况下的许可模式,因此很多时候会附加其他限制性条件,而这些限制性条件以货币之外的其他形式表现出来。专利实施者为了免费使用其专利,会接受这些限制性条件。但对于专利权人而言,免费许可仍然会受到合同法、专利法、侵权法等法律的规制,存在相应的法律风险。

(本文编辑:黄钱欣)

学术新声

论气味商标的表示制度

■卞小燕*

摘 要：气味商标是非传统商标的一种，已经被越来越多的国家和地区所认可和保护。我国要构建气味商标的法律保护制度，一大难题就是气味商标的表示制度。由于气味商标的无形性，气味商标在提交关于商标的表示方面，面临着诸多的困难。通过考察域外关于气味商标表示制度的立法例和实践案例，结合我国现实土壤，对构建我国气味商标的表示制度提出建议。

关键词：气味商标；显著性；表示

Representation System of Scent Trademark
Bian Xiaoyan

Abstract：Scent trademark is one kind of non-conventional trademarks，which is protected by more and more countries and regions. If China wants to establish the legal protection on scent trademark，the representation system of scent trademark is one of the most important problems. As intangibility，scent trademark faces many difficulties when applicants submit materials about the representation of scent trademark. This article links the study on extraterritorial laws to cases with Chinese law，then offers proposals on the representation system of scent trademark.

Key Words：Scent Trademark；Distinctiveness；Description

气味商标(scent trademark)，又被称为嗅觉商标(olfactory trademark)，是将某种特殊

---

* 卞小燕，1987 年生，女，福州市晋安区人民检察院行政见习，法学硕士。

的气味作为商标申请注册,通过这种气味来区别不同的商品或不同的服务行业。[①] 与声音商标、立体商标、颜色商标等一同被称为非传统商标。

2013 年 8 月 30 日第十二届全国人民代表大会常务委员会第四次会议通过的《中华人民共和国商标法修正案》将《中华人民共和国商标法》(2001 年修正)第 8 条[②],修改为"任何能够将自然人、法人或者其他组织的商品与他人的商品区别开的标志,包括文字、图形、字母、数字、三维标志、颜色和声音,以及上述要素的组合,均可以作为商标申请注册",将声音、单一颜色纳入了商标申请注册之列,但与声音商标、单一颜色商标同为非传统商标的气味商标却没有提及。从国际发展的趋势上看,许多国家和地区都已将气味商标纳入法律保护的体系,例如美国、欧盟、澳大利亚、中国香港,实践中也涌现出了很多成功注册气味商标的实例。无论是从提升企业商标战略的竞争力,还是同国际商标法律制度接轨,都要求我们建立气味商标的法律保护制度。而气味商标的表示问题,是我们必须面对的难题之一。由于气味商标的无形性,以及每个人对气味都有着或多或少的感知差异,气味商标很难用文字准确地加以描述、记录、呈现;而其他商标却可以用书面形式完整、准确地加以描述。例如,文字商标可以用文字准确地加以描述,图形商标可以提供图形的书面形式加以描述,声音商标可以用乐谱加以描述记录。因此,构建我国气味商标表示制度,对将来我国气味商标法律保护制度的建立,具有重要的现实意义。

一、域外气味商标的表示制度

气味商标的表示制度,要求申请人在提交商标注册申请时,对所申请的气味商标进行某种形式的表示,让审查员或相关公众能够理解申请的是什么气味,并便于相关公众的查询。

在允许气味商标注册的国家和地区,对于气味商标的表示,最主要是下面将要介绍的三种,即欧盟的图样表示制度(graphical representation system)、美国的描述性表示制度(descriptive representation system)和澳大利亚的混合表示制度(graphical and descriptive representation system)。

(一)图样表示制度

《欧洲共同体商标条例》(*European Community Trade Mark Regulation*,简称 CTMR)第 4 条规定,一个可以注册的商标必须能够以图样表示。CTMR 第 26 条也规定,一份共同体商标申请应包括:"(a)共同体商标注册申请书;(b)表明申请人身份的文件;(c)申请注册商品或服务的清单;(d)商标图样表示。"因此,商标申请人向欧洲内部市场协调局(简称 OHIM)申请注册气味商标,必须提供气味商标的图样表示。因此,欧盟采取的是图样表示制度。

在气味商标申请实践中,申请人面临的最大问题就是,如何用图样来表示该气味商标。

[①] 朱根发、曹磊:《专利与商标文献》,上海世界图书出版公司 2011 年版,第 169 页。

[②] 《中华人民共和国商标法》(2001 年修正)第 8 条:"任何能够将自然人、法人或者其他组织的商品与他人的商品区别开的可视性标志,包括文字、图形、字母、数字、三维标志和颜色组合,以及上述要素的组合,均可以作为商标申请注册。"

接下来,笔者将通过三个气味商标注册申请案例来介绍欧盟图样表示制度的变迁。

1. Vennootschap Onder Firma Senta Aromatic Marketing 案

Vennootschap Onder Firma Senta Aromatic Marketing 案(以下简称"新剪的青草气味"案)是欧盟第一件也是唯一一件获得气味商标注册的案例。[①] 该案的成功使经营者看到在实践中注册气味商标的可能性。1996 年,申请人向 OHIM 提出申请,将"新剪的青草气味"注册为气味商标,使用在"网球"上。审查员以"新剪的青草气味"的文字描述不符合图样表示,且申请人没有关于气味其他形式的图样表示为由驳回该申请。后申请人不服,向上诉委员会提出上诉。

上诉委员会认为,首先,很有必要对 CTMR 第 4 条有关图样表示的立法目的作出解释,其认为要求提供图样表示,是为了使商标更清楚准确。如果一种表示形式不能清楚准确地表示商标的内容,那么该表示形式就不满足图样表示的要求。要求图样表示清楚准确是为了便于欧洲内部市场协调局、潜在竞争者、潜在申请者、相关公众进行商标审查、检索、注册。其次,本案的问题在于本案的文字描述部分是否提供足够信息,让那些阅读这些信息的人能够立即清楚明白这个商标是什么。新剪的青草气味是一种独特的气味,每个人都能通过经验马上明白这种气味;对很多人来说,新剪的青草气味让他们想起春天或者夏天修剪整齐的草坪或在上面玩耍的草坪,或其他类似的愉快经历。

因此,上诉委员会撤销了原来的驳回决定,要求发回重新审查,后 OHIM 准予了该"新剪的青草气味"的气味商标的注册。

从该案我们可以看出,当时上诉委员会对于图样表示的要求比较宽松,从立法目的的角度对 CTMR 第 4 条有关图样表示进行解释,认为要求图样表示是为了达到清楚准确的目的,便于相关利益者的审查、检索、注册。其图样表示的核心是要求使用者能够清楚明白该商标的内容。在本案中,体现为,阅读该文字描述"新剪的青草气味",通过这个文字描述反映的信息,那些阅读的人能够想起新剪的青草气味,能够知道这个气味商标是什么气味。那么,这个文字描述就达到图样表示的目的,即清楚明确。针对该案的气味商标,这样的文字描述就已经达到了要求,不需要其他形式加以说明。

不过,在之后的注册申请案中,特别是 Ralf Sieckmann 案中,图样表示的要求又不一样了。

2. Ralf Sieckmann 案

在该案中,[②]申请人向德国专利商标局申请在对化学、农业、科学等进行广告和教育等服务领域注册一种气味商标。为了符合图样表示的要求,申请人用化学方程式 $C_6H_5-CH=CHCOOCH_3$ 来表示该气味,声称在实验室可以依据该分子式获取该气味,并提交了该气味的气味样本和文字描述——"略带有淡淡肉桂香味的水果香脂气味"(balsamically fruity with a slight hint of cinnamon)。但德国专利商标局驳回了该申请,认为申请人未能符合图

---

① Vennootschap Onder Firma Senta Aromatic Marketing's Application,1999 WL 477567,[1999] E. T. M. R. 429 [OHIM (2nd Bd App),Feb. 11,1999] (NO. 243311).

② Ralf Sieckmann v. Deutsches Patent-und Markenamt [Case C-273/00,(2002) ECR I-11737 (ECJ Dec. 12,2002)].

样表示的要求。申请人不服,向德国联邦专利法院(Federal Patent Court)提起诉讼。德国联邦专利法院请求欧洲法院对有关气味商标"图样表示"等问题进行解释。

欧洲法院认为,图样表示必须满足 7 个标准,即图样必须清楚、准确、独立、易于检索、便于理解、持久和客观(clear, precise, self-contained, easily accessible, intelligible, durable and objective)。

关于化学方程式的表示形式,化学方程式代表的不是一个物质的气味,而是物质本身,且不够清楚、准确;很少会有人基于化学方程式而了解气味,而基于化学方程式的相同产品会因为浓度、环境温度等原因,散发出不同的气味信号。

关于文字描述的表示形式,也不符合清楚和准确的标准。申请人的文字描述为"略带有淡淡肉桂香味的水果香脂气味","香脂"(balsamically)是代表什么,"水果"(fruity)该如何理解,什么程度是"略带有淡淡肉桂香味"(a slight hint of cinnamon),这些都不够清楚准确。

关于气味样本的表示形式,气味样本不够充分稳定或持久,由于其成分的波动,气味会随时间变化而变化,甚至完全消失。

相比之前的"新剪的青草气味"注册申请案,本案中欧洲法院对于"图样表示"的要求相当严苛。欧洲法院提出了图样表示必须满足的 7 个标准,即图样必须清楚、准确、独立、易于检索、便于理解、持久和客观。就气味商标而言,仅仅提供一个化学方程式、文字描述或气味样品或者这几者的组合尚不能满足图样表示的要求。化学方程式被认为是散发气味的物质本身,而非物质的气味;文字描述被认为不够清楚准确;气味样本被认为不够充分稳定持久。但欧洲法院没有进一步提出应以何种表示形式来满足气味商标的"图样表示",这就让气味商标在申请程序环节陷入了困境。

3."成熟的草莓气味"商标申请案

在该案中,①申请者向 OHIM 申请注册"成熟的草莓气味"作为商标,并附上"成熟的草莓气味"的文字描述和一帧彩色草莓照片,表示申请注册的气味是该种草莓所散发的气味,该照片如下:

---

① Eden SARL v. Office for Harmonization in the Internal Market(Trade Marks and Designs)(OHIM)(T305/04),2005 WL 2778598,[2005] ECR II-4705,[2006] E. T. M. R. 14,Celex No. 604TJ0305(CFI Oct. 27, 2005)(NO. 396354).

不过,初审法院认为,本案中文字描述以及成熟草莓照片的表示形式均不足以完整地表现气味商标,不符合 CTMR 第 4 条关于图样表示的要件。首先,本案文字描述的部分会受到主观因素的影响,可能被主观诠释而无法认定其为独特且明确的,且草莓的气味会因种类而不同,难以清楚、精确、明确地加以描述,故其描述与实际上的气味间必然会有不一致的情形;其次,照片的表示形式部分让主管机关和大众不确定申请保护的商标是"成熟的草莓"的图像还是"成熟草莓的气味",而且,消费者会将草莓的照片同"红色的草莓"或"成熟草莓"等文字描述等同,认为保护的是"草莓气味"的文字标识;再次,如 Sieckmann 案中的化学式一样,草莓照片仅代表散发出气味的水果,而非所表示的气味,因而不能作为图示表达的方式;最后,照片表示部分相较文字描述形式,并未提供更多的资讯,照片表示部分表现的是草莓成熟时散发的气味,但这已经包含于"成熟草莓的气味"的文字描述部分中,文字描述部分和照片表示部分是相重叠的。

纵观法院的判词,其认为文字描述以及附有一张成熟草莓照片的表示形式均不足以完整地表现气味商标。笔者认为,草莓是一种普通大众经常接触到的东西,其气味更是大众容易回忆起来的,相较于"新剪的青草气味",草莓气味更普遍、更容易联想。纯文字描述就足够令广大消费者、经营者理解。法院认为草莓会受主观因素、草莓品种因素而有所不同,有些牵强。而且,申请人为了加强文字描述,附上了一张散发这种气味的草莓的照片,指明了香味的来源。文字描述加上成熟草莓照片,是为了说明,所申请的气味商标是照片中的成熟草莓散发出的香味。笔者认为,申请人提供的材料足够清楚准确,法院对于"图样表示"的要求过于严苛。

通过上述三个案例的梳理和分析,我们可以看到,"新剪的青草气味"案的成功注册让经营者看到在欧盟注册气味商标的曙光,其对于"图样表示"的规定比较宽松,对单纯的文字描述予以认可,但 Sieckmann 案后,却为气味商标"图样表示"设置了巨大障碍,化学方程式、文字描述、照片等都难以满足审查要求。尽管关于图样表示的 7 个标准,即图样必须清楚、准确、独立、易于检索、便于理解、持久和客观只是欧洲法院的一个指导性意见,各成员国可以选择采用与否,但我们可以看到,这仍然具有很强的指导性,在实际案例中,法院大多参照这 7 个标准进行判断。因而 Sieckmann 案确立的关于图样表示的 7 个标准在实践中很难实现,其不承认单纯的文字描述。可见,欧盟的图样表示制度是非常严格的,气味商标的注册是基本上不可能的。

(二)描述性表示制度

《美国商标审查指南》(*The Trademark Manual of Examining Procedure*,简称 TMEP)规定,"如果商标只由声音、气味,或者其他不可视的组成,在申请时不要求提交图样表示"[①],"但是要提交关于商标的详细描述"[②]。例如,注册号为 4113191 的气味商标,商标的描述为:"该商标是由椰子香味构成的";注册号为 3143735 的气味商标,商标的描述为:

---

① US Pat. & Trademark Office, US Dep't of Commerce, "Trademark Manual of Examining Procedure." (2013), § 807.09.

② US Pat. & Trademark Office, US Dep't of Commerce, "Trademark Manual of Examining Procedure." (2013), § 1011.04.

"该商标是由香草香味构成的"。可见美国采用的是描述性表示制度,其比欧盟的图样表示系统自由,它不强制要求气味商标这种无法用图表表现的商标提交图样,只要求申请人必须提交一个该商标的详细描述。但是,这种描述性表示制度对于某些复杂气味的表示,并不能够使查阅者明白所描述的究竟是何种气味。例如,注册号为4057947的气味商标,商标的描述为:"该商标是由麝香、香草、玫瑰和薰衣草组合成的高刺激性香味构成的。"

为了便于识别或鉴别商标,商标审查员还会要求提供使用商标的样本或样本复制品。[①] 申请人可以"以适当的媒介提交气味样本以供审查"[②]。例如 Clarke 案,[③] 申请人是以缝纫线为媒介承载气味作为气味样本予以提交的;在申请号为 74720993 的商标申请中,[④] 申请人是以带有申请注册的气味的纸作为气味样本予以提交的;在申请号为 76079064 的商标申请中,[⑤] 申请人是以一瓶香水作为气味样本予以提交的。"如果提交的样本超过规定尺寸,将会要求提交模拟真实的样本以符合规定。"[⑥]

对于传统的可视性商标,一般要求用图样表示,但气味商标只有气味,美国允许可以放弃图样表示,转而用文字描述来表示气味商标。这显然比欧盟的图样表示制度宽松多了。

(三)混合表示制度

澳大利亚在对气味商标的描述问题上,采用的是混合表示制度。澳大利亚《商标法》第40条规定:"如果申请注册的商标不符合图样表示的要求,将被驳回申请。"可见,在澳大利亚注册申请气味商标需要满足图样表示的要件。但这种图样表示的要求明显与前述欧盟图样表示制度有很大的不同,没有欧盟制度那么严苛,其允许仅以文字描述作为图样表示的方式,只要这种描述清楚且准确,这种规定更类似于美国的描述性表示制度,但又加入了图样的要求。因此,其图样表示的内涵不仅包括图示,还允许符合条件的纯文字的描述。整体而言,澳大利亚注册申请气味商标的审查要求比较宽松。

澳大利亚关于气味商标的表示要求,主要体现在《澳大利亚商标法实施细则》和《澳大利亚商标局审查及程序手册》。

《澳大利亚商标法实施细则》第4.3条中规定:"如果申请注册的商标由颜色、气味、立体形状、声音、包装或上述要素的组合构成时,申请书必须包含关于商标清楚且准确的描述。"因此,注册申请气味商标,必须提交一份关于商标清楚且准确的描述。

《澳大利亚商标局审查及程序手册》第10章第3.4款中规定:"(a)申请人必须在申请中声明申请注册的是气味商标。(b)如果所申请的商标包含气味,该商标应归为"气味"标识

① 《兰哈姆法》第1条第a款第2项。

② US Pat. & Trademark Office, US Dep't of Commerce, *Trademark Manual of Examining Procedure*. (2013), §1604.05.

③ In re Clarke, 1990 WL 354572, 17 U.S.P.Q. 2d 1238 (Trademark Tr. & App. Bd., Sep. 19, 1990). 该商标的注册号为:1639128,注册日期为 1991 年 3 月 26 日。申请人申请在缝纫线上注册一种"鸡蛋花气味"作为气味商标。

④ 美国注册号为:2463044。

⑤ 美国注册号为:2560618。

⑥ US Pat. & Trademark Office, US Dep't of Commerce, *Trademark Manual of Examining Procedure*. (2013), §1604.05.

类别,所有气味商标可以通过搜索'气味'标识类别查询到。(c)所提交的申请必须是充分的图样表示所申请的商标,申请需包含图样表示(例如'苹果花的气味')和关于商标清楚且准确的描述(例如'苹果花的气味适用于汽车轮胎上')。在某些案例中,如果没有其他形式的图样来表示商标,则可以仅以关于商标的描述作为图样表示的方式。准确的文字描述符合图样表示的要求,但气味分析技术的结果不满足图样表示的要求,因为不能被普通大众所理解。(d)如果商标的图样无法表示商标的本质内容,申请人需提交关于商标更详细的描述及气味样本。(e)由于目前尚未建立关于气味商标完善的审查标准,因此在审查程序中还应寻求首席审查员的建议。"

《澳大利亚商标局审查及程序手册》第 21 章第 7.1 款中规定:"(a)申请书必须包含气味商标的图样表示,它可以是关于气味的准确文字描述,例如'苹果花的气味'。(b)该图样表示必须能够被普通大众所理解。高科技手段获得的数据不能作为图样表示,如红外光谱法、真空分子蒸馏法、核磁共振、真空分馏法、电子鼻、色谱技术等气味分析技术。(c)气味的实际样本在申请时无须提交,但是在商标审查时有可能会被要求提交。(d)申请书必须包含关于气味清楚且准确的描述,该描述必须包含气味是什么和气味如何适用于相关的商品或服务,可接受的描述类似如下:本商标为气味商标,它由玫瑰的气味构成,适用于家庭塑料储藏箱;本商标为气味商标,它由苹果花的气味构成,适用于汽车轮胎;本商标为气味商标,它由苦啤酒的强烈气味构成,适用于飞镖。"

可见,澳大利亚关于气味商标的表示要求,首先,其要求申请人必须声明申请的商标为气味商标,将该商标归为"气味"标识类别,便于将来检索与查询。其次,申请书必须包含关于商标清楚且准确的描述,这种描述包括图样表示和关于商标清楚且准确的描述;图样表示是关于气味本身的表示,例如"苹果花的气味"这种纯文字描述,也包括除纯文字描述外的表示;关于商标清楚且准确的描述主要包含气味是什么和气味如何适用于相关的商品或服务,例如"苹果花的气味适用于汽车轮胎上";允许仅关于商标的描述,即文字描述作为气味商标表示的方式,只要这种描述清楚且准确,这就类似于美国的描述性表示制度。再次,文字描述是气味商标表示的一种;由于普通大众无法理解高科技手段获得的数据,因而不能作为气味商标的表示。最后,如果商标的图样无法表示商标的本质内容,申请人需提交关于商标更详细的描述及气味样本。因此,澳大利亚关于气味商标表示的宗旨是清楚准确、便于普通大众的理解,其混合表示制度结合了欧盟图样表示制度和美国描述性表示制度,既包括纯文字描述,又包括图样表示。

从以上三个制度来分析,欧盟采用的图样表示制度最为严格,其要求的 7 个标准,即图样必须清楚、准确、独立、易于检索、便于理解、持久和客观,在实践中很难实现。而且,图样表示制度不承认单独的文字描述,又否认了化学方程式作为图样表示的形式,令气味商标的申请陷入了困境。

美国的描述性表示制度最为宽松,仅要求文字描述,审查时辅之气味样本即可。看似适用于所有气味商标的表示,实则容易造成阅读者的混淆。因为单独的文字描述存在解释空间,容易带来不确定性。

笔者比较赞同澳大利亚的混合表示制度。这种混合表示制度吸收了前面两种制度的优点,包括文字描述和图样表示,可以根据不同的情况作出不同的要求,更具有灵活性和可操作性。对于那些难以用文字描述表示清楚的气味商标,因为这种气味商标在现实中一般不常见,阅读者难以仅凭文字描述回忆起气味商标,或者回忆起具体的气味商标,这就需要申请人提供除文字描述以外的其他图样表示,帮助阅读者理解。对于某些常见的气味商标,可以仅以文字描述诠释。常见的气味商标,比较容易理解,因而纯粹的文字描述是适格的。这种规定更具有合理性,避免了申请人提交申请时的技术困难。而且澳大利亚在立法中对气味商标如何进行表示,通过定义以及举例两个方面进行很好的解释说明,值得我们学习借鉴。但是澳大利亚排除了高科技手段获得的数据作为图样表示,在这点上,笔者并不赞同。

二、气味商标表示的形式

了解完三种域外气味商标表示的制度,再来探讨气味商标表示的形式。鉴于气味商标的难以表示特征,各个国家和地区气味商标的申请人都在积极寻求关于气味商标表示的新形式,以期能够顺利通过商标的审查,获得注册保护。接下来,笔者将对这些气味商标的表示形式进行探讨研究,以期对构建我国气味商标的表示制度有所裨益。

(一)文字描述

文字描述是以书面的形式通过文字表述的方式来表示气味商标,是美国描述性表示制度的核心。文字描述是气味商标书面表示形式中,能够最直接地描述气味的一种形式,是公众上网查询气味商标信息、商标局保存气味商标书面档案最主要的手段。

关于文字描述,美国描述性表示制度要求对于气味商标的描述要详细,欧盟图样表示制度认为应该要符合清楚和准确的标准。其目的都是为了能够通过文字向阅读者呈现气味,让阅读者明白申请人所要申请的到底是什么样的气味商标。但是,气味是客观事物,而文字描述是人主观的产物。文学中"一千个人眼中有一千个哈姆雷特",某个申请人提交的同一个文字描述,在不同的阅读者眼中,可能也有不同的解释。阅读者通过文字描述在脑海中浮现的关于气味的画面,嗅觉重温的气味可能都是不同的。这与阅读者的经历、阅读理解力有关。

这种情况在某些组合气味的描述中特别明显。例如,在 Ralf Sieckmann 案中,[①]欧洲法院认为"略带有淡淡肉桂香味的水果香脂气味"这样的文字描述不够清楚和准确,"香脂"是代表什么,"水果"该如何理解,什么程度是"略带有淡淡肉桂香味";在 Institut pour la Protection des Fragrances (I. P. F.)案中,[②]OHIM 上诉委员会认为,根本无法了解文字描述"草坪、柑橘(佛手橘、柠檬)、粉红色花(香橙花、风信子)、麝香"是要表达什么,这种混合香味的效果是什么,"草坪"的概念是什么,"柑橘(佛手橘、柠檬)"又代表什么。这种组合气味的文字描述的难度在于,一般阅读者没有经历过这种组合气味,他首先要理解该组合气味各组成部分的气味,还要理解组合气味究竟是什么气味。而组合气味又会依各组成部分气味

---

① C-273/00,Ralf Sieckmann v. Deutsches Patent-und Markenamt (German Patent and Trade Mark Office,the Office),2002 WL 31958,[2002] ECR I-11737,[2003] ETMR 37,Celex No. 600J0273.

② Institut pour la Protection des Fragrances (IPF)'s Community Trade Mark Application (R186/2000-4),2004 WL 3255282,[2005] E. T. M. R. 42 (OHIM (4th Bd App) Jan. 19,2004)(NO. 391280).

的比例、相互作用而气味不同。因而,单纯的文字描述是很难让阅读者理解的。其偏差有双重意义,一方面是组合气味各组成部分气味的偏差,另一方面是关于混合后组合气味的偏差。可见,对于这种组合气味的描述,在实践中很难仅依靠文字描述予以准确描述。

但是,我们也应该看到,文字描述对于纯粹气味的表示还是比较成功的。例如 Vennootschap Application 案中,①欧洲内部市场协调局上诉委员会认为"新剪的青草气味"是一种独特的气味,每个人都能够通过经验马上认知这种气味,因此仅有文字描述就能够清楚准确地表示这种气味;澳大利亚在《澳大利亚商标局审查及程序手册》第 21 章第 7.1 款中提到,仅有"苹果花的气味"的文字描述是适格的。这种单纯文字描述之所以成功,是因为这些气味是纯粹的气味,是普通大众在日常生活中一般能接触到的气味。阅读者在看到这个文字描述时,虽然有些可能会因为某些特殊经历、特殊的生理原因对这些气味有偏差理解,但是,应该注意到,这种概率是很小的。而且,即使是那些可视性商标,也很难完全顾及所有消费者。因此,是否表示适格应以普通大众作为评判的标准。对于这些气味,普通大众仅依据文字描述就能很好地理解申请人所要表述的是哪种气味,类似的气味描述还有"该商标由椰子的气味构成"②"该商标包含强烈苦啤酒气味"③。

"成熟的草莓气味"商标申请案中,初审法院认为草莓的气味会因种类而不同,难以清楚、精确、明确地加以描述。初审法院的见解固然有些严苛,但在实践中也可以通过更详细的文字描述以满足清楚、精确、明确。例如,在美国申请号为 77420841 的申请案中,申请人的文字描述为"该商标是气味商标,一种由含高浓度水杨酸甲酯 10% 和含薄荷醇 3% 混合成的薄荷气味"[The mark is a scent mark having a minty scent by mixture of highly concentrated methyl salicylate (10wt%) and menthol (3wt%)]。可以借鉴这种描述,将单一纯粹的气味加以具体化、特定化。

因此,笔者认为,单纯的文字描述用以表示单一纯粹的气味比较适合,其可以通过文字将气味具体化、特定化、准确化;而组合气味很难仅通过文字描述加以准确清楚地表示。

(二)化学方程式

在 Ralf Sieckmann 案中,④欧洲法院以化学方程式代表的是物质本身而不是物质气味,且很少有人会基于化学方程式而了解气味,相同化学方程式的产品会因为浓度、环境温度等原因而气味不同为由,认为化学方程式不符合图样表示的要求。香港知识产权署网站关于气味商标常见问题中,也提道:"商标必须在申请时具有足够的细节描述以便作适当审查,且商标也必须能清楚地向查阅电子注册记录册的公众展示其申请的到底是什么。一个无文字说明的化学公式将无法被查阅注册记录册的一般公众人士所理解。"⑤

---

① Vennootschap Onder Firma Senta Aromatic Marketing's Application,1999 WL 477567,[1999] E. T. M. R. 429 [OHIM (2nd Bd App),Feb. 11,1999] (NO. 243311).

② 美国申请号为 85063625,注册号为 4113191 的气味商标。

③ 英国注册号为 2000234 的气味商标。

④ C-273/00,Ralf Sieckmann v. Deutsches Patent-und Markenamt (German Patent and Trade Mark Office,the Office),2002 WL 31958.

⑤ 香港知识产权署:《商标条例常见问题》,http://www.ipd.gov.hk/sc/faq/trademarks/tm_cap559. htm#a25,下载日期:2014 年 4 月 22 日。

关于化学方程式能否作为气味商标表示形式的问题,首先,我们应该肯定,欧洲法院对于化学方程式的评价是有道理的。化学方程式具有一定的专业性,要求阅读者具备一定的化学知识,能够看懂化学方程式。看懂化学方程式后,还得明白这个具体化学方程式代表的是什么。例如化学方程式 $C_6H_5-CH=CHCOOCH_3$,该化学方程式在高中化学中并不常见,即使具备一定文化水平的人也很难能知道这个化学方程式代表什么物质,更别说回忆起该物质的气味了。只有专业性领域的人才能够理解明白。而且,同一个化学方程式可以代表不同的物质(例如化学方程式 C 可以代表石墨,也可以代表金刚石),不同浓度、环境温度的原因也会使得该化学方程式代表的物质的气味不同。

但并非所有的化学方程式都无法理解,例如当人们看到化学方程式 S 时会想起高中化学课程中学过的硫黄味。但是,单独的化学方程式对普通大众来说,理解是有困难的,还是应该结合文字描述等形式,使查阅注册纪录的一般公众人士能够理解。

因此,笔者认为,不应将化学方程式完全排除在气味商标的表示之列,其存在还是具有一定意义的。化学方程式是客观存在的,明确了产生申请人申请的气味的物质。某些相对常见的化学方程式,可以令阅读者回忆起相应的气味,理解申请人申请的气味究竟是什么;而不常见的化学方程式,阅读者也可以将其作为了解气味的辅助方式。但是,应明确,化学方程式不宜作为气味商标唯一或主要的表示形式,其仅能作为一种辅助方式对气味商标加以表示。毕竟普通大众很难仅通过化学方程式回忆起相关的气味。

(三)气味样本

最直接体现气味的应当是气味本身,因而气味样本应是气味商标最直接的表示形式。但是由于气味本身的特性,其在申请注册中存在很多困难。首先,由于气味的天然挥发性,使得提交的气味样本无法保持其一贯的性质,"气味样本的化学结构和成分可能会随着时间损耗或改变,这将改变或丧失申请时的气味,失去提交气味样本的意义"[①]。其次,不像其他可视性商标,气味样本不可能放到网上供社会公众检索和查询。最后,即使找到某种密封的容器或者其他储存工具保障气味的稳定,但其他社会公众如果要接触该气味,就必须打开容器或储存工具,一旦打开,气味还是会挥发损耗的。

关于上述问题,笔者有三点认识。首先,由于气味的无形性,气味样本是不可能放到网上供社会公众检索和查询的。其次,虽然社会公众不能在网上检索和查询气味样本,但是,可以在网上查询气味商标的文字描述以了解,如有需要,还可以考虑去商标局气味样本储存室接触气味样本以了解气味商标。最后,关于气味样本的具体体现。考虑到气味商标最终是要作用于某种商品的,为防止气味本身与气味作用于商品后的气味可能存在偏差,提交的气味样本最好是附有气味的商品。例如,在轮胎上申请气味商标时,申请人提交的气味样本就是二厘米左右的附有申请的气味的轮胎皮样片;在 Clarke 中,[②]申请人是将带有香味的缝纫刺绣线放在一个完全密封的装置中,予以提交的。如果提供附有气味的商品有困难,可以

---

① V. K. Ahuja, Non-traditional Trade Marks: New Dimension of Trade Marks Law, *European Intellectual Property Review*, 32(11), 2010, pp.575~581.

② In re Clarke, 1990 WL 354572, 17 U. S. P. Q. 2d 1238 (Trademark Tr. & App. Bd., Sep.19, 1990).

通过一定的媒介或仅提供气味表现气味样本。例如,因为燃料不能装运跨越州界,申请人将棉球浸泡在有柑橘香味的生物燃料里,并将棉球一并提交申请。① 由于气味样本的损耗性,可以考虑允许商标权利人不定期或定期替换可能损耗的气味样本。

2013 年的 TMEP 手册中提道,"气味刮刮卡"贴纸(a "scratch and sniff" sticker)是可接受的样本,如果这是商品包装的一部分或者用于这样一个方式来识别商品和显示他们的来源。② "气味刮刮卡"贴纸是利用微型胶囊技术创建,将产生气味的化学物质压缩在极小的胶状或塑料小球里,这种小球只有几微米直径,当你刮破贴纸时,小球破裂释放出气味,气味可以通过这种方式被保存很久。③ "气味刮刮卡"贴纸是一种理想的气味样本,不仅可以保存很久,方便普通大众接触气味样本,即刮即闻,而且"气味刮刮卡"贴纸可以批量生产,相较之传统的气味样本灵活方便很多。

鉴于人们对气味的感知受浓度、温度和载体等若干因素的影响,加之气味样本无法存储到电脑供网上查询,仅仅只有气味样本无法准确表示气味商标,还是需要书面的文字描述加以说明。因此,气味样本只是气味商标表示的一种辅助形式。

(四)其他相关技术

1. 电子鼻

电子鼻(electronic nose)是通过一组类似生物受体的传感器,将传感器从气味那获得的信息通过一个数据分析系统转换为"嗅觉图像",其利用的是"不同的气味具有不同的嗅觉图像"④,从而将气味进行区分和比较。电子鼻是将气味作为整体进行识别的。

在 John Lewis of Hungerford Ltd's Trade Mark Application 案中,⑤申请人向英国商标注册处申请注册一种"肉桂气味"(the smell, aroma or essence of cinnamon)的气味商标。申请人曾经考虑提交电子鼻技术的气味分析图,但没有后续的相关行动。

2.气相色谱分析法

不同于电子鼻,气相色谱分析法是区分和测量气体混合物中的各组分,而不是分析气体整体。气相色谱分析法是指混合气体被载气带入色谱柱,各组分在色谱柱中两相间进行反复多次分配,其中一相是固定不动的,是固定相,一般表现为表面有一定活性的吸附剂(亦称固相)或由涂在载体表面的一层液膜构成(亦称液相),另一相是流动相,是以惰性气体作为携带混合气体流过固定相的载气,也叫气相;利用固定相对混合气体各组分的溶解或吸附能力不同,造成各组分在两相中分配系数的差别,而使各组分分离,按顺序离开色谱柱,进入检测器,检测器(目前主要是微分型检测器)通过测定色谱柱后流出载体中的组分及其浓度的

---

① Erin M. Hickey, Nontraditional Trademarks: Marketing to the Senses with Shape, Sound, Color, and More, http://www.fr.com/trademarkthoughts-summer2012/,下载日期:2014 年 4 月 22 日。

② US Pat. & Trademark Office, US Dep't of Commerce, *Trademark Manual of Examining Procedure*(2013), §904.03(m).

③ How Do Scratch-and-Sniff Stickers Work, http://science. howstuffworks. com/innovation/science questions/question274.htm,下载日期:2014 年 4 月 22 日。

④ 张红梅、何玉静:《电子鼻技术的历史、研究现状及发展前景》,载《科技信息》2008 年第 27 期。

⑤ John Lewis of Hungerford Ltd's Trade Mark Application, 2000 WL 33201450, [2001] E. T. M. R. 36 (TMR Jun. 16, 2000) (NO. 319909).

瞬间变化,在记录器上描绘出各组分的色谱峰。[①]

申请号为 566596 的申请人向 OHIM 要求在化妆品、空气清新剂等商品上注册气味商标注册申请案,曾经提交过色谱图,其色谱图如下图:

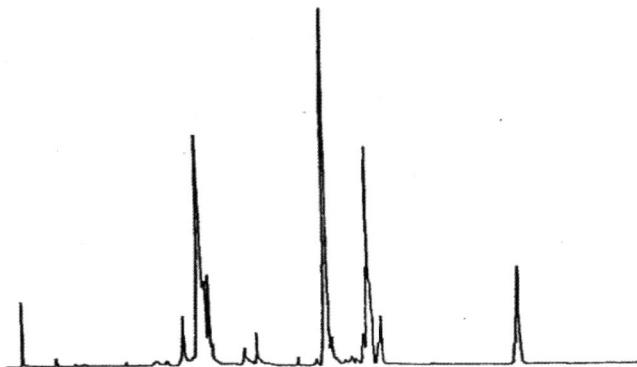

荷比卢同盟商标局批准的申请号为 925979 的气味商标也是以色谱图提交的申请。该申请的描述为:本商标为气味商标,它是由薄荷香味所构成,该气味的色谱图如下图。[②]

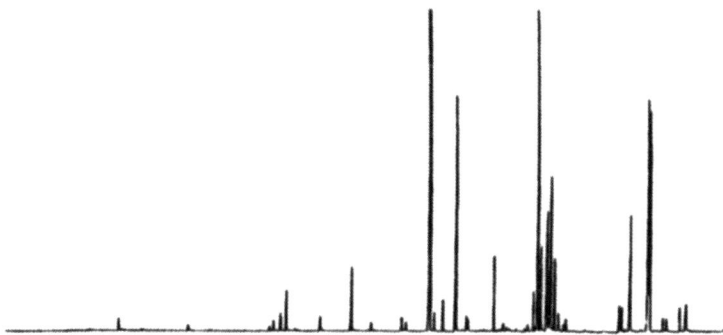

在 Institut pour la Protection des Fragrances(I. P. F.)案中,[③]申请者向 OHIM 申请注册气味商标,并附上"草坪、柑橘(佛手橘、柠檬)、粉红色花(香橙花、风信子)、麝香"的文字描述和一个高效液相色谱分析图,这个色谱分析图是由气味来源本身传感所发出的电子信号数字化所形成的,代表气味的信息,根据这个色谱分析图可以获得该气味样本,该色谱分析图如下:

[①] 梁汉昌:《气相色谱法在气体分析中的应用》,化学工业出版社 2007 年版,第42~51 页、第61~147 页。

[②] 池振华:《气味商标法律研究》,复旦大学 2010 年硕士学位论文。

[③] Institut pour la Protection des Fragrances(IPF)'s Community Trade Mark Application(R186/2000-4),2004 WL 3255282,[2005] E. T. M. R. 42〔OHIM(4th Bd App) Jan. 19,2004〕(NO. 391280).

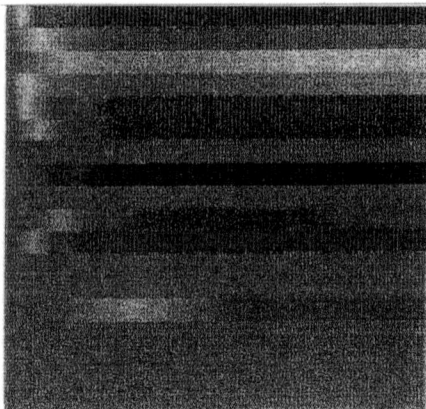

　　但是,上诉委员会认为,色谱分析图不符合图样表示的要求,因为相关公众无法通过色谱分析图感知到气味标识。该色谱分析图没有任何关于参数或数值等的解释,相关公众无法认知该色谱分析图。而文字描述部分对清楚、准确地描述该气味并没有起到帮助作用,因为根本无法了解文字描述"草坪、柑橘(佛手橘、柠檬)、粉红色花(香橙花、风信子)、麝香"是要表达什么,这种混合香味的效果是什么,"草坪"的概念是什么,"柑橘(佛手橘、柠檬)"又代表什么。因此,上诉委员会以该案不符合图样表示为由拒绝注册。

　　由上述的介绍和相关案例可以看出,电子鼻、气相色谱分析法、高效液相色谱分析法都是分析记录气味的技术。在实际应用中,这些技术还结合质谱检测器系统、红外光谱系统等,进一步对气体进行分离和检测。首先,应明确的是,这些技术对于解释说明是具有一定帮助的,通过高科技的手段,将无形的气体化为看得见的图谱。类似于声音商标利用乐谱将声音特定化。这些色谱图就是所要申请的气味形成的,通过这些色谱可以分析气体。如果其他竞争者或者阅读者有需要,可以通过咨询有关机构去了解这些图表的形成,以获得气味的信息。澳大利亚将高科技手段获得的数据排除在图样表示之外的规定过于绝对。其次,由于这些色谱图是高科技的产物,普通大众很难看懂,同时考虑到这些数据的复杂性、耗时久,以及成本的昂贵,气味商标的表示形式仍应以文字描述为主,这些数据只能作为一种辅助形式,或者说对文字描述的一种补充解释。因为需要借助其他表示形式才能直接感知气味商标的内容。这也是欧盟否定 Institut pour la Protection des Fragrances(I. P. F.)案最主要的原因。最后,我们可以根据乐谱演奏出声音商标,却不能根据这些高科技手段获得的图谱制造出气味商标。这些图谱只是对气味的分析,而不是制造气味的成分配比和制造方法。因而,这些图谱还需依靠文字描述加以理解。

三、我国气味商标表示制度的建议

　　面对国外利用气味商标树立品牌形象的成功案例,以及国内外企业在我国注册保护气味商标的需求,我国应积极建立气味商标法律保护制度,为企业在我国获得气味商标法律保护创造条件。其前提之一就是要构建气味商标的表示制度。鉴于我国商标法对于气味商标表示制度没有经验可循,我们应借鉴欧盟、美国、澳大利亚等已有这一制度的国家和地区的立法例和实践经验,转化为本土资源,同时结合我国的具体情况,加以吸收利用,构建符合我国国情的气味商标表示制度。

《中华人民共和国商标法实施条例》除对三维标志和颜色组合标志的申请进行特别说明外,要求"每一件商标注册申请应当向商标局提交《商标注册申请书》1 份、商标图样 5 份;指定颜色的,并应当提交着色图样 5 份、黑白稿 1 份"①。该规定颁布于 2002 年 8 月 3 日,施行于 2002 年 9 月 15 日。当时的商标法是 2001 年修正的商标法,对商标的定义还停留在"可视性标识"上。因此,考虑到气味商标的非可视性,其在提交气味商标表示上同现行法律中要求的"商标图样"有所不同,应作具体的特别规定。

前文中已经提道,无论是欧盟的图样表示制度,还是美国的描述性表示制度,都不尽完善。我国应采用混合表示制度,即气味商标的表示包括文字描述和图样表示两种。混合表示制度利用图样表示弥补了单纯文字描述可能存在的不确定性,又兼顾了可以仅用文字描述的气味商标,在具体气味商标申请保护时具有灵活性,方便申请人根据具体情况自由选择。

具体来说,对气味商标的表示,可以从以下几个方面进行规定:

1.气味商标的表示形式以文字描述为主,且是必不可少的。申请人应用准确、简明、完整的文字来描述气味,要求声明所申请的商标是气味商标,是一种什么样的气味,适用于什么商品或服务上。

适格的文字描述例如,本商标是气味商标,它由苹果花的气味构成,适用于缝纫线;本商标为气味商标,它由薰衣草的气味构成,适用于高尔夫球;本商标为气味商标,它由柠檬的气味构成,适用于汽车轮胎。

文字描述将作为气味商标的主要表示形式进行公告,便于相关公众通过该文字描述进行电子查询。

如果文字描述足够清楚准确,可以仅以文字描述表示气味商标。

2.如果文字描述不足以准确、完整地表示气味商标,还需辅之以其他形式的表示,方便结合文字描述理解。可接受的表示形式例如:

化学方程式。化学方程式明确了产生申请人申请的气味的物质,是一种客观描述。

技术手段获得的气味数据。电子鼻、气相色谱分析法、高效液相色谱分析法都是分析记录气味的技术。通过这些技术将要申请的气体化为看得见的图谱,通过这些色谱可以分析气体。

但这些图谱是高科技的产物,普通大众很难看懂,需要借助于文字描述才能直接感知气味商标的内容。而且这些图谱只是对气味的分析,而不是制造气味的成分配比和制造方法。因此,这些图谱应建立在文字描述的基础上,其目的是为了帮助文字描述更好地诠释气味商标,并不能作为主要的表示形式。

3.申请气味商标必须提交气味样本,以便核查。气味样本是气味商标的最直观表现形

---

① 《中华人民共和国商标法实施条例》第 13 条。

式,因此有必要提交气味样本,以补充其他表示形式的不足。

气味样本最好是商品本身,如果商品本身超出了一定的尺寸规定,可以提交商品的小型模型或包装。如果提供附有气味的商品或小型模型或包装有困难,可以通过适当的媒介物或仅提供气味表现气味样本。例如,当商品的尺寸较小,类似于美国 Clarke 案中的缝纫刺绣线,可以直接提供附有香气的缝纫刺绣线作为气味样本;当商品的尺寸较大,例如储物箱,可以提供附有香味的储物箱模型或者储物箱的一小块作为气味样本;当提供商品或模型有困难,例如所申请的气味商标是适用于服务上时,可以提供香水或者仅提供气味本身作为气味样本。

气味样本应放置在密封的容器中,保证该气味可以在一定时间内不发生变化。且申请人所提供的气味样本应有一定的数量,不仅是为了避免发生气味泄露状况,也是为了便于公众申请查阅样本。如果因查阅或者时间造成气味样本的损耗,应定期或不定期要求申请人更换,保证气味样本的稳定性。

在无法提供附有气味的商品的情况下,"气味刮刮卡"贴纸是比较理想的一种气味样本。方便查询时即刮即闻,又不会损耗气味样本。

(本文编辑:张贤伟)

论专利法中的道德审查

——以欧美转基因生物技术发明为样本

■刘禹[*]

摘　要：新技术方案的专利授予往往存在道德审查环节，然而对道德审查应否存在，以及如何存在的争论却从未停止过。转基因动植物发明因其涉及较高级生命形式而易受到道德与公序良俗的责难。若采取客观的历史研究方法，以生物科技发达的美国与欧盟在转基因生物技术领域的专利法律实践为样本，通过对制度经验演进的分析，可以得出道德审查不是或者至少主要不是由专利法解决的问题的结论。同时，反观我国的相关制度设计，不难发现其中的缺陷以及改革的可行方向。建议将我国《专利法》中"公序良俗条款"的审查要素限缩于"发明"的"根本目的"，并对"实用性"定义作出修改，还需在《专利审查指南》中设立一些生物技术的可专利条件，如此可使制度设计更科学。

关键词：可专利性；道德审查；转基因生物技术发明

Moral Scrutiny Process in the Patent System:
Taking Transgenic Organism Inventions of the west as an Example

Liu Yu

Abstract：Whenever science and technology progresses, there are numerous censures of the newly inventions on moral grounds. Although moral scrutiny term is found in many countries' patent law, controversies on the necessity of its existence seems never come to an end. This paper focuses mainly on questions in the field of transgenic organism inventions, for they are vulnerable to be blamed as immoral. This paper will have a closely research on the moral scrutiny practice in the United States as well as European Union, then draw some conclusions about it. On the meanwhile, we hope to offer helpful suggestions for our own country's legislation. We reach three conclusions in this paper. First, the scrutiny should be limited in a specific scope. Furthermore, the definition of useful should be redefined. Last but not least, it's also very important to add detail patentable conditions in the patent law. Only in this way, can the patent censer procedure in China be more practical and rational as well.

---

* 刘禹，1990年生，女，厦门大学知识产权研究院2013级在读法学硕士生。

Key Words：Patentability；Moral Scrutiny；Transgenic Organism Inventions

一、问题的缘起

2012 年 8 月,《中华人民共和国专利法》(以下简称《专利法》)开始进行第四次修改；2013 年 2 月,国家知识产权局开始征询《专利审查指南》的修改意见。但公布的这两份修改草案却并未对专利法中的道德审查问题做任何关注,这是我国立法缺乏前瞻意识的典型表现。根据欧洲专利局及相关组织的研究,将会主宰 21 世纪前 50 年的技术革命有三个最可能发生转变而且互相重叠的方面,分别是基因学(生物技术)、纳米技术和机器人科学(人工智能),①而这三者往往极易受到道德责难。尽管我国由于高新技术起步时间相对较晚而尚未产生大量相关领域的利益诉求,然而,随着科技强国战略的深入贯彻,我国高新科技及其产业飞速发展,届时此类技术方案申请专利权的道德审查问题将无法回避。

转基因生物技术发明因涉及较高级生命形式而容易受到道德与公序良俗的责难,相关学理争论从未停止过。本文并不进行预设价值的学理纷争,而试图采取更为客观的历史研究方法,由小见大,以高新科技发达的欧美在转基因生物技术领域的专利法律实践为样本,对其中重要法律规定与判例的演进路径进行研究,论证道德审查与专利法实然及应然的关系；应具体结合我国国情,在批判借鉴其他国家经验的基础上,给出完善我国相关制度的建议。

二、专利法中的道德审查

(一)概念界定

专利法中的"道德审查"是指专利法在决定是否授予专利权时,具体检讨某项技术方案是否违背公共秩序、社会善良风俗的过程。② 具体而言,就是对不符合道德要求的技术方案,即使其已经达到其他授权条件,亦不可获得专利权。很多国家的专利法律中都作出了类似的规定。

虽然有不少国家都对申请专利的技术发明进行道德审查,但是对于此类审查应否存在以及如何存在的争论却从未停止。每当科技进步产生新的技术方案时,该技术方案能否成为专利客体总会首先受到道德上的质疑。专利法上不设置道德审查程序可能会引起公众的负面情绪；而如果设置过于复杂的道德审查程序更可能导致"构造性无知"(constitutional

---

① 欧洲专利局编著：《未来知识产权制度的愿景》,郭民生、杜建慧、刘卫红译,知识产权出版社 2008 年版,第 1 页。

② 崔国斌：《基因技术的专利保护与利益分享》,载郑成思主编：《知识产权文丛》,中国政法大学出版社 2000 年版,第 240 页。

ignorance)①下的道德武断,最终损害专利权人的私益与社会公共利益。这在高新科技迅猛发展、生物技术日新月异的今天尤为凸显。

(二)理论争议

1.反对专利法中设置严格道德审查程序的观点

根据笔者所阅读的中外文献,反对专利法中设置严格道德审查程序的观点主要是基于功利主义伦理观②,强调法律的功利和实用之维。

第一,不利于维护产权稳定。首先,公共道德与善良风俗从来都是模糊的概念,古往今来对"道德"每一次进行界定的结果也不过是使得其内涵更加繁复。③ 在法律滞后于飞速进步的科技的情况下,法院凭借含混抽象的道德条款对某一发明进行可专利性审查,在很大程度上并非独立审判,而是更多地受到产业集团和社会公众舆论的影响。其次,道德情感是善变的,例如堕胎药从违禁到合法也不过几十年时间。这都不利于维护产权的稳定,更不利于社会的长远发展与进步。

第二,延迟产权授予造成经济损失。道德标准模糊不定,有权机关在慎重授权的同时自然降低了行政程序的速度,然而行政审批时间过长会导致技术方案失去市场上的时间优势,产业竞争者也可能已经在此期间研发出改进发明,由此导致权利人利益受到侵害。事实上,所谓的道德审查可以规定在其他社会强行法(如环境法、刑事法律)中,由专利权人来遵守。

2.赞成专利法中设置严格道德审查程序的观点

赞成设置严格道德审查程序的观点则主要基于道义主义伦理观④,强调法律的价值和意义之维,其认为法律与道德间的关系是相互的。在一定范围内,立法可以推进道德;而法的有效贯彻实施亦仰赖于民众的道德认同。现行的专利制度时时面临着道德危机,这种"道德特枯"现象在专利法实践中已经造成了现实危害。因此,专利法在推动科学技术发展与捍卫人类伦理之间,能够且应当有所作为。

道义论观点往往从理论层面对专利法中的伦理基础进行解构与重建,尤其是将生物技

---

① "构造性无知"系制度经济学中的一个术语,是指尽管人们作出了很多努力,但人类在与他人的交往上受制于知识上的两种不足:首先,关于未来,人们只有不确定的知识,但他们必须猜测未来以便行动;其次,人们在了解资源、潜在交易伙伴以及它们的精确特征上具有"横向不确定性"。因此,对于经济学这一研究如何克服稀缺性的科学来讲,人类的无知及其应付无知的办法(虽然很不完善)成了绝对的中心问题。这一点已经以"知识问题"的名称而闻名。这个问题由哈耶克引入经济学,他谈到了"构造性无知",称其为人类存在的一个基本方面。参见[德]柯武刚、史漫飞:《制度经济学——社会秩序与公共政策》,韩朝华译,商务印书馆2000年版,第51页。

② 功利主义伦理观(Utilitarianism),是以实际效用或利益作为道德标准的伦理学说。参见周中之:《伦理学》,人民出版社2004年版,第25页。

③ 柏拉图认为,茫茫天地间存在一种宇宙秩序,这一秩序规定着人类生活整体系统中每一等级层次的人的德性。道德领域的真理就在于道德判断与这个系统秩序的一致性;亚里士多德认为,人的道德性源自于人们对人类本性——善和幸福——的认知与实践;狄德罗认为道德可以诉诸欲望和感情;康德转而主张道德可以诉诸实践理性,认为检验人们所持准则道德与否的标准为:我的标准是否可以普遍化,从而成为人人愿意遵守的准则;而休谟则坚持同情心的产物即为道德。

④ 道义主义伦理观(Deontologism),是指人的行为必须按照某种道德原则或按照某种正当性去行动的学说。参见周中之:《伦理学》,人民出版社2004年版,第36页。

术等高新技术申请专利所面临的道德危机作为例证,以支持作者摒弃功利主义伦理观、回归到道义伦理标准的设想。[①]

三、道德审查与欧美转基因生物技术发明的可专利性

(一)问题的提出

在笔者看来,形而上学的争论伦理命题的真假对于制度设计没有任何意义,对制度本身发展的历史进行考察会为我们提供更为真切的答案。因此,下文将以高新科技发达的欧美在转基因生物技术领域的专利法律实践为样本,对其中的制度变迁趋势进行分析,论证公共秩序或道德与专利法实然及应然的关系。

具体而言,对欧盟与美国间就转基因生物技术发明的道德审查问题的规定与判例进行横向比较;同时就一国的重要规定与判例按时间顺序纵向梳理。主要探讨如下问题:(1)专利法中对申请专利的技术方案设置道德审查程序有无必要;(2)如有必要,道德审查应如何存在于专利法中。

(二)概念界定及道德责难

转基因生物(transgenic organism)即利用重组 DNA 技术,向宿主生物体中转入外源基因,使之产生原来没有的品质。其在广义上还包括遗传修饰生物(genetically modified organism,GMO),即对一种生物体的遗传物质进行修饰,从而使生物体产生新品质。[②]

转基因生物技术发明所面对的道德责难主要如下:

第一,可能产生生态灾难。其担忧是转基因动物可能冲破物种限制与其他生物交配繁殖,最终引发生态灾难。为此,在反生物技术发明的倡导者 Jeremy Rifkin 的呼吁下,美国的经济趋势研究基地(the Foundation on Economic Trends)上书要求美国农业部公布其资金支持的转基因动物技术研究项目的环境影响评估报告。

第二,对动物权利的重视。动物权利主义者认为动物与人类一样具有意识,因此也具有与生俱来的自主权利。[③] 对动物进行实验侵犯了其固有权利。这事实上与长久以来的素食主义等观点一脉相承。

第三,将人类商品化。当转基因动物涉及人类时,道德争议更加剧烈。直到目前为止,西方法律体系也不允许人体器官(如肾脏)的自由交易;美国专利局也强调其宪法中有关废除奴隶制的第 13 条修正案同样适用于有关人类的专利。[④]

(三)美国经验:只授权,不质疑

作为判例法国家,美国专利法中没有概括性的道德与善良风俗条款,对专利客体范围的

---

① 具有代表性的是胡波博士的博士学位论文《专利法的伦理基础》(西南政法大学,2009 年 3 月),以罗尔斯正义理论、富勒"法的内在道德"概念和哈贝马斯的话语伦理理论为基础,提出专利法的伦理正当性体现为实质伦理性、形式伦理性和程序伦理性的有机统一。

② 刘银良:《转基因论证中的知识产权问题》,载《法学》2012 年第 3 期。

③ Tom Regan, *The Case for Animal Rights*, University of California Press,1983,pp.84~86.

④ Robert P. Merges, Intellectual Property in Higher Life Forms:the Patent System and Controversial Technologies, *Maryland Law Review*, Vol.47,1988,pp.1058~1062.

限制也很少。但在多年的司法实践中,法院逐渐形成了"有益实用性(beneficial utility)"原则,从而在专利客体的实用性审查过程中拒绝对部分发明给予专利保护。这种对不道德概念的关注始于 Lowell v. Lewis 一案,[1]该案涉及了"毒杀人类、纵容荒淫行为或便于个人暗杀"的专利。判决认为,在美国专利法中,"有害的、危险的、不道德的发明都按缺乏实用性论处"。而随着时间的推移,此类道德目标被限制在更为明确的范围内。[2] 如今,"有益实用性"仍存在于美国判例法传统中,只是主要意味着发明应当具备最低限度的社会效用,不应当是只能为害的技术。并且这个要求应当仅仅适用于(至少在当时)被确信本质上为坏的活动。

直到 1980 年的 Diamond v. Chakrabarty 案之前,美国并未对转基因生物给予专利保护。该案顺利地将可专利的主题范围延伸到了微生物领域。美国专利商标局(USPTO)曾认为其《专利法》第 101 条中的可专利客体并不包括有生命的物体,[3]由此拒绝对"一个由人类创造的全新菌种"授予专利权。在上诉过程中,反对授予转基因生物专利权的意见提出,基因技术具有极大的不确定性,可能引发环境污染、生态灾难,今后涉及更高生命形式后更有可能损害人类的尊严。但美国联邦最高法院指出,基于西方国家三权分立的政治结构,立法机关与司法机关职责之间有着明确的界限;包括高度主观性的道德抉择争论应当由政府、国会以及行政机关等部门来决定,而不应由法院决定。更何况,是否给 Chakrabarty 的发明授予专利权最多起到加速或延缓科学研究的作用,不可能直接防止科技滥用。判决认为,《专利法》第 101 条规定的专利客体应当包括"太阳底下任何由人类制造的东西"(anything under the sun that is made by man),不应将有生命物体排除在专利法保护范围之外。[4]

此后的判例无一例外地把这一规则扩大到动植物"新品种"(包括哺乳动物)的专利授权上。例如 1985 年的 Ex Parte Hibberd 案将植物纳入实用专利范围内,认为《专利法》第 101 条并没有禁止对经非自然有性繁殖获取的种子和植物授予实用性专利;[5]1987 年的 Ex Parte Allen 案对一个通过基因工程制造的太平洋牡蛎授予专利权;[6]而 1988 年 USPTO 授予著名的哈佛鼠(Harvard Mouse)专利,这是遗传工程技术改造过的动物新品种的第一个专利。[7] 在该专利中动物已经获得人类的疾病基因;此后的 5,602,307 号专利所保护的转

---

[1]　Lowell v. Lewis, 1 Mason I 82, 15F. Cas. 1018(No. 8568)(C. C. D. Mass. 1817).

[2]　Chicago Patent v. Genco, 124 F. 2d 725, 728(7th Cir. 1941); Ex parte Murphy, 200 U. S. P. O. (BNA)801. 803(Bd. Pat. App. & Int. 1977); Juicy Whip Inc. v. Orange Bang Inc. (185 F. 3d 1364 (199); Carter-wallance Inc. v. Riverton Labs Inc. 433F. 2d 1034, 1039 n.7(2d Cir. 1970)等案件。转引自[美]罗伯特·P. 墨杰斯、马克·A. 莱姆利等:《新技术时代的知识产权法》,齐筠、张清等译,中国政法大学出版社 2003 年版,第 137 页。

[3]　美国《专利法》第 101 条规定:"任何人发明或发现任何新颖且有用的方法、机器、设备或物质成分,或对其做有用的改进,并符合其他要件时,可获得专利权。"

[4]　Diamond v. Chakrabarty, 447 U. S. 303 (1980).

[5]　Ex Parte Hibberd, 227 U. S. P. Q. 443 (Bd. Pat. App. 1985).

[6]　Ex Parte Allen, 2U. S. P. Q. 2d 1425 (Bd. Pat. App. 1987).

[7]　U. S. Patent No. 4,736,866(Apt. 12,1988),同时授予 Philip leder 和哈佛大学"转基因非人类哺乳动物"(特指老鼠)专利。

基因老鼠更获得了人的正常基因(CD18)。

1998 年,美国专利商标局拒绝对纽约医学院教授 Stuart Newman 一项关于"人/非人嵌合体"(human/non-human chimera)的专利申请。其并未基于道德与公序良俗视角作出决定,仅仅认为授予之专利权将违反废除奴隶制的美国宪法第 13 条修正案。然而,该结果引发学界的广泛质疑,认为 USPTO 的决定没有具体的法律依据,该技术方案再次申请专利只是时间问题。[①] 2001 年,美国专利与商标局新的《实用性审查指南》确立基因技术专利申请的实用性标准是"特定的(specific)、实在的(substantial)、可信的(credible)、公众接受的(well-established)用途"的实用性。似乎美国法院和专利局正在努力将专利法塑造成"道德中立"的法律体系。

(四)欧洲经验:先质疑,后授权

作为成文法系国家,欧洲的《欧洲专利公约》(EPC)第 53 条第(a)款以概括条款的方式规定:"欧洲专利权不应当授予其公开和实施与'公共秩序'(Order Public)或者道德(Morality)相违背的发明",而当发明同时存在合法与非法用途时(如开启保险箱的方法),不能以第 53 条第(a)款为由拒绝授予专利权。欧洲还在法律中对专利客体范围明确限制。EPC 第 53 条第(b)款规定:"植物或动物品种或者生产植物或者动物的基本生物学方法不能被授予专利权。"然而,上述限制在司法实践及条文扩张解释中正逐渐消失。

1. 权衡测试

"哈佛鼠"一案(T19/90)是欧洲专利局(EPO)在转基因生物品种领域的第一个案件。1988 年,欧洲专利局审查部拒绝授予"哈佛鼠"专利权,认为该申请专利客体不具备可专利性且并未充分公开。[②] 申诉委员会要求审查部进行重审,强调要认真考虑《欧洲专利公约》第 53 条第(a)款的公序良俗条款是否成为此发明授予专利的障碍。因此,审查部进行了一个"权衡测试",综合权衡发明可能带来的消极与积极结果。权衡测试考察了三个方面的利益:(1)治疗人类疾病的利益;(2)带有癌症基因的动物可能逃离实验室引发环境污染;(3)避免残忍方法对待动物。

首先,基于治疗人类疾病的利益,审查部认为应授予专利,因为该发明有助于找到治疗癌症的方法,从而能在整体上延长人类的寿命。其次,对于环境保护的利益,审查部承认存在外来基因物种繁殖引发环境问题的可能,但哈佛鼠将仅存在于科学实验室,不会被放入大自然。最后,关于动物权利的问题,审查部认为其发明可以减少受试动物数量,从而从总体上减轻动物的痛苦。审查部总结认为,通过"权衡测试",本发明在整体效果上是积极的,因此不能由于技术存在可能的危险性就不授予专利。

[①] USPTO 并未说明为何对前述包含一个人类基因的小鼠授予专利,而对包含多个人类基因的"嵌合体"便拒绝授予专利。此外,Merges 教授认为对于"人/非人嵌合体"或者克隆等发明,其并不能满足"有益实用性"中"只能为害"的标准,因此不能仅仅因为潜在的危险而被拒绝授予专利权。参见 Robert P. Merges, Intellectual Property in Higher Life Forms: the Patent System and Controversial Technologies, *Maryland Law Review*, Vol. 47, 1988, p. 1067.

[②] T19/90, Harvard/Onco-mouse, [1990] E. P. O. R. 501 (Technical Board of Appeal 3. 3. 2 Oct. 3, 1990).

此次"权衡测试"是严格道德审查的一个实例,但事实上这其中有很多问题尚未被解决:审查部没有定义道德的含义,也没有陈述选取上述三项利益作为"权衡测试"考察要素的理由。更疲于面对社会各界对专利有效性的挑战。[①]

2.可接受度测试

转基因植物方面的变革体现在 T356/93 案[②]中。在该案中,申诉委员会试图通过历史解释方法来明确"道德"的含义,认为道德是对行为是否正确并可被接受的一种观念,这种观念立基于特定文化的可接受性标准中。《欧洲专利条约》中道德观念所立基的是欧洲社会文化。符合欧洲文化中传统的可接受性标准的行为即符合《欧洲专利条约》的道德要求。

通过对"植物品种""实质上是生物学的方法"做狭义解释,而对 EPC 规定可以授予专利权的"微生物学的方法以及由微生物学方法获得的产品"做广义解释,申诉委员会裁定为"插入特定植物的基因而产生的新型种子"授予专利权,强调植物生物技术"本身并不被认为会比传统的选择育种更多地与公共道德相违背"。此后,从 T329/93 案直到 T1054/96 案,欧洲专利局扩大委员会更明确地指出,只要转基因植物符合一般的可专利性标准即可授予专利权。[③] 然而,事实上申诉委员会的这种解释技巧更像是在玩文字游戏,其并未对专利客体做更基本的关注。

3.公众厌恶测试

为减小判断发明是否符合道德标准的任意性,欧洲专利局还采取了"公众厌恶测试"判断标准。在 Howard Florey /Relaxin 案中,[④]欧洲专利局对荷尔蒙松弛授予专利权。面对该专利包含人类基因并从怀孕妇女体内提取组织而损害人类尊严的质疑,专利局认为如果一般公众认为一个发明是如此的令人厌恶以至于不能想象授予其专利,则应在道德条款的理由下予以驳回;否则就不可驳回。这显然是一个比"可接受度测试"更低的道德标准,因为"不能被公众接受"比"被公众厌恶至极"的程度要轻。或许正如欧洲专利局局长 Ingo Kober 先生所言:"专利权不是授权权利人制造或者使用受保护的发明的执照,也不是授予他们开发特定技术的许可证。……危险的或伦理上可疑的技术不能认为应由专利法来帮助检查。"[⑤]

4.《生物技术发明法律保护指令》

为满足制约工业的需要,欧洲多国历经近十年起草了《生物技术发明法律保护指令》并

---

① Hans-Rainer Jaenichen & Andreas Schrell, the "Harvard Onco-mouse" in the Opposition Proceedings Before the European Patent Office, *Eur. Intell. Prop. Rev.*, Vol. 9, 1993, pp. 345~347. 而美国成文法、判例法都没有赋予普通民众根据公序良俗原则挑战他人专利权之有效性的权利。美国专利法中,专利权被签发之后,毫无经济利益关系的第三人仅仅可以发动重审程序挑战他人专利权之新颖性。

② Greenpeace Ltd. v. Plant Genetic Systems N. V., et al (IIC No. 1/1997 at 75-89), Decision of the Technical Board of Appeal 3.3.4 /February 21,1995-Case No. T356/93.

③ Transgenic Plant/novartis, T1054/96(EPO OJ 1998,511).

④ Howard Florey/Relaxin, App. No. 83307553.4, [1995] E. P. O. R. 541, 544 (Opposition Div. 1994).

⑤ 张晓都:《公共秩序或者道德与生物技术发明的可专利性》,载《科技与法律》2002 年第 1 期。

于 1998 年批准生效,其目标之一就是保留各成员国对申请专利的技术方案进行道德审查的权利。① 但该指令显然只是各主权国家基于各自经济利益互相妥协的结果,草案直到正式批准前夕还被欧洲议会的绿色和平组织进行了重大修改。由于一些欧盟成员国未能参与指令的起草,因此对指令的反对一直很强烈。到 2003 年,仍有 9 个成员国未将指令纳入本国法内。②

5.爱丁堡专利:道德武断下的产权反复

1999 年 EPO 对爱丁堡大学的一份专利申请授予专利权,其权利要求书指向转基因动物(animal)。绿色和平组织认为权利要求书未明确技术仅仅用于"非人类"的动物,以此否定专利的有效性。尽管科学界与法律界都普遍认为绿色和平组织的担忧永远不会成为专利持有者的研究意图,但该组织对理论上存在的可能性也坚决反对。2000 年 2 月至 9 月,欧盟有 14 个成员国要求基于 EPC 第 53 条第(a)款废除该专利。经过 3 年的听证,评审委员会决定维持专利成立,但取消其应用于人类胚胎干细胞的专利条款。因此,修改后的权利要求书尽管不包含人类或动物胚胎干细胞,但仍然包括胚胎干细胞之外的修饰后的人类和动物干细胞。直到 2007 年 11 月之前,爱丁堡大学才通过口头程序撤回了上诉。③ EPO 的新闻发言人也承认干细胞研究领域发展极其迅速,每一个新专利都必须根据自身优势进行评审,不可能从一个专利案中就演绎出一整套的专利政策。④

(五)小结

事实上,在授予转基因生物技术发明以专利权方面尽管存在诸多道德与公序良俗的负面舆论,但这往往不是涉及极富争议的道德概念,就是对专利制度的误解,或是通过常规手段可以避免的问题。如对"动物权利"的强调在不同国家和地区有着极大的差异;对包括人类基因的生命体授予专利也并非意味着人类的商品化,而仅仅是排除他人未经专利权人许可而使用该专利,该专利客体能否被进行市场交易需参考一些公法(如刑法)的规定;至于"杂交"的生态灾难也完全可以通过科技上对物种交配能力的限制来避免。⑤ 在重组 DNA 技术发明初期科学家就已经开始重视生物安全问题,并试图通过必要措施控制生物安全风险。⑥

美国一直未在其专利法中明文规定公序良俗条款,也未赋予"无经济利害关系者"通过道德原则挑战他人专利权有效性的权利。而欧盟尽管在专利法律中规定了"公序良俗条款",并对可专利客体类型进行明确限制,甚至还采取了"平衡竞争利益"标准、"可接受度"测

① Council Directive 98/44/EC，1136-40.

② Bagley M A.，Patent First，Ask Questions Later：Morality and Biotechnology in Patent Law，*Wm. & Mary L. Rev.*，Vol.45，2003，p.257.

③ Wpthompson，Edinburgh Patent，http://www.wpt.co.uk/resources/news/60/，下载日期:2013 年 7 月 16 日。

④ Gretchen Vogel，Stem Cell Patent Strongly Limited，http://news.sciencemag.org/sciencenow/2002/07/24 03.html，下载日期:2013 年 7 月 16 日。

⑤ Robert P. Merges，Intellectual Property in Higher Life Forms：the Patent System and Controversial Technologies，*Maryland Law Review*，Vol.47，1988，p.1056.

⑥ 刘银良:《转基因论证中的知识产权问题》,载《法学》2012 年第 3 期。

试和"公众厌恶度"测试这样严格的道德审查程序。但严格的道德审查程序也不能阻挡转基因生物获得专利权,即使其初衷是美好的,但也仅仅是延迟了权利的授予或破坏了产权的稳定。欧美专利法在道德审查方面的观点最终基本一致:对"根本目的"违反道德与公序良俗的发明不授予专利权,而当发明具备最低限度的社会效用时,不因为存在潜在危险性而被拒绝授予专利权。如果有安全性的担忧,可以借助公法来对专利的实施进行适当的限制。

霍姆斯大法官曾言:"历史研究之一页当抵逻辑分析之一卷。"[1]历史研究并没有像一般的理论分析一样有一个前提性的价值预设,认为何种权利价值高于其他。历史研究的价值在于以实证证据(经验证据)揭示制度生长与流变中存在各种复杂性和可能性,强调一项制度实然与应然之间的张合力,更具客观性、全局性的解释了我们应当何去何从。

欧洲与美国对转基因生物技术发明专利授予的制度变迁殊途同归,体现了专利法"去伦理化"的趋势。这种趋势并非仅仅由于功利主义伦理观主导下的产业集团攫取利益所致,更大程度上是因为采用严格道德审查程序缺乏可操作性;欧洲经验可以为此提供很好的证明。事实上,在专利法中设置严格道德审查程序的观点主要源于"平等"——公私利益失衡——的价值预设和伦理、环境方面的灾难隐忧。对于前者,笔者认为主观上的价值选择往往和实践中的客观效果有很大差别,道德口号更有可能成为产业集团间恶性竞争的工具;而对于后者,我们更无法凭构造性无知下的道德武断来否认一项技术的产权保护。曾有调查指出,美国国会三分之一以上的议员对"专利""DNA"缺乏基本常识;至少一半议员对体细胞核移植技术一无所知。[2] 在此情况下尚很难想象立法活动如何进行;可见此种高度专业化的法律如果通过公共领域下的民主商谈进行构建,也不过成为汹涌民意的牺牲品。

综上所述,笔者认为,道德审查不是,或者至少主要不是由专利法解决的问题。仅仅规定对"根本目的"违反道德与公序良俗的发明不授予专利权,而将其他道德问题交由公法及强行性法律解决,是最明智的选择。专利法不进行严格的道德审查,并不等于放弃道德标准。通过专利强制许可、专利法中的例外等条款的设置,能够更有效地缓解道德特枯问题,平衡专利权人与社会公众的利益。完善专利法的配套制度设计则可以消除可能的间接投资的激励。[3]

---

① 原文为"A page of history is worth a volume of logic",源自 New York Trust Co. v. Eisner, 256 U. S. 345, 349 (1921)。转引自黄海峰:《知识产权的话语与现实——版权、专利与商标史论》,华中科技大学出版社 2011 年版,第 1 页。

② 魏衍亮:《美国对人类克隆技术的专利保护》,载《法律科学》2003 年第 2 期。

③ 在这方面,美国已经有系列实践,参见 Carbone J., Ethics, Patents and the Sustainability of the Biotech Business Model, *International Review of Law*, Vol. 17, 2003, pp. 203~218. 更何况,相关研究表明,专利对于政府和非营利机构的科研投资激励作用极为有限,即便是私人发明创造的产生也不完全依赖于专利制度的刺激作用。参见[美]辛西娅·罗宾斯·罗思:《生物技术企业资本运营:从炼金术到 IPO》,周平坤译,机械工业出版社 2000 年版,第 288~291 页。

四、我国专利法中的道德审查现状及改进

(一)我国专利法中的道德审查现状

作为成文法系国家,我国的《专利法》中也规定了相应的公序良俗条款。在专利客体审查部分,《专利法》第 5 条规定,"违反法律、社会公德或者妨害公共利益的发明创造"不能获得专利。而根据《专利法》第 22 条的规定,在实用性审查时,常常也要判断一项发明是否存在"积极效果"。这样,客体审查和实用性审查的范围就可能存在重叠。

为了与 TRIPs 协议保持一致,《专利法实施细则》第 10 条进一步规定:"《专利法》第 5 条所称违反法律的发明创造不包括仅其实施为法律所禁止的发明创造。"《专利审查指南》(2010 年版)在第二部分第一章第二节"依据专利法第五条不授予专利权的发明创造"部分对法律、社会公德、公共利益有比较详细的说明,同时指出,发明创造并未违反法律、但因其被滥用而违反法律的不属于《专利法》第 5 条规定的情形;如果发明创造因滥用而可能妨害公共利益的或发明创造在产生积极效果的同时存在某种缺点的,不应认为是妨害公共利益的发明创造。

此外,我国《专利审查指南》(2010 年版)对可专利客体的限制比欧洲《生物技术发明法律保护指令》更为严格。例如,其第二部分第一章 2.1.4.4 部分规定:转基因动植物是通过基因工程的重组 DNA 技术等生物学方法得到的动物或植物,根据《专利法》第 25 条第 1 款第 4 项的规定,不能被授予专利权。作为行政部门规章,《专利审查指南》具有法律效力。

可见,我国《专利法》中的道德审查程序规定存在如下问题:首先,《专利法》第 5 条的道德审查范围不够明确;其次,对可专利客体限制过于严格;最后,客体审查与实用性审查的重叠。《专利法》中的"实用性"条款要求发明方案的效果应当是积极的。在笔者看来,这大约类似于美国判例法中的有益实用性(beneficial utility)原则[1]。这样,以实用性的名义对发明进行价值判断,可能会和客体审查环节发生部分重叠;尤其是在发明的实施会引发公共道德上的关切时,法规竞合现象尤为严重。

(二)改进的建议

至此,笔者对我国生物技术发明可专利性审查制度提出如下修改方案。

第一,建议在《专利法》第四次修订时,将"根本目的违反道德或公序良俗的发明创造不授予专利权"的相关规定补充进现行法的第 5 条规定,而发明创造的实施过程与效果仅作为判断"根本目的"的辅助因素。这种做法能明确授予专利权客体时需要审查的范围,有利于统一专利审查标准,增强条文的可操作性。

第二,将发明创造的实施过程和实施效果排除出道德审查的要素范围后,并不意味着对于过程和效果便不存在任何法律规制。为维护专利权人私益与社会公共利益的平衡,在专

---

[1] 《专利审查指南》进一步解释,"这些效果应当是积极的和有益的";"明显无益、脱离社会需要的……技术方案不具备实用性"。在汉语中,"有益"与"积极效果"并没有本质上的不同,都是褒义词汇。并且,"实用性"中所要求的"积极效果"与创造性所要求的"意想不到的效果"存在本质区别:前者仅限于"有用性"而不是对发明创造之实质性效果的要求。

利法内部,可以运用强制许可、合理使用及相关反垄断措施防范专利权的滥用;而在专利法之外,应当通过其他强制性法律(如环境法、刑法)来规范此类问题。

第三,对于生物技术发明,与其对禁止专利的客体进行列举规定,不如在《专利审查指南》中设立一些具体的生物技术的可专利条件,以避免法律法规的频繁修改,保护民间对生物技术的投资。

第四,笔者认为,我国《专利法》中客体审查与实用性审查的重叠是我国同时借鉴两大法系法律成果却未对之体系化梳理的结果。[①] 对于如何解决上述法条竞合的问题,法学界主要有两种思路:一种认为,对实用性的定义应采取美国专利与商标局新《实用性审查指南》所确立的"特定的(specific)、实在的(substantial)、可信的(credible)、公众接受的(well-established)用途"标准,而不宜将美国判例法中的"有益实用性"成文化,从而仅依据《专利法》第5条的"道德与公序良俗条款"对相应技术方案进行可专利性审查;另一种则完全相反,主张对实用性扩大解释来代替公序良俗条款。笔者更倾向于第一种观点,原因在于,我国的专利制度安排更接近于大陆法系国家的制度禀赋。同大陆法系国家一样,我国没有判例法传统。因此,为弥补成文法滞后性的缺陷,多通过原则性条款的创设来涵盖尽可能多的社会关系。而当前通过直接引入英美判例法制度的变革成本很高,不具有实际可行性。[②]因此,继续沿用大陆法系原则性条款的立法模式更为可取。

五、结语

在科技不断进步、高新科技及其产业迅猛发展的今天,专利法中的道德审查问题成为法律界与产业集团共同关注的焦点。在这方面,发达国家已有的立法与司法实践可供我国借鉴与反思。我们需要对此进行深入研究,为我国专利立法司法的完善提出有益方案。主要建议包括:第一,将"根本目的"违反道德或公序良俗作为道德审查的主要因素,从而明确《专利法》第5条的审查范围。第二,在《专利审查指南》中取消对生物技术可专利客体的禁止性

---

① 例如,我国的著作权法对作者权体系和版权体系均有借鉴。而两大法系从不同角度解释作品的本质。对版权体系而言,作品是一种纯粹的财产;而对于作者权体系而言,作品不仅仅是财产,而且还是人格外化的表现。著作权不仅包括财产权,还包括著作人格权;著作人格权具有专属性,不可转让。无论在调整的实际效果上有什么样的区别,这两种调整模式都是自成体系的,有其内在的逻辑一致性。然而,我国在继受两大法系的制度经验时,忽视了其内在逻辑的接洽。一方面,我国的《著作权法》把著作权分为著作人身权和著作财产权,与作者权体系类似;而另一方面,我国又违反了人格权的专属性,多处规定著作人格权可以和实际作者分离,包括法人作品、视听作品、职务作品等。详见李琛:《论知识产权法的体系化》,北京大学出版社2005年版,第31~32页。

② 美国作为判例法国家,其判例中确定的原则可以随着个案审判而不断演变。对于实用性标准,其中"有益用途"并未通过立法明文确定下来,只有"特定的(specific)、实在的(substantial)、可信的(credible)、公众接受的(well-established)用途"的标准。当我国将"有益"成文化后,其判例法原则原有的灵活性优势消失不见。因此,在实用性的定义中对"积极效果"强调的做法并不可取。而我国的案例指导制度仅为个案汇编,不能演变发展,因此也不具有判例法的与时俱进功能。我国的指导性案例制度与判例制度的区别,详见王晨光:《制度建构与技术创新——我国案例指导制度面临的挑战》,载《国家检察官学院学报》2012年第1期。

列举,代之以生物技术的可专利条件,以增强我国专利法维护产权稳定的能力,保护民间对生物技术的投资。第三,对我国专利法客体审查与实用性审查的重叠问题进行思考,认为这是我国立法长久以来缺乏体系观的重要体现,强调体系化思维在立法过程尤其是法律移植过程中的重要性;认为对实用性的定义应采取美国现行法律中明文规定的"具体、可信、实用"标准,而不对美国判例法实践中形成的"有益实用性"标准予以成文化,以便较好地解决上述问题。

（编辑：董慧娟）

《马拉喀什条约》下的无障碍格式版条款
及其对我国的启示
——兼及对两大版权体系国家相关规定的借鉴

■周杰 *

摘　要：新近签署的《马拉喀什条约》对无障碍格式版提出了更加丰富的规定。我国视力障碍者与阅读障碍者人数众多，但无障碍格式版作品的提供却很匮乏，立法中对无障碍格式版条款重视不足。我国著作权法等法律法规将无障碍格式版条款的受益主体与类型仅限于盲人和盲文，局限性十分明显。为保障广大视力障碍者与阅读障碍者能够平等地享有受教育以及从事研究的权利，有必要借我国著作权法修改之机完善我国的无障碍格式版条款。在此过程中，有必要参考《马拉喀什条约》等国际条约的规定，同时可借鉴其他国家的立法经验。

关键词：马拉喀什条约；无障碍格式版；著作权法

On Terms of Accessible Format Copy under the Treaty of Marrakech and Its Enlightenment to China
—Also on Relevant Provisions of Two Copyright Systems as Reference
Zhou Jie

Abstract：More attention has been paid on the accessible format version in the newly signed "Marrakesh Treaty". There are numerous visually impaired and reading disabilities in China，but accessible format version of the works are provided extremely scarce and legislation authorities pay less attention to this issue. The beneficiaries of accessible format copy in the *Copyright Law* of China are limited to the blind，while the works shall be written by Braille. In order to ensure that most of the visually impaired and reading disabled persons have equal access to educations well as the right to engage in research，it is necessary to amend relevant terms of the law. During that process，related terms of other countries and *Marrakesh Treaty* would shed some light on our legislation.

Key Words：Treaty of Marrakech；Accessible Format Copy；Copyright Law

---

* 周杰，1989 年生，男，厦门大学知识产权研究院 2013 级在读硕士生。

一、前言

2013 年 6 月 17 日至 28 日,世界知识产权组织(WIPO)在摩洛哥的历史古城马拉喀什召开了"关于缔结一项为视力障碍者和印刷品阅读障碍者获取已出版的作品提供便利的条约"的外交会议,并成功缔结了世界上第一个专门面向著作权领域的某一特定消费群体的条约——《关于为盲人、视障者和其他印刷品阅读障碍者获得已出版作品提供便利的马拉喀什条约》(以下简称为《马拉喀什条约》)。① 《马拉喀什条约》是一部首次在国际知识产权立法领域将公共利益置于首位,并对以往以权利为中心的知识产权立法范式进行革命性突破的条约,代表和反映了国际著作权领域立法的新趋势和新动向。② 因此,又被称为世界上迄今为止第一部,也是唯一一部在版权领域的人权条约。③ 条约重申了《世界人权宣言》和联合国《残疾人权利公约》宣告的不歧视、机会均等、无障碍以及充分和切实地参与和融入社会的原则,指出不利于视力障碍者或其他印刷品阅读障碍者全面发展的种种挑战限制了他们的言论自由,以及享受教育的权利和从事研究的机会。④

二、无障碍格式版介绍

条约希望通过在缔约各国的著作权法内为视力障碍者和其他阅读障碍者规定限制与例外的义务的方式来增加无障碍格式版作品的数量以及改善无障碍作品的流通,从而为视力障碍者和其他阅读障碍者便利地获取知识、平等地享有受教育权利、自由地参加社会文化生活创造条件。根据《马拉喀什条约》第 2 条的规定:无障碍格式版(accessible format copy)是指采用替代方式或形式,便于受益人使用作品,包括让受益人可以与无视力障碍者或其他印刷品阅读障碍者一样切实可行、舒适地使用作品的作品版本。⑤ 条约并未进行具体的列举描述而是采用了概括式的定义方法对无障碍格式版进行限定。在此,笔者试图通过类型和获取途径两个方面对无障碍格式版进行介绍。

(一)无障碍格式版的类型

社会中无障碍格式版的类型通常包括大字版、电子文本、音频格式、字幕、窗口、描述性的视频服务(DVS)、TTY 以及其他辅助技术如屏幕阅读器等。在实践中,根据视力障碍者和阅读障碍者的不同情况,存有不同形式的无障碍格式版。常见的并且被国际社会所公认的类型主要有以下几种:(1)盲文。由路易布莱叶斯最早设计。这也是最为常见的用于视障

---

① 王迁:《马拉喀什条约简介》,载《中国版权》2013 年第 5 期。
② 王迁:《马拉喀什条约简介》,载《中国版权》2013 年第 5 期。
③ 曹阳:《马拉喀什条约的缔结及其影响》,载《知识产权》2013 年第 9 期。
④ 参见《马拉喀什条约》前言部分。
⑤ Standing Committee on Copyright and Related Rights,Revised Working Document On An International Instrument On Limitations And Exceptions For Visually Impaired Persons/Persons With Print Disabilities,SCCR/24/9.

者阅读和书写的版式。(2)大字版。这是将通常的印刷材料以大字体重印或以其他印刷材料形式展现来方便视障者阅读的版式。(3)有声读物。这是可以代替普通印刷品、让视力障碍者能够与视力正常者一样使用的作品版式。[①] 同时,这也是最为方便的无障碍格式版,其优势在于使用者无须进行事先的学习。[②]

(二)无障碍格式版的获取途径

社会上,视力障碍者与其他阅读障碍者获得无障碍格式版的途径一般有两种:一是由智力障碍者和阅读障碍者等受益主体自身对已发表作品进行版本转换。但是,由于经济、技术等原因,这种情况是极为罕见的。二是由"被授权实体"对著作权人的作品进行版本转换,从而提供给视力障碍者或其他阅读障碍者无障碍格式版本。这种途径通常需有三方主体参与其中:受益人主体;被授权实体和著作权人。社会中,无障碍格式版作品的需求数量庞大,制作成本昂贵。因而由"被授权实体"作为第三方进行提供是目前获取无障碍格式版作品的主要途径。所以国际条约与各国版权立法中关于无障碍格式版条款的规定针对的也是这一模式。本文主要讨论的也是这种模式下的无障碍格式版条款。

三、我国无障碍格式版的现状

根据世界卫生组织、我国卫生部以及中国残疾联合会的统计,全世界大约有 3.15 亿视力障碍者(其中盲人约有 3921 万),超过 9 成的视力障碍者居住在发展中国家。我国作为世界上视力障碍者最多的国家之一,[③]目前大约有 1263 万视力障碍者,其中有 550 多万盲人,约占全世界视力障碍者总数的 20%。[④] 面对如此庞大的需求群体,我国无障碍格式版的现状究竟如何? 在此,将从作品供应状况和法律规定两个方面进行介绍。

(一)无障碍格式版作品的供应状况

面对如此庞大的视力障碍群体,要使其能够平等地享有受教育的权利、获取知识的权利以及获得从事研究的机会,必须为其提供充足的学习和阅读素材。一方面,要保障向视力障碍者提供足够数量的无障碍格式版作品;另一方面,要使得无障碍格式版作品与其他作品同步面世,即保证即时性。然而,从实然结果来看,情况远不尽如人意。从世界范围来看,对 3 亿多阅读障碍者提供的无障碍格式版作品不但数量极其有限,而且转换速度明显滞后。据世界盲人协会统计,全世界每年大约出版 100 万本书籍,其中只有不到 5% 的书籍被转换为无障碍格式版本。[⑤] 不同国家基于国内经济发展水平的不同,制作无障碍格式版本的能力也相差甚远。尤其是发达国家与发展中国家的差别极其悬殊。比如在西班牙语国家中,智

---

① 目前,国际上已经有了为适应视障者需要而制作有声书的标准,称为 DAISY,对其简介参见 http://www.daisy.org/.

② 李钢、匡传英:《论作品无障碍版式的著作权合理使用》,载《中国出版》2013 年第 9 期。

③ 全国残疾人抽样调查领导小组:《第二次全国残疾人抽样调查主要数据公报(第一号)》,http://www.cdpf.org.cn/sytj/content/2008-04/07/content_30316033.htm,下载日期:2013 年 12 月 18 日。

④ 第二次全国残疾人抽样调查,http://www.cdpf.org.cn/sytj/content/2012-06/26content-30399867.html,下载日期:2014 年 1 月 20 日。

⑤ 曹阳:《马拉喀什条约的缔结及其影响》,载《知识产权》2013 年第 9 期。

利、哥伦比亚、墨西哥、乌拉圭等国总计只有8000多种无障碍格式版本,而西班牙一国就达到100000余种。① 美国在无障碍格式版本的转换方面处于世界领先地位,但所占比例也只有不到已出版作品总数的5%。② 相对比而言,我国的无障碍格式版本的数量和转换比例就更低了。

(二)无障碍格式版条款规定的现状

我国不但在无障碍格式版的数量上存在供应不足的问题,而且在立法上对无障碍格式版的重视也远远不够。目前,我国立法中的无障碍格式版条款的规定主要集中在著作权法和信息网络传播权保护条例。先来看著作权法的相关规定,《中华人民共和国著作权法》第22条规定,将已经发表的作品改为盲文出版,可以不经著作权人许可,不向其支付报酬,但应当指明作者姓名、作品名称。可见,我国著作权法仅将无障碍格式版类型限定为盲文,将受益主体限定为盲人,并且未指明被授权实体。《马拉喀什条约》明确规定了无障碍格式条款的受益主体为盲人、有视觉缺陷等无法改善到基本达到无此类缺陷或障碍者,并且指定授权实施实体为得到政府授权或承认,以非营利方式向受益人提供教育、指导培训、适应性阅读或信息渠道的实体。③ 对比可见,我国著作权法中关于无障碍格式版条款的规定相对于《马拉喀什条约》而言,其局限性不言自明。无独有偶,根据《信息网络传播权保护条例》第6条第6项的规定,我国允许不以营利为目的,通过网络以盲人能够感知的独特方式向盲人提供已经发表的作品。该条法规同样将受益主体限定为盲人。而其中"以盲人能够感知的独特方式",据条例起草者解释,是指只有盲人能够感知的方式,例如凹凸形式的盲文。④ 可见该法规同样将无障碍格式版的类型限定为盲文,并且未指明被授权实体。因此,关于无障碍格式版条款的规定,信息网络传播权保护条例的局限性与著作权法如出一辙。

所以,为保障广大视力障碍者与阅读障碍者的权益,在《马拉喀什条约》的指引之下,有必要对我国著作权法中的无障碍格式版条款进行修订。从法律移植的角度上看,建立一项新的制度,无疑需要吸收其他国家的优秀文明成果。因此,学习其他国家的立法经验是很有必要的。

四、两大版权体系国家无障碍格式版条款的归纳与对比

在世界范围内,版权体系大致分为两大类型:英美版权体系和大陆作者权体系。不同的版权体系内,关于无障碍格式版的规定具有不同的特色。在此,笔者试图通过收集、归纳英国、美国、加拿大等英美版权体系国家的版权法以及德国、意大利、日本、我国台湾地区等大陆作者权体系国家和地区的著作权法来梳理出关于无障碍格式版条款的不同规定,以便我国借鉴。为便于对比,特采用表格形式,分别从受益人主体范围、被授权实体、合理使用作品

---

① 王迁:《论马拉喀什条约及对我国著作权立法的影响》,载《法学》2013年第10期。

② See WIPO, Doc. SCCR/19/13 Corr., background Paper by Brazil、Ecuador and Paraguay on a WIPO Treaty for Improved Access for Blind，Visually Impaired and Other Reading Disabled Persons,p. 1.

③ 见《马拉喀什条约》第2条第3款。

④ 张建华主编:《信息网络传播权保护条例释义》,中国法制出版社2006年版,第28页。

范围和无障碍格式版类型四个方面对比两类版权体系国家的法律规定。

(一)部分英美版权体系国家的立法规定

表1

国家	受益主体	被授权实体	合理使用作品范围	无障碍格式版类型
英国	耳聋或听力差,或者有其他生理或心理残疾者①	为本条之目的而由国务大臣依命令所指定的机构;除非国务大臣相信一机构非为营利而设立或经营	电视广播;电缆节目	电视广播;电缆节目之复制件
美国	由于其残疾而不能阅读通常印刷品的盲人或其他有视力障碍的人,或者是不能听见播送视觉信号时伴有的听觉信号的聋人或其他有听力障碍的人②	政府机构;非商业性教育广播台;获得授权的国会图书馆	非戏剧性文学作品;已出版10年的戏剧性文学作品	盲文;类似的可感触符号;将该作品朗读制成录音制品,或两者均进行,并发行制成的复制件或录音制品
加拿大	感官残疾的人	有感官残疾的人;代表感官残疾的人的非营利性机构如图书馆、档案馆和博物馆	文学作品、音乐作品、艺术作品或戏剧作品	复制版;录音;专门为感官残疾人士设计的格式;用符号语言公开演示;既可以进行现场演示也可以采用专门为感官残疾人士设计的格式

(二)部分大陆作者权体系国家的立法规定

表2

国家或地区	受益主体	被授权实体	合理使用作品范围	无障碍格式版类型
德国	无障碍格式版笼统规定于《著作权法》第52条的公开再现条款,约束条件为无商业目的;限定于一定范围;目的为福利救济业和社会救济业等③			
意大利	关于无障碍格式版笼统归于第5章自由使用条款内,受益人可为个人使用而通过不适于流通或公开传播的方式复制单一作品获其中部分④			
日本	盲人	点字图书馆等政令所规定的旨在增进盲人福利的设施⑤	公开发表的作品	盲人用的点字;录音
我国台湾地区	盲人	经政府许可以增进盲人福利为目的之机构⑥	已发行之著作	录音;点字重制

---

① 参见英国现行《版权法》1988年版第74条。

② 来自《美国版权法》1987年版第110条第8款,第710条。

③ 参见《德国著作权法》第52条第1款。

④ 参见《意大利著作权法》第5章第68条。

⑤ 参见《日本著作权法》第37条。

⑥ 参见我国台湾地区"著作权法"第30条。

从表1中可以发现,美国、英国以及加拿大三国的版权法中关于无障碍格式版条款的规定详细、具体。主要体现在收益主体、被授权实体、合理使用范围以及类型四个方面。在收益主体方面,美国版权法的规定更加具体明确、便于实际操作;在被授权实体、合理使用范围和无障碍格式版类型三个方面,美国版权法和加拿大版权法的规定要比英国更加丰富详细。通过归纳与对比,美国和加拿大两国的经验更值得我国进行借鉴。

从表2中可以得出,德国和意大利的著作权法中关于无障碍格式版条款的规定偏向于抽象模糊,都统一涵盖在著作权限制的章节中。日本和我国台湾地区的著作权法中关于无障碍格式版条款的规定虽然可以分为四个方面,但规定范围相对狭窄,内容简单。如收益主体只规定为盲人;无障碍格式版类型只有录音和点字两类等。

通过表1和表2的对比,我国在修改著作权法、完善无障碍格式版条款的过程中应当较多地借鉴英美版权体系国家的立法经验,尤其是美国和加拿大两国关于无障碍格式版的立法规定。

五、国际条约中关于无障碍格式版条款的规定

除两大版权体系国家之外,国际社会层面对于无障碍格式版也有规定。在《马拉喀什条约》签署之前,世界知识产权组织出于为视障者、阅读障碍者充分和平等地获取信息、文化与通信提供途径的目的,由版权及相关权常设委员会(SCCR)积极推动"关于视障者和阅读障碍者限制和例外"的国际立法,并于 2009 年制定并公布了《关于视障者和阅读障碍者限制与例外国际文书经修订的工作文件》(简称"WIPO"工作文件)的"条约草案"。[①] 以下分别从受益人范围、被授权实体资格和合理使用的适用范围三个方面归纳和对比"条约草案"与《马拉喀什条约》中的无障碍格式版条款。

表 3

条约名称	受益主体范围	被授权实体资格	合理使用的适用范围
"条约草案"	视力障碍者;(visually impaired persons) 阅读障碍者(persons with print disabilities)	具有公益性、专门性、法定性的政府机构、教育或教学机构、图书馆,或非营利组织	已发表的文字符号作品;复制权、发行权、翻译权、向公众传播权和公开表演权

---

① Standing Committee on Copyright and Related Rights,Revised Working Document On An International Instrument On Limitations And Exceptions For Visually Impaired Persons/Persons With Print Disabilities,SCCR/24/9.

续表

条约名称	受益主体范围	被授权实体资格	合理使用的适用范围
《马拉喀什条约》	盲人、有视觉缺陷、知觉障碍或阅读障碍的人,无法改善到基本达到无此类缺陷或障碍者的视觉功能,因而无法像无缺陷或无障碍者一样以基本相同的程度阅读印刷作品的人以及在其他方面因身体残疾而不能持书或翻书,或者不能集中目光或移动目光进行正常阅读的人①	得到政府授权或承认,以非营利方式向受益人提供教育、指导培训、适应性阅读或信息渠道的实体。被授权实体也包括其主要活动或机构义务之一是向受益人提供相同服务的政府机构或非营利组织②	遵守"三步测试法"③前提之下的复制权、发行权、WCT界定的向公众提供权、公开表演权和适用《伯尔尼公约》的翻译

通过表 3 中的对比可见,《马拉喀什条约》对于无障碍格式版中受益人的规定范围更加广泛,不但包括视力障碍者、阅读障碍者,还包括因其他残疾无法正常阅读者;对于被授权实体资格的限定方面,两者大致趋同;在合理使用范围上,WIPO"条约草案"对作品类型限定得更为狭窄,而《马拉喀什条约》的规定更加合理灵活,便于各个缔约国根据各自的情况选择适宜的方式。综上所述,《马拉喀什条约》关于无障碍格式版的规定更加丰富、完善,对我国建立自己的无障碍格式版条款更具启发意义。

六、我国建立无障碍格式版条款的必要性与可行性

总结两大版权体系中部分国家关于无障碍格式版的条款规定,结合 WIPO"条约草案"以及《马拉喀什条约》的相关规定,我国有必要建立自己的无障碍格式版条款来保护社会中广大视力障碍者与阅读障碍者的权益。同时在当前的中国,建立无障碍格式版条款也具有现实的必要性和实施的可行性。具体分析如下:

(一)现实的必要性

1. 维护社会公平和正义的需要。我国目前视力障碍者总数超过了 1000 万人,其中盲人达到了 550 万。制定无障碍格式版条款,提供充足与即时的无障碍格式版作品,不仅能够保障广大视力障碍者的权益,而且也有利于促进整个社会的公平与团结。同时这也是罗尔斯正义论二原则中的差别原则的要求与体现,即社会和经济不平等在其结果能够给那些最少受惠者带来补偿利益时是正义的。④

2. 全面履行条约的立法义务的要求。中国作为《马拉喀什条约》的缔约方之一,负有执

---

① 来自《马拉喀什条约》第 3 条。

② 来自《马拉喀什条约》第 2 条第 3 款。

③ 所谓"三步检验法",依据 TRIPS 协议等国际公约或条约的规定,一国立法对著作权限制的规定只有符合以下三个条件才是合理的:第一,限制须是在"某些特殊情况下";第二,限制须"与作品的正常利用不相冲突";第三,限制"不得不合理地损害权利人的合法权益"。

④ [美]约翰·罗尔斯:《正义论》,何怀宏、何包钢等译,中国社会科学出版社 2009 年版,第 13 页。

行条约规定的义务。因此,应当根据我国的具体情况来制定灵活的无障碍格式版条款,保证视力障碍者或其他印刷品阅读障碍者得到全面的发展。

3. 减少社会犯罪的有效途径。从社会学意义上讲,多一名人才就意味着少一位罪犯。由于在生理或心理等方面存在缺陷,视力障碍者和阅读障碍者更容易失去生活的动力而走上堕落与迷失之路。在社会中,消除一名罪犯的经济成本要远远大于培养一名人才的成本。因此,完善我国无障碍格式版条款的规定,有利于保障视力障碍者与阅读障碍者更加便利地获得文化信息,从而提升自身、贡献社会。这也在一定程度上减少了社会中的犯罪人数,增加了整个国家的人力资源。

(二) 实施的可行性

我国目前正在对著作权进行第三次修订。这为我国建立自己的无障碍格式版条款提供了契机。可以通过对著作权修改草案进行修改的方式,将《马拉喀什条约》关于无障碍格式版的相关规定以及其他国家的先进立法经验吸收进来,从而在立法层面上来保障视力障碍者以及其他阅读障碍者的权益。在具体的草案修改过程中可以从以下几个方面着手。

1. 扩大并明确无障碍格式版条款的受益主体范围。我国现行的《著作权法》第 22 条以及著作权法修改草案第二稿都仅仅规定了针对盲人的限制和例外条款。① 而将视力障碍者以及其他阅读障碍者排除在保护范围之外。这无疑损害了除盲人以外其他视力障碍者与阅读障碍者的权益。因此,著作权法修改过程中应当扩大并明确受益主体范围。综合借鉴《马拉喀什条约》等国际条约和其他国家如美国、加拿大等国家的立法规定,可以将受益主体由盲人修改为视力障碍者与其他无法正常阅读者以扩大保护范围。

2. 明确"被授权实体"的范围。"被授权实体"是指从事无障碍格式作品制作、复制、发行、传播等非营利机构。作为落实无障碍格式版条款的关键环节,明确"被授权实体"的范围对于保障视力障碍者和阅读障碍者的利益至关重要。对比其他国家版权法以及《马拉喀什条约》等国际条约的规定,笔者认为将"被授权实体"界定为政府或者经过政府授权的专门性、公益性、法定性的机构较为恰当。结合我国的具体情况,目前我国现存的"被授权实体"有专门的盲文出版社、中国盲人协会、中国盲协盲人有声数字图书馆等。可以完善现有"被授权实体"的机构设置和技术条件。此外,还可以通过政府授权的形式准入专门的出版社、特殊的教育机构、慈善组织、图书馆来充当"被授权实体",以扩大其范围。

3. 拓展无障碍格式版作品合理使用的适用范围。无障碍格式版作品合理使用的范围包括两个方面:其一是作品类型的范围;其二是权利类型范围。对于前者而言,除了包含已发表作品之外,考虑到视力障碍者和阅读障碍者还享有做研究的权利,应当将科学作品涵盖在内。作品的类型不应局限于文字符号作品,还应当包括音乐作品、艺术作品或戏剧作品,以此来保证视力障碍者和阅读障碍者能够充分享受文化生活。至于后者,WIPO 草案中包括的权利类型有复制权、发行权、公开表演权、翻译权和向公众传播权五种,而《马拉喀什条

---

① 参见《中华人民共和国著作权法》第 22 条以及《中华人民共和国著作权法》修改草案第二稿第 67 条第 2 款。

约》提出在遵守"三步检验法"的前提之下对这五种权利进行限定。^① 对比两者发现，后者的规定更加合理，因而可以进行学习借鉴。

4. 丰富无障碍格式版的类型与数量。根据我国著作权法、信息网络传播权保护条例等法律法规的规定，目前，我国的无障碍格式版仅仅有盲文这一单一的类型。《马拉喀什条约》对于无障碍格式版采用概括式的定义方式，将实际达到的效果作为无障碍格式版的判断标准。根据这一定义，凡能够使视力障碍者和阅读障碍者感知作品内容的版本，均属于无障碍格式版。例如：盲文、大字版、电子书、有声读物等。当前借助于网络数字技术的发展，除盲文以外，其他无障碍格式版的制作更加高效、便捷、即时。电子书、有声读物等新形式的无障碍格式版所占比例日益增加。如通过 DAISY 软件制作的有声读物可以利用网络大范围提供。因而有必要丰富无障碍格式版的类型，将大字版、电子书以及有声读物等新型无障碍格式版包含进来。另外，出于丰富国内无障碍格式版数量的目的，在著作权法修改过程中可以借鉴《马拉喀什条约》的规定，准许无障碍格式版作品的跨境交换，鼓励"被授权实体"进口无障碍格式版本，开展跨境交换合作等。^②

综上所述，建议在著作权法第三次修改过程中，可以将我国《著作权法》原第 22 条修改为："（十二）为提供视力障碍者和其他阅读障碍者学习、使用，法定机构或被政府授权机构可将已发表的作品改为盲文、大字版、电子书或有声读物等无障碍格式版。视力障碍者或其他阅读障碍者也可自行实施该行为。"

七、结语

随着国际上"知识获取"（Access to Knowledge）运动的兴起，以及国际著作权立法的新趋势影响。为视力障碍者与阅读障碍者提供更充分的无障碍格式版作品逐渐成为国际社会的共识。实践中，无论是两大版权体系国家的版权立法，还是国际知识产权组织（WIPO）领导起草的条约，都对著作权人的权利进行限制而规定了专门的无障碍格式版条款。最新缔结的《马拉喀什条约》完整、详细、灵活地对无障碍格式版条款进行规定，给予我国诸多启示。在英美版权体系国家中，美国、加拿大等国的无障碍格式版条款规定较为成熟、完善，值得我国学习借鉴。借助于我国对著作权法进行第三次修改之机，在《马拉喀什条约》的推动之下，综合借鉴两大版权体系国家关于无障碍格式版条款的规定，建立我国自己的无障碍格式版条款很有必要。通过明确受益主体、扩大被授权实体范围、拓展无障碍格式版作品合理使用的适用范围以及丰富无障碍格式版的类型与数量来为视力障碍者与其他阅读障碍者提供更充分、更及时的无障碍格式版作品，保障其应有的获取知识与享受教育的权利。

（本文编辑 董慧娟）

---

① 《马拉喀什条约》关于三步检验法的规定如下，关于第 4 条第 3 款的议定声明：各方达成共识，对于与视力障碍或其他印刷品阅读障碍者有关的翻译权而言，本款既不缩小也不扩大《伯尔尼公约》所允许的限制与例外的适用范围。关于第 4 条第 4 款的议定声明：各方达成共识，不得以商业可获得性要求为根据对依本条规定的限制或例外是否符合三步检验标准进行预先判定。

② 曹阳：《马拉喀什条约的缔结及其影响》，载《知识产权》2013 年第 9 期。

电视节目模式的法律保护研究

■ 王晨安*

摘　要：近年来，随着电视节目产业的迅速兴起，电视节目模式的法律保护问题逐渐成为学界关注的焦点。目前，电视节目模式在我国的法律地位并不明确，学界对电视节目模式的法律性质莫衷一是。本文首先对电视节目模式进行著作权保护的必要性和可行性进行分析；其次，对电视节目模式输出大国关于电视节目模式著作权保护的经典判例进行系统梳理并对其判决所体现的法律立场进行评价；最后，对我国如何为电视节目模式的保护提供恰当且行之有效的路径提出相关对策和建议。

关键词：电视节目模式；可版权性；实质相似性

Study on Protection of Television Program Format:
Concentrate on the Copyright

Wang Chen'an

Abstract：In recent years, television programs are followed by a lot of copycat, which attract the attention of the legal protection of television program format. Thus the necessity and feasibility of protecting the television program format under copyright law should be deeply discussed, and analyzing the typical cases of television program format in some of the world's greatest TV program output countries is of great importance. Countermeasures and suggestions for China to provide appropriate and effective legal protection for television program format are given in the end.

Key Words：Television Program Format；Copyrightable；Substantial Similarity

在全球媒介产业迅速崛起和行业之间竞争日趋白热化的大背景下，电视节目模式的炙手可热与对其知识产权的法律保护之缺失之间的矛盾也日益凸显。一方面，国内电视节目抄袭国外电视节目的现象时有发生；另一方面，国内电视节目之间的相互抄袭跟风现象愈演愈烈。以上现实折射出研究电视节目模式的法律保护问题具有时代性和紧迫性。

本文将从电视节目模式的基本概念之争出发，分析电视节目模式著作权保护的必要性和可行性；通过对域外各国电视节目模式判例的具体考察，进一步分析电视节目模式的著作

---

* 王晨安，1989 年生，女，厦门大学经济法学专业 2011 级硕士研究生，研究方向：知识产权法。

权保护方式和侵权判定标准,以期对构建我国电视节目模式的法律保护体系有所裨益。

一、电视节目模式及其著作权保护之分析

(一)电视节目模式及其保护模式概述

1. 电视节目模式的概念界定

"模式"一词,《现代汉语词典》将其解释为:"某种事物的标准形式或使人可以照着做的标准样式。"[①]其对应的英文 format,词义是样式、格式、设计、版式。本文首先将从电视节目策划学和法学两个不同角度对电视节目模式的概念进行界定,以期奠定其权利基础并厘清其权利边界。

(1)电视节目策划学角度

追根溯源,电视节目模式的产生缘起于文化产业的发展。法兰克福学派的代表人物阿多诺在《启蒙辩证法》一书中首先使用"文化工业/文化产业"(culture industry)一词,其意欲强调:"大众媒介的文化产品生产,体现出的本质特征是该事物本身的标准化。"他用"复制""成批地生产"等等表达来强调文化工业的这一特征。[②] 正是在这一过程当中,文化产业产品的生产具体化为很多"标准化的模式",同样,电视节目作为一种文化产品亦不能例外。得以脱颖而出的优秀节目,往往是因为其节目具体样式——包括内容的编排样式、节目的结构样式、风格样式、表现形式的样式等具有示范意义和市场引领价值,而成为可供作为参照范本的"节目模式"。此时,该节目本身就可能成型、固化为一种"节目模式"。至此,电视节目模式应运而生。随着电视节目制作的专业化和产业化,进而形成电视节目模式生产的产业价值链,过程如图 1 所示:

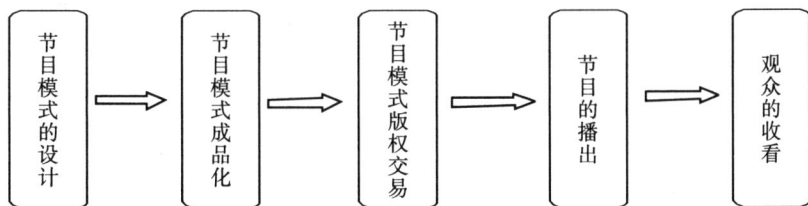

节目模式的设计 ⇒ 节目模式成品化 ⇒ 节目模式版权交易 ⇒ 节目的播出 ⇒ 观众的收看

图 1　电视节目模式产业化运作流程[③]

综上所述,从电视节目策划的角度出发,电视节目模式在本义上是一种成熟的、经过考验和验证的,有稳定的内在规定性与外在指向性的标准样板,具有特定的规则和套路。电视节目模式的内在规定性由一系列的理念、程序、结构、规则等构成,是"模式"生发审美空间和

---

① 中国社会科学院语言研究所词典编辑室编:《现代汉语词典》(增补本),商务印书馆 2002 年版,第894 页。

② [英]阿多诺:《文化工业再思考》,高丙中译,载《文化研究》(第 1 辑),天津社会科学出版社 2000年版。

③ 袁靖华:《电视节目模式创意》,中国广播电视出版社 2010 年版,第 248 页。

艺术创造的内在张力;而电视节目模式的外在指向性由时代精神、价值取向、生活变迁等构成,则是"模式"实现与时代同行、与社会同步的外在动力。

(2)法学角度

目前,纵观法学界对电视节目模式概念的各种主张,大致形成了两种比较具有代表性的学说:即"框架说"和"元素说"。①框架说。持"框架说"的学者主要将电视节目模式视为一种整体构架安排,认为电视节目模式是对以该模式下制作而成的电视节目之间的关联性和共同点进行抽象后形成的框架。但是,若对电视节目模式的概念采取高度抽象后形成的"框架"学说,一方面与电视节目模式实际的"表达"属性并不相符,更重要的是将进一步造成对电视节目模式权利人主张其合法的知识产权权益的阻碍,较大程度上抑制了不同的电视节目模式之间独立受到法律保护的可能性。②元素说。外国学者 Lisa Logan 认为,电视节目模式是指一个电视节目的中心思想,它由一个通常包括下面所有或者部分要素的内容予以表达:故事情节、一组镜头、角色、名字、特殊的布景或道具、广告词或其他可复制的元素。①另外,还有学者将电视节目模式定义为:"从一个电视节目中提炼出的一系列固定的元素,这些元素是构成该节目的核心。"②持"元素说"的学者主要关注于电视节目模式的具体构成元素。但是,"元素说"割裂了构成电视节目的许多元素之间以及电视节目集与集之间的相关度和连续性,忽略了电视节目模式本身的整体性。

综上所述,笔者认为,基于电视节目模式本身的自然属性及对其法律地位的综合考量,本文将其定义为:经创作人创意而由一系列特定素材有机排序或组合而形成的,并在其之下形成的节目具有相似性、重复性和连续性的一种作品。

2. 电视节目模式的保护模式

目前,普遍认为可作为电视节目模式保护的主要途径包括以下几种:著作权法保护模式、反不正当竞争法保护模式、商业秘密保护模式以及合同法保护模式。

(1)反不正当竞争法保护模式

德国是采用反不正当竞争法保护模式的典型代表。在德国,经营者不当利用他人劳动成果的,同样会因为违反《德国反不正当竞争法》第 1 条的规定,构成不当利用之不正当竞争行为。③ "劳动成果"(Arbeitsergebnisse)可以用来泛指经营者在市场竞争过程中创造的一切智力成果和技术成果。德国法律认为,若这些劳动成果,达到知识产权法保护的要求就可以获得知识产权法的保护;但有些劳动成果则不能获得知识产权法的保护。如果无限制地允许其他竞争对手仿造这些劳动成果,直接拿来为其所用或者放任其搭便车,经营者就会丧失其劳动成果本应能产生的利益,进而失去进一步投入精力和费用创造新的劳动成果的积极性。因此,依据该规定,德国许多电视节目模式权利人都曾寻求德国反不正当竞争法上的救济。

---

① Lisa Logan, The Emperor's New Clothes? The Way Forward: TV Format Protection under Unfair Competition Law in the United States, United Kingdom and France, *Entertainment Law Review*, 2009(3), pp.87~92.

② Moran A. and Malbon J, Understanding the Global TV Format Bristol, *Intllect Books*, *Comell L. Rev*, 2006(1), p.247.

③ 邵建东:《德国反不正当竞争法研究》,中国人民大学出版社 2001 年版,第 108 页。

（2）商业秘密保护模式

商业秘密保护模式是权利人采取的自我保护性手段。具体到电视节目模式保护的实际操作上，实践中主要针对未公开的电视节目模式的情况：即电视节目模式的创作者在出售电视节目模式的谈判阶段，可能会与另一方代表进行协商，通过与电视台签订保密协议的方式，约定对方的保密义务，保护电视节目模式的具体内容不被外泄给第三人，同时可以约定电视节目模式权利人保留对电视节目模式的其他权利。

（3）合同法保护模式

合同法保护模式与商业秘密保护在本质上具有一致性，都是电视模式权利人采取私力救济方式的一种保护模式。[①] 在澳大利亚，保护电视节目模式的主要途径即是以合同形式授予的专营权或牌照。电视节目模式所有者授权各种详细的模式内容，以便购买者可以进行本土化改造后制作出自己的节目。有较高独创性的电视节目模式，可以凭借其在市场上的稀缺价值，进行独占性许可，获得丰厚的利润回报。但是，合同法保护模式发挥其作用是以承认电视节目模式的知识产权为保护基础和前提的。

（二）电视节目模式之著作权保护的必要性与可行性

1. 电视节目模式之著作权保护的必要性

（1）电视节目模式的抄袭现状是构建著作权保护的现实需要

1987—2007 年期间，在世界范围内有关电视节目模式纠纷最终进入司法诉讼程序的案件数量屈指可数。（见图 2）

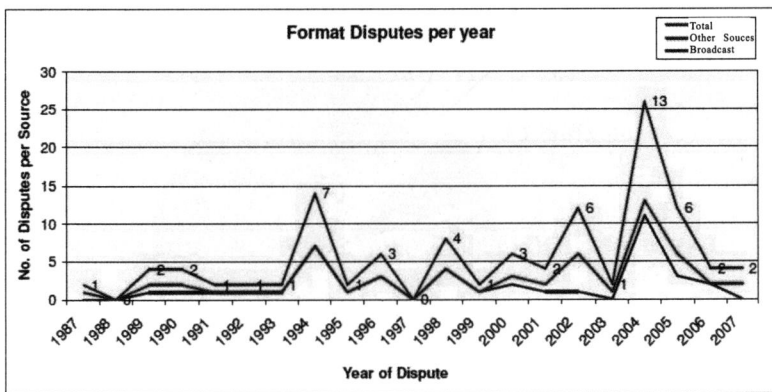

图 2　每年电视节目模式纠纷数量[②]

（2）其他保护模式的不合理性是构建著作权保护的外在呼唤

下面将对电视节目模式其他保护模式的弊端和缺陷进行逐一分析，以反映电视节目模

----

① 黄世席：《电视节目模式法律保护之比较研究》，载《政治与法律》2011 年第 1 期。

② Bournemouth University，Exploitation of Television Formats，http://tvformats. bournemouth. ac. uk/Downloads/TVFormatRightsDisputesObservations（c）SukhpreetSingh1. pdf，下载日期：2014 年 4 月 25 日。

式选择采取著作权保护模式这一保护模式的必要性。①反不正当竞争法保护模式。从我国目前的司法实践来看,一方面,反不正当竞争法上判定经营者之间是否存在竞争关系主要是以经营范围和地域范围为标准,但是电视节目模式的案件往往发生在不同地区甚至国家的电视媒体之间,竞争关系认定困难;另一方面,反不正当竞争法要求达到消费者"混淆"的后果,而采同种电视节目模式制作而成的侵权电视节目虽然造成受众的雷同感,但往往会采用不同的节目名称,不会造成实际上混淆的后果。若在我国采用这种保护模式,将对电视节目模式权利人较为不利,以至于难以达到提供有效保护的程度。②商业秘密保护模式。商业秘密的前提在于其保密性,这与电视节目与生俱来的公开性产生天然矛盾。商业秘密一旦公开就不再受保护,而电视节目模式最终须以电视节目的形式呈现在公众面前才能实现其价值。在电视节目未播出之前在制作者与电视台之间采用商业秘密保护模式,固然可以保护双方的权利;但是当电视节目播出之后,电视节目模式的秘密性即不复存在,第三人则可以任意模仿复制该电视节目模式而不用承担侵犯商业秘密的法律责任。③合同法保护模式。电视节目模式所涉及的利益相关人包括电视节目模式许可合同的订立双方,同时包括社会公众以及不特定的电视节目模式抄袭者。其中,不特定的电视节目模式抄袭者才是亟待立法予以约束的对象。而合同具有相对性,只能约束合同相对人,不能够约束合同之外的第三方,因此,合同法保护模式面对已经公开的电视节目模式所需要面临的不特定的侵权行为人,所能发挥的作用甚微。

同时,从世界范围的实际情况来看,在权利受到侵害时,电视节目模式权利人选择采取著作权保护的亦属多数,具体如图 3 所示:

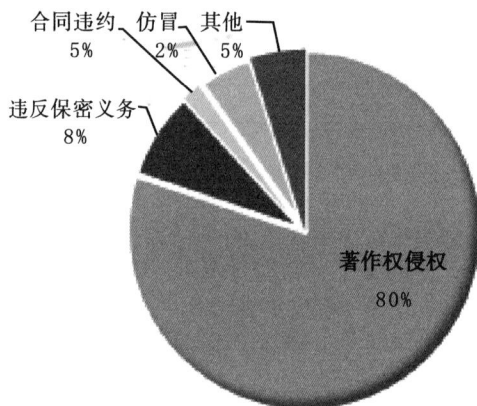

图 3 全球电视节目模式纠纷主要类型所占比例图(据权利人诉求统计)[①]

2. 电视节目模式之著作权保护的可行性

(1)"思想与表达二分法"的困境与突破

"思想与表达二分法"是著作权法的一个重要原则和制度,也是电视节目模式纳入著作权保护范围备受争议之焦点所在。思想与表达二分法原则要求只保护思想的表达而不保护

---

① Bournemouth University, Exploitation of Television Formats, http://tvformats.bournemouth.ac.uk/Downloads/TVFormatRightsDisputesObservations(c)SukhpreetSingh1.pdf,下载日期:2014 年 4 月 25 日。

思想,是对知识产权利益平衡原则的重要体现。

传统观点认为电视节目模式应当视为"思想"的范畴,因而不能成为著作权法保护的对象。电视节目模式究竟是一种思想,抑或思想的表达?通过分析,笔者认为,答案应当是后者。如前所述,电视节目模式的产生经历了从抽象的创意到经过不断丰富和充实细节最终形成具体表达的过程。电视节目模式与创作者原始的创意已有较大不同,是比具体的每集电视节目抽象、但比创意更具体的一种表达。虽然电视节目模式的载体并非传统的表达形式,但其从根本性质上并未突破思想与表达二分法原则中对作品表达属性的要求。从著作权保护创新的初衷考察,没有理由把电视节目模式这一新生的智力成果种类排除在著作权保护对象之外。对于思想与表达二分法原则的要求应当用发展的眼光来看待,进行正确的理解和释义,不应让其成为束缚电视节目模式受到著作权保护的桎梏。

(2)电视节目模式的独创性和可复制性

独创性,是判断一个电视节目模式对另一个电视节目模式是否构成抄袭的重要标准。电视节目模式的创新,不应单纯理解为是仅限于节目的形式、结构、风格等的创新,而应该理解为是各类内容元素、形式结构元素的整合式创新。所谓整合式创新,一是指模式创新所涉及的层面是多元的,可以包括主题指向、题材取向、宗旨定位、类型归属、形式技巧、结构安排、内容编排等诸多方面的创新;二是指模式创新需要将各类节目内容、节目形态等的优质元素进行创造性的重新组合和编排,组成一个优质节目所需的创意元素都可能成为某种节目模式的组成部分;三是模式的创新还可能需要在已有的节目模式基础上,进一步对多种节目模式进行创造性的重新组合和编排。各类创新的电视节目模式,往往或者融合了时下最受人们关注的话题,或者契合了时下观众最需要满足的收视心理,或者体现了站在社会时代发展前沿的创新理念,或者代表了流行文化的时尚潮流等。总之,电视节目模式的创新,不仅需要打破各类型节目之间的分界,还需要打破不同艺术门类和社会文化领域的界限,以融合创造出新的节目模式。因此,一个新的电视节目模式应当满足作品的独创性要求。

电视节目模式亦具有可复制性。它不是一种电视节目类型[①],具有较强的具体操作性,并可以被反复实践。以最近在国内红极一时的电视节目《爸爸去哪儿》为例,该节目是由湖南卫视在 2013 年第四季度全新推出的父子亲情互动节目。该节目模式主要是请多位来自各行各业的明星还原到爸爸这一角色,每期将有 5 位明星爸爸跟子女 48 小时的乡村体验,爸爸单独肩负起照顾孩子饮食起居的责任,节目组设置一系列由父子(女)共同完成的任务,父子(女)俩在不熟悉的环境下状况百出。[②] 该节目每季由 10 期节目组成,分别取 5 个不同地方进行体验,其电视节目模式以唤起时下年轻父母的亲子教育为切入点,一经播出即受到大众热捧。其实,该电视节目模式就是由湖南卫视购自韩国 MBC 电视台所打造的电视节

---

① 电视节目类型,是指电视节目的主要类别。大致的可分为新闻类节目(正规的)、财经类节目(相关资讯及评述)、体育类节目(赛事转播及体育消息报道)、文化娱乐类节目(包括影视、综艺、娱乐资讯等)、生活类节目(包括生活见闻、百姓平日关心的一些内容)、谈话类节目、军事类节目、教育类节目、科技类节目、少儿节目、老年节目、广告节目等。

② 凤凰网:《周末,爸爸去哪儿》,http://news.ifeng.com/gundong/detail_2013_11/07/31029160_0.shtml,下载日期:2014 年 4 月 25 日。

目《爸爸！我们去哪儿？》。电视节目模式之所以可以被买卖,正是由于其可以由同一或不同的操作主体按照该模式来反复将其付诸实践。

二、域外电视节目模式的著作权保护之考察

(一)美国电视节目模式著作权保护之考察

1. 经典案例

(1)Sheehan v. MTV Networks 案[①]

1986 年至 1987 年期间,原告研发了一个关于音乐游戏节目模式的新策划,并准备了书面的具体节目规则和模式、描绘场景布置和道具的插图以及节目视听效果的细节图等材料,并将这些材料进行了版权登记。在原告的游戏节目策划里,包括了一把供参与选手使用的特殊激光枪射击电视墙以及击中后随机获得奖励或者惩罚的规则。随后,原告与被告电视台高管进行多次接触和磋商,打算将该电视节目模式售与被告。但在最后一次协商会议上,原告被告知被告已经开发了自己的音乐游戏节目。该档节目播出之后,原告发现该节目与自己策划书中的电视节目模式相同,为此诉诸法院。

本案的争议焦点有三个:①原告的电视节目模式是思想还是表达。双方当事人均同意,版权法只保护思想的表达而不保护思想本身。被告认为,原告提供的策划不符合版权法上作品的要求,而仅仅是一个有待开发成作品的思想。尽管策划案本身可以视为一个作品,但被告认为原告不能寻求对于这个作品里所表达的思想进行保护。原告则认为他所控诉的并非被告复制抄袭他们的具体游戏规则,原告寻求保护的是"该电视节目的主要框架、发展顺序和组织安排",其中包括"道具、布局、选手和观众的性质、主持人的角色和风格、节目的整体气氛"等等的组合。法院认为,尽管在某种程度上而言,原告的策划仅仅是对电视游戏节目的一些想法,但该电视节目模式具有独一无二的元素,比如别具一格的节目安排和对具有特殊功能的激光枪的使用。这些独一无二的元素构成了表达,使得该策划成了一个可受版权保护的作品。即使一个电视游戏节目完全是由通用的道具所组成,一个对这些道具所作的原创性的选择、组合和呈现的安排,就如同对文字、音符所作的原创性组合所形成文学和音乐作品一样,应当获得版权法的保护。②原创性。被告提出,原告所作的策划均是游戏类电视节目的普遍做法或者是所有音乐视听游戏节目所不可避免需要使用的元素。但法院认为,版权法对一个作品的"原创性"要求是极低的,仅仅需要具备最低程度的创造性。在这样的要求下,原告的游戏节目模式策划符合原创性要求是毋庸置疑的。被告无法证明激光枪曾在任何游戏类电视节目模式中被运用,因此,原告对该元素的运用是具有创造性的,使其构成法律上的原创作品。③被告的节目是否与原告的作品构成实质性相似。法院认为,实质性相似的标准在于一个正常的观察者会认为该节目是对版权作品的复制。被告的电视节目与原告的作品在顺序、结构和规则方面均在视觉上实质性相似,包括三位选手、淘汰制、主播向选手提问和运用激光枪等。最终,法院认定侵权成立,原告电视节目模式的版权得到了

---

① Sheehan v. MTV Networks,22 U. S. P. Q. 2d 1394 (1992).

认可。

(2)CBS Broadcasting，Inc. v. American Broadcasting Companies，Inc 案①

在过去的 13 年里，原告 CBS 公司播出了著名大型真人体验类电视节目"Big Brother"。该节目主要是在舞台上设计一个房子，由 12～14 个选手参与体验，每周通过特定任务淘汰一名选手，最终留在房子里的选手将获得现金大奖。整个过程，由一个全景相机对其进行真实记录，因此，该节目没有设定好的台词、角色和选手间的交互，相反，该节目的"脚本"源于选手面对不同挑战和避免淘汰所作的临场表现。被告 ABC 公司开发了一档名为"The Glass House"的电视竞技节目，于 2012 年 6 月 18 日正式播出。原告起诉称，被告侵犯其电视节目模式版权并侵犯其公司的商业秘密。

法院认为，要构成版权法上的侵权，原告必须证明两个要素：①原告拥有确定的版权所有权；②复制作品的组成元素具有原创性。法院认为，在本案中，双发当事人对于原告对《Big Brother》电视节目模式享有版权法上的利益没有争议，因此，争议的焦点则转向 CBS 公司是否能够证明《Big Brother》电视节目模式中的可保护元素被 ABC 公司的《The Glass House》节目所抄袭。因为在大部分该类案件中，抄袭的直接证据是无从得到的，因此，原告可以通过以下两点证明侵权的发生：①被告曾接触过原告的作品；②两个作品构成实质性相似。法院对此进行了实质性相似测试。该测试包括内在和外在两个方面的内容。内部测试主要集中于"一个通常合理的观众，是否会在整体观念和感受上认为作品实质性相似"；外部测试则是一个客观的测试方法，衡量两者在"情节、主题、台词、气氛、设定、节奏、角色和顺序安排上"是否相似。版权法不保护抽象的思想，而是保护对于这些思想的具体表达。因此，不受保护的元素包括关于脚本的概念性创意；受保护的元素则包括一个作者创意的特定具体的细节描述，或者"构成节目发展顺序以及主要角色之间的关系设定的具体元素"。

原告提出了一系列该电视节目模式的表达元素，包括使用照相机的数量和摆设位置、选手在房子里等待的时间等，但法院认为，根据美国版权法，这些作为程序、步骤和技术，应当作为不可保护元素被剔除，在剔除之后针对电视节目模式的可保护元素是否被抄袭进行进一步考察。法院认为，首先，《Big Brother》中所采用的元素并非是全新或者独一无二的元素。把一组人放在一个环境里并观察他们的生活情况的安排并非《Big Brother》节目的原创，它在早期的美国节目中已经使用。其次，《Big Brother》的电视节目模式过于笼统，其角色安排是多样而富于变化的，台词是即兴且随机的。因此，最终法院认为被告的节目并不与《Big Brother》中的可保护元素构成实质性相似。该案以原告的败诉而告终。

2. 评价

虽然美国同英国一样深奉"思想与表达二分法"原则，但从上述两个案例中可以看出，在对于电视节目模式的原创性和可复制性有最低要求的同时，美国对于电视节目模式的著作权地位所持的态度是肯定而积极的，这一点已经通过在判例中的诸多表述得以体现。

纵观美国版权法的发展历史，可以说是版权保护的客体不断扩展的历史。据其众议院

---

① CBS Broadcasting，Inc. v. American Broadcasting Companies Inc，12-cv-04073 ，May 10，2012，US District Court for the Central District of California.

的报告,美国受保护作品的扩展可以分为两类:一类是随着科学技术的发展而产生的新的表达形式;一类是原有的不为版权法承认但又逐渐被认可的表达形式。[①] 对于作为新生事物的电视节目模式的著作权保护能秉持积极肯定的态度,与美国版权法的相对发展性和包容性有密切联系。

(二)英国电视节目模式著作权保护之考察

1. 经典案例

(1)Green v. Broadcasting Corporation of New Zealand 案[②]

原告 Hughie Green 是一位在世界娱乐业享有盛誉的电视节目制作人。在 1956 年至 1978 年期间,他作为一档英国电视节目《机会来敲门》的作者和制作人,制作了该档智力比赛类电视节目。1975 年至 1978 年,被告制作了一档同主题、同名称的电视节目在新西兰播出。原告以被告的仿冒行为和侵犯版权为由,向新西兰最高法院提起诉讼,称被告侵犯了其节目名称权、节目脚本权和节目模式权。

该案一审以原告败诉,后原告提起二审。二审法院认为:①原告缺乏明确的证据表明该电视节目的脚本包含哪些内容。该案中,原告无法提供该电视节目的具体书面脚本。因此,法院认为,从证据的角度,这仅仅是原告的一个创意思想或者智力比赛的一种概念性想法,它们不能成为版权法保护的客体。②对于原告认为被告侵犯该节目的“戏剧”模式(在每集中被重复的特征性特点),法院认为:(a)原告扩大了“模式”一词最初的用法,来隐喻性地描绘系列电视节目的特征,比如智力类、竞技类或者游戏类电视节目,以特定方式、有重复的情节和特定的辅助道具等呈现。而另一种描述称此为“结构”或者“节目包”。对这种作品形式定义的困难也反映了将这些节目中的重复性特点从节目中分离出来的难度。(b)版权法提供的保护是一种垄断性的保护,因此,这种垄断性保护的对象,必须具有确定性,以避免对剩余世界的不公平待遇。而本案中对于《机会来敲门》电视节目模式的对象范围缺乏确定性。(c)一个戏剧作品,应当具有充分有效的组合内容以能够进行完整表演。而本案中组成该电视节目模式的几个特征之间缺乏相互联系性,仅仅只能构成一个戏剧或者音乐作品的辅助部分,缺乏实质性的特点,因此,本案中的电视节目模式不能成为版权法保护的客体。

2. 评价

Green 案虽然发生多年,但对于英国对电视节目模式的态度客观上仍然起到不可忽视的影响,使其对电视节目模式的保护落后于该国电视节目模式产业的发展速度。

(三)其他国家电视节目模式的著作权保护考察

1. 巴西

2004 年 6 月,一项电视节目模式版权侵权案件在巴西法院得到支持。原告系《Big Brother》电视节目的所有权人 Endemol 公司,曾与被告巴西 SBT 公司进行商业合作磋商,拟向其提供关于《Big Brother》电视节目模式的细节信息。但被告拒绝获得原告的许可使用,而是自行制作了一档电视节目。该节目播出后,原告和他在巴西的被许可方向巴西法院

---

① 李明德:《美国知识产权法》,法律出版社 2003 年版,第 134~135 页。

② Green v. Broadcasting Corporation of New Zealand [1989] R. P. C. 469.

起诉称被告侵犯《Big Brother》的电视节目模式版权。①

被告辩称,真人体验节目仅仅是一个创意思想,缺乏固定的脚本;他们认为,将人们放在室内进行体验并观察的想法并不新颖,而该电视节目模式仅仅是描述一些方法和步骤而已。但是,法院听取了专业意见认为:"一个电视节目模式,是受雇于电视节目媒体而产生,是一个比较宽的概念,不仅仅包括电视节目的中心思想,而更加包括一系列技术性、艺术性、经济性及商业性的信息。电视节目模式不仅是电视节目创意,而是远远胜过于一个创意所含的内容。"法院认为,《Big Brother》电视节目模式可以成为巴西版权法保护的客体。它对该电视节目模式进行了具体的分析:"该电视节目模式不是仅仅在一段时间内把人们关在室内进行体验,而是还包括了这档电视节目开头、发展和结尾全过程的详细描述剧本;不仅包括人们在特定时间内生存的气氛,还包括每架拍摄相机被设定的具体时间内的连续观察、音乐的风格、选手与外界联系的方式、活动项目等等。这些共同构成了该电视节目模式的独一无二的特征。同时,该电视节目模式在通过电视播放的同时,采用网络进行同步商业开发,也构成该电视节目模式的特征。"法院认为,两档节目时间的相似并非发生于偶然,而是一个对《Big Brother》电视节目模式赤裸裸的抄袭和粗暴的复制。最终,巴西法院判决被告赔偿Endemol公司 400 万英镑,赔偿《Big Brother》电视节目在巴西的被许可使用方超过 100 万英镑。② 巴西通过该判例,明确表明了电视节目模式可以成为其著作权法上的一种法定类型。

2. 荷兰

在荷兰,作为《Big Brother》电视节目模式权利人的 Endemol 公司则被推上了被告席的位置。在 2004 年 4 月 16 日,荷兰最高法院最终驳回了原告 Castaway 公司的上诉,让这场历时三年的案子最终尘埃落定。③

原告所开发的电视节目《Survivor》最早于 1997 年在瑞典诞生,之后该电视节目在欧洲的其他国家相继播出。几乎在同一时期,被告公司开发的另一档电视节目(之后发展成为享誉全球的电视节目《Big Brother》)也在 1999 年的秋天首次在电视上播出。

原告认为《Survivor》的电视节目模式构成了一个版权法保护的作品,其包括了 12 个独一无二的元素的结合,而被告的《Big Brother》电视节目侵犯了其电视节目模式的版权。法院认为:"一个电视节目模式通常是由一系列不受版权保护的元素组合而成的。判定侵权的成立,应当是对于这其中的一系列元素的选择进行了可识别的抄袭。如果电视节目模式中的所有元素均被复制,那毫无疑问,成立侵权;如果仅有一个不受保护的元素被复制,亦显而易见不能成立侵权。对于究竟多少元素的抄袭可以成立侵权的概括性答案目前为止还没有

---

① Jonathan Coad, Endemol Wins Copyright Protection for Big Brother in Brazil, http://www. swanturton. com/ebulletins/archive/JKCBigBrotherFormat. aspx#. UrBjTrKBRxw,下载日期:2014 年 4 月 25 日。

② Jonathan Coad, Endemol Wins Copyright Protection for Big Brother in Brazil, http://www. swanturton. com/ebulletins/archive/JKCBigBrotherFormat. aspx#. UrBjTrKBRxw,下载日期:2014 年 4 月 25 日。

③ Jonathan Coad, Dutch Supreme Court Confirms Format Rights Decision: Castaway V. Endemol, http://www. ifla. tv/uk-bigbrother. html,下载日期:2014 年 4 月 25 日。

明确的标准,这取决于每个案件的具体情况。"荷兰最高法院对原、被告的两个电视节目模式进行了考察对比,最终认定:本案中,原告所拥有的《Survivor》电视节目模式是一个版权法上的作品,但《Big Brother》节目并不对原告的电视节目模式构成侵权。至此,已经有两个国家通过判决明确了电视节目模式可以成为其版权法保护的一种法定作品类型。

三、电视节目模式的著作权保护方式与侵权判定研究

通过对前述几个国家关于电视节目模式著作权保护的典型判例进行详细考察后可以发现,这些国家在电视节目模式著作权的保护方式和侵权判定方面都积累了宝贵的经验,对其进行深入研究和分析,有利于我国加以借鉴。

(一)电视节目模式的著作权保护方式

1. 视为整体保护形式

视为整体保护形式,是指对电视节目模式进行整体性保护的一种形式。电视节目模式在制作与播出过程中,其充分的内在联系性与连续性决定了电视节目模式最好是采取整体保护形式,虽然目前"电视节目模式权"这一概念并没有出现在世界上任何一个国家的著作权法中。笔者认为,视为整体保护形式是对电视节目模式进行完整性保护的具体体现,是著作权法对电视节目模式地位明确肯定的重要标志。整体保护形式主张从全局上把握电视节目模式侵权案件,这就需要法官在判案的过程中具有较高的抽象思维和逻辑推理能力。在英美法系国家,法官惯用"抽象检测"等方法来对涉案作品是否构成复制和抄袭进行判断,在这种情况下,法官对电视节目模式进行整体分析,比较两个涉案作品的整体概念,是对于视为整体保护形式下法官作出侵权判定的要求。把电视节目模式作为整体保护,则在侵权判定宜采用实质性相似标准,该标准容后详述。

2. 组成元素保护形式

任何事物都存在着整体与其组成部分之间的关系。电视节目的制作离不开对素材进行有机结合的过程,若干分离的素材经过电视节目创作者的智力劳动,形成了电视节目模式这个整体,因此,电视节目模式从某种角度来讲就是一个"元素包"。元素保护形式是对电视节目模式持"元素说"学者观点的延续,是指对于电视节目模式的保护细致到构成节目的各个资源,如节目音乐、主持风格、节目编排、节目道具、场景设计等都作为著作权的客体进行逐一保护。实际上,电视节目中的许多元素原则上不能作为独立的著作权客体来保护,但是若是该元素能形成独立的作品,如一首乐曲,一部戏剧,则可以获得著作权。笔者认为,权利人对电视节目模式采取组成元素保护是对电视节目模式最细致、最严密的保护方式,但在实践中有较大难度;若对电视节目模式拆分成的各个元素无一例外均予以保护,则易导致权利滥用。对于采用组成元素进行保护的侵权案件中,法院通常采用元素覆盖标准进行侵权判定。

(二)电视节目模式的著作权侵权判定

1. 实质性相似(substantial similarity)标准

实质性相似标准主要是用于对电视节目模式采整体保护形式的国家。当两部作品具有实质性相似时,可能会存在两种情形:一种是"字面相似性"(literal similarity),例如被告原封不动地复制原告作品,或者在文字、戏剧作品中逐字逐句抄袭原告作品,在此种情况下判

定侵权则比较容易;另一种则是"非字面相似性"(nonliteral similarity),被告不是原封不动地复制原告的作品,不是逐字逐句地抄袭,而是对原告的作品进行改头换面的使用,例如被告的作品使用了相似的人物、相似的情节等,这也是目前电视节目模式侵权的主要表现形式。在后一种情况下,判断实质性相似是非常困难的,在此,上文提到的法官汉德则提出了著名的"摘要层次"测试法("levels of abstract" test),他提出该方法的初衷是解决戏剧作品相似性的判定,但笔者认为该方法对于电视节目模式侵权判定具有指导性意义。他认为,当抄袭者不是拿走作品具体的一块,而是拿走整体的摘要,判定侵权会更麻烦。任何一部作品,随着越来越远离情节,会有一系列越来越普遍性的模式与之相应。最后一个模式可能是该作品的最一般性陈述,甚至只包括它的名称,在这一系列的摘要概括提取中,存在一个使作品不再受到保护的临界点。[①] 判断这个点所采用的方法即"摘要层次测试法":人们可以就原告的作品和被告的作品作出一系列抽象层次不等的摘要,然后对之进行比较。如果两者的相似或者一致是在高层次的思想观念上,就不存在实质性相似或者侵权;如果两者的相似性或一致是在低层次的表述上,则会有实质性相似或侵权发生。至于受保护的表述与不受保护的思想之间的临界点,必须依据作品的种类、性质、特点进行个案处理。

2. 元素覆盖标准

与实质性相似适用于电视节目模式整体保护形式的情况相对应,元素覆盖标准主要适用于以组成元素形式保护电视节目模式的情况。元素覆盖就是依据两个电视节目在元素上的重复程度来判断是否构成对原告电视节目模式侵权的标准。由于某些地区和国家的法官对电视节目模式的认识局限于"元素说",这些法院在电视节目模式著作权侵权案件中则采用元素覆盖标准作为侵权认定的依据。元素覆盖标准的测试方法一般包括两个基本步骤:第一步是对电视节目模式中元素的归纳提取;第二步是对提取的元素进行对比。

在元素的对比环节,正如荷兰法院在判决中所说:"如果电视节目模式中的所有元素均被复制,那毫无疑问,成立侵权;如果仅有一个不受保护的元素被复制,亦显而易见不能成立侵权。对于究竟多少元素的抄袭可以成立侵权的概括性答案目前为止还没有明确的标准,这取决于每个案件的具体情况。"笔者认为,目前对于元素覆盖率达到何种比例可认定侵权成立的标准还未有定论,应当根据个案中判定为抄袭的对比元素所占电视节目模式整体的比例来加以判断。

(三)免责事由

1. 非"接触加相似性"

接触,是指被告有机会看到、了解或感受到原告享有版权的作品。一般说来,原告作品的广泛传播,或者公众有机会通过电视、图书馆、网络、书店、广播等媒体方式接触到作品,都可以推断被告接触了原告的作品。此外,在没有公开传播的作品的情况下,如果作品是通过原告专门提供给被告的关联关系人(比如出版发行关系、雇佣关系、委托关系),也可以推断被告接触了原告的作品。另外,接触作品,可以是直接接触,也可以是间接地接触,例如通过连接原告和被告的第三方而接触,亦可以充分证明被告接触原告的作品。在某些特定的案

---

① Nichols v. Universal Pictures Corp. ,45F. 2d 119,7 USPQ 84(2d Cir. 1930).

件中,被告作品与原告作品具有非常强烈而显著的相似性,则直接构成证据表明被告复制了原告的作品,此时,若没有其他证据证明被告独立创作了作品,则显著相似性本身构成被告接触作品的证据。

2. 合并原则

合并原则,是指当思想与表达密不可分的时候,或者说当某种思想只有一种或者有限几种表达时,版权法不仅不保护思想,而且也不保护表达。因为,在这种情况下,他人为了表述同样的思想,只能使用第一个人使用过的表达,或者只能使用与第一个人使用过的表达基本相似的表述。① 比如,在表达篮球比赛时,只能采用同样的篮球比赛规则;在表达地理位置时,只能采用地图表达。在这种特殊情况下,保护该思想的唯一的或者有限的表达,等于在事实上保护了该思想在公有领域的自由性,这就叫作思想与表达的"合并"。被告可以以合并原则为免责事由提出电视节目模式侵权的抗辩,是因为版权保护不延及事实本身。

3. 情景(scenes a faire)理论

与合并原则相伴相生、紧密相连的一个理论是情景理论。在实践中,合并原则主要适用于功能性和实用性的作品,而情景理论则偏重适用于文学性作品。根据这一理论,作品中的某些要素,如事件、人物的特性和背景等等,不受到版权保护,因为这些要素是特定主题或者思想观念的必然派生物,或者说作者在处理同一主题时必然不可避免地会使用到类似的要素。例如在美国的警匪电影中通常均会出现醉鬼、酒吧、汽车追逐等人物和情节。在我国,以金正公司诉摩托罗拉公司广告侵权案为例。② 广东省高级人民法院认为,通常人们在用"真金不怕火炼"来比喻某种产品可经考验的意思,都会用火与物相衬,因此,摩托罗拉公司并不因为与金正公司一样用这种方法来表达真金不怕火炼的意思以宣传自己的产品而构成侵权;同时,由于摩托罗拉公司的广告在火焰的形状、图案、广告语的字体、排列以及所作广告的产品名称及图案等都与金正公司广告有较大的区别,因此构成不同的表达形式,判定原告败诉。

四、我国电视节目模式保护的对策建议

对电视节目模式的保护有必要区分是否已经公开两种情况分别提供不同的法律保护路径:对于未公开电视节目模式的保护,合同法和电视节目模式现有的产业运作机制已经为其提供了充分有效的保护,无须额外提供其他法律保护;但是,面对全球范围内已经公开的电视节目模式,为其提供一个更加确定且行之有效的著作权法律保护是具有必要性的。

(一)未公开的电视节目模式保护路径

1. 未公开的电视节目模式交易法律关系

对于未出版发行的电视节目模式所对应的版权交易市场,核心的法律关系发生在电视

---

① 李明德:《美国知识产权法》,法律出版社2003年版,第139页。
② 最高人民法院中国应用法学研究所:《金正科技电子有限公司诉摩托罗拉(中国)有限公司抄袭其广告作品制作自己产品的广告侵犯著作权案》,http://china.findlaw.cn/info/case/zscqal/6556.html,下载日期:2014年4月25日。

节目模式的创作者和电视节目制作公司之间。电视节目制作公司扮演了两个重要角色。首先,是一个商业化的功能:电视节目制作公司对于如何将电视节目模式进行商业化处理具有比较专业的知识和经验。其次,电视节目制作公司具有把书面脚本开发成最后的电视节目模式所需要的专业资源。在这个过程中,创作者面临着两个方面的风险:水平的风险源于其他创作者可能试图声明自己是该电视节目模式的所有权人;垂直的风险源于与制作公司的接触中可能带来的泄密风险。

从法律经济学的角度来看,虽然在这个交易之中,交易双方都有真实的激励来达成协议,但是在交易过程中所面临的巨大成本可能会导致他们否定一个可以达到帕累托状态的协议。为了更加清楚地了解交易中所涉及的这些成本,本文将设计模拟一个为新电视节目推出而举办的甄选会议。

参加会议的一方是电视节目制作公司的代表。对娱乐产业日益增长的消费需求和在激烈的市场竞争中推出有竞争力的电视产品所需要的新鲜创意这两个激励共同促使他参加到这次交易中。当然,他所面对的是数量巨大的电视节目模式素材提供者,而从如此庞大的基数中,他只会挑选非常少量他认为合适的电视节目模式进行下一步的开发。这就需要他对每一个电视节目模式能够有实质上的了解以便其作出正确的评估和决策。

在桌子另一端坐着的则是电视节目模式的创作者,他所希望的是制作人能对自己的电视节目模式感兴趣并且将其开发成为电视节目。在这个交易中,创作者是唯一单独掌握关于该电视节目模式完整细节内容的人。交易一旦开始,创作者就面临一个两难的境地。一方面,为了让制作方能够对其作品进行评估,他至少要告诉对方一些自己创作的电视节目模式的信息;另一方面,他一旦将信息告诉对方后,就存在对该作品失去控制并且失去自己的谈判地位和潜在赔偿的巨大风险。这就是在信息时代所面临的一个问题,当事人会陷入一方面要透露自己所掌握的信息以让对方知道你所掌握信息的价值性,但同时,又要求对方为已经知道的信息付费的两难境地。这就需要法律提供适当的救济,以帮助双方交易达到一个帕累托最优的状态。

2. 未公开电视节目模式的保护路径

上述交易过程呈现了未公开电视节目模式交易市场中双方可能面临的交易成本。但是,通过对合同性质工具的使用,可以降低该交易中造成的交易成本。例如,创作者倾向于使用保密协议,即创作者在接洽开始时要求电视制作公司签订保密协议。但是,保密协议降低风险的程度具有局限性,并不是一个全面有效的解决方式。它是试图在电视节目制作公司知悉电视节目模式内容之前能通过合同约束其之后的行为,则当制作公司独立开发该电视节目模式时,创作者可以凭保密协议作为证据起诉制作公司的剽窃行为,但这样一份保密协议对制作公司而言是毫无益处的。与此同时,电视节目制作公司则希望电视节目模式创作者在向其公开电视节目模式之前签订另外一种协议,免除制作公司所需要承担的所有义务并豁免其今后被追究法律责任的可能。如果电视节目模式创作者签订了这样一份协议,则其就成了制作公司任意摆布的对象。尽管如此,娱乐产业一直持续不断地生产和开发新的元素,就是采用后者的这种合同运作机制。大部分制作公司会直接拒绝签订保密协议,而电视节目模式的制作人则通常会签订豁免协议。这就产生了一个巨大的疑问,究竟合同法是如何为这种情况下的电视节目模式交易提供保护路径的呢?

　　站在电视节目模式创作者的角度,作出这样的选择主要有三个方面的原因。首先,交易双方在签订协议中所付出的法律成本不同。电视制作公司通常会拥有自己的法律服务律师或者内部职员,因此,提供一份豁免协议的成本相较而言是非常低廉的,它也同时可以对所有上门的创作者提供同样的豁免协议;而创作者则通常缺乏相应的法律服务途径,要制定每份保密协议所需要的法律成本相对比较高,虽然仅仅是这个原因并不足以导致妥协的结果。第二和第三个解释是源于这个电视节目模式交易市场和电视节目模式作为产品本身的性质来考量的。电视节目模式交易市场是一个智力成果交易的市场。创作者获得利润的能力取决于其作品的质量。但是,在最初的阶段,在对于创作者的智力成果水平一无所知的情况下,其作品的产品价值是非常有限的。但如果创作者的第一个作品一旦被接受并最后取得收视上的成功,在之后交易中他的谈判地位就会显著提高,而且凭借该地位,其就可以提出要求制作公司签订保密协议等要求。因此,创作者会放弃保护自己的权利来换取自己的电视节目模式被制作公司选中的机会。这就是所谓的"进入的代价"。而对于电视节目模式作为产品本身,在这个市场已经非常饱和的情况下,要最终取得成功的概率很低。因此,创作者要获得竞争胜利的主要任务是争取时间,而不是减少交易成本。一旦制作公司已经选择并开发了一个电视节目模式,就不再可能选择投入同样或者类似内容的电视节目模式。因此,一旦一个电视节目模式被制作公司采用,则同时意味着相似的电视节目模式丧失了其价值。这就造成了电视节目模式创作者之间的一场赛跑。因此,大部分电视节目模式创作者愿意通过签订豁免协议将最初的谈判时间减少到最短。

　　站在制作公司的角度,在电视节目模式的内容向其展示之后,它可能面临以下三个选择,如表 1 所示:

表 1　制作公司的行为选择与创作者的反应

	制作公司的行为		
	拒绝	采纳(付费)	侵占
创作者的反应	1. 转向其他与之竞争的制作公司; 2. 不作为,即放弃	1. 接受要约; 2. 拒绝要约并转向其他制作公司	1. 采取法律措施(提起诉讼); 2. 不考虑诉讼,或者转向其他公司或者不作为

　　因此,电视节目制作公司可能选择拒绝该电视节目模式、采纳该电视节目模式并进行价格协商、拒绝之后直接将该电视节目模式占为己有这三种结果。制作公司将电视节目模式据为己有可能会引起创作者采取相应的法律措施,但该市场本身的特征会对制作公司产生具有更大威慑力的后果。当制作公司投入巨大成本开发该侵占来的电视节目模式之后可能最终仍然要面临失败,因为创作者可能已经将该电视节目模式合法售卖给另一家制作公司且该公司已经首先在荧幕上推出了该节目。但是,即使侵占的制作公司推出该电视产品在先,该公司将面临来自创作者和竞争对手公司的双重诉讼风险。剔除害怕面临的法律风险,该制作公司将造成商誉上的巨大损害,这将对其未来的利润产生巨大的负面影响,甚至是致命一击。在电视节目模式这个完全竞争市场,一家商誉扫地的制作公司将会面临其他创作者的终止合作,而使得优秀的作品自然流向其他竞争的制作公司。因此,通过对制作公司的

决策分析可以发现,尽管不是每次非法侵占都会导致法律诉讼,但该市场的内在机制依旧制约着电视节目制作公司减少其非法占有电视节目模式版权的动机和行为。

诚然,制作公司对创作者电视节目模式的非法侵占事实上存在,但本文此处所要讨论的并不是制作公司的侵占行为是否存在,而是这种行为应当在受到约束之后是一种极少发生的现象。因此,在实践中采用豁免协议,而非看似有效的"保密协议",可以形成合同法对未公开电视节目模式的有效保护路径,而著作权保护则在已公开的电视节目模式保护问题中彰显。

(二)已公开的电视节目模式保护路径

相较于未公开的电视节目而言,一个已公开的电视节目模式所包含的大部分信息均可以通过已经播出的电视节目而轻易获得。因此,一旦节目播出之后,电视节目模式的信息就已经脱离了创作者和制作者的控制。合同法的解决措施只能保护有协议约束的相对方之间,但对第三人没有约束。因此,对于已经公开播出节目的电视节目模式,其法律保护问题则面临着更大的挑战。本文将对我国著作权法在此时所应当为电视节目模式法律保护所发挥的作用提出完善建议。

1. 明确纳入著作权保护客体

电视节目模式是随着传媒和创意产业的发展出现的新事物,法律对其的忽视已经造成一系列严重的社会纠纷和文化创意发展上的阻碍,亟须相关法律法规对其进行调整。但同时,鉴于电视节目模式自身性质的特殊性和复杂性,以及对其有效保护之有效性,笔者认为,我国著作权法对电视节目模式进行保护应当采取最直接、最有效的立法方式,即采取在《著作权法》保护客体中直接单列一项新的项目:电视节目模式,从而构建我国对电视节目模式著作权保护体系的基础。

(1)权利主体

目前的电视节目模式一般存在单位制作和独立的创作者制作两种情况。在单位制作的情况下,制作公司由一批具备精湛的专业知识和技能的策划、编导、主持人以及其他技术人员团队组成,代表制作公司的意志共同合作合理分工,开发电视节目模式,最终产生的作品在性质上应认定为职务作品,因此该类电视节目模式的著作权一般应归属于该制作公司,同时参与创作的相关工作人员可以依法享有署名权等权利。在独立创作者模式下制作的电视节目模式,适用我国《著作权法》关于电影作品权利的规定,其版权属于制片人,其他辅助人员同样享有署名权等著作权。

(2)权利期限

笔者认为,从下限的角度应当考虑权利人收回成本和获得激励利润的基本时间,从上限的角度需要考虑电视节目模式所能发挥价值到最后被废弃的时间。一方面,一个成功的电视节目模式,可以通过出售版权与播出节目的广告收入在较短的时间内得到成本与收益的回报;而对于没有市场潜力的电视节目版式,若对其进行过长时间的保护,也不能达到使制作方获得成本补偿的效果,还会造成社会资源的浪费。另一方面,若对电视节目版式的保护期过长,导致电视节目模式在保护期还未到之前就已经早早被遗忘在角落成为所谓的"死模式",也没有了立法保护的意义。因此,选取一个较为适宜的保护期,既让权利人能收回前期投入的成本并获得一定继续创作的激励,同时又不至于让电视节目模式陷入死寂之后还不能为公有领域所开发利用。本文认为,立法可以选择参照著作权法对图书、期刊版式设计版权的保护期的规定,给予 10 年的保护期,截止于该电视节目模式首次发表后第 10 年的 12 月 31 日;①但作品自创作完成后 10 年内未发表的,著作权法不再保护。

2. 确定电视节目模式侵权判定标准和侵权责任承担

(1)侵权判定标准

前文已经述及了在英美国家实践中所采用的两种主要的电视节目模式侵权认定方法。第一种是"接触加实质性相似"的测试方法,即在判断接触后做实质性相似测试;另一种则是"元素归纳"测试法,第一步先将作品包含的思想和表达两部分分开,第二步过滤掉诸如规则、摄制技术等属于公有领域的元素,最后对有效元素进行相似性对比。在参考借鉴美国相关制度的基础上,着眼于中国的具体国情,本文认为,我国应当采用的关于电视节目版式的侵权认定方法是——实质性相似加免责事由。电视节目版式的法律保护过强,不利于电视节目模式产业化的发展;保护力度太单薄,则对创作者缺乏应有的公平性对待,造成创新激励的缺失。结合这两个方面考虑采取的认定方法,兼顾公共利益和个人利益的平衡,对电视节目市场的良性发展将起到长久的引导和促进作用。

(2)侵权责任承担

一般而言,实施侵犯电视节目模式行为的,应依据我国《著作权法》第 5 章第 46 条的规定,根据情况承担停止侵害、消除影响、赔礼道歉、赔偿损失等民事责任。在确定赔偿额时,需要慎重确定。一般而言,法院可参考原告节目模式的制作成本、因受侵权导致原告节目模式收益损失情况、侵权行为的持续时间、被侵权节目的收视率高低以及被侵权节目模式的广告收益等因素进一步确定。

(本文编辑:张贤伟)

---

① 《著作权法》第 36 条规定:出版者有权许可或者禁止他人使用其出版的图书、期刊的版式设计。前款规定的权利的保护期为 10 年,截止于使用该版式设计的图书、期刊首次出版后第 10 年的 12 月 31 日。

我国驰名商标跨类保护限制研究

■ 张继英 *

摘　要：司法实践表明，驰名商标跨类保护立法缺陷造成该制度的滥用，须对驰名商标跨类保护进行合理规制。实际上，不妨以合理限制驰名商标跨类保护为核心，围绕侵权判定标准的统一和跨类保护范围的限定两大问题，结合法理和案例分析驰名商标跨类保护的限制性因素，并由此提出对其进行合理限制的若干建议。

关键词：驰名商标；跨类保护；限制

A Study on the Limitation of Trans-category Protection of Well-known Trademark in China

Angelina Zhang

Abstract：Judicial practices have shown that related legislative defects that caused abuse of the system，thus exceeded protection of well-known trademark should be confined reasonably. Revolving around reasonable limitation of trans-category protection of well-known trademark，there are mainly two major problems：the unification of the infringement determination standard and the limitations of trans-category protection of well-known trademark，the restrictive factors of trans-category protection of well-known trademark are analyzed，combining with related cases and jurisprudence. Some suggestions on reasonable limitation of trans-category protection of well-known trademark are provided in the end.

Key Words：Well-Known Trademark ；Trans-Category Protection；Limitation

---

＊　张继英，1990 年生，女，厦门大学 2011 级法律硕士，研究方向：商法。

一、我国驰名商标跨类保护存在的问题

(一)驰名商标跨类保护制度概述

1. 驰名商标跨类保护的含义

传统的商标保护理论对商标权利的保护是建立在禁止混淆的基础上的;①保护形式为禁止侵权人未经权利人许可在相同或相似的商品或服务上注册使用与其注册商标相同或相似的商标。相较于普通商标,驰名商标承载了更多的商誉,具有更丰富的商业功能,成为消费者选购商品或服务的重要因素,这种"品牌崇信度"为商标权利人带来可观的市场份额和利润,许多人认为,为尊重驰名商标权利人创造商标价值所付出的劳动,更好地维护其私有财产权益,应该给予驰名商标优于普通商标的扩大保护。与此同时,商标保护面临着新的冲击和挑战,侵权人基于逐利的需要,将他人所有的驰名商标用于不相同或不相类似的商品或服务上,使消费者将注意力转投到该商品或服务上,最终损害权利人附着于该驰名商标的利益。为了应对花样翻新的商标侵权行为,救济被侵害的驰名商标权益,防止驰名商标的显著性被稀释,立法者创设出驰名商标跨类保护制度:在个案中动态地认定注册商标为驰名商标,将其排他效力扩展至不相同或不相类似的商品或服务上。②

2. 驰名商标跨类保护制度的确立

国际上对于驰名商标跨类保护的讨论始于 1958 年里斯本修订《巴黎公约》的外交会议,修改后的《巴黎公约》第 6 条之 2 规定:"(1)本联盟各国承诺,如本国法律允许,应依职权,或依有关当事人的请求,对商标注册国或使用国主管机关认为在该国已经属于有权享受本公约利益的人所有,并且使用于相同或类似商品而驰名的商标,构成复制、仿制或翻译,可能产生混淆的商标,拒绝或撤销注册,并禁止使用。这一规定,在商标的主要部分构成对上述驰名商标的复制或仿制,并可能产生混淆的,也应运用。(2)自注册之日起至少 5 年的期间内,应允许提出撤销这种商标的请求。本联盟各国可以规定一个期间,在这期间内必须提出禁止使用的请求。(3)对于依恶意取得注册或使用的商标提出撤销注册或禁止使用的请求,不应规定时间限制。"③相较于 1925 年的海牙文本,该文本增加了驰名商标权利人的禁止使用权,并将权利人对异议商标提起撤销请求的期间由 3 年延长为 5 年,进一步加强了对驰名商标的保护力度,但其仍未确立对驰名商标予以跨类保护的特殊条款,关于服务商标是否和商品商标享受同样的保护,该保护是否仅限于相同类别的商品则成了遗留问题。为弥补《巴黎公约》驰名商标保护制度上的不足,TRIPS 协议之第 16 条第 2 款规定:"《巴黎公约》(1967)第 6 条之 2 应基本上适用于服务。"④其第 3 款规定:"《巴黎公约》(1967)第 6 条之 2 应基本

---

① 李亮:《商标侵权认定》,中国检察出版社 2009 年版,第 146 页。
② 祝建军:《驰名商标跨类别保护应受到限制——两则案例引发的思考》,载《知识产权》2011 年第 10 期。
③ 1958 年《巴黎公约》第 6 条之 2。
④ 1994 年 TRIPS 协议第 16 条第 2 款。

上适用于与已获得商标注册的货物或服务不相似的货物或服务。"①显然,TRIPS 协议将对驰名商标的保护延伸至服务商标,将对注册驰名商标的保护扩大到不相类似的商品和服务上。作为《巴黎公约》和世界贸易组织的成员国,我国知识产权立法当然地受到上述规定的约束。2001 年我国《商标法》修订的重点之一就是依照《巴黎公约》和 TRIPS 协议的相关规定拟定了现行《商标法》第 13 条第 2 款:"就不相同或者不相类似商品申请注册的商标是复制、摹仿或者翻译他人已经在中国注册的驰名商标,误导公众,致使该驰名商标注册人的利益可能受到损害的,不予注册并禁止使用。"②至此,我国以立法形式正式确立了对注册驰名商标的跨类保护制度。

3. 驰名商标跨类保护的理论基础

目前,我国学界支持驰名商标跨类保护的主流理论为以下两种:

(1)混淆理论

商标的主要功能在于防止不同商品或服务之间的混淆,商标法将驰名商标的禁止权范围延伸至非类似的商品或服务的根本原因也在于此。③ 驰名商标跨类保护和普通商标权保护的基本理论依据均建立在避免混淆的基础上,以消费者是否产生混淆作为禁止他人注册或使用某一商标的评判标准。

商品或服务商标的混淆可分为直接混淆和间接混淆。直接混淆又称来源混淆,是指商品产地或服务提供来源的混淆,这种混淆使消费者误认为两种商品或服务来源于同一实体单位。间接混淆又称关联混淆,是指消费者误以为侵权人与商标权利人之间存在许可、参股、加盟、管理安排等特定关系,把对该商标的美好记忆及其背后的良好声誉,移植到侵权人的产品或服务上,从而作出错误的选择。④

鉴于商标标识和区别商品或服务的基本功能,避免混淆成为商标保护的核心问题,混淆理论也成为现代商标法律制度中最普遍的理论依据。混淆既包括消费者混同了商品或服务来源,又包括其混同了经营者与商品或服务间的联系,该理论的基本点在于防止消费者发生误认。⑤

(2)淡化理论

随着社会经济的发展,商标不仅能指明商品或服务来源,还能代表其所标识商品或服务的质量,其更重要的功能在于"产生并保留消费者",而非"指明商品来源"。因此,商标本身就具有了"销售力",成为生产厂家或服务提供者的商誉和消费者可享受的满意程度的代言人。⑥ 商标侵权人的手法已不再是简单地复制,而是规避法律以打擦边球的方式进行模仿和暗示,在非竞争性的商品或服务上使用类似商标几乎成为一种常态,这对商标权利人造成的真正伤害并非让消费者产生混淆,而是使得商标原本在相关公众中清楚、集中的形象逐渐

① 1994 年 TRIPS 协议第 16 条第 3 款。
② 2001 年《中华人民共和国商标法》第 13 条第 2 款。
③ 李亮:《商标侵权认定》,中国检察出版社 2009 年版,第 84 页。
④ 周家贵:《商标侵权原理与实务》,法律出版社 2010 年版,第 58～59 页。
⑤ 李亮:《商标侵权认定》,中国检察出版社 2009 年版,第 85～86 页。
⑥ Schechter Frank, the Rational Basis of Trademark Protection, *Harvard Law Review*, *Vol.* 40, 1927, *p.* 822.

削弱、分散、模糊。① 从商标逐渐凸显的销售和广告功能出发,基于混淆理论对商标保护的局限性,美国法学家 Frank Schechter 于 1927 年在《哈佛法学评论》上发表的《商标保护的理论基础》一文中首次系统地提出了商标淡化的概念。

淡化的基本含义是指将他人驰名商标大量使用于相同、类似或不类似的其他任何商品或服务上,利用该驰名商标的特殊商业信誉推销商品或服务,从而导致该驰名商标的识别作用和广告作用弱化甚至丧失的现象。② 淡化包括弱化、丑化、退化三种形式:弱化是最为传统的一种商标淡化形式,是指行为人对他人驰名商标的使用削弱了该驰名商标与其所标识的商品或服务之间的特定联系;③ 丑化是指行为人对他人驰名商标的使用贬损了该驰名商标的良好市场声誉;退化是指驰名商标的显著性被逐步减弱直至完全丧失,驰名商标最终成为通用名称,从而进入公共领域而不再受商标法保护的过程。

淡化理论是商标从原始的区别功能向经济功能发展的结果,相较于传统的混淆理论,它要解决的问题并非消费者的混淆,而是对驰名商标价值本身的损害。淡化理论更强调对商标权利人合法私益的保护,特别是驰名商标的商誉免遭侵犯。

(二)我国驰名商标跨类保护的立法缺陷

1. 驰名商标跨类保护的侵权判定标准模糊

虽然我国《商标法》确立了对注册驰名商标的跨类保护,但对于何谓第 13 条第 2 款中的"误导公众,致使该驰名商标注册人的利益可能受到损害"存在诸多不同的理解,这直接导致了驰名商标跨类保护侵权判定标准的不确定性。尽管《审理驰名商标案件应用法律解释》第 9 条第 2 款对此作出了解释:"足以使相关公众认为被诉商标与驰名商标具有相当程度的联系,而减弱驰名商标的显著性、贬损驰名商标的市场声誉,或者不正当利用驰名商标的市场声誉的,属于商标法第 13 条第 2 款规定的'误导公众,致使该驰名商标注册人的利益可能受到损害'"④,但这一争议仍未得到解决。部分学者和司法人员认为,"误导公众"是指使相关公众对商品或服务的来源产生混淆,或者使其误认为两个不同的经营者之间存在特定的联系,客观上可能导致驰名商标的显著性减弱或信誉降低等后果,从而淡化该驰名商标的积极影响,损害驰名商标注册人的利益,淡化损害只是混淆的结果。因此,我国驰名商标跨类保护的理论基础仍然是混淆理论,其侵权判定标准应为禁止混淆标准。也有人认为,该司法解释中的"减弱驰名商标的显著性"是指"弱化";"贬损驰名商标的市场声誉"是指"丑化";"不正当利用驰名商标的市场声誉的"则是指涵盖于"退化"之中的其他削弱驰名商标显著性的情形。⑤ 即使不存在任何形式的混淆,驰名商标的显著性或声誉也可能因为侵权人的商业性使用而被削弱、淡化,不能简单地将这些淡化损害视为混淆的结果。因此,该司法解释实际上是以立法的形式引入了西方国家关于驰名商标特殊保护的淡化理论,我国驰名商标跨

---

① Schechter Frank, the Rational Basis of Trademark Protection, *Harvard Law Review*, Vol. 40, 1927, pp. 813～825.

② 李亮:《商标侵权认定》,中国检察出版社 2009 年版,第 87 页。

③ 常廷彬、刘璐:《试论商标的淡化》,载《广东外语外贸大学学报》2011 年第 3 期。

④ 2009 年《最高人民法院关于审理涉及驰名商标保护的民事纠纷案件应用法律若干问题的解释》第 9 条第 2 款。

⑤ 祝建军:《驰名商标保护中若干争议问题研究》,载《科技与法律》2011 年第 3 期。

类保护的侵权判定标准自然应采纳反淡化标准。甚至有学者认为,从最高人民法院的司法解释之行文表述来看,该条款只是将驰名商标特殊保护的反淡化标准解释进"误导公众"之中,而不是将"误导公众"解释为反淡化标准。[①] 这种观点认为我国驰名商标的跨类保护建立在禁止混淆和反淡化两个标准之上。

许多法官因意识到现有法律依据的不确定性,索性在审判过程中避开对侵权判定标准问题的探讨,不追究"误导公众,致使该驰名商标注册人的利益可能受到损害"的实质,只要商标被认定为驰名,就将其排他效力扩展至不相同或不相类似的领域,直接得出"对驰名商标实行跨类保护"的结论。这显然违背了法官裁判应严谨缜密、合乎法律与事实逻辑的要求,也将导致驰名商标跨类保护制度的滥用。

2. 驰名商标的跨类保护范围难以界定

《审理驰名商标案件应用法律解释》第 10 条规定:"原告请求禁止被告在不相类似商品上使用与原告驰名的注册商标相同或者近似的商标或者企业名称的,人民法院应当根据案件具体情况,综合考虑以下因素后作出裁判:(一)该驰名商标的显著程度;(二)该驰名商标在使用被诉商标或者企业名称的商品的相关公众中的知晓程度;(三)使用驰名商标的商品与使用被诉商标或者企业名称的商品之间的关联程度;(四)其他相关因素。"[②]笔者认为,概括性地简单罗列裁判驰名商标跨类保护案件时所需考虑的因素,不等同于明确了驰名商标跨类保护为非全类保护,该解释并没有解决应如何界定驰名商标实际跨类保护范围的司法实践难题,各地法院在个案中实际界定跨类保护范围时所考虑的因素和把握的尺度仍存在较大差异。该立法缺陷同样也会导致许多法官规避严格的法律论证,只要个案在形式上满足注册驰名商标跨类保护要件,就给予其跨类保护。驰名商标跨类保护范围的大小涉及市场公平竞争和自由竞争的平衡,失之过宽将损害自由竞争。

二、我国驰名商标跨类保护限制的法理分析

前文通过阐释我国驰名商标跨类保护的两大立法缺陷及其所引发的权利滥用问题,揭示了限制我国驰名商标跨类保护的必要性。接下来笔者将从法理的角度,继续围绕侵权判定标准和跨类保护范围两大问题对驰名商标跨类保护的限制性因素进行深入分析。

(一)驰名商标跨类保护应采纳禁止混淆标准

若商标保护两大理论在具体个案中并存,就意味着驰名商标权利人既可主张禁止混淆,又可主张反淡化,其权利在某种程度上被无限扩大。因此,排除一个选项,统一侵权判定标准本身就是对跨类保护的限制。禁止混淆标准要求争议商标的注册使用可能导致消费者对商品或服务来源发生混淆,或误以为争议双方存在某种特定的联系才构成侵权,反淡化标准则不需消费者发生混淆误认,只要求驰名商标本身抽象的价值受到损害,相较而言,前者的要求更为具体严格,更符合当前合理限制驰名商标跨类保护的需要。笔者认为当前我国驰

---

① 祝建军:《驰名商标保护中若干争议问题研究》,载《科技与法律》2011 年第 3 期。

② 2009 年《最高人民法院关于审理涉及驰名商标保护的民事纠纷案件应用法律若干问题的解释》第 10 条。

名商标跨类保护应采纳禁止混淆标准,其合理性可以从以下几个方面进行探讨。

　　1. 采纳禁止混淆标准符合我国国情

　　自 20 世纪 80 年代以来,西方国家不断强化国际知识产权保护,并努力将其纳入世界贸易自由化进程,我国作为世界贸易组织成员,积极履行国际义务,顺应国际知识产权保护趋势,确立了驰名商标跨类保护制度。对 TRIPS 协议中驰名商标特殊保护制度的借鉴属于法律移植,这是个需要经历吸收、融合和发展的过程。现今的知识产权国际保护制度更多地参照发达国家的要求和做法,为发挥法律移植的最佳效用,防止利益失衡,我国在具体适用驰名商标跨类保护制度时更应该考虑到当前的国情。对于驰名商标跨类保护侵权判定标准的选择可以从以下几个方面进行考虑。

　　首先,当前我国公众对驰名商标扩大保护的认识有待提高,驰名商标存在严重异化,相关立法缺陷也导致跨类保护权利滥用的风险,驰名商标的跨类保护需要得到合理限制。然而,淡化理论的初衷就是扩大对驰名商标的保护,相较于禁止混淆标准,反淡化标准不要求被控侵权行为导致混淆可能,其侵权类型多样化,且淡化可能性的证明仍缺乏统一确定的参考因素,若采纳反淡化标准显然不利于解决我国驰名商标跨类保护存在的问题,甚至会加剧目前的不利状况。

　　其次,商标保护理论基础的变革需要相关制度的配套和实践的跟进,美国以反淡化理论为商标保护基础,以保护商标本身的价值为核心,有着诸多的司法实践经验,已经形成较为完善的反淡化立法体系。但是,在我国,反淡化仍处于理论研究阶段,还没有成熟系统的立法和足够的司法实践经验,驰名商标跨类保护应被视为以扩张的混淆理论为基础的一种特殊保护,与其有着本质的区别。

　　此外,我国是知识产权大国,但并非知识产权强国,驰名商标的数量有限,现阶段直接采纳反淡化标准不利于我国的国际竞争。因此,对驰名商标的跨类保护仍采纳禁止混淆标准是符合我国当前国情的做法,符合我国当前的知识产权发展战略。

　　2. 扩张的混淆理论可以实现驰名商标的跨类保护

　　传统的混淆理论主要旨在禁止竞争性的市场主体未经商标权利人许可将与其商标相同或近似的商标注册使用于相同或相似的商品或服务上,防止消费者发生混淆。然而,越来越多的非竞争性市场主体将他人所有的驰名商标注册使用于不相同也不相类似的商品或服务上,这同样会损害驰名商标权利人和消费者的利益,传统混淆理论对于非竞争性商品或服务间的跨类保护确实存在一定的局限性。随着混淆理论的成熟和发展,扩张的混淆理论已经弥补了早期商标保护的这一不足,使得驰名商标跨类保护成为可能。

　　如前所述,商标混淆包括直接混淆和间接混淆,间接混淆理论已经得到了扩张。现代商业环境活跃而自由,基于驰名商标承载的良好信誉及其所能创造的巨大商业利益,驰名商标权利人往往乐于尝试经营多种多样的行业领域,他们通过赞助、参股、授权等多种商业模式许可他人在跨类的商品或服务上使用其所有的驰名商标。这些商业模式的出现模糊了商品和服务类型的界限,当他人未经许可将权利人所有的驰名商标注册使用于非竞争性的跨类的商品或服务上时,消费者仍然可能误以为其与驰名商标权利人存在某种合作关系或特定的联系,即产生间接混淆。

　　最初的混淆以发生在消费者购买商品或接受服务的过程中为限,认为只有当消费者在购买商品或服务时发生了混淆才构成侵权。如今,混淆发生的时点已由售前延伸至售中和售后。售前混淆是指消费者在交易前已经对商品或服务的来源产生了混淆,引发了初始兴趣,尽管在实际作出购买决定时没有发生混淆却仍然完成了交易。[①] 售后混淆是指实际消费者在售前和售中均未对商品或服务来源产生混淆,但其此后的使用行为却使其他的潜在消费者产生了混淆。

混淆内容、混淆时点和混淆主体的延伸使基于混淆理论的商标保护范围得到扩张,相关公众在驰名商标被注册使用于非竞争性的跨类商品或服务上时,容易因其高知名度和强显著性产生混淆误认,法官可据此充分合理地利用混淆理论的弹性将商标保护范围延伸至驰名商标的跨类保护。诸多司法实践亦表明,借助混淆理论的扩大解释,同样可以解决与驰名商标跨类保护相关的纠纷,还能达到适当限制驰名商标跨类保护以遏制驰名商标异化和权利滥用的目的。并且,《巴黎公约》和 TRIPS 协议并没有要求各成员国对驰名商标的特殊保护采用反淡化标准,我国目前驰名商标跨类保护制度及相关司法实践能够满足履行国际义务的要求。

3. 反淡化标准本身存在的缺陷

淡化理论本身尚未达到成熟阶段,表现在对弱化、丑化、退化的定义模糊,淡化概念抽象而难以理解,这直接影响了反淡化标准在驰名商标跨类保护司法实践中的可操作性。如何认定驰名商标的弱化、丑化和退化,如何证明驰名商标淡化的可能性成为一个大难题。尽管反淡化制度已被越来越多的国家引入,但包括其发源地美国在内的许多国家均对此存在诸多争议,甚至有许多学者提倡逐渐加强对商标反淡化的限制。美国律师莫斯金在美国众议院讨论联邦反淡化法时曾提出反对证言:"传统的混淆理论不仅更便于操作,同时也完全能够应付自如,没有必要再去建立一个谁都说不清楚的淡化理论,尤其是这一理论正在脱离产品本身,朝着类似版权和专利一样的绝对垄断权发展,这样下去势必赋予商标所有人太大的保护范围,妨碍正常的商业贸易。"[②] 事实上,若不加以限制,这样的担忧很可能在我国逐渐演变为现实。驰名商标权利人将驰名商标视为尚方宝剑,误认为驰名商标的跨类保护是绝对的跨全类保护,出于私利试图禁止其他一切竞争性或非竞争性市场主体注册使用与其驰名商标相同或相似的商标,这种绝对化的理解无疑会导致驰名商标跨类保护异化为赤裸裸的商标霸权。[③] 驰名商标权利人更是利用消费者对驰名商标的盲目信任,随意将驰名商标使用于没有达到驰名要求的各类商品和服务上,以获取不正当利益,最终侵害消费者权益。

基于合理限制我国驰名商标跨类保护,均衡各市场主体间利益,实现商标法公平正义价值目标的立场,不管是从我国知识产权保护的国情出发,还是考虑适用商标保护理论的必要性及其优劣性,都可推定目前我国驰名商标的跨类保护应当采纳禁止混淆的侵权判定标准。

(二)驰名商标跨类保护范围的限定因素

1. 不具备强显著性的驰名商标不能获得跨类保护

商标显著性是商标所具有的标识和区别的固有属性,即标识经营者提供的商品或服务

---

① 庄严:《商标淡化理论的反思》,华东政法大学 2011 年硕士学位论文。

② 黄晖:《驰名商标和著名商标的法律保护》,法律出版社 2001 年版,第 151 页。

③ 闵颖:《驰名商标认定与保护研究》,西南政法大学 2009 年硕士学位论文。

并与其他经营者提供的商品或服务相区别的能力。[①] 商标之于商品和服务正如姓名之于人,姓名作为人的标识,其涵盖了个人品质,将人与人相区别,便于人际交往和社会活动的正常运作,商标所蕴含的商品或服务信息则有助于消费者识别商品或服务,降低其搜索成本及社会交流成本,同时保护了商标权利人的合法权益。前提是这种信息必须真实有效,商标法鼓励其产生并保护其存在,而这种信息正是商标标识商品或服务特定来源并区分不同经营者的信息,根据商标显著性的含义可知,商标显著性是商标保护的目标和基础,商标显著性对于商标是否能够获得保护及其保护范围大小具有至关重要的影响,驰名商标跨类保护也不例外。

首先,商标显著性越强,意味着标识和区别商品或服务的能力越强,越容易给消费者留下深刻的印象,当他们遇到相同或相似的商标使用于其他商品或服务时,就越容易产生混淆误认而损害在先权利人利益,反之则不易造成混淆。学界和司法界对此已达成普遍共识,《审理驰名商标案件应用法律解释》第 10 条已经将驰名商标显著程度列入是否给予其跨类保护权利的考虑因素。尽管有学者曾提出,强显著性并不必然容易导致混淆的发生,越专业的消费者,对于越是熟悉的事物,人们越不容易混淆,这似乎是人们认识事物的自然规律。然而,在现代商业环境下,商标权利人为不断拓展创造财富的领域,通过多样化的商业模式跨类别经营已是常态,面对使用在熟悉的商品或服务上的具有强显著性的商标,消费者即便不会混淆其来源,也容易误以为两个经营者之间存在赞助、许可等某种特定的联系,即发生间接混淆,正是扩张的混淆理论为我们解决了这一困惑。其次,商标保护的本质在于保护商标与特定经营者所提供的商品或服务之间的联系不被非法利用或破坏,同时也保护其商誉。[②] 正是基于驰名商标与其所标识商品或服务之间紧密唯一的联系,才给予其优于普通商标而获得跨类保护特殊权利的可能性。如果驰名商标的显著性较弱,就无法建立起商标标志与商品或服务间的紧密的唯一的联系,也就失去了获得跨类保护的条件。最后,从立法价值和司法政策上看,给予显著性强的驰名商标以更宽的跨类保护有利于激励市场竞争的优胜者,遏制谋取不当私利的商标侵权行为,给予显著性弱的驰名商标跨类保护则在很大程度上剥夺了公众自由合理地使用普通词汇和描述性词汇的权利,违背了商标法均衡各社会主体间利益的原则。因此,综合分析商标显著性强弱与混淆可能性大小之间的关系、驰名商标跨类保护的本质目的及其立法价值追求,笔者认为驰名商标的显著性强弱与其跨类保护范围大小呈正相关的关系,驰名商标要获得跨类保护必须具备强显著性。

判断驰名商标显著性的强弱时,必须理解不同角度的商标显著性分类,并综合考虑各类显著性以确定其跨类保护范围,才能在合理限制驰名商标跨类保护的同时又确保发挥该制度的最佳效用。

(1)固有显著性和获得显著性

根据商标标识本身显著性的程度不同,商标可以划分为五种类型:臆造商标、任意商标、暗示性商标、描述性商标和通用名称。[③] 这些统称为商标的事实显著性。臆造商标完全是

---

① 邓宏光:《商标法的理论基础》,法律出版社 2008 年版,第 28 页。
② 郑其斌:《论商标权的本质》,人民法院出版社 2009 年版,第 175 页。
③ 邓宏光:《商标法的理论基础》,法律出版社 2008 年版,第 29 页。

独创的新词汇,具有很强的显著性。任意商标则是将现有词汇任意使用在与该词汇无关的商品或服务上,尽管其不具有独创性,但使用在与其没有任何联系的商品或服务上仍然能起到区别作用,故具有强度次于臆造商标的显著性。暗示性商标是指通过暗示向消费者传递其所标识的商品或服务的相关信息,不对商品或服务品质进行直接描述的商标。这三种商标本身就具有标识和区别的功能,均具有天然的内在显著性。相对而言,描述性商标先天不足,利用描述性词汇直接叙述了商品或服务的经营者、消费群体、原材料、用途、品质等特征,商标本身不具有固有显著性,只能通过长期使用获得显著性。① 通用名称是一类商品或服务的统称,如高粱酒、苹果醋等,不具有商标标识和区别商品或服务的功能,也不能通过使用获得显著性,若允许其作为商标注册使用并给予法律保护,必然破坏市场自由竞争,增加经营者竞争成本和消费者选购成本。②

(2)相对显著性和绝对显著性

商标的固有显著性和获得显著性仅仅表明了商标显著性的来源,而没有表明商标显著性的内容,商标保护的核心是防止混淆,保护标识与商品或服务间的特定联系,因此,它们更多的是为了解决商标是否可以获得注册并使用的问题,对于界定驰名商标跨类保护范围的作用不大。③ 相对显著性是指商标只有结合具体的商品或服务时才具有区别功能,离开具体的商品或服务就不能指向特定的商品或服务来源。具有绝对显著性的商标却在没有指出具体商品或服务的情况下,也能让消费者将某种商品或服务与特定的来源相联系。④ 具有绝对显著性的商标相较于只具有相对显著性的商标应该获得更强更宽的保护。只有通过大量的资金和智力投入,商标权利人才能使其商标拥有绝对显著性,而驰名商标跨类保护制度的初衷正是为了更好地保护商标权利人凝结在商标中的不懈劳动和巨额投资,给予驰名商标跨类保护是因其绝对显著性受损,而非相对显著性,故要想获得这种优于普通商标的扩大保护,驰名商标必须具有绝对显著性。

(3)事实显著性和法律显著性

若跨类保护会导致权利人对驰名商标的垄断而危害市场公平自由竞争,即便该驰名商标具有事实显著性,也不能给予其跨类保护。这种从商标保护背后的公共利益和竞争政策角度来分析的显著性,称为法律显著性。⑤ 该分类源于欧盟法院的 Windsurfing Chiemsee 案,其采纳公共利益标准驳回了经长期使用获得事实显著性之描述性商标的注册申请,旨在防止商标保护造成申请人对描述性词汇的垄断,维护包括其他竞争者在内的社会公众对该标志自由合理的使用。同理,法官在审理与驰名商标跨类保护相关的案件时应更为全面和严格,不仅要从微观上考量界定跨类保护范围的事实显著性,还要从宏观上考虑驰名商标获得跨类保护对公共利益的影响。因此,无法律显著性的驰名商标不能获得跨类保护。

---

① 黄晖:《驰名商标和著名商标的法律保护》,法律出版社 2001 年版,第 13～14 页。
② 邓宏光:《商标法的理论基础》,法律出版社 2008 年版,第 30～33 页。
③ 邓宏光:《商标法的理论基础》,法律出版社 2008 年版,第 165 页。
④ 黄晖:《驰名商标和著名商标的法律保护》,法律出版社 2001 年版,第 17～18 页。
⑤ 邓宏光:《商标法的理论基础》,法律出版社 2008 年版,第 33 页。

2. 被控侵权商品或服务与驰名商标所标识商品或服务的相关公众间关系直接影响跨类保护范围

确定以禁止混淆标准作为注册驰名商标跨类保护侵权判定标准,就意味着将作为跨类保护要件的"误导公众"理解为侵权人的行为致使相关公众对侵权产品或服务的来源产生误认,或误认为该商品或服务与驰名商标权利人存在某种特定联系。那么,在什么情况下被控侵权人的行为才会造成"误导公众"的后果呢?可以肯定的是,并非所有具有较强显著性的驰名商标都能获得跨类保护,我们必须考虑到会有多少公众被误导。这里涉及"相关公众"的概念,《审理商标案件适用法律解释》第 8 条将其定义为与商标所标识的某类商品或服务有关的消费者和与前述商品或者服务的营销有密切关系的其他经营者。[①] 但作为误导对象的"公众"与该"相关公众"不同,混淆结果是由于侵权人在被控侵权商品或服务上注册使用与驰名商标相同或相似的商标所造成的,其影响范围以被控侵权商品或服务的相关公众为限,故被误导的"公众"范围应以被控侵权商品或服务的相关公众范围为基准。然而,并非所有情况下被控侵权商品或服务的相关公众都会被误导,只有当驰名商标对其有实质性的影响,即其中的绝大多数人同时也是驰名商标所标识商品或服务的相关公众时才会产生混淆。因此,具体个案中被误导的"公众"实际上是指同时属于此二者相关公众范围的消费者和经营者,跨类保护所能达到的范围很大程度上取决于被控侵权商品或服务的相关公众中有多少人存在于驰名商标所标识商品或服务的相关公众中。

用 A 表示驰名商标所标识商品或服务的相关公众,用 B 表示被控侵权商品或服务的相关公众,可将司法实践中二者间关系以图示方法表现为以下三大类:

(1)B 的全部公众同属于 A

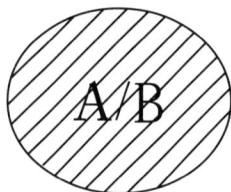 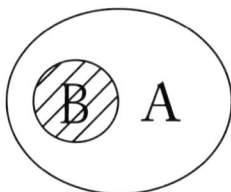

图 1　A 与 B 相同　　　　　　图 2　A 涵盖 B

在图 1 中,A 与 B 相同,二者完全重合,意味着被控侵权商品或服务的相关公众与主张跨类保护权利的驰名商标的相关公众完全一样,如移动电话和手机电池、充电器都是普罗大众的商品,其相关公众均为日常普通消费者;文具和书包的相关公众均为学生群体,属于同一个特定领域。图 2 中,A 包含了 B,被控侵权商品或服务的相关公众范围小于且涵盖于驰名商标的相关公众范围。此时,驰名商标的相关公众可以是日常普通消费者、经营者或特定行业、领域,被控侵权商品或服务的相关公众则只能是特定的行业、领域,如在雅士利商标行政纠纷案中,原告经营的商品为豆奶粉,第三人所注册商标指定使用的是扩音器、延时混响器,前者的消费者和经营者范围涵盖了后者的消费者、经营者范围。[②] 在图 1 和图 2 所示的

---

①　2002 年《最高人民法院关于审理商标民事纠纷案件适用法律若干问题的解释》第 8 条。

②　北京市第一中级人民法院(2012)一中知行初字第 1456 号行政判决书。

情况下,被控侵权商品或服务的消费者和经营者全都有机会接触到驰名商标所标识的商品或服务,驰名商标的知名度自然也能全面覆盖该相关公众范围,这时候被控侵权人的行为有极大的可能性导致混淆的发生而危及驰名商标权利人的利益,通常驰名商标应当获得跨类保护。

(2)B 的部分公众同属于 A

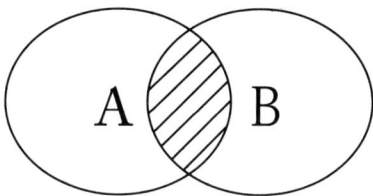

图 3 A 与 B 存在交叉   图 4 B 涵盖 A

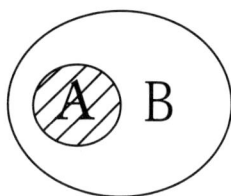

在图 3 中,A 与 B 有一部分重合,存在交叉关系。如在旁氏商标行政纠纷案中,原告所有的驰名商标注册使用在化妆品上,第三人所注册的近似商标指定使用在外科仪器、牙科设备等医疗器械上,前者的相关公众为年轻女性及化妆品经营者,后者的相关公众属于医疗领域,两者存在交叉。[①] 在图 4 中,A 的范围小于且涵盖于 B,如被控侵权人将某保险服务商标使用于月饼上,月饼的相关公众为日常普通消费者,保险服务的相关公众则属于金融领域。[②] 图 3 和图 4 的共同点在于 B 中只有一部分公众同时属于 A,即被控侵权商品或服务的相关公众中只有一部分人也是驰名商标所标识商品或服务的相关公众,驰名商标不能为其大部分人所知晓,获得跨类保护的概率较小,被控侵权行为是否足以误导公众而最终损害驰名商标权利人的利益,理论上取决于被控侵权商品或服务的相关公众中到底有多大比重的人也是驰名商标所标识商品或服务的相关公众,在实践中则要根据具体的商品服务类别来判断被控侵权行为对驰名商标的影响。

(3)B 与 A 无相同公众

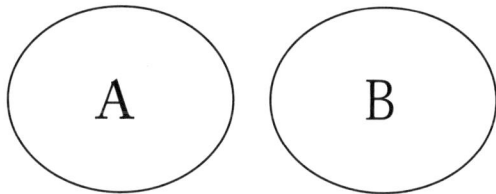

图 5 A 与 B 相异

在图 5 中,A 与 B 相异,不存在重合部分,被控侵权商品或服务与驰名商标所标识商品或服务的相关公众分属不同的行业或领域。例如五金和印刷企业,涂料和纳米材料,二者的消费者、经营者均属不同的特定领域,不存在任何的交叉,各自商标的影响力仅限于各自的相关公众,被控侵权人在其经营的商品或服务上注册使用与驰名商标相同或近似的商标并不能误导公众,不存在混淆发生的可能性,则该行为不构成商标侵权。因此,A 与 B 相异

---

① 北京市第一中级人民法院(2012)一中知行初字第 1961 号行政判决书。
② 深圳市中级人民法院(2003)深中法民三初字第 328 号民事判决书。

时,驰名商标不能获得跨类保护。

3. 商品或服务类别差距太大不宜给予驰名商标跨类保护

对于驰名商标显著性强弱的判断和相关公众间关系的探讨,更多的是从理论层面分析如何限定驰名商标跨类保护的范围,实践中还应考虑商品或服务类别的差距大小。即便某个驰名商标具有较强的显著性,被控侵权商品或服务与其所标识的商品或服务的相关公众范围存在交叉或重合,也并非一定能够获得跨类保护,商品或服务类别间存在巨大差距时也不会出现误导公众的结果。结合商品或服务类别差距限定跨类范围主要适用于图 3、图 4 所示的情况,例如,将联想商标注册使用于内衣、腰带,[①]将英特尔商标使用在蒸气浴室服务上,[②]两个案例中,联想和英特尔商标均具有较强的显著性,各自商品或服务的相关公众间关系均属于第二类:被控侵权商品或服务的相关公众中只有一部分人同属于驰名商标所标识商品或服务的相关公众,但联想商标所标识的汉卡、微机、传真卡、可编程工业控制器等商品与内衣、腰带,英特尔商标所标识的集成电路、自动记录器、半导体储存器、微型计算机等商品与蒸气浴室类别差距太大,消费者和经营者根本不会对商品或服务来源产生混淆,也不会误认为联想公司和内衣、腰带的经营者,英特尔公司与蒸气浴室的经营者之间存在某种特定的联系,被控侵权行为不构成侵权,联想商标和英特尔商标都不能获得跨类保护。此种情形同样存在于图 2 所示相关公众关系类型,尽管其获得跨类保护的概率最大。如被控侵权人申请注册与海澜之家服饰公司商标近似的商标,指定使用在水泥、混凝土、柏油等建筑材料上,[③]虽然其相关公众属于特定的行业领域,服装的相关公众则为日常普通消费者,被控侵权商品的相关公众全都属于驰名商标的相关公众范围,但水泥、混凝土与服装的类别差距太大,同样也不能导致混淆的发生,海澜之家服饰公司所有的商标不能获得跨类保护。从人们认知事物的一般规律来看,差距太大时不会混淆商品或服务来源,也不会误认为其间存在某种关联,就没有给予跨类保护的必要;就商标法的价值追求而言,差距太大时仍给予跨类保护,不利于社会知识产权资源的传播和发展,也违背了利益均衡的立法原则和自由公平的市场竞争原则。

三、我国驰名商标跨类保护限制的实证分析

通过阅读大量判决文书,笔者选取了四个典型案例,从这些案例中引出驰名商标跨类保护司法实践中的侵权判定标准和跨类保护范围两大问题,并通过案例推论将驰名商标跨类保护的限制性因素直观呈现出来。

(一)典型案例评析

[案例一]好孩子商标案

上诉人好孩子儿童用品有限公司(以下简称好孩子公司)不服北京市第一中级人民法院

---

① 北京市高级人民法院(2009)高行终字第 1472 号行政判决书。
② 北京市第一中级人民法院(2012)一中知行初字第 339 号行政判决书。
③ 北京市第一中级人民法院(2012)一中知行初字第 574 号行政判决书。

作出的关于"好孩子"商标争议判决行政纠纷案。[①]

胡某于 2004 年 2 月 21 日被商标局核准注册"好孩子"商标,核定使用的是第 9 类电传真设备、声音复制器具、电子晶体管等商品。2005 年 8 月 15 日,好孩子公司以其所有的核定使用在第 12 类儿童车、儿童车罩、儿童推车盖蓬等儿童车系列商品上的"好孩子"商标已被商标局认定为驰名商标,胡某注册"好孩子"商标会造成消费者混淆误认为由请求撤销该商标。商标评审委员会认可"好孩子"商标在儿童车商品上的使用享有较高知名度,且曾被商标局认定为儿童车商品领域的驰名商标。但"好孩子"商标指定使用的电传真设备等商品与儿童车在功能、生产工艺等方面区别明显,行业跨类较大,加之"好孩子"属于日常生活用语,独创性弱,胡某对"好孩子"商标的注册使用不会使消费者对商品来源产生混淆误认,进而损害好孩子公司的利益。因此,商标评审委员会对"好孩子"商标予以维持。好孩子公司遂向北京市第一中级人民法院提起行政诉讼。原审法院认为,原告商标所标识的商品与被控侵权商标核定使用的商品在功能、生产工艺等方面区别明显,关联程度低,被控侵权商标不会导致混淆误认,故维持了被告的裁定。好孩子公司不服,上诉至北京市高级人民法院。

北京市高级人民法院经审理认为,注册驰名商标的跨类保护,不是全类保护,应考虑使用驰名商标与争议商标的商品或服务间的关联程度。本案中,上诉人商标为儿童车商品的驰名商标,而电传真设备、声音复制器具、电子晶体管等商品与儿童车在用途、生产工艺等方面差异明显,行业跨类太大,"好孩子"商标注册使用在这些商品上不会导致消费者混淆商品来源而致使上诉人利益受损。因此,北京市高级人民法院判决驳回上诉,维持原判。

[案例二]石头记商标案

广州石头记饰品有限公司(以下简称石头记公司)诉陈某商标侵权纠纷案。[②]

石头记公司是一家生产和销售半宝石饰品的大型台资企业,其拥有"石頭记"商标的专用权,注册使用于第 14 类珠宝、首饰、宝石、贵重金属制纪念品商品上。2006 年 10 月 31 日,石头记公司从陈某处购得贴有"石頭记"标识的茶叶,该标识与其注册商标完全相同。石头记公司遂将陈某告上法庭,诉称陈某将"石頭记"商标直接复制使用在其出售的茶叶上,极易误导公众,造成消费者误购,是典型的侵害原告驰名商标的行为,请求法院判令被告陈某立即停止侵权行为并赔偿其经济损失。陈某辩称其是在石头记公司未注册的商品类别上使用"石頭记"商标,未侵犯原告的商标专用权。

经审理,法院综合考量"石頭记"商标的使用时间、广告宣传、石头记公司产品产销量等因素后认定原告使用在珠宝、首饰、宝石、贵重金属制纪念品上的"石頭记"商标为驰名商标。法院认为未经许可将他人驰名商标使用于不相同也不相类似的商品或服务上不一定构成商标侵权,该行为是否误导公众才是判定侵权与否的标准。所谓误导公众,是指侵权人的行为使公众对于产品来源产生混淆,误认为侵权产品系商标权人生产,或者侵权人使用驰名商标获得了商标权人许可,或者侵权人与驰名商标权利人存在其他特定联系。由于"石頭记"商标本身所具有的显著性和驰名度,加之宝石饰品与茶叶消费群体一定的同一性,被告陈某在茶叶上使用"石頭记"商标的行为会造成上述误导公众的后果,原告石头记公司的利益则可

---

① 北京市高级人民法院(2010)高行终字第 709 号行政判决书。

② 西藏自治区林芝地区中级人民法院(2007)林中民二初字第 02 号民事判决书。

能因此而受到损害。法院最终判令陈某立即停止使用"石頭记"商标,并赔偿石头记公司1000 元。

[案例三]宇通商标案

郑州宇通客车股份有限公司(以下简称宇通公司)诉陈某某商标侵权纠纷案

宇通公司系客车生产企业,拥有注册使用在第 12 类客车、汽车或货车零件商品上的"宇通"文字商标及"弧形图案"商标的专用权,被告陈某某未经宇通公司的许可擅自在其生产销售的原子灰产品上大范围使用该"弧形图案"商标。宇通公司以其行为构成驰名商标侵权为由向法院提起诉讼,请求法院判令被告陈某某立即停止侵权行为并赔偿原告相应的经济损失。被告陈某某辩称宇通公司的"弧形图案"商标注册使用于第 12 类商品,而原子灰属于第2 类,其行为并不构成侵权,亦未给原告造成损失。

经审理,法院通过对"弧形图案"商标使用和宣传的持续时间、受保护记录、相关公众的知晓程度、宇通公司客车的产销量和收益等相关因素的分析认定其为驰名商标。"弧形图案"商标具有较强的显著性,被告陈某某在其生产的原子灰上突出使用该标识,容易破坏该商标的绝对显著性所建立的其与客车间的唯一联系,使一般消费者误认为该产品与宇通公司存在某种特定联系,从而损害宇通公司的利益。因此,法院认为被告陈某某的行为构成驰名商标侵权,判令其停止使用宇通公司注册的"弧形图案"商标并赔偿经济损失 5000 元。[①]

[案例四]博内特里商标案

原告博内特里塞文奥勒有限公司(以下简称博内特里公司)不服被告商标评审委员会作出的关于"双枝叶花形图"商标争议裁定行政纠纷案。[②]

博内特里公司是一家经营服装设计、制造和销售的知名跨国公司,其在中国拥有"梦特娇""MONTAGUT 及花形图""花形图"等知名商标的专用权,其"花形图"被核定使用于第25 类服装、鞋、帽等商品。2004 年 6 月 7 日,泰州市苏农药械厂被商标局核准注册"双枝叶花形图"商标,指定使用商品为第 8 类杀虫剂喷雾器。博内特里公司以其使用在杀虫剂喷雾器上极易造成相关公众混淆为由请求撤销该商标,商标评审委员会未予以支持。博内特里公司遂向北京市第一中级人民法院提起行政诉讼,请求判令商标评审委员会重新作出裁定。商标评审委员会坚持认为原告的"花形图"商标与苏农药械厂的"双枝叶花形图"商标指定使用的商品类别存在巨大差异,尽管前者在服装商品上具有较高知名度,"双枝叶花形图"商标的申请注册也不会误导公众致使原告利益受损。

经审理,法院对于两商标近似、博内特里公司的"花形图"商标为驰名商标等事实予以认可,但其认为驰名商标的跨类保护是有限度的,应综合考虑商品的原材料、功能、生产销售渠道等因素来判断跨类别的商品对驰名商标的使用是否能误导公众。在本案中,"花形图"商标注册使用在服装领域,"双枝叶花形图"商标则注册使用在农药器械领域,两者的原材料、用途、生产销售渠道存在巨大差异,即使原告商标在服装领域为驰名商标,也不足以使杀虫剂喷雾器的相关公众产生混淆,误以为二者存在某种特定的联系。法院最终维持商标评审

---

① 河南省开封市中级人民法院(2006)汴民初字第 47 号民事判决书。
② 北京市第一中级人民法院(2010)一中知行初字第 620 号行政判决书。

委员会的裁定,认定第三人泰州市苏农药械厂不构成侵权。

(二)案例裁判的关键问题及裁判要旨

以上四个案例均涉及《商标法》第13条第2款的具体适用问题,法院在案件审理过程中均对驰名商标的跨类保护持谨慎态度,不管最终是否支持驰名商标权利人的诉求,对于是否给予跨类保护应当考量的因素都进行了严密审慎的调查和分析,防止其滥用权利而致他人合法权益受损,这与笔者认为驰名商标跨类保护应当并能够受到合理限制的观点一致。除此之外,四个案例中权利人的注册商标均在审理过程中被法院认定为驰名商标且争议商标对其构成复制或模仿,最终是否给予其跨类保护权利就面临着两个共同的关键问题,恰恰是笔者所要探讨的合理限制驰名商标跨类保护的关键问题。

1. 驰名商标跨类保护应采纳何种侵权判定标准

驰名商标应受到跨类保护有其理论根源所在。侵权判定标准问题与该理论基础一脉相承,属于定性范畴,解决的是在综合考量各影响因素之后要造成什么样的后果才能给予跨类保护的问题。标准不同,结论自然也会不同。前文已经提到,相关立法缺陷的存在,导致我国学界和司法界对于驰名商标跨类保护侵权判定标准的认识不一。模棱两可的状况直接造成了司法的混乱,带来权利滥用的风险。可见,统一侵权判定标准本身就是对驰名商标跨类保护的一种限制。

上述四个案例中,不管是商标评审委员会的裁定还是法院判决,都以争议商标的注册使用是否足以导致相关公众误认为其所标识的商品或服务来源于驰名商标权利人,或者与其存在投资、授权、许可等特定的联系,即是否足以使相关公众发生混淆作为行为人是否构成驰名商标侵权的判定标准。显然,他们选择了以禁止混淆作为驰名商标跨类保护的侵权判定标准。混淆理论正是基于侵权人可能导致消费者混淆商品或服务来源,或导致其误以为侵权人和商标权利人存在上述某种特定关系以致商标权利人利益受损而主张对商标权进行法律保护的。

2. 驰名商标跨类保护是否为全类保护

在与驰名商标跨类保护相关的案例中,争议商标和驰名商标所标识的商品或服务往往千差万别,行业跨度大,如石头记商标案中的茶叶和宝石饰品,宇通商标案中的原子灰和客车,博内特里商标案中的杀虫剂喷雾器和服装。那么,在满足其他保护要件的情况下,跨类保护是跨全类保护吗? 如果不是,又该针对具体案情考量哪些相关因素去判断争议商标的注册使用是否足以让消费者产生混淆误认,从而达到限定驰名商标跨类保护范围的目的?

好孩子商标案和博内特里商标案的判决书中均明确提出注册驰名商标的跨类保护不是全类保护,是有限度的。四个案例中,未支持驰名商标权利人诉求的法院均以诉讼双方所经营的商品在功能、原材料、生产技术、销售渠道上差异巨大或其所属行业跨类太大作为不给予驰名商标跨类保护的理由。好孩子商标案的讼争双方还对驰名商标的独创性和显著性存在异议,其他几个案例的审理法院亦将商标显著性列入了界定跨类保护范围的考量因素。可见,在我国的司法实践中,驰名商标跨类保护是一种非全类的相对性保护,驰名商标的显著性强弱、争议商标和驰名商标所标识的商品或服务的相关公众间关系及其类别差距均为限定跨类保护范围的重要因素。

(三)案例推论

根据上述法理分析及裁判要旨,笔者在采纳禁止混淆标准的前提下,对以上四个案例中的驰名商标显著性强弱、相关公众间关系及商品或服务类别差距进行分析,可作出如下推论:

首先,在好孩子商标案中,"好孩子"商标所标识的是儿童车系列商品,通过暗示性的描述向消费者传达其产品优质、舒适,适于儿童使用的信息,属于暗示性商标,显著性较弱。其次,该商标仅在儿童车领域驰名,离开儿童车商品便失去了区别商品来源的功能,没能建立起与儿童车商品的唯一联系,不具有绝对显著性。同时,"好孩子"并非好孩子公司所独创,是人们在日常生活交流中通常会用到的词汇,如果对其给予太宽泛的保护,将影响其他市场主体对该标志自由合理的使用甚至损害到公共利益,这意味着本案中"好孩子"商标不具有法律显著性。因此,仅从显著性角度分析,"好孩子"商标就不具备获得跨类保护的条件。

在石头记商标案中,"石頭记"本是四大名著之一《红楼梦》的原名,并非臆造的词汇,石头记公司将其作为珠宝饰品的商标,仍能起到很好的区别和标识作用,属具有较强固有显著性的任意商标。尽管其为《红楼梦》别称,但由于公众普遍对《红楼梦》这一名称更为熟知,对原名印象不深刻,且经过长期的使用和大量的广告宣传,消费者看到"石頭记"商标的第一反应就会是珠宝饰品,已经产生了唯一对应珠宝饰品的标识效果,故"石頭记"商标具有绝对显著性。对驰名商标法律显著性的衡量是实现知识专有和知识共享动态平衡的要求和体现,本案中,"石頭记"商标凝聚了石头记公司大量的资金和智力支持才具备了较强的显著性,且对其予以扩大保护对公共利益影响并不大,应认定其具有法律显著性。然而,强显著性仅仅是驰名商标获得跨类保护的条件之一,还需考虑原、被告所经营商品的类别差距及其相关公众间关系。原告石头记公司生产销售的商品为珠宝饰品,其相关公众为年轻女性群体和珠宝商,被告销售的则是茶叶,其相关公众为一般消费者和经营者,两者关系属于图 4 所示的第二大类,被告商品的一部分消费者和经营者也是原告商品的消费者、经营者,这时候应结合两种商品的类别差距加以判断。茶叶与珠宝饰品的行业跨度太大,其原材料、用途、生产工艺等存在太大差异,在茶叶上使用"石頭记"商标并不会误导购买和销售该茶叶的公众,即被告的行为并不会导致混淆而损害石头记公司的利益,该案中法院认定其行为会造成误导公众的后果并给予原告商标跨类保护的裁判是不合理的。

在宇通商标案中,"弧形图案"是宇通公司为将其作为产品商标使用而创新设计的,经过长期使用和宣传又建立了和宇通公司的客车、汽车或货车零件类商品的唯一联系,宇通公司对其享有专有权完全是法律保护商标权利人私有财产权益的体现,并不妨碍任何公共利益的实现,因此,无论从事实层面还是法律层面,"弧形图案"商标都具有较强的显著性。此时,是否应给予其跨类保护,关键在于原被告商品的相关公众关系。宇通公司将"弧形图案"商标使用于客车、汽车或货车零件上,而被告将其使用在原子灰上,前者的相关公众为客运、货运行业的经营者或者客车、货车及其零件的经销商,一般消费者和经营者基本无接触机会,原子灰更是不为普通公众所知,它是一种嵌填材料,属化工产品,原被告商品的相关公众均属特定领域且无任何交叉或重合,两者关系属图 5 所示的第三大类,被告在原子灰上使用"弧形图案"商标只对其所属的特定行业有影响,没有混淆的可能性。审理法院仅凭"弧形图案"商标的强显著性而认定被告行为能够产生误导公众而损害宇通公司利益的后果是不合理的。

在博内特里商标案中,"花形图"和宇通公司的"弧形图案"一样,是商标权利人为创造其产品商标而专门设计的,博内特里公司的服装受到广大消费者的青睐,"花形图"商标被长期使用在其服装产品上并通过大量的广告宣传获得了绝对的显著性。该商标权益的行使亦不影响公共利益,具有法律显著性。原告博内特里公司的产品是服装,苏农药械厂将与"花形图"商标相似的"双枝叶花形图"商标注册使用于杀虫喷雾剂上。尽管双方所经营商品的相关公众关系属图 2 所示的情形,被控侵权商品的相关公众范围涵盖于驰名商标所标识商品的相关公众范围。但这只意味着被控侵权行为导致混淆的概率最大,并非绝对能误导公众。在本案中,杀虫喷雾剂和服装的商品类别差距和行业跨度太大,且"双枝叶花形图"商标与"花形图"商标只是相似并非完全相同,购买或经营杀虫喷雾剂的公众不可能混淆其来源,或误以为杀虫喷雾剂与博内特里公司及其"花形图"商标存在某种特定联系,因此苏农药械厂的行为不构成侵权,博内特里公司的"花形图"商标在本案中不能获得跨类保护。

四、合理限制我国驰名商标跨类保护的建议

(一)合理限制驰名商标跨类保护的原则

商标权的限制,是指在某些情况下,商标所有权人享有的权利因与其他人正当权利和公众利益产生冲突,法律为了协调权利人与社会公众之间的利益平衡,对商标权所作出的必要限制。[①] 本文所言限制正是基于前文所提到的我国驰名商标跨类保护立法缺陷及其所引发的权利滥用风险,从驰名商标跨类保护侵权判定标准和跨类保护范围两大方面,将该权利的行使和利用限定在合理的范围内,使商标权人和社会公众的利益保持一种平衡,以实现驰名商标跨类保护制度设置的价值追求。

尽管权利的行使必然受到限制,但权利的限制不是任意规定的,必须遵循一定的原则,才具有法律上的正当性,否则就不具有说服力,违背限制初衷的同时甚至可能造成权利限制因缺乏规范性而走向另一个极端。合理限制驰名商标跨类保护应遵循以下三大原则:

1. 利益均衡原则

然而,社会不同主体间不可避免地存在利益冲突,要想通过法律规定来缓解各方利益冲突,使各方利益达到均衡状态,更好地实现立法价值,就必须将利益均衡原则贯穿于知识产权保护的始终。

商标法作为一部重要的知识产权法律,规范商标的注册和使用,同样也涉及商标权利人、消费者以及商标权利人以外的生产、经营者等众多主体的利益。商标权利人通过行使商标权阻止他人侵权行为,维护诚信经营所带来的良好商誉和消费者忠诚度,增强市场竞争力并获得相应的财产收益;消费者则通过商标识别商品或服务的来源,节省搜寻成本,更便捷地获得优质的商品或服务;其他生产、经营者包括与商标权利人有竞争关系的市场主体,也包括非竞争性市场主体,他们通过商标法防止商标权利人滥用权利、恶意垄断,维护公平自

---

① 吴汉东:《知识产权法》,中国政法大学出版社 1999 年版,第 340 页。

由的市场竞争秩序。《商标法》第 1 条开宗明义地指出:"为了加强商标管理,保护商标专用权,促使生产、经营者保证商品和服务质量,维护商标信誉,以保障消费者和生产、经营者的利益,促进社会主义市场经济的发展,特制定本法。"[①]这意味着保护商标权利人专有权的同时亦保护消费者和其他生产经营者的公共利益,实现二者均衡是我国《商标法》的立法价值追求。

驰名商标跨类保护实质上是对驰名商标的一种扩大保护,将商标排他权延伸到不相同或不相类似的商品或服务上,较从前更强调维护驰名商标权利人的合法私益,而相对忽视了对其他市场主体的利益保护。对其进行限制正是为了防止驰名商标所有人对该权利的滥用而导致社会整体对知识资源利用成本的增加,旨在维护市场公平和自由竞争秩序,均衡各主体利益,最终实现驰名商标跨类保护制度设置的初衷。因此,对我国驰名商标跨类保护的限制应遵循利益均衡原则,兼顾驰名商标权利人与社会公众的利益需求,不能盲目以限制本身为目标,超出维护他人及公共利益所必需的限度,给驰名商标权利人带来不合理、不必要的损害。

2. 禁止权利滥用原则

权利滥用即权利人在行使权利时,超出权利本身的正当界限,损害社会公共利益和他人利益的行为。权利滥用的特征在于行为人原本享有该权利,行使该权利是正当、合法行为,但在行使权利时,行为人有意超越权利的目的和社会所容许的界限,对社会公共利益和他人权利造成损害,应当为法律所禁止。[②] 我国《宪法》和《民法通则》均通过具体的法律规定明确了禁止权利滥用原则。该原则要求权利行使符合公共利益的需要,不得超出权利设定的正当目的,不得损害他人和社会利益,其外在表现为对权利的限制,实则旨在促使权利人承担起社会责任,解决社会不同主体间的权利冲突,实现多元社会价值。

驰名商标跨类保护的目的是防止混淆的发生,保护权利人附着于驰名商标的财产权益,尊重其为创造承载于驰名商标的良好商誉而投入的资金和智力支持。如果被控侵权人对与驰名商标相同或相似的标识进行非商标意义上的使用,或者驰名商标权利人尚未在跨类商品或服务上建立起良好的商誉,被控侵权行为并不会造成混淆而损害其利益,仍然给予驰名商标跨类保护,就超出了该权利行使的目的和跨类保护的限度。法律保障公民正当权利,救济被侵犯的法益,权利人合法利益受损或权利受到侵害时可依法获得保护,但不能通过法律获得额外利益。我国驰名商标跨类保护的限制应遵循禁止权利滥用原则,防止跨类保护沦为驰名商标权利人为垄断市场恶意打压其他经营者的工具,在驰名商标权利人超出权利目的和保护限度时不支持其跨类保护。

3. 比例原则

比例原则是指对于公民权利的限制措施与该权利限制所指向的目标应保持一致性,合乎一定的比例,[③]其核心价值在于保障权利限制的正当性,均衡权利限制的收益和成本,故

----

① 2001 年《中华人民共和国商标法》第 1 条。

② 佚名:《试论禁止权利滥用原则的本质内涵》,http://www.lawtime.cn/info/minfa/changshi/20100816/48653.html,下载日期:2014 年 2 月 11 日。

③ 刘明江:《商标权效力及其限制研究》,知识产权出版社 2010 年版,第 162 页。

又被称为"限制的限制"。

比例原则包含三大要素,即适当性、必要性和比例性,这也是法律上衡量权利限制行为是否合乎比例原则的标准。适当性是指国家机关限制公民权利是为了实现某种公共利益或法定目标,且其限制措施和幅度有助于该目标的实现。必要性是指可采取多种限制程度不同的措施实现预定公益目标时,国家机关应选择对权利人损害最小的方式,即应考虑权利限制的成本,收效相同的情况下应选择对公民权利干预程度最小的限制措施。比例性则指权利限制造成的公民个人利益损害与其所追求的公益目标之间不能显失均衡,为了实现微小的公众利益而对权利人采取强度很大的限制措施,致使其损失远远大于公众或其他个体所获得的利益是很不明智的。

商标法从其立法目的到具体的规范安排都是在垄断利益与公共利益之间保持必要的张力,以解决没有合法的垄断就不会有足够的信息生产出来,但是有了合法的垄断又不会有太多的信息被使用的难题。① 立法和司法机关为均衡不同社会主体间利益,实现商标法公平正义的价值目标对驰名商标所有人权利进行限制,理应受到比例原则的约束。因此,对驰名商标跨类保护的限制应与该目的相适宜,并尽可能地采取对驰名商标权利人利益损害最小的方式,且其所维护的公众利益必须大于驰名商标权利人所遭受的损失。这样才能发挥我国驰名商标跨类保护制度的最佳效用。

(二)合理限制我国驰名商标跨类保护的策略

1. 完善与驰名商标跨类保护相关的立法

现行《商标法》将驰名商标获得跨类保护的结果要件表述为"误导公众",这仅仅是对现象的描述,并未体现该现象背后的本质,"误导公众"作何解,存在淡化即可,还是必须具有混淆发生的可能性,立法上没有明确的规定,学界也多有争议。在驰名商标异化严重的环境下,侵权判定标准的多元化和主观性造成司法的混乱,统一标准本身就是对驰名商标跨类保护权利滥用的规制。相较而言,禁止混淆标准对侵权构成的要求更为具象和严格,也更符合我国当前的国情,采纳反淡化标准则极易将驰名商标跨类保护演变为无限制的全类保护。现行《商标法》第52条采列举式罗列了侵犯注册商标专用权的行为,其第1项规定体现了"双重近似"的侵权判定标准,即只要能同时认定商品相同或相似和商标相同或相似,即可判定商标构成侵权。"双重近似"标准抛开混淆可能性只对商标和商品作机械的对比,背离了商标保护的本质目的,也容易导致判决不公。尽管《商标法》第三次修正案第57条对现行《商标法》第52条进行了修正,将其第1项拆分为两项,引入了混淆原则,但这只针对被控侵权商标使用于相同或类似商品的状况,驰名商标跨类保护的侵权判定标准仍未得到明确统一。基于跨类保护限制的必要性、正当性以及诸多司法实践经验,我国立法应作出相应的完善。笔者认为,可在相关司法解释中将"误导公众"明确解释为存在混淆的可能而致驰名商标权利人利益受损或在《商标法》第三次修正案中将引入的禁止混淆标准同样适用于驰名商标跨类保护的侵权判定。

---

① 方玲玲:《我国商标法价值平衡制度的反思与完善》,中国政法大学2011年硕士学位论文。

2. 司法实践中严格界定驰名商标跨类保护范围

在驰名商标跨类保护的司法实践中,法官应持严格审慎的态度,主观上明确该跨类保护为相对性保护,而非全类保护,客观上谨慎考量各种限制性因素以界定驰名商标跨类保护的范围。尽管相关司法解释已规定法官在决定是否给予驰名商标跨类保护时应考虑驰名商标显著性及其在被控侵权商品的相关公众中的认知度、讼争双方所经营商品间关联程度等因素,但对于如何具体分析这些因素,如何通过该分析判断是否存在混淆的可能,即造成误导公众的后果,并没有形成清晰统一的规则。作为独立的个体,法官总是会有综合素质、业务水平、价值观念的差异,这就导致简单罗列裁判案件所需考量的因素并不能提供有效界定驰名商标跨类保护范围的科学方法。根据本文法理和实证两个方面的分析可得,只有当驰名商标同时满足以下条件时才能获得跨类保护:具有事实上的强显著性和法律显著性;为被控侵权商品或服务的相关公众所熟知;所标识的商品或服务与被控侵权商品或服务的类别差距之大不足以排除混淆发生的可能。

五、结语

驰名商标跨类保护制度本是顺应商标功能的多元化趋势,为应对花样翻新的商标侵权行为而创设的,其初衷在于尊重驰名商标权利人对驰名商标的巨额资金和智力投入,给予其优于普通商标的扩大保护,从而更好地维护权利人的私有财产权益。侵权判定标准的分歧以及跨类保护范围的不确定引发驰名商标跨类保护权利滥用风险,造成司法的混乱乃至市场的恶性竞争。面对当前困境,基于禁止权利滥用原则以及商标法均衡社会不同主体间利益,实现公平正义的价值目标,驰名商标跨类保护应当受到限制。从当前我国驰名商标跨类保护存在的问题出发,立法上采纳禁止混淆标准为驰名商标跨类保护的侵权判定标准,司法实践中明确驰名商标跨类保护为有限度的相对性保护,严格考量驰名商标的显著性强弱、相关公众间关系及商品或服务类别差距以限定其跨类保护范围,最终达到限制驰名商标跨类保护的目的。当然,这种限制不是任意妄断的,其本身也应是合理的、适度的,超过必要限度只会使驰名商标的跨类保护制度流于形式。合理限制驰名商标跨类保护是在法律允许的范围内考虑所有限制性因素,而非以捍卫公共利益之名对驰名商标权利人的正当利益造成不合理的损害,其根本目的在于遏制跨类保护权利的滥用,还原驰名商标的本质,并使驰名商标跨类保护制度发挥其最佳效用。

(本文编辑:张贤伟)

附　　录

《中外知识产权评论》稿约

《中外知识产权评论》(第2卷)拟于2016年12月出版,现真诚邀请国内外各专家学者赐稿。

《中外知识产权评论》旨在关注国内外知识产权领域的前沿和学术动态,荟萃国内外的优秀研究成果。《中外知识产权评论》暂定每年一卷,主要栏目包括"国际知识产权""域外视野""司法论坛""理论争鸣""知识产权管理""专题聚焦""学术新声"等,部分栏目将适时调整。

征稿时间及要求:作为年刊,《中外知识产权评论》每一卷的征稿截止时间原则上为每年的8月31日,之后所投稿件将自动轮入下一卷。比如,第2卷的征稿截止时间为2015年8月31日,以此类推。字数一般应不少于5000字,不设上限。来稿的主题和内容应与国内外知识产权法或者知识产权管理等领域相关,要求言之有物、观点鲜明、论证充分,且是未公开发表过的成果。

来稿的格式规范等要求附后,请严格按照该规范要求来执行,并以Word文档的形式投稿。投稿邮箱为:zwzscq@126.com。为便于查询,邮件主题请体现"作者姓名＋论文标题的简称(或标题中的关键词)＋投稿日期"。审稿周期一般不超过3个月。来稿一律不退。

本刊重视文章质量,鼓励学术创新。稿件一经采用,将酌情奉上稿酬及当期刊物1~2本。欢迎广大同人赐稿!

编辑部联系方式:

通讯地址:福建省厦门市厦门大学法学院C栋

E-mail:zwzscq@126.com

电　话:0592-2182729

传　真:0592-2182729

《中外知识产权评论》编辑部

《中外知识产权评论》格式规范

为统一来稿格式,特制订本规范。

一、书写格式

1. 来稿由题目、作者姓名、摘要、关键词、英文题目、英文姓名、英文摘要和英文关键词、正文构成(依次按顺序)。

2. 须提供作者简介{姓名、出生年份［如(1975 年生)］、工作单位、学历、职称、研究方向等}。作者简介,请以脚注方式(编号为星号的上标"＊")注明。如若为基金项目或资助成果,请注明项目或课题的级别、正式名称和编号(用圆括号注明正式编号)。

3. 正文各层次标示顺序按一、(一)、1、(1)、①、a 等编排。

二、字体、字号、行距等

论文中文题目采用三号黑体,中文摘要和关键词均采用五号宋体;正文部分统一采用小四号宋体,其中一级标题须加粗,其余各级标题无须加粗;英文均采用 Times new roman 字体,英文题目为三号,英文摘要和关键词用五号。

题目中若有副标题,副标题用四号仿宋,中文作者署名用小四号楷体。

除中、英文题目须居中外,各级标题均无须居中。

行距:全文行距须统一,段前 0 行、段后 0 行、1.5 倍行距。

三、注释

无须单列"参考文献",注释中包括"参考文献",两者合二为一、混合编号,严格依照正文中出现的先后顺序来计码。

1. 注释采用带圆圈的数字字符,如①(上标形式),采用页下计码制(脚注),每页重新记码。注释码一般置于标点符号之后。

2. 引用中文著作、辞书、汇编等的注释格式

(1)刘志云:《当代国际法的发展:一种从国际关系理论视角的分析》,法律出版社 2010 年版,第 1～2 页。(注意:连续页码的注释法)

(2)王彩波:《西方政治思想史——从柏拉图到约翰·密尔》,中国社会科学出版社 2004 年版,第 211、215、219 页。(注意:非连续页码的注释法)

(3)姚梅镇:《国际投资法》(高等学校文科教材),武汉大学出版社 1989 年修订版,第×页。——不是初版的著作应注明"修订版"或"第 2 版"等。

(4)中国对外贸易经济合作部编:《国际投资条约汇编》,警官教育出版社 1998 年版,第 8 页。

(5)若前后文引用同一本著作,均须列出所引用著作的详细要目,不可使用"同上,第×

页"或者"同上"。

3. 引用中文译著的注释格式

(1)[美]詹姆斯·多尔蒂、小罗伯特·普法尔茨格拉夫:《争论中的国际关系理论》(第5版),阎学通、陈寒溪等译,世界知识出版社2003年版,第×页。

(2)联合国跨国公司与投资公司:《1995年世界投资报告》,储祥银等译,对外经济贸易大学出版社1996年版,第×页。

4. 引用中文论文的注释格式

(1)陈安:《中国涉外仲裁监督机制评析》,载《中国社会科学》1995年第4期。

(2)白桂梅:《自决与分离》,载《中国国际法年刊》1996年卷,法律出版社1997年版。

(3)徐崇利:《美国不方便法院原则的建立与发展》,载董立坤主编:《国际法走向现代化》,上海社会科学院出版社1990年版。

(4)若前后文引用同一篇论文,均须列出所引用论文的详细要目,不可使用"同上,第×页"或者"同上"。

5. 引用中译论文的注释格式

[日]樱井雅夫:《欧美关于"国际经济法"概念的学说》,蔡美珍译,载《外国法学译丛》1987年第3期。

6. 引用外文著作等注释格式

(1)I. Seidl-Hohenveldern, *International Economic Law*, 2nd ed., Martinus Nijhoff, 1992, p. 125.(注意:书名为斜体)

(2)Chia-Jui Cheng (ed.), *Clive M. Schmittoff's Select Essays on International Trade Law*, Kluwer, 1998, pp. 138~190.[注意:编著应以"(ed.)"标出;外文注释的页码连接号为"~"]。

(3)若前后文引用同一本著作,均须列出所引用著作的详细要目,不可使用"*Id.*, p. 8"或"*Id.*"。

7. 引用外文论文的注释格式

(1)M. Paiy, Investment Incentives and the Multilateral Agreement on Investment, *Journal of World Trade*, Vol. 32, 1998, pp. 291~298.(注意:报刊名为斜体)

(2)D. F. Cavers, A Critique of Choice-of-Law Problem, in *Conflict of Laws*, edited by R. Fentiman (ed.), New York University Press, 1996, p. 69.[注意:载于论文集中的论文应标明"(ed.)"]。

(3)若前后文引用同一篇论文,均须列出所引用著作的详细要目,不可使用"*Id.*, p. 8"或"*Id.*"。

8. 引用网上资料的注释格式

(1)P. Ford, A Pact to Guide Global Investing Promised Jobs-But at What Cost, http://www.csmonitor.Com/durable/1998/02/25/intl.6.html,下载日期:1998年2月26日。

(2)于永达:《国内外反补贴问题分析》,http://www.cacs.gov.cn/text.asp? texttype=1&id=1611&power,下载日期:2002年7月10日。

9. 引用报纸的注释格式

(1)赵琳:《练好本领　保家卫国》,载《厦门日报》1999 年 7 月 29 日。

(2)《韩国遭强台风袭击》[新华社汉城(现为韩国首尔)7 月 28 日电],载《厦门日报》1999 年 7 月 29 日。

10. 引用法条的注释格式为:《中华人民共和国民法通则》第 12 条第 1 款。(条文用阿拉伯数字表示)

四、简称

如名称过长,可在括号内注明"(以下简称×××)"。

五、数字

1. 年、月、日、分数、百分数、比例、带计量单位的数字、年龄、年度、注码、图号、参考书目的版次、卷次、页码等,均用阿拉伯数字。万以下表示数量的数字,直接用阿拉伯数字写出,如 8650 等;大的数字以万或亿为单位,如 2 万、10 亿等。

2. 年份要用全称,不要省略。

3. 年代起讫、年度起讫用"—"表示,如 1937—1945 年、1980—1981 财政年度。

六、如有图表,请采用已经固定好的格式或编辑手段,以确保图表的组合不会出现混乱、走样。

《中外知识产权评论》编辑部

图书在版编目（CIP）数据

中外知识产权评论. 第 1 卷/林秀芹主编. —厦门：厦门大学出版社，2015.6
ISBN 978-7-5615-5533-0

Ⅰ. ①中…　Ⅱ. ①林…　Ⅲ. ①知识产权-世界-文集　Ⅳ. ①D913.04－53

中国版本图书馆 CIP 数据核字（2015）第 095194 号

官方合作网络销售商：　dangdang 当当.com　亚马逊 amazon.cn　JD京东.COM

厦门大学出版社出版发行

（地址：厦门市软件园二期望海路 39 号　邮编：361008）
总 编 办 电 话：0592-2182177　传真：0592-2181253
营销中心电话：0592-2184458　传真：0592-2181365
网址：http：//www.xmupress.com
邮箱：xmup @ xmupress.com
厦门大嘉美印刷有限公司印刷
2015 年 6 月第 1 版　2015 年 6 月第 1 次印刷
开本：787×1092　1/16　印张：18.25　插页：2
字数：436 千字　印数：1～1 000 册
定价：56.00 元

本书如有印装质量问题请直接寄承印厂调换